HESPERIDES • LETTERATURE E CULTURE OCCIDENTALI
STUDIES IN WESTERN LITERATURE AND CIVILIZATION • LITTÉRATURE ET CIVILISATION OCCIDENTALE
LITERATURA Y CULTURA OCCIDENTAL • STUDIEN ZU LITERATUR UND KULTUR DES OKZIDENTS

COLLANA DIRETTA DA MICHAEL DALLAPIAZZA E GERD WOLFGANG WEBER

VOLUME I

ULRIKE HAFNER, *»Norden« und »Nation« um 1800. Der Einfluß skandinavischer Geschichtsmythen und Volksmentalitäten auf deutschsprachige Schriftsteller zwischen Aufklärung und Romantik (1740-1820)*

ULRIKE HAFNER

»Norden« und »Nation« um 1800

*Der Einfluß skandinavischer Geschichtsmythen
und Volksmentalitäten auf deutschsprachige
Schriftsteller zwischen Aufklärung und Romantik
(1740-1820)*

EDIZIONI PARNASO - TRIESTE - 1996

Das Werk einschließlich aller seiner Teile ist urheberrechtlich geschützt. Jede Verwertung außerhalb der engen Grenzen des Urheberrechtgesetzes ist ohne Zustimmung des Verlages unzulässig und strafbar. Das gilt insbesondere für Vervielfältigungen, Übersetzungen, Mikroverfilmung und das Einspeichern und Verarbeitung in elektronischen Systemen.

ISBN: 88-86474-05-9

Fonda grafiche multimediali s.r.l.
Edizioni Parnaso - Via Caboto 19/1
34147 Trieste (Italia)
Tel.: ++40 827992 (r.a.) - Fax: ++40 829658 - ISDN ++40 810975

Satz: Michael Hafner, Frankfurt
Umschlaggestaltung: Parnaso, Triest
Druck und Bindung: Fonda grafiche multimediali, Triest

Inhaltsverzeichnis

	Vorwort	7
1	Skandinavien im Spiegel ausgewählter Forschungsliteratur *Eine Einleitung ins Thema*	9
2	Von Barden, Nordlichten und dem Löwen aus Mitternacht *Das Heilige Römische Reich deutscher Nation und seine Beziehungen zu Skandinavien*	13
3	Geschichte und Ideologie *Zu den historischen und ideengeschichtlichen Voraussetzungen und Gegebenheiten in Dänemark, Schweden und im Heiligen Römischen Reich deutscher Nation - Dänemark*	23
4	„Nation" - „Volk" - „Vaterland" *Zum frühen nationalen Entwicklungsprozeß "Deutschlands" und der skandinavischen Länder*	51
5	Idee und Identität *Zur Ausbildung einer* Neuen Mythologie *in „Deutschland" um 1800*	87
6	„Ein Fremder, der sich in einem auswärtigen Land befindet, scheint mir viel Ähnlichkeit mit einem Gaste zu haben, der sich im Hause eines guten Freundes aufhält." *Kosmopolitismus und Nationalgefühl: Johann Elias Schlegel in Dänemark*	105
7	„Auch meinem Vaterlande sangen Barden,/Und, ach, ihr Gesang ist nicht mehr" *Friedrich Gottlieb Klopstocks historisch-philologische Bemühungen um eine deutsche Identität*	127
8	„Jedes Verhältnis von Bürger zu Bürger ist ein freyes Verhältnis." *Der Klopstockverehrer Carl Friedrich Cramer als Anhänger der Französischen Revolution und sein persönliches Scheitern an der holsteinisch-dänischen Reaktion*	155
9	„Bei den Schweden war einst die Macht und die Gewalt des Nordens, sie wird künftig bei ihnen sein." *Ernst Moritz Arndt und sein Verhältnis zu Schweden*	171
10	„Das Ungetheilte, Ewige, Ganze" *Henrich Steffens und seine Idee eines organischen Kosmos*	203
11	„Ein Nordlicht, rätselhaft, hoch, deutsam, fern" *Das Bild des Nordens in Werk und Weltanschauung Friedrich de la Motte Fouqués*	227

12	Vom kosmopolitischen Nebeneinander zum pangermanischen Miteinander	
	Zusammenfassung und Ausblick	247
	Bibliographie	251
	Abbildungsverzeichnis	267

Vorwort

Anstoß zu diesem Buch gab die Frage, ob für die deutsche nationale Bewegung um 1800 neben dem Einfluß der Französischen Revolution, wie maßgeblich diese und die an sie anschließenden Ereignisse auch immer gewesen sein mögen, nicht auch ein zweiter Einflußstrom wichtig war, wichtiger, als bisher vermutet: Anregungen, die aus dem Norden Europas gekommen sind, die im politischen und geistigen Leben Skandinaviens wurzeln und deren Reflex sich in den Werken deutscher Dichter und Schriftsteller von der Aufklärung bis zur Romantik wiederfinden läßt.

Die Problematik dieses Ansatzes liegt auf der Hand: Die französische Sprache und die Erzeugnisse französischen Geistes waren fester Bestandteil deutscher zeitgenössischer Allgemeinbildung. Im Falle Skandinaviens aber ist für die Rezeption skandinavischer Kultur und Politik, Geschichtsmythen und Volksmentalitäten in Deutschland von anderen Voraussetzungen auszugehen. Es sind ähnliche Kenntnisse und Einflußmöglichkeiten wie im Falle Frankreichs für das 18. und 19. Jahrhundert nur dort zu vermuten, wo sich direkte nachbarschaftliche Kontakte zu den Einwohnern des dänischen und schwedischen Reichs ergaben. Daher ist davon auszugehen, daß eine folgenreiche Beschäftigung mit Skandinavien, seiner Kultur, seiner Geschichte und seinen Sprachen nur aus der persönlichen Konfrontation Einzelner mit dem Norden heraus erfolgen konnte - aus persönlicher unmittelbarer Berührung mit Skandinavien. Auch die nur noch genealogische Ableitung etwa von normannischen Vorfahren her kann subjektiv als eine solche Nähe zum Norden empfunden werden und eine intensivere Beschäftigung mit dem „Land der Väter" zur Folge haben, wie dies für den Preußen de la Motte Fouqué als Abkömmling normannischer Hugenotten gilt. Unter dieser Prämisse erscheint der biographische Ansatz, der die organisatorische Grundlage der Hauptkapitel der Arbeit bildet, gerechtfertigt und geeignet, neue Aspekte im Werk der betreffenden deutschen Schriftsteller hervortreten zu lassen.

Das Buch ist eine leicht gekürzte Fassung meiner vom Fachbereich Neuere Philologien der Johann Wolfgang Goethe-Universität Frankfurt am Main im Jahre 1993 angenommenen Dissertation, die von Herrn Prof. Dr. Ernst Erich Metzner angeregt wurde. Er hatte bereits mit der Themenstellung meiner Frankfurter Magisterarbeit („Der nordische Mythos von den Nibelungen in den Werken Fouqués, Wagners, Fritz Langs und Thea von Harbous", 1989) mein Interesse an Rezeptionsproblematiken und den stofflichen und kulturgeschichtlich faßbaren deutsch-skandinavischen Kontakten der Neuzeit geweckt. Die Dissertation behandelt die dieser Rezeption nordischer Mythen vorausliegende und sie bedingende Periode enger kultureller Kontakte zwischen insbesondere Dänemark und Schweden einerseits und Deutschland andererseits. De la Motte-Fouqué markiert dabei die Wandlung des Rezeptionsinteresses, da er zwar bereits bekannte ältere Rezeptionsmuster der Aufklärung und der Romantik aufnimmt, jedoch alsdann in seiner enthistorisierten Spiegelung nordischer Kultur einen bis ins 20. Jahrhundert hineinreichenden und spezifisch deutschen psychologisierenden Umgang mit der skandinavischen Tradition vorprägt. Die Druckfassung der Dissertation wurde um ein Kapitel zu dem Dänen Baggesen, das die umgekehrte Rezeptionsperspektive anlegte, gekürzt - bis auf einen knappen Exkurs in Kapitel 8. Dieses Baggesen-Kapitel wird bei Gelegenheit gesondert publiziert werden.

Herr Prof. Dr. Metzner hat nicht allein wesentlich zur Konzeption der ganzen Arbeit beigetragen, sondern jedes Stadium der Dissertation mit kritischem Interesse und konstruktiver Unterstützung begleitet, was angesichts des heutigen, bis an die Grenzen der Belastbarkeit strapazierenden Universitätsbetriebs als Seltenheit eingeschätzt werden darf und wofür ich ihm sehr zu Dank verpflichtet bin.

Besonderer Dank gilt auch Frau Professor Dr. Ingrid Mittenzwei, Frankfurt, die mir gleichfalls engagiert und kritisch beratend zur Seite stand. Herrn Prof. Dr. Gerd Wolfgang Weber, Frankfurt, bin ich für seine gründliche Durchsicht des Manuskripts verbunden im Zusammenhang mit dessen Aufnahme in die von ihm und Herrn Prof. Dr. Michael Dallapiazza, Trieste, herausgegebene Schriftenreihe „Hesperides - Letterature e culture occidentali" (Trieste).

Auch den Beistand, den mir meine Familie gewährt hat, möchte ich an dieser Stelle dankbar erwähnen. Ohne die weitgehende Unterstützung und Motivierung durch meine Mutter Marianne Ullrich, auch in materieller Hinsicht, hätte ich das Promotionsstudium nicht durchführen können. Leider war es ihr nicht vergönnt, seinen Abschluß zu erleben. Meiner Schwester Birgit Ullrich danke ich für zahlreiche, mit technischer Hilfestellung verbrachte Stunden, meinem Mann Michael Hafner für seine tatkräftige Mithilfe bei der PC-technischen Seite der Entstehung der Dissertation, insbesondere bei der komplizierten Einrichtung des Drucksatzes, bei der Gestaltung und dem Layout. Ihnen sei das fertige Produkt gewidmet.

Frankfurt am Main, im August 1995 U. H.

1
Skandinavien im Spiegel ausgewählter Forschungsliteratur

Eine Einleitung ins Thema

Welche Rolle nehmen die skandinavischen Länder bei der Ausprägung des deutschen Nationalbewußtseins im Zeitraum von circa 1740 bis 1820 ein? Am Beispiel der Dichter und Schriftsteller Johann Elias Schlegel, Friedrich Gottlieb Klopstock, Carl Friedrich Cramer, Ernst Moritz Arndt, Henrich Steffens und Friedrich de la Motte Fouqué, die direkt oder indirekt biographisch mit Skandinavien verbunden sind und deren Einfluß auf das deutsche Geistesleben teilweise sehr intensiv war, soll gezeigt werden, ob und wie nachhaltig sich Elemente skandinavischer Kultur und Politik in „Deutschland"[1] bemerkbar gemacht haben und welche Bedeutung diese für die nationalen Entwürfe und Ideen der genannten Denker hatten. Vier einführende Kapitel sind vorangestellt, in welchen Hintergründe sozialer, historischer und kultureller Art in knapper Form präsentiert werden sollen. Stets wird vergleichend vorzugehen sein, um Gemeinsamkeiten und Unterschiede zwischen Skandinavien und „Deutschland" in ihrer soziokulturellen Entwicklung klar hervorzuheben. Die Ergebnisse dieses ersten Teils liefern die historischen und kulturellen Gegebenheiten für den zweiten Teil, in dem die jeweilige Persönlichkeit und deren eigenes Verhältnis zu Skandinavien im Mittelpunkt stehen wird.

Bemerkenswerter als die Bedeutung Skandinaviens für die Anfänge bewußter Nationwerdung der Deutschen war für die Forschung schon immer der Einfluß der Französischen Revolution.[2] Sie zeitigte überall in Europa heftige Reaktionen. Die sozialen Ungerechtigkeiten im spätabsolutistischen Frankreich, die sich durch die Revolution zu ändern versprachen, riefen in vielen europäischen Ländern eine ähnliche Bewußtseinslage hervor. Auch in „Deutschland" wurde die Revolution zum Anlaß genommen, Veränderungen der sozialen und politischen Zustände zu fordern. Und es war nicht zuletzt die Französische Revolution, die das national orientierte Zeitalter einleitete.

Der Norden Europas trat dagegen weniger ins Blickfeld der Öffentlichkeit. Hierfür sorgte schon allein der Umstand, daß die skandinavischen Länder weit entfernt von

---

[1] Im Laufe der vorliegenden Arbeit wird immer wieder der Unterschied zwischen dem politischen Terminus „Heiliges Römisches Reich deutscher Nation" und dem Begriff „Deutschland" latent erscheinen; dieser Begriff soll kulturelle und sprachliche Einheit bedeuten. Indem wir ihn verwenden, soll dem Umstand Rechnung getragen werden, daß die politische und kulturelle Einheit des Landes vielfach nicht deckungsgleich waren; der Abstraktion der „Kulturnation", die „Deutschland" beschreibt, sollen die stets verwendeten Anführungszeichen Ausdruck verleihen. Zur Differenzierung von Kultur- und politischer Nation vgl. Friedrich Meinecke: Weltbürgertum und Nationalstaat. Studien zur Genese des deutschen Nationalstaats. 6. Auflage, München, Berlin 1922, S. 3ff.

[2] Vgl. dazu etwa Mathys Jolles: Das deutsche Nationalbewußtsein im Zeitalter Napoleons. Frankfurt/Main 1936, S. 14; Wolfgang von Groote: Die Entstehung des Nationalbewußtseins in Nordwest-Deutschland 1790 - 1830. Göttingen, Berlin, Frankfurt/Main 1955, S. 61; Begriffe „Nation" und „Nationalismus" in: Wörterbuch der Soziologie. Zweite, neubearbeitete und erweiterte Ausgabe hrsg. von Wilhelm Bernsdorf. Stuttgart 1969, S. 736

den europäischen Machtzentren lagen, so daß auch ihr politischer Einfluß nur bis in das Heilige Römische Reich deutscher Nation hinein reichte, nicht aber über dieses und auf den übrigen Kontinent hinaus. Wichtig ist hier zudem, daß sich politische Entwicklungen in Skandinavien allmählich und nur selten mit revolutionärer Gewalt vollzogen.

Daher verwundert es nicht, daß in der Forschungsliteratur die Entwicklung hin zum Nationalstaat in „Deutschland" einerseits und in den skandinavischen Ländern andererseits nur selten miteinander verglichen werden.[3] Die skandinavischen Staaten sind Beispiele für eine frühe Nationbildung[4], was einen direkten Vergleich mit dem erst spät Nationalstaat gewordenen „Deutschland" von vornherein zu verbieten schien.

Der wichtige Einfluß des französischen Denkens und schließlich der Französischen Revolution auf die verschiedenen sozialen Schichten und politischen Gruppierungen und Einzelpersönlichkeiten „Deutschlands" soll nicht negiert werden. Dennoch bedarf die Ansicht, Frankreich und seine Anregungen und Einflüsse aus diesem Land seien, neben den wichtigen englischen und amerikanischen geistigen Strömungen, die einzigen gewichtigen Eindrücke gewesen, denen sich die deutsche Öffentlichkeit des 18. Jahrhunderts geöffnet hätte, der Differenzierung. Es soll untersucht werden, ob nicht auch die Kultur und die politischen und sozialen Gegebenheiten Skandinaviens, wie sie sich den deutschen und deutsch schreibenden Intellektuellen zwischen 1740 und 1830 erschlossen, durch deren Vermittlung und in deren Ideenwelt Einfluß auf das Denken einer politisch erwachenden deutschen Öffentlichkeit gewinnen konnten.

Das Thema der deutsch-skandinavischen Beziehungen ist in der Forschung bereits häufiger untersucht worden.[5] Zumeist standen der kulturelle Bereich und der deutsche Einfluß auf den Norden im Mittelpunkt der Betrachtungen.[6] Hier ist nun umgekehrt angestrebt, das Wirken von sechs Dichtern und Schriftstellern auf neue, durch ihre persönliche Berührung mit Skandinavien evozierte Elemente und Denkstrukturen hin durchzumustern.

Die Behandlung Skandinaviens in der einschlägigen Forschungsliteratur zum Thema „Nation" bzw. „Nationalismus" in Europa ist nicht heterogen: So sinnvoll die französische Entwicklung in den deutschen Kontext einbezogen wird, so unterschiedlich ist die Wertigkeit, die den skandinavischen Staaten selbst in allgemein gefaßten Ausführungen zugemessen wird. Nehmen wir als Gegenpole die

---

[3] Dieses illustriert u. a. die aktuellste der von mir benutzten Publikationen zum Thema „Nation und Nationalismus in Deutschland 1770 - 1990" von Otto Dann, München 1993, die zwar die nördlichen Nachbarn „Deutschlands" in die Untersuchungen einbezieht, aber nur oberflächlich einen Zusammenhang skizziert, so auf den Seiten 78f., 120 und 142f., wo der Verlauf des deutsch-dänischen Konflikts als Folge der schleswig-holsteinischen Frage angesprochen wird.

[4] So mit Blick auf Schweden Peter Alter: Nationalismus. Zweite Auflage, Frankfurt/Main 1991, S. 27

[5] Vgl. dazu z. B. Walther Hubatsch: Im Bannkreis der Ostsee. Grundriß einer Geschichte der Ostseeländer in ihren wechselseitigen Beziehungen. Marburg 1948; Ders.: Die Deutschen und der Norden. Göttingen 1951; Ders.: Unruhe des Nordens. Göttingen, Berlin, Frankfurt/Main 1956; Karl-Heinz Bohrer: Der Mythos vom Norden. Studien zur romantischen Geschichtsprophetie. Köln 1961; Klaus von See: Deutsche Germanen-Ideologie. Frankfurt/Main 1970; Martin Gerhardt/Walther Hubatsch: Deutschland und Skandinavien im Wandel der Jahrhunderte. Zweite, verbesserte und bis an die Gegenwart geführte Auflage, Darmstadt 1977.

[6] Vgl. dazu besonders Gerhardt/Hubatsch, aber auch Leopold Magon: Ein Jahrhundert geistiger und literarischer Beziehungen zwischen Deutschland und Skandinavien 1750 - 1850. Erster Band: Die Klopstockzeit in Dänemark. Johannes Ewald. Dortmund 1926

Eine Einleitung ins Thema

maßgeblichen Schriften von Hans Kohn[7] und Eugen Lemberg[8] zum Thema „Nationalismus": Kohn bietet eine knapp gefaßte Entwicklung des Nationalismus in Dänemark und Schweden, ohne allerdings auf ihre Wirkung in „Deutschland" einzugehen.[9] Lemberg übergeht in seiner zweibändigen Darstellung den Norden völlig. Andere Publikationen wiederum schildern Erscheinungen des dänischen und des schwedischen Absolutismus als Randphänomene einer Entwicklung, die für das übrige Europa wenig relevant sind und als Ausdruck bereits umfassend strukturierter und entwickelter einzelner Staatswesen gelten.[10] Die Ausführungen Ekmans, Barudios und Krügers geben nur implizit Hinweise auf Vergleichsmöglichkeiten zwischen „Deutschland" und Skandinavien. Ihre Bewertung des skandinavischen - und hier vor allem des dänischen - Absolutismus zielt darauf ab, seine individuelle Ausprägung zu beschreiben und seine Fortschrittlichkeit hervor zu heben, die in seiner Expansionsunwilligkeit und seiner Hinneigung zur Wohlfahrt der Staatsuntertanen besteht - eine innerhalb des zeitgenössischen Europa ideale Konstellation absolutistischer Herrschaftsstruktur, die jedoch von allen drei Autoren als im wahrsten Sinn des Wortes „outstanding" bezeichnet wird: Nur solche Staaten, die aufgrund ihrer geographischen Abgeschiedenheit eine Sonderposition einnehmen, können von der kontinentaleuropäischen Entwicklung abweichen.

Karl-Heinz Bohrer benennt anhand von Beispielen und Personen Erscheinungsformen des Mythos vom Norden in der deutschen romantischen Literaturgeschichte; er siedelt den Beginn der Mythisierung und damit der Idealisierung des Nordens auch in dieser Epoche an. Dabei läßt Bohrer jedoch nicht den nationalpolitischen Bezug und die Relevanz zu den romantischen Geschichtstheorien und -utopien außer acht; Mythos und Geschichte werden in diesem Zusammenhang als typische romantische Ausprägungen des Bewußtseins einer Zeitenwende verstanden. Bohrer geht nicht wesentlich vor die Epoche der Romantik zurück, etwa um die Entstehung des Nordlandmythos detailliert herzuleiten. Nur Herder wird angeführt. Außerdem beschreibt er am Beispiel Ernst Moritz Arndts die Nord-Süd-Antithese, die ihren Ursprung bereits im Humanismus hat. Gerade diese *ideologische* Ausrichtung des Nordlandbilds jedoch sollte eine Untersuchung des Skandinavienbilds in „Deutschland" schon vor der Romantik nahelegen.

Bohrer zeigt, welche Aspekte nordischer Geschichte und Kultur die Romantik für sich entdeckte, um sich eine neue, eigene Geschichtsideologie und ein Geschichtsverständnis als Ersatz für das fehlende eigene zu schmieden. Diesen Gedanken nimmt Klaus von See in seiner Schrift „Deutsche Germanen-Ideologie" auf, die „Vom Humanismus bis zur Gegenwart" reicht. Treffend, wenn auch aufgrund der Materialfülle zwangsläufig an Schlagworten orientiert, skizziert von See knapp

---

[7] Hans Kohn: Die Idee des Nationalismus. Ursprung und Geschichte bis zur Französischen Revolution. Frankfurt/Main 1962

[8] Eugen Lemberg: Nationalismus. 2 Bände. Zweite Auflage, Reinbek 1967/68

[9] A. a. O., S. 486 - 495

[10] Vgl. dazu Ernst Ekman: Das dänische Königsgesetz von 1665. In: Walther Hubatsch: Absolutismus. Darmstadt 1976, S. 223 - 237; Günther Barudio: Absolutismus - Zerstörung der „Libertären Verfassung". Studien zur „karolinischen Eingewalt" in Schweden zwischen 1680 und 1693. Wiesbaden 1976; Ders.: Schweden-Finnland und Dänemark-Norwegen. In: Das Zeitalter des Absolutismus und der Aufklärung 1648 - 1779 (Fischer Weltgeschichte, Bd. 25), Frankfurt 1981, S. 23 - 86 und S. 159 - 189; Kersten Krüger: Absolutismus in Dänemark - ein Modell für Begriffsbildung und Typologie. In: Ernst Hinrichs: Absolutismus. Frankfurt/Main 1986, S. 65 - 94.

vier Jahrhunderte Geistesgeschichte auf nur wenigen Seiten, wodurch die großen ideologischen Linien jedoch deutlich hervor treten.

In beiden Forschungsbeiträgen gewinnt so der kulturelle Bereich eine markante politisch-ideologische Immanenz, die weit eher als etwa eine ästhetische das eigentliche Wesen des deutsch-skandinavischen Verhältnisses bestimmt.

Die Perspektive der vorliegenden Untersuchung ist gegenüber ihren Vorgängern nicht lediglich deskriptiv, sondern rezeptionsgeschichtlich und ästhetisch orientiert: Wie erfolgt die Interaktion der „deutschen" Rezipienten des Nordischen mit diesem und wie prägt deren generelle Weltsicht und Überzeugung die Art und Weise, in der sie das Nordische exemplarisch für den Begriff der deutschen Nation heranziehen? Hieraus folgen selbstverständlich auch ideologische Bezüge, doch nicht sie allein sollen im Blickfeld der Untersuchung stehen. In der ausführlichen Darstellung der verschiedenen Dichter und Schriftsteller läßt sich auch festmachen, daß die Ideologie oft banale Ursprünge hat oder sich mit einem zu ihr parallel laufenden trivialen Nordlandbild verknüpft. Es soll ein längerer Zeitraum betrachtet werden, der deutlich vor der romantischen Epoche einsetzt und somit frühere Erscheinungen miteinbezieht und stärker als bisher geschehen würdigt, weil sie unserer Ansicht nach kommende Entwicklungen *bereits präfigurieren*. Ein breiteres Ausgreifen sowohl auf der synchronen als auch der diachronen Ebene der Betrachtung scheint von daher nicht nur erwünscht, um sämtliche Randphänomene in einen Rahmen zu stellen, der sie erklärbar macht, sondern vielmehr uner läßlich, um eine möglichst vollständige, mit historischem Hintergrund und gesamtkulturellen Informationen versehene Darstellung des Problems bieten zu können.

2
Von Barden, Nordlichten und dem Löwen aus Mitternacht

Das Heilige Römische Reich deutscher Nation und seine Beziehungen zu Skandinavien

Betrachtet man die Wechselbeziehungen zwischen den Gebieten deutscher Sprache und Kultur und Skandinavien, wie sie sich im Laufe der Jahrhunderte bis zur Romantik gestaltet haben,[11] muß man zunächst konstatieren, daß sich weitaus mehr und bedeutendere Einflüsse deutscher Politik, Kultur und Wissenschaft auf die nördlichen Länder feststellen lassen als es umgekehrt der Fall ist. Es sei an dieser Stelle beispielsweise auf die seit dem 9. Jahrhundert vom Süden ausgegangene Christianisierung und auf die Zeit der Hanse verwiesen und die kulturelle Blüte, die der deutsche Einfluß im Norden damals nach sich zog,[12] sowie auf die Reformation, die in den nordischen Staaten nicht nur religiöse, sondern auch radikale politische und kulturelle Veränderungen mit sich brachte.[13] Nicht zuletzt trug die erfolgreich durchgeführte Reformation dazu bei, daß sich sowohl Dänemark als auch Schweden zu europäischen Großmächten entwickelten; Schweden nahm nach dem Westfälischen Frieden (1648) auch Schutzmachtfunktion gegenüber dem Heiligen Römischen Reich deutscher Nation ein, nachdem das schwedische Reich bereits unter Gustav II. Adolf auf der Seite der deutschen Protestanten in den Dreißigjährigen Krieg eingegriffen hatte. Im übrigen vermittelten die deutschen Gelehrten, welche in Skandinavien im Sinne der Reformation zu wirken begonnen hatten, unter anderem humanistisches Gedankengut in den Norden, wodurch sich wiederum von Skandinavien aus eine Wechselwirkung mit dem Süden ergab, denn durch die Loslösung von Rom entstand auch in Skandinavien eine Konzentration auf die eigene kulturelle Identität, nachdem die übernationale Bindung, die der Katholizismus jahrhundertelang dargestellt hatte, endgültig zerstört war. Das dadurch entstandene ideologische Vakuum wurde durch die auf die nationale Kultur und Geschichte, aber noch nicht auf die eigene Sprache bezogene Aufarbeitung der Vergangenheit ausgefüllt. So setzte in Skandinavien eine lebhafte Sammeltätigkeit der alten Nationaldenkmäler ein, die große Teile der nordischen Kultur erschloß[14] und die in der Folgezeit für die Bildung politischer Ideologien in Dänemark/Norwegen und

---

[11] Man vergleiche hierzu die umfassende Darstellung von Martin Gerhardt und Walther Hubatsch: Deutschland und Skandinavien im Wandel der Jahrhunderte. Zweite, verbesserte und bis an die Gegenwart geführte Auflage, Darmstadt 1977.

[12] Ebd., S. 103 - 107 und S. 110

[13] Vgl. dazu auch Kapitel 3 dieser Arbeit.

[14] Detaillierte Darstellungen zu diesem Komplex liefern Leopold Magon: Ein Jahrhundert geistiger und literarischer Beziehungen zwischen Deutschland und Skandinavien 1750 - 1850. Erster Band: Die Klopstockzeit in Dänemark. Johannes Ewald. Dortmund 1926, S. 356ff.; Otto Springer: Die Nordische Renaissance in Skandinavien. Stuttgart, Berlin 1936, S. 5ff., S. 54ff. und S. 109ff; Max Kämmerer: Der Held des Nordens von Friedrich Baron de la Motte Fouqué und seine Stellung in der deutschen Literatur. Rostock 1909, S. 10ff.

Schweden/Finnland von großer Bedeutung war - eine vergleichbare Bedeutung sollte diese altnordische Tradition auch für die Deutschen gewinnen.

Was nun das Heilige Römische Reich deutscher Nation betraf, so stand jahrhundertelang der Süden im Vordergrund des politischen und kulturellen Interesses, wofür vor allem die bedeutende Stellung der Kirche als Machtfaktor sowohl weltlicher als auch geistlicher Art und somit Konkurrentin der deutschen Kaiser und Könige in politischen Belangen verantwortlich zu machen ist. Deshalb zeigt sich schon im Mittelalter eine starke Konzentration der Politik des Heiligen Römischen Reichs deutscher Nation auf Italien,[15] besser gesagt ein starkes Interesse der Habsburger an dem neuzeitlichen Italien und seinen innenpolitischen Angelegenheiten, und daher verwundert es auch nicht, daß auf diese politische auch eine geistig-kulturelle Fixierung auf das mediterrane und in erster Linie auf das antike Bildungsgut erfolgte, die lange Zeit hindurch Bestand haben sollte. Dieser Sachverhalt erklärt die Zersplitterung sowohl „Deutschlands" als auch Italiens bis auf den heutigen Tag.

Es war der deutsche, an der „Germania" des Tacitus orientierte Humanismus,[16] der im Zuge der Ablösung von Rom in vielen Teilen des Heiligen Römischen Reichs deutscher Nation das Interesse am Norden weckte, und das Bild, das die Gelehrten von der neuentdeckten alten Kultur zeichneten, charakterisiert das Schlagwort *antithetische Ideologie*, das sich aus der von den Humanisten geübten harschen Kulturkritik heraus erklären läßt: Der *Germane* bildet darin das Gegenstück zum *Römer*; antithetisch wurde eine frische, unverbrauchte einer alten und überfeinerten Kultur entgegengestellt.[17] Bereits existente, antiwelsche Feindbilder intensivierten sich, denen gegenüber sich das Vorbild des heidnischen, stolzen und unbeugsamen Germanen schnell verfestigte.

Nachdem Gelehrte wie Albert Krantz und Konrad Celtis im 15. und frühen 16. Jahrhundert mit Schriften über Skandinavien hervorgetreten waren,[18] worin sie sich als Nachfolger der Rezeptionsweise des Tacitus erwiesen hatten, erfuhren ihre Ansichten bezüglich der Nordlandbewohner allgemeine Unterstützung durch die Staats- und Gesellschaftstheorien der Aufklärung, die den einmal eingeschlagenen Weg fortsetzten. Als sehr bedeutungsschwer erwiesen sich hier die Ideen Montesquieus und Rousseaus,[19] und besonders häufig wird in diesem Zusammenhang Montesquieus Schrift „De l'Esprit des Lois" (1748) erwähnt, worin betont wird, daß die Freiheit in den Wäldern Germaniens zu Hause sei und darum die Germanen dem Naturzustand der Gesellschaft von allen Völkern am nähesten stünden. Obwohl Montesquieus Kritik an den politischen Zuständen in Frankreich in diesem Werk deutlich hervortritt, bezog er doch unter dem Sammelbegriff *Germanen* auch die Franken mit ein, so daß ihm eine Verbindung der französischen mit der übrigen europäischen Geschichte vergleichend gelang. Montesquieu leitete aus diesen seinen Ausführungen die sogenannte *Klimatheorie* her, die nicht nur in Skandinavien selbst rege Aufnahme und starke Prägung erfuhr,[20] sondern bald zum Bestandteil der allgemeinen Bildung in Europa gehörte.

Die in ihrer Wirkung für die Verbreitung nordischer Kultur wesentlichste Schrift wurde ebenfalls von einem Nichtskandinavier verfaßt; dabei handelt es sich um das

---

[17] Ebd., S. 9ff.

[18] Vgl. Walther Hubatsch: Die Deutschen und der Norden. Göttingen 1951, S. 23f.

[19] von See, S. 19ff.

[20] Ebd., S. 20 und Magon, S. 361

sechsbändige Werk „Monuments de la Mythologie et de la Poésie des Celtes et particulièrement des anciens Scandinaves pour servir de supplément et de Preuves à l'Introduction à l'Histoire de Danemarc" des Schweizers Henri Mallet, der sich seit 1751 als Lehrer des dänischen Kronprinzen in Kopenhagen aufhielt. Das Geschichtswerk, das auch einige Kapitel über die nordische Mythologie beinhaltete, erschien seit 1755 und war für deutsche Dichter und Gelehrte die wichtigste Informationsquelle zur nordischen Kultur, zumal es ab 1765 teilweise in deutscher Übersetzung vorlag, die Gottfried Schütze besorgt hatte.[21]

Auf diese Vorgaben hin konnte die zeitgenössische deutsche Rezeption des Nordens einsetzen. Dabei lassen sich drei Bereiche unterscheiden, in denen sie sich abspielte und die im folgenden kurz behandelt werden sollen: Dichtung, Mythos und Geschichte.

Eine Vermittlerrolle zwischen Deutschen und Skandinaviern kam von alters her den Einwohnern Schleswig-Holsteins zu, die aufgrund der geographischen und politischen Lage sowohl dem Deutschen Reich als auch Dänemark verbunden waren.[22] Deswegen erscheint es nicht verwunderlich, daß es immer wieder primär dänische Staatsbürger mit deutschem Kulturhintergrund waren, die sich um ein Bekanntwerden der nordischen Kulturdenkmäler auf deutschem Gebiet einsetzten. Als Exponent solcher Bestrebungen läßt sich Heinrich Wilhelm von Gerstenberg nennen, ein Schüler des bereits erwähnten Gottfried Schütze.

In diesen Jahren ersten Herantastens an das kulturelle Erbe des Nordens vermochte man noch nicht zu unterscheiden zwischen germanischer, keltischer und nordischer Vorzeit.[23] Man ersah aus den Überlieferungen Gemeinsamkeiten innerhalb der nördlichen Kulturen, und so fanden die reichhaltigen skandinavischen Funde auch im Norden „Deutschlands" eine wissenschaftliche Resonanz mit dem Ziel seiner kulturellen Aufwertung gegenüber dem Süden. Für dieses Bemühen steht wiederum der Name Gottfried Schütze obenan, ein Gelehrter und Lehrer aus Altona, der in seinen „Schutzschriften für die alten Deutschen" (1746/47) den aktuellen Stand der Forschung mit diesbezüglich eindeutigen politisch-ideologischen Aussagen zu verknüpfen wußte.[24]

Bei Gerstenberg verbinden sich dann altnordischer Stoff und seine dichterische Neugestaltung zum Versuch einer Erneuerung der deutschen Dichtkunst durch Rückgriff auf den „Greist" der altnordischen Poesie, wofür als seinerzeit bekanntestes Werk das „Gedicht eines Skalden" stand, das zum zeitgenössischen Maßstab für die Nachdichtung altnordischer Literatur wurde.[25] Es gab so zwar zahlreiche Versuche,

---

[21] Springer, S. 8f.

[22] Zu diesem Kontext vergleiche man folgende Darstellungen, welche diese Thematik eingehend behandeln: Otto Brandt: Geschichte Schleswig-Holsteins. Ein Grundriß. Fünfte Auflage, neu bearbeitet und bis zur Gegenwart fortgeführt von Dr. Wilhelm Klüver. Mit Beiträgen von Prof. Dr. Herbert Jankuhn. Kiel 1957 und Alexander Scharff: Schleswig-Holstein in der europäischen und nordischen Geschichte. Kiel 1955. Vgl. auch Gerhardt/Hubatsch, S. 136ff. u. ö.

[23] „Hier deutet sich bereits die unheilvolle Identifizierung altdeutscher und altnordischer Kultur an, die seit der Romantik das deutsche Germanenbild beherrscht." von See, S. 29. Vgl. auch die folgenden Seiten ebd.

[24] Springer, S. 4. Vgl. zu diesem Komplex auch Magon, S. 360.

[25] Springer, S. 18. Zur Problematik der Rezeption des Gedichts vgl. ebd., S. 16.

sich in der Bardenpoesie zu üben,[26] deren bekanntester die 1772 erschienenen „Lieder Sineds des Barden" des Paters Michael Denis aus Wien waren, und es fanden auch die altnordischen Forschungen durch das Wirken Friedrich David Gräters (1768 - 1830) ihre Fortsetzungen, die zum Ziel hatten, Grundlagen zur Schaffung einer neuen, schönen Bardenpoesie zu vermitteln.[27] Gräter gab in den Jahren 1791 bis 1802 verschiedene Literaturzeitschriften - „Bragur", „Iduna" und „Hermode" - heraus, die indessen allesamt sehr kurzlebig waren,[28] was verdeutlicht, daß das Interesse am germanischen und nordischen Altertum insgesamt nicht sehr verbreitet war. Es ist jedoch Gräters Verdienst, die altnordische Sprache erschlossen zu haben, und als erster Deutscher übersetzte er direkt aus dem Altisländischen in seine Muttersprache.[29] Erst mit der Romantik und dem erwachenden Nationalbewußtsein der Deutschen wuchs auch das Interesse für die *germanische* Vergangenheit, wofür die Ausgabe „Altdänische Heldenlieder, Balladen und Märchen" spricht, die Wilhelm Grimm 1811 publizierte.

Der Einfluß der zeitgenössischen skandinavischen Dichtung auf die Deutschen war im Vergleich hierzu noch geringer. Er verbindet sich vor allem mit dem dänischen Aufklärer Ludvig Holberg (1684 - 1754), dessen Komödien in „Deutschland" große Erfolge feiern konnten.[30]

Dem Dänen Adam Oehlenschläger (1779 - 1850) war im „Deutschland" des frühen 19. Jahrhunderts ähnlicher Ruhm vergönnt. Oehlenschläger selbst erleichterte die Aufnahme seiner Werke für die Deutschen, indem er sich ihrer Sprache bediente, und als *deutscher* Dichter in der Nachfolge Goethes - speziell als Tragödiendichter - fand er Anerkennung.[31]

Dänische Literatur hatte im deutschen Bereich damals größeren Erfolg als die schwedische, was sich wiederum aus dem engen Verhältnis Dänemarks zum Heiligen Römischen Reich deutscher Nation - durch Holstein schon geographisch deutlich

---

[26] Fritz Strich bietet dazu eine Darstellung in: Die Mythologie in der deutschen Literatur. Von Klopstock bis Wagner. 2 Bände. Unveränderter reprographischer Nachdruck der 1. Auflage Halle an der Saale 1910. Tübingen 1970. 2. Band, S. 241ff. Skalden und Barden wurden in dieser Zeit begrifflich nicht geschieden, wie anhand der damals sehr populären Ossianischen Gesänge deutlich wird, die als Beispiel auch in der dänischen Geschichte Mallets herangezogen werden (Vgl. von See, S. 30f.). In deren Titel bereits werden Kelten und Skandinavier gleichberechtigt genannt. Der Ossianismus hat, wie Strich a. a. O. feststellt, starken Einfluß auf die Bardendichtung gehabt.

[27] Ebd., 1. Band, S. 175ff.

[28] Kämmerer, S. 14

[29] Ebd., S.14

[30] Vgl. dazu Dieter Lohmeier: Der beschränkte Untertanenverstand und der ganze Zusammenhang der Sachen. Über den Erfolg des „Politischen Kannengießers" in Deutschland. In: Deutsch-dänische Literaturbeziehungen im 18. Jahrhundert. Akten des Kollquiums am 9. und 10. Oktober 1978 vom Institut für germanische Philologie der Universität Kopenhagen in Zusammenarbeit mit dem Deutschen Kulturinstitut Kopenhagen, veranstaltet und geleitet von Klaus Bohnen, Sven-Aage Jørgensen und Friedrich Schmöe. München 1979, S. 13 - 32. Hier: S. 13f. Zur Verbreitung der Holbergischen Komödien im „Deutschland" des 18. Jahrhunderts sei auch verwiesen auf Carl Roos: Det 18. Aarhundredes tyske oversættelser af Holbergs Komedier. Deres oprindelse, karakter og skæbne. København 1922

[31] Lohmeier schreibt: „Für Oehlenschlägers raschen Erfolg war es möglicherweise gerade ein Vorteil, daß er auf das spezifisch Dänische verzichtete, und wohl auch, daß er als deutscher Dichter nur über eine angelernte, epigonale Sprache verfügte." Dieter Lohmeier: Adam Oehlenschlägers Ruhm in Deutschland. In: Dänische „Guldalder"-Literatur und Goethezeit. Vorträge des Kolloquiums am 29. und 30. April 1982, hrsg. von Klaus Bohnen, Sven-Aage Jørgensen und Friedrich Schmöe. Kopenhagen, München 1982, S. 90 - 108. Hier: S. 105

gemacht - erklären läßt. Doch auch Schweden hat in der deutschen Literatur des späten 18. und frühen 19. Jahrhunderts seine Spuren hinterlassen. Erwähnenswert ist - um nur einige wenige Beispiele zu nennen - die Wirkung des *Geistersehers* Swedenborg, die sich in deutscher Wissenschaft und Dichtung gespiegelt findet, so etwa bei Oetinger („Swedenborgs und anderer irdische und himmlische Philosophie", 2 Bände, 1765) und bei Kant („Träume eines Geistersehers", 1766) und durch Vermittlung der Susanna Katharina von Klettenberg auch bei Goethe, der ihr - und damit indirekt auch Swedenborg - als *schöne Seele* im „Wilhelm Meister" (1796) ein literarisches Denkmal setzte.[32] Auch der Stoffkreis um das Grubenunglück in der schwedischen Stadt Falun muß genannt werden, der immer wieder dichterisch verwertet wurde, unter anderem als Motiv bei Novalis („Heinrich von Ofterdingen", 1802) und Ludwig Tieck („Der Runenberg", 1802), und der auch in Gotthilf Heinrich Schuberts Schrift „Ansichten von der Nachseite der Naturwissenschaft" aus dem Jahr 1808 vermittelt wird.[33]

Johann Gottfried Herders (1744 - 1803) Überlegungen zur altnordischen Überlieferung erst waren es, die einen innovativen Aspekt in die Rezeptionsgeschichte des Nordens brachten und die nur wenig später, in der Romantik, starke Resonanz fanden. Darin ragt vor allem der Gedanke heraus, daß jede Nation eine genuin aus ihrer Kultur entsprungene Mythologie benötige, wie es in dem 1796 veröffentlichten und bereits den Übergang zur Frühromantik markierenden Aufsatz „Iduna, oder der Apfel der Verjüngung"[34] zum Ausdruck kommt. Dabei teilte Herder nicht die Ablehnung, die man dem Mythos zur Zeit der Aufklärung entgegenbrachte, als er lediglich als Bildungszierart ohne Relevanz für die Gegenwart[35] betrachtet wurde. Vielmehr untersuchte er den Mythos unter einer poetologischen Fragestellung, denn ihn beschäftigte die dichterische Nützlichkeit des Mythos als Werkzeug der Einbildungskraft im kreativen Gedankenprozeß.[36] Folgerichtig läßt sich aus der Sprachphilosophie Herders die enge Verbindung von Mythos und Poesie erschließen: Nach Herder liegt die Aufgabe der Sprache nicht primär darin Mitteilungen zu formulieren, sondern in der Ausübung des geistig-kreativen Verfahrens der Namengebung. Ebenso wie der Mythos ist die Sprache Ausdruck einer „positiven Kraft des Denkens".[37] Fast zwangsläufig erscheint deshalb laut Herder die Mythologie im Gewand der Poesie.[38] Zunächst befaßte sich Herder mit der griechischen Mythologie; er strebte jedoch nicht nach einer bloßen Wiederbelebung des Alten, sondern nach einer produktiven Erneuerung, die die eigene Gegenwart widerspiegeln sollte. In seinem Aufsatz „Über den neueren Gebrauch der Mythologie" (1767) forderte Herder bereits, das mythische System der Griechen mit zeitgenössischen Inhalten zu füllen, so daß ein Bezug zur Gegenwart entstünde.[39] In seinem „Iduna"-

---

[32] Gerhardt/Hubatsch, S. 269f.

[33] Vgl. Elisabeth Frenzel: Stoffe der Weltliteratur. Siebente Auflage, Stuttgart 1988, S. 93

[34] Johann Gottfried Herder: Sämtliche Werke. Hrsg. von Bernhard Suphan. 33 Bände. Berlin 1877 - 1913. 18. Band, S. 483 - 502

[35] Manfred Frank: Der kommende Gott. Vorlesungen über die Neue Mythologie. I. Teil. Frankfurt/Main 1982, S. 125; Strich, 1. Band, S. 106

[36] Frank, S. 124 bzw. S. 128

[37] Heinz Gockel: Mythos und Poesie. Zum Mythosbegriff in Aufklärung und Frühromantik. Frankfurt/Main 1981, S. 138

[38] Strich, 1. Band, S. 128

[39] Frank, S. 131

Aufsatz nun war Herder als erster Gelehrter auf die Möglichkeit eingegangen, die nordische Mythologie als Ersatz für die verschollene einheimische zu wählen,[40] da sie die Zeitgenossen anspreche und poetisch fruchtbar sei.[41] Dichterisch seien ohnehin alle alten verwandten Historien der eigenen Geschichte immanent[42] und somit bedenkenlos verwertbar.

Herders Anregungen zur Erneuerung der Mythologie und sein Hinweis auf den Norden wurden von der romantischen Bewegung rege aufgegriffen und verinnerlicht.[43] Neben der wissenschaftlichen Arbeit zu skandinavischer Kultur, Literatur und Sprache, wie sie beispielsweise die Brüderpaare Schlegel und Grimm in dieser Zeit und später betrieben, bildete sich auch ein eigenständiger Nordlandmythos heraus,[44] der dem romantischen Geschichtsverständnis verbunden ist. Konnotiert wird der Norden in der Literatur der Romantik zumeist mit Bildern aus der Sphäre des Astralischen oder Magnetischen,[45] so daß um den Norden eine mysteriöse, zauberische Atmosphäre geformt wird. Die Ferne und Entstofflichung des Nordens, auf welche Bohrer explizit verweist,[46] lassen konkrete historische und politische Vorstellungen und Überlegungen in bezug auf Skandinavien zugunsten utopischer und zukunftsweisender Konzeptionen zurücktreten. Das Bewußtsein einer Zeitenwende verbindet sich mit der Erwartung eines neuen *Goldenen Zeitalters*, das aus dem Norden kommt. Damit eng verbunden ist ein starkes Sendungsbewußtsein, wie es überhaupt in der politischen Romantik des öfteren zum Tragen kommt.[47] Wie also aus diesen kurzen Ausführungen zu ersehen ist, machte sich die deutsche Geisteswelt jetzt massiv nordische Überlieferung zu eigen, indem sie sie mythisierte und damit enthistorisierte[48] und sich des daraus entstandenen Konstrukts nicht nur dichterisch, wie es anhand der Werke Fouqués zu zeigen sein wird, sondern auch politisch bediente, wofür besonders das Schaffen Ernst Moritz Arndts als Beispiel steht - insgesamt eine Tendenz, der sich auch die neubegründete Wissenschaft der *Germanistik* nicht entziehen kann.[49] Diese politisch-ideengeschichtliche Seite der Rezeption des Nordens und der Entwicklung einer *Neuen Mythologie* soll später ausführlicher besprochen werden.

Nicht nur die nordische Dichtung und Mythologie hatte Einfluß auf das Verhältnis der Deutschen zu Skandinavien; erwähnenswert sind vor allem auch die Beziehungen

---

[40] So formuliert von See in bezug auf die deutsche Romantik: „Der Deutsche *erborgt* sich sozusagen vom Skandinavier die nationale Vergangenheit, das nationale Kulturbewußtsein." A. a. O., S 36

[41] Ebd., S. 150

[42] „Im engeren Verstande ist die Alte *Englische, Dänische, Schwedische* und *Fränkische* Geschichte noch immer die Historie unseres Volkes, und wenn ich sie nicht *Historisch* und *Politisch*, sondern *Dichterisch* behandle: und noch bis zu diesem Punkt weiden alle zusammen." Herder, Werke, 2. Band, S. 232

[43] Gockel, S. 14. Vgl. Friedrich Schlegel: Gespräch über die Poesie. Berlin 1800

[44] Man vergleiche zu diesem Themenkomplex die eingehende Darstellung Karl-Heinz Bohrers: Der Mythos vom Norden. Studien zur romantischen Geschichtsprophetie. Köln 1961

[45] Ebd., S. 15. Vgl. hierzu etwa das Märchen im „Heinrich von Ofterdingen" des Novalis.

[46] Ebd., S. 32ff. Vgl. auch Hermann Timm: Ex oriente vox. Das „Abendland" bei Novalis und Hölderlin. In: Dänische „Guldalder"-Literatur und Goethezeit, a. a. O., S. 136 - 159

[47] Bohrer, S. 53ff. Er benennt konkret Görres und Arndt. Vgl. auch Kapitel 9 dieser Arbeit.

[48] von See, S. 36

[49] Ebd., S. 35. Vgl. auch Wolfgang Emmerich: Zur Kritik der Volkstumsideologie. Frankfurt/Main 1971, S. 33ff.

Das Heilige Römische Reich deutscher Nation und seine Beziehungen zu Skandinavien 19

auf der politischen Ebene. Hier ist vor allem die sogenannte *Großmachtzeit* der Ostseeanrainer Schweden/Finnland und Dänemark/Norwegen zu nennen, denn zwangsläufig mußte deren Weg nach Europa über deutsches Gebiet führen. Daher litten besonders Norddeutschland sowie die deutschsprachigen Teile Dänemarks und Schwedisch-Pommern im 17. und 18. Jahrhundert immer wieder unter Kriegswirren, die sich aus dem Vormachtstreben der beiden nordischen Mächte ergaben. So kam es, daß die Skandinavier, die Schweden vor allem,[50] in der Folgezeit des Dreißigjährigen Krieges eher aufgrund ihrer Grausamkeit als durch Leistungen auf kulturellem oder politischem Gebiet unerfreuliche Berühmtheit erlangten. Schnell verwischte sich auf diese Weise der verheißungsvolle Eindruck, den die neue Großmacht unter Gustav II. Adolf hinterlassen hatte, als sie sich im Zeichen des Aufstiegs und der Machtsicherung um eine enge, friedliche und konstruktive Beziehung nicht nur zu Preußen, sondern auch zu anderen Staaten des Heiligen Römischen Reichs deutscher Nation bemühte.

Mit seinem Tod erlosch das Interesse an Gustav II. Adolf keineswegs, und das Urteil, das er in der zeitgenössischen und späteren Literatur erfuhr, war überwiegend positiv - galt doch der Schwedenkönig, der oft als der von Paracelsus angekündigte *Löwe aus Mitternacht* identifiziert wurde, durch sein Eingreifen in den Dreißigjährigen Krieg als Retter des Protestantismus.[51] Sein Tod in der Schlacht ließ ihn zum Heiligen der evangelischen Sache werden,[52] und in der Folgezeit entstand aus seinem Andenken heraus „eine fast neurotische Sehnsucht nach einem König als Vaterfigur und Mythos zugleich".[53] Die Aufklärung - diesbezüglich sei auf Voltaire und Friedrich II. von Preußen verwiesen[54] - formte aus Gustav II. Adolfs historischer Gestalt den vorbildlichen Fürsten schlechthin, der Freiheit schützte und Toleranz verteidigte. Schillers Darstellung des Königs in seiner Schrift „Geschichte des Dreißigjährigen Krieges" (1790 - 1792) wirkte auf die weitere Rezeptionsgeschichte nachhaltig ein: Schillers Darstellung des *Heldenkönigs* nahm bereits nationale und religiöse Ideale der Romantik vorweg, da er ihn „als einen Vorkämpfer der Humanität" zeichnete, „bei dem das nationale Streben mit dem Drang nach einem höheren Menschentum verschmolz".[55] Der christliche Gustav II. Adolf, der ganz im Streben für sein großes Ziel aufgeht, wird auch im ersten Teil der „Wallenstein"-Trilogie (1796 - 1798) beschrieben;[56] zu einem eigenständigen Drama über den Schwedenkönig kam es jedoch nicht, da dessen bruchlose Biographie sich nach Schillers Ansicht lediglich episch hätte verwerten lassen.[57]

Als direkter Nachfolger Schillers in der Gustav II. Adolf-Rezeption des behandelten Zeitraums läßt sich Friedrich Hölderlin betrachten, dessen Jugendgedichte über den König in die gleiche Richtung führen wie Schillers Geschichtsdarstellung: Eingekleidet

---

[50] Zeitgenössische Spiegelungen der *Schwedenangst* finden sich beispielsweise im „Simplizissimus Teutsch" des Grimmelshausen, aber auch in Gedichten des Simon Dach. Vgl. Hubatsch: Die Deutschen und der Norden, a. a. O., S. 44

[51] Vgl. die von Hubatsch a. a. O., S. 32f. abgedruckten Flugblätter aus dieser Zeit.

[52] Felix Berner: Gustav Adolf. Der Löwe aus Mitternacht. Stuttgart 1982, S. 480

[53] Günter Barudio: Gustav Adolf - der Große. Eine politische Biographie. Frankfurt/Main 1982, S. 9f.

[54] Berner, S. 482

[55] Ebd., S. 482

[56] Hubatsch, S. 66

[57] Frenzel, S. 270

Abbildung 1: Karl XIV. Johann von Schweden als Kronprinz

in religiöse Metaphorik wird der „Retter der Freiheit", der „Erwäger des Rechts" und der „Schützer der Frommen" idealisiert gefeiert.[58]

Ähnlichen Ruhm wie der Begründer der Großmacht Schweden, Gustav II. Adolf, konnte bei seinen Zeitgenossen auch jener König erringen, der das schwedische

---

[58] Vgl. Friedrich Hölderlin: Sämtliche Gedichte. Studienausgabe in zwei Bänden. Hrsg. und kommentiert von Detlev Lüders. Bad Homburg v. d. H. 1970, S. 65

Reich letztlich wieder dieser Stellung beraubte - Karl XII. Schon zu Lebzeiten umstritten und als schillernde Persönlichkeit gefeiert oder abgelehnt, wurde er während der Epoche der Romantik in Schweden zu einem nationalen Symbol stilisiert.[59] Doch auch im deutschsprachigen Raum wurde sein primär militärisches Wirken reflektiert, und so widmete ihm Johann Jacob Schmauß 1719 - ein Jahr nach Karls Tod vor Frederikshald - eine Biographie, welche seine Ruhmestaten hervorhebt. S. Faber gar verfaßte zwischen 1702 und 1719 eine zehnbändige Lebensbeschreibung, deren Grundtenor ebenfalls positiv ist.[60] Die Beschreibung, die dagegen Friedrich II. von Preußen in seiner Zeitgeschichte liefert,[61] ist differenzierter und urteilt über Karl XII. von einem streng aufklärerischen Standpunkt aus. Des Königs offensichtliches Abweichen von dem modellhaften Herrscherbild, wie es Friedrich II. am Beispiel Gustavs II. Adolf zu rühmen wußte, begründet seine negative Beurteilung Karls, obwohl er seine militärischen Fähigkeiten anerkennt, und genau darin trifft sich Friedrichs Einschätzung des jungen Kriegerkönigs mit der Voltaires.[62]

Ein weiterer Hoffnungsträger Skandinaviens, in den zunächst auch von deutscher Seite her viel Vertrauen gesetzt wurde, war der im August 1810 zum schwedischen Thronfolger gewählte Jean Baptiste Bernadotte, ein ehemaliger General Napoleons, von dem man sich in Schweden aufgrund seiner militärischen Erfahrung und seiner französischen Abstammung eine starke und Sicherheit nach außen verheißende Staatsführung erhoffte. Bernadottes Ziel war der Erwerb Norwegens, das sich damals in dänischem Besitz befand, für Schweden, und um sich auf diplomatischem Gebiet weitgreifende Unterstützung zu sichern, bemühte sich der schwedische Thronfolger um gute Beziehungen zu den deutschen Territorien. Da sich damals auch die Beziehungen Schwedens zu Frankreich spürbar verschlechtert hatten und es 1812 schließlich zum Bruch kam, zog Bernadotte eine Beteiligung seiner Truppen an dem geplanten deutschen Volksaufstand gegen Napoleon in Erwägung, ein Plan, dem man von offizieller deutscher Seite her mit unverhohlenem Mißtrauen begegnete.[63] August Wilhelm Schlegel, der 1812 nach Stockholm geflüchtet war, unterstützte Bernadotte publizistisch in seinen Bestrebungen zur Inbesitznahme Norwegens;[64] seine Schriften sollten gerade die skeptischen Deutschen von der Berechtigung der schwedischen Forderung überzeugen. Auf deutscher Seite erklärte man sich schließlich damit einverstanden, um Bernadotte und seine militärische Unterstützung nicht zu verlieren. Welch große Hoffnung zahlreiche Deutsche in die Nordarmee und ihren Führer setzten, beweist nicht nur die Abordnung, die man vom Hamburger Senat aus am 24. Mai 1813 mit der Bitte um Unterstützung an Bernadotte absandte,[65] sondern auch ein Preisgedicht, verfaßt von einem Herrn Held anläßlich des Einzugs Bernadottes in Berlin im gleichen Jahr, das an dieser

---

[59] Gerd Wolfgang Weber: Die schwedische Romantik (1810 - 1830). In: Neues Handbuch der Literaturwissenschaft. Band 16: Europäische Romantik III. Restauration und Revolution. Hrsg. von Norbert Altenhofer und Alfred Estermann. Wiesbaden 1985, S. 387 - 412. Hier: S. 387f.

[60] Hubatsch, S. 50

[61] Ebd., S. 51ff.

[62] Frenzel, S. 409

[63] Hubatsch, S. 89; Gerhardt/Hubatsch, S. 297

[64] Gerhardt/Hubatsch, S. 299 und auch S. 301, weitere publizistisch-propagandistische Aktivitäten Schlegels im Dienste Bernadottes betreffend.

[65] Ebd., S. 303

Stelle in gekürzter Form, in der sich jedoch alle gängigen Versatzstücke des Nordlandmythos der vorausgegangenen Zeit wiederfinden, wiedergegeben werden soll:

> O Lux Dardania! Spes o tutissima Teucrum!
> Sei willkommen, langersehnter Retter!
> Heller Stern aus Norden, sei willkommen!
> Morgenröte in der Mitternacht!
> Nimm die Kraft und sei der geist'ge Leiter
> Einer Masse, die sich selbst verkennt!
> Unsern Schwertern, unsern Lanzen fehlet
> Die Idee nur für das Siegesziel.
> Gib uns die Idee! Wir sind gestählet
> Von der Leiden drückendem Gefühl.
> Skald' und Barde singen Heldenlieder;
> Ihre Harfen trennt nicht mehr der Sund;
> und Thuiskons Götter steigen nieder,
> Segnend Skandiens und Deutschlands Bund.[66]

Die Verknüpfung von gesamtgermanischem Mythos und Politik,[67] die aus dem zitierten Gedicht deutlich herausklingt, wird zu einem wichtigen Merkmal der politischen romantischen Bewegung,[68] und auch die damals sich entwickelnde politische Germanistik ist von ihr geprägt.

---

[66] In: Der Feldzug des Kronprinzen von Schweden im Jahre 1813 und 1814 bis zum Frieden mit Dänemark; mit Hinsicht auf die dadurch herbeigeführten Ereignisse in Norddeutschland und Holland. Leipzig 1814, S. 51ff. Zit. nach Hubatsch, S. 89

[67] Vgl. beispielsweise Jacob Grimms Schriften „Deutsche Grammatik" (1819 - 1837) und „Geschichte der deutschen Sprache" (1848), worin ein gemeinsamer Ursprung der deutschen und der skandinavischen Sprachen und Überlieferungen angenommen wird. Vgl. von See, S. 35

[68] Vgl. dazu Kapitel 5 dieser Arbeit.

3
Geschichte und Ideologie

Zu den historischen und ideengeschichtlichen Voraussetzungen und Gegebenheiten in Dänemark, Schweden und im Heiligen Römischen Reich deutscher Nation

Dänemark

Dänemarks Teilhabe zugleich an der nordischen als auch an der kontinentaleuropäischen Geschichte und Tradition war für das Land stets prägend. Im Vergleich zu den deutschen Verhältnissen läßt sich bereits im frühen Mittelalter eine Machtbündelung innerhalb des dänischen Kerngebiets feststellen. Unter König Gorm (935 - 945) wurde Schleswig, das einstige schwedische Haithabu, erobert; die Mark Schleswig wurde 1025 vom Römischen Reich an Dänemark abgetreten.

Lange Zeit blieb die Stellung der Herzogtümer Schleswig und Holstein dem dänischen bzw. Römischen Reich gegenüber ungeklärt, bis nach dem Aussterben des 1100 von Kaiser Lothar als Territorialherren eingesetzten Geschlechts der Schauenburger der dänische König Christian I. (1448 - 1481) aus dem oldenburgischen Haus von den Ständen der Herzogtümer zum Herzog von Schleswig und Grafen von Holstein gewählt wurde. Beide Territorien waren somit durch Personalunion verbunden - „dat se bliven ewich tosamende ungedeelt"[69] -, und König Christian I. wurde zum Untertanen des deutschen Kaisers, indem er das reichsunmittelbare Territorium Holstein, dem 1474 Stormarn, Wagrien und Dithmarschen zugeschlagen wurden, übernahm. Ab 1548 wurde das Lehen unmittelbar durch den Kaiser vergeben. Konnte die Teilung der Herzogtümer von 1490 noch durch König Friedrich I. von Dänemark (1523 - 1533) überwunden werden, so führten die Teilungen von 1544 und 1581 dazu, daß dort mit dem Herzog von Gottorp unter komplizierten politischen Beziehungen[70] eine zweite Macht heranwuchs, deren Ansprüche auf das schleswig-holsteinische Gebiet erst im Zuge des Nordischen Kriegs (1700 bis 1721) gewaltsam niedergerungen werden konnten. Der Kopenhagener Vertrag, den Rußland und

---

[69] Zitiert nach Otto Brandt: Geschichte Schleswig-Holsteins. Ein Grundriß. Fünfte Auflage, neu bearbeitet und bis an die Gegenwart geführt von Dr. Wilhelm Klüver. Mit Beiträgen von Prof. Dr. Herbert Jankuhn. Kiel 1957, S. 111

[70] Die Verhältnisse waren folgende: Der dänische König war als Träger der dänischen Krone Oberlehnsherr von Schleswig sowie Herzog von Schleswig und Holstein in Gemeinschaft mit dem Herzog von Gottorp, wobei der König für Holstein die Stellung eines Lehnsmanns des deutschen Kaisers einnahm. Als solcher war er Mitregent des gemeinschaftlichen Anteils und Regent des königlichen Anteils beider Herzogtümer. Der Herzog von Gottorp war Lehnsmann des dänischen Königs als Herzog von Schleswig und Herzog von Schleswig und Holstein, wobei er für Holstein als Lehnsmann des deutschen Kaisers auftrat. So war er auch Mitregent des gemeinschaftlichen Anteils und Regent des herzoglichen Anteils beider Herzogtümer. Durch diese komplizierte Situation waren Konflikte zwischen den beiden Fürsten voraussehbar. Brandt, S. 141. Martin Gerhardt/Walther Hubatsch: Deutschland und Skandinavien im Wandel der Jahrhunderte. Zweite, verbesserte und bis an die Gegenwart geführte Auflage, Darmstadt 1977, S. 137f.

Dänemark am 22. April 1767 miteinander schlossen, und die Abtretung weiterer Sonderburger Besitztümer an Dänemark banden Schleswig-Holstein zunächst völlig an das nordische Reich, und damit wurde auch der Aufbau des dänischen „Helstat" abgeschlossen.

Die Vormachtstellung im Ostseeraum und die daraus resultierenden kriegerischen Auseinandersetzungen mit Schweden prägten die dänische Politik des 17. Jahrhunderts wesentlich und hatten auch maßgebliche innenpolitische Folgen.[71] Im Herbst 1660 rief König Friedrich III. die dänischen Reichsstände - Adel, Bürgerschaft und Geistlichkeit - zu einer Beratung zusammen, die Reformen zum Zweck der finanziellen Sanierung des Reichs herbeiführen sollte. Es waren die alten Adelsprivilegien der Nichtbesteuerung von Hab und Gut, die der König abgeschafft sehen wollte. Bürgerschaft und Geistlichkeit unterstützten den König in seinem Bestreben in der Hoffnung, dafür politische und gesellschaftliche Gleichstellung zu erlangen. Dem dänischen Herrscher wurde durch die Annullierung der Handfeste von 1648, die den Ständen Schutz gegenüber den Machtbestrebungen des Königs hatte gewähren sollen, eine noch nicht gekannte Machtfülle zugesprochen,[72] die er in den folgenden Jahren weiter ausbauen konnte, die Stände jedoch wurden in ihren Hoffnungen auf Gleichberechtigung enttäuscht, der Adel entmachtet.

Die Rolle des Absolutismus und seiner Folgen in der Geschichte Dänemarks wird in der Forschungsliteratur im allgemeinen positiv bewertet;[73] vor allem wird dabei auf die Reformtätigkeit besonders unter den Bernstorffs verwiesen[74] sowie auf die lange Friedenszeit, die Dänemark während dieser Epoche erlebte,[75] und die dort herrschende Wohlfahrt.[76]

Die Einführung des Absolutismus in Dänemark im Jahre 1660 brachte nicht nur die Etablierung einer neuen Regierungsform mit sich, sondern trug auch dazu bei, die Stellung des dänischen Adels grundlegend zu verändern. Der Schulterschluß zwischen Bürgerstand und Klerus gegen ihn, der auf eine Machtbalance der Stände untereinander abzielte,[77] entschied über eines der wichtigsten adeligen Privilegien, die Steuerfreiheit, dahingehend, daß dem König künftig die Entscheidungsgewalt

---

[71] Vgl. zu den folgenden Ausführungen Ernst Ekman: Das dänische Königsgesetz von 1665. In: Walther Hubatsch (Hrsg.): Absolutismus. Darmstadt 1973, S. 223 - 237. Hier: S. 223ff. und Kersten Krüger: Absolutismus in Dänemark - ein Modell für Begriffsbildung und Typologie. In: Ernst Hinrichs (Hrsg.): Absolutismus. Frankfurt/Main 1986, S. 65 - 94. Hier: S. 73ff.

[72] Krüger, S. 75f.; Das Zeitalter des Absolutismus und der Aufklärung 1648 - 1779. Herausgegeben und verfaßt von Günter Barudio. Frankfurt/Main 1981 (= Fischer Weltgeschichte, Band 25), S. 165f.

[73] Beispielgebend seien an dieser Stelle einige Vertreter genannt: Aage Friis: Die Bernstorffs. Erster Band: Lehr- und Wanderjahre. Ein Kulturbild aus dem deutsch-dänischen Adels- und Diplomatenleben im achtzehnten Jahrhundert. Leipzig 1905, S. 10; Ekman, S. 227; Krüger, S. 72f. und S. 79ff.; Maria Eysell (Wohlfahrt und Etatismus. Studien zum dänischen Absolutismus und zur Bauernbefreiung 1787/88. Neumünster 1979) weist implizit darauf hin, daß es letztlich die Entwicklung vom „persönlichen Regime" hin zur „aristokratischen Bürokratie" war, die dem Reich Frieden und Wohlfahrt brachte. S. 48 und S. 62ff. Vgl. auch Friis, S. 12

[74] Vgl. Eysell, a. a. O., S. 61ff. und 101ff.

[75] Erst die Auswirkungen der napoleonischen Kriege zogen wieder das gesamte dänische Reich in Kriegshandlungen hinein.

[76] Ekman, S. 227, zitiert Voltaire: „Die Wohlfahrt hat seit über hundert Jahren auf dem Thron Dänemarks Platz genommen. Glücklich ein so regiertes Land."

[77] Aus dieser Machtbalance, die die beiden unteren Stände anstrebten, entwickelte sich faktisch kein eigentliches Gleichgewicht, sondern eine Ausbalancierung der Stände gegeneinander, die der autonomen

Zu den historischen und ideengeschichtlichen Voraussetzungen... 25

über die Reichsfinanzen zukommen sollte. Der Beschluß, alle Stände gleichmäßig zu besteuern, führte dazu, daß die dänischen Adeligen ihre wirtschaftliche Unabhängigkeit einbüßten. Doch auch politisch wurde der dänische Adel ausmanövriert, denn die zentralen Ämter am Hof, in der Armee und im diplomatischen Dienst wurden zunehmend mit Adeligen aus den Herzogtümern besetzt.[78] Das dänische Volkselement trat somit in den Regierungs-, Militär- und Verwaltungsbereichen immer stärker zurück, und die Dominanz der Repräsentanten des deutschen Volksteils begann sich zu verfestigen. Sie sollte ungeschmälert bis zum Sturz Struensees im Jahr 1772 andauern.

In der Zeit nach 1730 war es die Aufgabe des Reichsrats, der den „Helstat" Dänemark im Auftrag des Königs regierte, ganzstaatlich orientiert und somit integrativ zu regieren.[79] Bis zur Mitte des 18. Jahrhunderts ergaben sich keine nennenswerten nationalen Differenzen - man war dänisches Staatsmitglied, und als gleichgültig konnte gelten, welchem Landesteil man entstammte,[80] wobei jedoch in Regierung, Verwaltung und Heer hierarchische Gliederungen durchaus üblich waren, denn die deutsche und die dänische Volksgruppe waren tonangebend im politischen und geistigen Leben Dänemarks. Die norwegische trat dahinter zurück, und die isländische wurde gar verachtet. Dennoch leisteten diese beiden Nationalitäten durch die Erschließung ihres kulturellen Erbes einen wichtigen Beitrag zur Entwicklung des Selbstverständnisses des dänischen „Helstat" und seiner Bewohner im 17. und 18. Jahrhundert hinsichtlich einer Geschichts- und Kulturkontinuität, aus der heraus sich in der geistigen Auseinandersetzung mit Schweden seine Stellung als führender nordischer Staat argumentativ vertreten ließ.[81] Und sieht man auf die Rezeption des Nordischen in Europa, dann ist dieser norwegisch-isländische Beitrag in Form der eddischen Mythologie und der altisländischen Dichtung und Historiographie überwältigend!

Die frühen *Nationalbewegungen* Skandinaviens, die sich als Folge der Aufarbeitung historischer und kultureller Dokumente im Zuge des Humanismus bildeten, trugen wissenschaftlich geringe Früchte - ging es doch den daran beteiligten dänischen und schwedischen Gelehrten allein darum, die Vormachtstellung des jeweiligen Vaterlands im nordischen Kontext durch einschlägige Zeugnisse zu belegen

---

Stellung des Königs dienlich sein sollte und einer weiteren Dissoziierung von Staat und Gesellschaft förderlich war, da sie die staatliche Gewalt über die Gruppeninteressen zu stellen half. Vgl. dazu Krüger, S. 79f.

[78] Gerhardt/Hubatsch, S. 210ff.

[79] Ole Feldbæk: Danmarks Historie, bind 4: Tiden 1730 - 1814. København 1982, S. 61f.

[80] „Indtil ud over det 18. Aarhundredes Midte levede de forskellige Nationaliteter i fuldkommen Harmoni. Fra Nordkap til Elben følte man sig som *Danske*. Om bevidste nationale Modsætninger var der ingen Tale. I sit væsen var Helstaten unational." (Bis weit über die Mitte des 18. Jahrhunderts hinaus lebten die verschiedenen Nationalitäten in vollkommener Harmonie. Vom Nordkap bis zur Elbe fühlte man sich als *Dänen*. Es war keine Rede von gewissen nationalen Gegensätzen. In seinem Wesen war der Helstat unnational.) Axel Linvald: Oplysningens Tidsalder. In: Det danske folks historie. Skrevet af danske historikere. Redigeret af Aage Friis, Axel Linvald, M. Mackeprang. VI. Bind: Det danske folk under enevælden. København 1928, S. 207. S. auch Friis, S. 66f.

[81] Es soll diesbezüglich nicht vergessen werden, daß es Dänemark war, das immer wieder den Geist der *Kalmarer Union* im Sinne einer Einheit der drei nordischen Staaten beschwor, so beispielsweise 1809, als die schwedische Nachfolge ungesichert war, und nach 1814, als die Nationen des Nordens sich einander im Sinne einer panskandinavischen Union anzunähern begannen. Vgl. Gerhardt/Hubatsch, S. 294f. und S. 329ff.

und dadurch ideologisch das sich entwickelnde Großmachtstreben ihrer Herrscher zu legitimieren, weshalb Leopold Magon diesbezüglich vom „Kampf um die Vorzeit" spricht.[82] So wurde der Däne Saxo Grammaticus gegen Jordanes ins Feld geführt, das sogenannte *Gotländische Dokument* gegen Rudbecks „Atlantica" ausgespielt.[83] Man stritt um die Erfindung des Runenalphabets und das Alter der jeweiligen Volkslieder. Produktiv war der Streit insofern, als wenigstens eine Sammeltätigkeit einsetzte, der die Nachwelt beispielsweise Ausgaben dänischer Volksweisen[84] oder Ole Worms Schrift über das Runenalphabet[85] verdankt, womit nur zwei wichtige Editionen genannt sind.

Ein maßgeblicher Vorteil im Streit Schwedens und Dänemarks ergab sich mit Hilfe der verachteten Isländer, denn auch auf Island begannen im 17. Jahrhundert Gelehrte, Dokumente der nationalen Kultur aufzuspüren und zu sammeln. Dabei kam dem durch Ole Worm angeregten Bischof Brynjulfr Sveinsson das Verdienst zu, 1643 die sogenannte *Ältere Edda* entdeckt zu haben.[86]

Die Handschriften, die auf Island gefunden wurden, deklarierte man formell zum Eigentum des dänischen Reichs, zu dem Island zwischen 1380 und 1944 gehörte, und so wurden die Originale nach Kopenhagen verbracht, wo sie in der Universitätsbibliothek aufbewahrt wurden; große Teile der Handschriften handelten von dänischen Vorzeitkönigen, über die entweder in den Sagas oder in Gedichtform berichtet wurde, so daß eine Identifikation der Dänen mit der isländischen Kulturüberlieferung nicht unlogisch erscheint.

Auf diese Weise gelang es den Dänen, eine glorreiche Vorzeit und kulturelle Blüte vorzuweisen, die sie sich von den Isländern entliehen hatten, ähnlich wie es später die Deutschen bezüglich der nordischen Mythologie tun sollten.[87] Der dänische König stand somit - als Herrscher auch über Island - in einer langen Geschichts- und Kulturtradition, welche sich ideologisch als Kontinuität verwerten ließ und welche die verschiedenen Nationalitäten des dänischen Reichs miteinander verbinden konnte. Der König verleibte also sich und seiner Dynastie die verschiedenen nationalen Kulturerträge ein, um so durch seine eigene Person ein Garant für die integrative Bindung der Reichsteile untereinander zu sein.

Diese Integrität ließ sich in Dänemark bis zu dem Zeitpunkt aufrecht erhalten, als der Staat von sich aus die implizierte Gleichberechtigung der drei Nationalitäten des dänischen Reichsverbands aus der Balance gleiten ließ. Diese Balance hielt sich

---

[82] Leopold Magon: Ein Jahrhundert geistiger und literarischer Beziehungen zwischen Deutschland und Skandinavien 1750 - 1850. Erster Band: Die Klopstockzeit in Dänemark. Johannes Ewald. Dortmund 1926, S. 357. Die nordische Mythologie, die sich aus den Quellen erschloß, wurde von zahlreichen Forschern als *entstellte Geschichte* (Euhemerismus) verstanden, die Dokumente als Geschichtsquellen. Flemming Lundgreen-Nielsen: N. F. S. Grundtvigs Auffassung der nordischen Mythen in seiner Forschung und Dichtung. In: Dänische „Guldalder"-Literatur und Goethezeit. Vorträge des Kolloquiums am 29. und 30. April 1982, hrsg. von Klaus Bohnen, Sven-Aage Jørgensen, Friedrich Schmöe. Kopenhagen, München 1982, S. 160 - 191. Hier: S. 162f.

[83] Zu Jordanes, Olof Rudbeck und dem Goticismus vgl. die Abteilung dieses Kapitels, die sich mit Schweden befaßt. Genauere Informationen zu den genannten Stichworten liefert Magon, S. 358.

[84] Anders Sørensen Vedel: Hunderede udvalgte danske viser. København 1591

[85] Ole Worm: Runir seu Danica Literatura antiquissima. København 1636/1651

[86] Max Kämmerer: Der Held des Nordens von Friedrich Baron de la Motte Fouqué und seine Stellung in der deutschen Literatur. Rostock 1909, S. 11

[87] Klaus von See: Deutsche Germanen-Ideologie. Frankfurt/Main 1970, S. 35f.; Otto Springer: Die Nordische Renaissance in Skandinavien. Stuttgart, Berlin 1936, S. 6

Zu den historischen und ideengeschichtlichen Voraussetzungen... 27

unter dem langen, klugen Regiment des Geheimen Rats Johann Hartwig Bernstorff (1751 - 1770), der selbst aus deutschem Adel stammte, aufrecht, obwohl in der Regierung des damaligen dänischen Königs Friedrich V. (1746 - 1766) das deutsche Element überwog[88] und die Amtssprache gleichfalls deutsch war.[89] Auch ist in der Forschung bereits mehrfach dargestellt worden, daß das zeitgenössische Geistesleben Dänemarks eindeutig deutsch dominiert war.[90] Dennoch zeichnete sich damals keine willkürliche Präferenz des Deutschen ab; vielmehr gelang es der Regierung, wie Aage Friis in dem bereits mehrfach herangezogenen Beitrag darstellt,[91] überzeugend, allen Landesteilen gleich dienliche Arbeit zu leisten.[92]

Etwa parallel zu der Krise des Absolutismus, die sich schon bald nach der Thronbesteigung Christians VII. (1766 - 1784) abzuzeichnen begann, denn der geistig kranke König war nicht in der Lage, die ihm gegebene Machtfülle zu verwalten, zeichnete sich auch eine erste Krise innerhalb der Reichsnationalitäten ab, die sich bis 1789 zu einem ersten Höhepunkt steigern sollte. Verschiedene Gründe waren dafür maßgeblich. Zum einen führte das despotische Regime des Hofarztes und Königinnengünstlings Struensee, das von 1770 bis 1772 währte, dazu,[93] daß sich eine national motivierte dänische Opposition zur deutschen regierenden Schicht bildete;[94] es war das erste Mal in der Geschichte des „Helstat", daß die nationalen Gegensätze offen zutage traten. Axel Linvald weist darauf hin, daß sich der deutsche Bevölkerungsanteil des Reichs, der im wesentlichen die gesellschaftliche Oberschicht

---

[88] Friis, S. 64

[89] Ebd., S. 65

[90] Magon, S. 144ff., S. 195ff., S. 206; Th. A. Müller: Oplysningens Aandsliv. In: Det danske folks historie, a. a. O., S. 295; Springer, S. 31f.

[91] A. a. O., S. 10 und S. 66

[92] „Helstaten kunne opretholdes, så lange inflydelsesrige befolkningsgrupper i de enkelte statsdele fölte, at deres interesser blev varetaget bedre inden for monarchiet end uden for - eller i det mindste lige så godt. I den udstrækning denne forudsætning bortfaldt - og i den udstrækning den gryende nationalfølelse begynde at spille en politisk rolle - blev den danske enevældes helstatspolitik stillet over for en i længden håbløs opgave." (Der Helstat konnte aufrechterhalten werden, solange einflußreiche Gruppen der Bevölkerung in den einzelnen Staatsteilen fühlten, daß ihre Interessen innerhalb der Monarchie besser wahrgenommen werden konnten als außerhalb davon - oder zumindest ebenso gut. Je stärker diese Voraussetzung in Frage stand - und je stärker das erwachende Nationalgefühl eine politische Rolle zu spielen begann - wurde die Helstatspolitik des dänischen Absolutismus vor eine im großen und ganzen hoffnungslose Aufgabe gestellt.) Feldbæk, S. 63

[93] Günter Barudio stellt die Herrschaft Struensees als symptomatisch für die Unmoral der absoluten Macht um den Monokraten dar. In: Das Zeitalter des Absolutismus und der Aufklärung, a. a. O., S. 184f. Vgl. auch Vibeke Winge: Dansk og tysk i 1700-tallet. In: Ole Feldbæk (ed.): Dansk identitetshistorie 1: Fædreland og modersmål 1536 - 1789. København 1991, S. 89 - 110. Hier: S. 107f.

[94] Winge, S. 108ff.; Svend Cedergreen Bech: Oplysning og Tolerance 1721 - 1784. Danmarks Historie, Bind 9. Under redaktionen af John Danstrup og Hal Koch. København 1965, S. 505. Zwar hatte bereits Holberg die Wiederbelebung des Dänischen durch Sprachstudien angestrebt (Barudio, a. a. O., S. 185f.) und auch eine dänische Geschichte verfaßt, die sich streng an den Quellen orientierte; sie erschien ab 1732 und richtete sich u. a. gegen das klischierte Germanenbild eines Mallet. Allerdings fand sein vom Geist der Aufklärung geprägtes Geschichtswerk nicht die verdiente Beachtung, da dem Zeitgeschmack eher Werke von der Machart der Malletschen „Documents" zusagten, deren ideologischer Wert sie vor allem auszeichnete (Magon, S. 360). Auch für Holbergs Sprachforschung war die Zeit noch nicht reif; erst nach 1772 und im Zuge der patriotischen dänischen Bewegung der Guldberg-Zeit wurden derartige Studien systematisch und aus nationalen Gründen heraus betrieben. Magon, S. 409; Brandt, S. 170; Ole Feldbæk: Fædreland og Indfødsret. 1700-tallets danske identitet. In: Dansk identitetshistorie 1, a. a. O., S. 111 - 230. Hier: S. 119

bildete, in seinem kulturellen Interesse ganz auf „Deutschland" bezog, eine Tendenz, die sich zum Ende des 18. Jahrhunderts hin verstärkte, so daß kaum je ein Zusammenwirken mit dänischen Kulturschaffenden zustande kam.[95]

Nach dem Sturz und der Hinrichtung Struensees im Jahre 1772 trat der deutsche Einfluß in Dänemark schlagartig zurück, und die Dominanz der Dänen im Reich begann, so daß sich mit Linvald von „de svage Begyndelser til en national Modsætning" (den schwachen Anfängen eines nationalen Gegensatzes)[96] sprechen läßt. Unter dem neuen Ersten Minister Ove Höegh-Guldberg wurden verschiedene Gesetze eingebracht, die das Dänische zur Amts- und Staatssprache erklärten. So wurde dänisch bereits 1772 zur Kommandosprache der Armee, und 1776 erließ man das in diesem Zusammenhang besonders bedeutsame *Indfødsretslov* (Indigenatsgesetz), das es lediglich dänischen Staatsangehörigen erlaubte, ein Staatsamt in Dänemark zu bekleiden.[97] Davon waren zwar die Einwohner der Herzogtümer Schleswig-Holstein nicht betroffen, doch war es offensichtlich, daß man den deutschen Einfluß in Dänemark massiv einschränken wollte. Dazu kam eine weitere Beschneidung deutscher Sonderrechte: 1773 wurden die Herzogtümer dem „Helstat" eingegliedert und ihre relative Eigenständigkeit damit stark eingeschränkt. Als 1784 Andreas Peter Bernstorff als Erster Minister des „Helstat" seinem Onkel und Höegh-Guldberg im Amt nachfolgte, konnte zwar die sachbezogene, auf soziale Reformen bedachte Politik der Zeit vor Struensee wieder aufgenommen werden, die Balance zwischen der dänischen und der deutschen Volksgruppe wurde jedoch nicht wieder hergestellt, und nach dem Tod des jüngeren

---

[95] Es sei denn, daß dänische Künstler Kontakt zu den deutschen Dichtern suchten, wofür Johannes Ewald als Beispiel dient. Jedoch gab Ewald seine dänische Tradition aufgrund dieser kulturellen Wechselbeziehungen nie auf. Vgl. Magon, S. 284ff. und S. 354; Springer, S. 31ff. S. auch Leif Ludwig Albertsen: Ewalds Verskunst. Bemerkungen gegen die These vom großen Einfluß Klopstocks. In: Deutsch-dänische Literaturbeziehungen im 18. Jahrhundert. Akten des Kolloquiums am 9. und 10. Oktober 1978 vom Institut für germanische Philologie der Universität Kopenhagen in Zusammenarbeit mit dem Deutschen Kulturinstitut Kopenhagen, veranstaltet und geleitet von Klaus Bohnen, Sven-Aage Jørgensen und Friedrich Schmöe. München 1979, S. 105 - 131

[96] A. a. O., S. 209. „Modsætningen var først og fremmest politisk, og Landbosagen det vigtigste Stridspørsmål. Den nationale Forskel spillede dog sin Rolle og gav den Farve. Guldberg klagede over den ubillige *Holsteinismus*; i den Bernstorffske Kreds spottede man til Gengæld over hans *Danizismus*. Ikke uden Grund talte man om et *dansk* og et *tysk* Parti." (Der Gegensatz war zuerst und vor allem politisch, und die Frage der Leibeigenschaft der Bauern die wichtigste Streitfrage. Der nationale Unterschied spielte seine Rolle und gab die Würze. Guldberg klagte über den unbilligen *Holsteinismus*; im Bernstorffschen Kreis spottete man im Gegenzug über seinen *Danizismus*. Nicht ohne Grund sprach man von einer *dänischen* und einer *deutschen* Partei.) Ebd., S. 209

[97] Brandt schreibt dazu: „Dieses Gesetz, das sich nicht gegen die Bewohner der Herzogtümer richtete, aber das gesamtstaatliches Bewußtsein haben sollte, war von einem unverkennbar dänisch-nationalen Standpunkt aus diktiert. Wohl wurde ein gemeinsames Recht für alle Eingeborenen begründet und jedem nur die Erfüllung der Bedingungen, die in den einzelnen Ländern für den öffentlichen Dienst oder gewisse Arten desselben vorgeschrieben waren, verlangt, aber es war doch nicht mehr möglich, daß in Zukunft Männer wie die Bernstorffs oder Schimmelmann dem Gesamtstaat ihre Kräfte widmen konnten und daß das deutsche Element in Dänemark durch Zuzug aus den Gebieten jenseits der Elbe eine weitere Stärkung erfuhr." A. a. O., S. 171. Vgl. auch Feldbæk, S. 197ff. und Lorenz Rerup: Fra litterær til politisk nationalisme. Udvikling og udbredelse fra 1808 til 1845. In: Dansk identitetshistorie 2: Et yndigt land 1789 - 1848. København 1991, S. 325ff.

Zu den historischen und ideengeschichtlichen Voraussetzungen... 29

Abbildung 2: Beschießung Kopenhagens durch die Engländer

Bernstorff 1797 wurde die Danisierung des gesamten dänischen Reichs verstärkt betrieben.[98]

Sowohl in Schleswig-Holstein als auch in Norwegen lassen sich zu Beginn des 19. Jahrhunderts erste Separationsbestrebungen bzw. Emanzipationsbewegungen festmachen, die an dieser Stelle nur kurz Erwähnung finden sollen. In Schleswig-Holstein schloß sich eine Gruppe um den ehemaligen dänischen Staatsbediensteten Graf Fritz Reventlow zusammen, die nach dessen Gut, wo man sich regelmäßig traf, Emkendorfer Kreis genannt wurde.[99] Man verfocht innerhalb dieser Gruppe massiv die überkommenen Rechte der schleswig-holsteinischen Ritterschaft und suchte auf diese Weise gegen die zentralisierende Politik Friedrichs VI. zu wirken, da man sich

---

[98] Die Einheit des Reichs, früher in der Person des Monarchen und durch die Mythologie übernational propagiert, sollte gegen Ende des 18. Jahrhunderts durch die Sprache der dänischen Mehrheit gesichert werden, ein Mittel, das Axel Linvald in seiner Fehlschlüssigkeit darstellt: „Naar Frederik VI vilde have Lovene udstedt paa Dansk for 'at udbrede Kundskab til dette Sprog i Hertugdømmerne' eller ved Jens Baggesens Udnævnelse til Professor i dansk Sprog og Literatur ved Universitetet i Kiel, erklærede Sproget for 'et af de naturligste og sikreste Midler til at grundfæste og vedligeholde National-Enheden', var han inde i en Tankegang, som videre udviklet maatte føre til Brud paa de nationale Forudsætninger for den dansk-tyske Helstat." (Indem Friedrich VI. die Gesetze auf dänisch erlassen haben wollte, um „in den Herzogtümern die Kenntnis dieser Sprache zu verbreiten" oder mit Jens Baggesens Ernennung zum Professor für dänische Sprache und Literatur an der Universität zu Kiel, die Sprache erklärend zu „einem der natürlichsten und sichersten Mittel zur Begründung und zum Erhalt der nationalen Einheit", geriet er in einen Gedankengang, der weiter ausgeführt zum Bruch der nationalen Voraussetzungen des dänisch-deutschen Helstat führen mußte.) A. a. O., S. 219. Vgl. auch Brandt, S. 184

[99] Vgl. dazu Fritz Valjavec: Die Entstehung der politischen Strömungen in Deutschland 1770 - 1815. München 1951, S. 262ff. und Brandt, S. 181ff.

als deutsche Volksgruppe im „Helstat" nicht mehr adäquat vertreten fühlte.[100] Auch in Norwegen begann vor 1800 bereits der innere Ablösungsprozeß von Dänemark,[101] der in der Hauptsache wirtschaftliche Gründe hatte: Man wollte freier Handel treiben, als es das dänische Regiment zuließ. Durch das erfolgreiche Streben nach größerer ökonomischer Eigenständigkeit wuchs auch das nationale Selbstwertgefühl, ohne daß es im großen und ganzen zu ernsthaften Separationsbestrebungen kam, obwohl die auch in Norwegen um die Jahrhundertwende bereits existierenden radikalen Kräfte die Unabhängigkeit begrüßt hätten.[102] Daraus erklärt sich, weshalb diese Nationalitäten sich nicht länger mit dem dänischen „Helstat" und seiner vereinnahmenden Kultur- und Geschichtsideologie identifizieren und künstlerisch auseinandersetzen wollten und konnten. Diese Aufgabe sollte zum Beginn des 19. Jahrhunderts und später den Dänen selbst überlassen bleiben.

Um die Jahrhundertwende fand die Forderung nach einer *Neuen Mythologie* in Dänemark ebenso wie in Schweden und im deutschsprachigen Bereich zahlreiche Vertreter.[103] In Dänemark charakterisiert diese geschichtsmythologische Bewegung besonders ihr „Streben nach einer quellengetreuen Anwendung der altnordischen Asareligion."[104] In diesem Vorgehen zeigt sich ein direkter Zusammenhang mit den historischen Ereignissen kurz nach 1800, denn die diversen europäischen Krisen hatten damals auch Dänemark erreicht, das vergeblich versuchte, seine Neutralität und den Frieden zu wahren. 1801 wurde die dänische Flotte von der Seestreitmacht Großbritanniens angegriffen und zum größten Teil vernichtet. Daraus erfolgte eine massive Störung des dänischen Seehandels, welche die Wirtschaft des Landes längerfristig so sehr schädigte, daß 1813 der Staatsbankrott erklärt werden mußte. Der Niedergang der einstigen Großmacht schien damit besiegelt, und ähnlich wie in „Deutschland" entstand in Dänemark daraus eine patriotische, auf frühzeitlicher Kultur fußende Literatur, als deren wichtigste Exponenten Adam Oehlenschläger und N. F. S. Grundtvig gelten.[105] In Anlehnung an die *Kämpeviser* und die *Edda* bemühten sich die beiden Dichter um eine „psychologisch-moralische Bewältigung

---

[100] Vgl. zu diesem Punkt eine Darstellung, die die Umstände des inneren Loslösungsprozesses aus deutschnationaler Sicht heraus schildert und dabei auch ein Stimmungsbild der behandelten Zeit liefert: Die Herzogthümer Schleswig-Holstein und das Königreich Dänemark. Aktenmäßige Geschichte der dänischen Politik seit dem Jahr 1806. Hrsg. von Johann Gustav Droysen und Karl Samwer. Unveränderter Neudruck der Ausgabe Hamburg 1850. Vaduz 1989

[101] Die folgende Darstellung bezieht sich auf Linvald, a. a. O., S. 223ff.

[102] Ein Bild der damaligen politischen Ereignisse zeichnet am Beispiel Bergens anschaulich Viktor Waschnitius: Henrich Steffens: Ein Beitrag zur nordischen und deutschen Geistesgeschichte. I. Band: Erbe und Anfänge. Neumünster 1939, S. 97ff. Es sei auch verwiesen auf die Unabhängigkeitsbestrebungen, die anläßlich des Regierungswechsels 1810 von Dänemark auf Schweden latent wurden: Die Norweger forderten einen eigenen, selbstgewählten König, eine eigene Verfassung und eine eigene politische Vertretung; ihre Forderungen wurden jedoch größtenteils unterdrückt und das Land als Ersatz für Finnland dem schwedischen Reich angegliedert. Vgl. Ingvar Andersson: Sveriges Historia. Sjunde utvidgade upplagan. Stockholm 1969, S. 333ff.

[103] Vgl. Kapitel 5 dieser Arbeit.

[104] Lundgreen-Nielsen, a. a. O., S. 166

[105] Springer, S. 55ff.; Hans Kuhn: Der Dichter in der nationalen Krise. Oehlenschläger, Grundtvig und die Ereignisse von 1807/08. In: Beiträge zur nordischen Philologie. Studien zur dänischen und schwedischen Literatur des 19. Jahrhunderts. Basel und Stuttgart 1976, S. 47 - 78; Lundgreen-Nielsen, a. a. O., S. 160ff.; Ernst Erich Metzner: Die dänische Literatur. In: Neues Handbuch der Literaturwissenschaft. Band 16: Europäische Romantik III. Restauration und Revolution. Hrsg. von Norbert Altenhofer und Alfred Estermann. Wiesbaden 1985, S. 371 - 385. Hier: S. 373f. Zu nennen sind besonders die folgenden

der Niederlage".¹⁰⁶ Jedoch steht die Aufnahme mythologischer Stoffkreise nicht für eine Abwendung von Geschichte und politischer Realität; so läßt sich beispielsweise Grundtvigs auf nordischer Mythologie aufbauendes Werk „Maskeradeballet i Danmark" als - wenn auch nach Kuhn überzogene - moralisch orientierte Gesellschaftskritik verstehen.¹⁰⁷ Für sein Werk „Nordens Mythologi" (1808) adaptierte Grundtvig als strukturelle Basis ein Geschichtsmodell, das sich stark an Schelling orientierte.¹⁰⁸ Der Gedanke an eine neue, harmonische Welt, die aus den Trümmern der alten Welt entstehen soll, verweist darin auf die Zukunft - auf ein neues *Goldenes Zeitalter*. Auch aus Oehlenschlägers Gedicht „De tvende Kirketaarne"(1808), in dem Bischof Absalon, der Gründer Kopenhagens, und sein Bruder Esbern gleichermaßen als Vertreter einer glorreichen Vergangenheit als auch als Symbole nationaler Erneuerung erscheinen,¹⁰⁹ spricht die Hoffnung auf eine neue Zeit, die das geschlagene Dänemark wieder im alten Glanz erstrahlen lassen wird. Wie die historische Entwicklung zeigen sollte, würde eine neue dänische Großmacht Illusion bleiben, was sich wiederum in der zeitgenössischen Literatur Dänemarks spiegelte, denn darin siegte das Biedermeier über die heroische Vorzeit.¹¹⁰

Die Definition der Begriffe *Volksmentalität* und *Geschichtsmythologie* für Dänemarks Entwicklung bis zum Ende des 18. Jahrhunderts und darüber hinaus läßt sich nur aus den historisch-kulturellen Zusammenhängen heraus erklären. Der Volksbegriff ist in dem „Helstat" Dänemark lange Zeit nur unnational und quasi *multikulturell* zu definieren, da alle drei Nationen, die ihm angehören, intentional die gleichen Rechte und Pflichten besaßen und die vorhandenen Unterschiede nicht thematisiert wurden. Wenn im einzelnen auch regionale Strömungen, wie sie schon durch das bloße Vorhandensein verschiedener Sprachen und Dialekte gegeben waren, das Selbstverständnis der Staatsbürger Dänemarks bestimmten, bezog der Volksbegriff sich doch auf eine Vergangenheit, die ihren Wert aus dem Antagonismus zwischen klassischer Antike und nordischer Vorzeit zog, der nicht nur der Herrschaftslegitimierung und der Aufwertung skandinavischer Kultur diente, auf welche sich die aufsteigende europäische Großmacht berief, sondern auch historische Kontinuität und ein überregionales Band innerhalb des Reiches schuf.

Erst zum Ende des 18. Jahrhunderts hin definierten sich die im „Helstat" vertretenen Nationen - mit Ausnahme der isländischen - gemäß der gesamteuropäischen Entwicklung selbst, und aufgrund der Entwicklung der politischen Zustände gewann der dänische Volksteil die Vormacht. Wie Müller nachweist, hielt J. Baden 1782 die ersten öffentlichen Vorlesungen zur dänischen Sprache ab; 1785 arbeitete er sie in seiner „Dänischen Grammatik" weiter aus. 1793 schließlich begann die

---

dichterischen Werke: „Trost", „Den brittiske Heltedaad" und „De tvende Kirketaarne" (alle 1808) von Adam Oehlenschläger und „Maskeradeballet i Danmark" und „Nordens Mythologi" (ebenfalls beide 1808) von Grundtvig.

[106] Kuhn, S. 55

[107] Kuhn, S. 63ff.; Metzner, S. 373; Rerup, S. 333ff. Der Maskenball spielt in der dänischen und in der schwedischen Geschichte eine besondere, an fast revolutionär zu nennende Ereignisse erinnernde Rolle: So wurde der Erste Minister Dänemarks Struensee im Februar 1772 auf einem Maskenball gestürzt; der schwedische König Gustav III. fiel bei gleicher Gelegenheit am 16. März 1792 einem Attentat zum Opfer.

[108] Lundgreen-Nielsen, S. 173; Rerup, S. 336

[109] Kuhn, S. 59f.

[110] Metzner, S. 374ff.

Veröffentlichung des „Danske Ordbog".[111] Dennoch wäre es ein Fehlschluß, die deutsch-dänische Symbiose, die den „Helstat" lange dominiert hatte wie kein anderer Umstand, bereits zum Ende des 18. Jahrhunderts hin im kulturellen Bereich in Auflösung begriffen zu denken, denn eine *Nationalliteratur* war in Dänemark ohne das deutsche Element nicht vorstellbar[112] - nicht nur, daß einige dänische Dichter dieser Zeit, wie beispielsweise Oehlenschläger und Baggesen, sich beider Sprachen bedienten, auch um ihren Wirkungskreis nach Süden zu erweitern;[113] das deutsche Volkselement diente nämlich noch in einer anderen Hinsicht, wenn auch vielleicht nur unterschwellig, dem bürgerlichen Selbstverständnis der Dänen, wobei wiederum eine Nord-Süd-Antithese zum Tragen kam. Noch vor der Wende zum 19. Jahrhundert waren Hof und Adel Dänemarks stark französisch geprägt;[114] dem wurde auch unter Einfluß der deutschen Kultur eine neue, bürgerlich geprägte Richtung entgegengesetzt.[115] Dem widerspricht Klopstocks Anstellung als poetus laureatus des dänischen Königs nicht; wie noch zu zeigen sein wird,[116] sollte gerade Klopstock auf seine *bürgerlichen Rechte* gegenüber seinem königlichen Brotherren bestehen[117] und konnte auf diese Weise per se als Vorbild des emanzipierten, seines Werts,[118] seiner Kultur und Sprache bewußten Bürgers wirken, das der Ausbildung einer stärkeren bürgerlichen Position im politischen Bereich des dänischen Reichs am Ende des 18. Jahrhunderts förderlich sein konnte und woraus sich wiederum eine intensive Auseinandersetzung mit der eigenen Kultur und Geschichte ergab, diesmal jedoch nicht im Sinne einer dynastischen Legitimierungspolitik, sondern mit dem Ziel der nationalen Identitätsbestimmung. Ansätze dazu finden sich bei Oehlenschläger und Grundtvig, die ihre geschichtsmythologischen Anschauungen in den Dienst der dänisch-nationalen Sache stellten, damit das gedemütigte dänische Volk seine politische Stärke wiederfände. Nicht die Dynastie bestimmte das Blickfeld, sondern der Staat und das Streben nach Mitwirkung an seinem Schicksal.[119] In der positiven Utopie, die aus der historisch-mythologischen Vergangenheit entwickelt

---

[111] Müller, S. 289

[112] Vgl. Sven-Aage Jørgensen: Goethezeit in Dänemark? Überlegungen zu einem Symposion. In: Dänische „Guldalder"-Literatur und Goethezeit, a. a. O., S. 9 - 14. Hier: S. 10

[113] Ebd., S. 9

[114] Vgl. Müller, S. 295 und Albertsen, a. a. O., S. 114

[115] Müller, S. 296

[116] Vgl. Kapitel 7 dieser Arbeit.

[117] Klaus Hurlebusch: Dänemark - Klopstocks „zweites Vaterland"? In: Deutsch-dänische Literaturbeziehungen im 18. Jahrhundert, a. a. O., S. 75 - 104. Hier: S. 81f.

[118] Auf das bürgerliche Selbstbewußtsein dieser Zeit hatten vor allem die „Declaration of Rights of Men" (1776) und die Ideen der Französischen Revolution (1789) Einfluß

[119] Heinz Schlaffer macht die Französische Revolution für die politische Mobilisierung der Bürger in weiten Teilen Europas verantwortlich und stellt folgenden Kulturschub als Ergebnis daraus fest: „Die ungewohnte Politisierung des Bürgers läßt heroische Erinnerungen aufleben; denn mit der ‚Heroenzeit ... in welcher das Individuum wesentlich Eines und das Objektive als von ihm ausgehend das Seinige ist und bleibt', glaubt sich die Zeit der Revolution darin verwandt, daß sich die Wirksamkeit des Einzelnen im Gang der geschichtlichen Ereignisse, in der Gestalt der öffentlichen Einrichtungen niederschlage. Den Staat verändernd, hält sich der Bürger selbst für verändert: der Wechsel von der privaten zur ‚heroischen' Existenz, vom bourgeois zum citoyen scheint ihm die endgültige Ablösung zweier Lebensformen zu bezeichnen - wo der heroische Blick nichts als die temporäre Funktionsteilung zwischen der ökonomischen Macht und ihrem politischen Ausdruck erkennt." Der Bürger als Held. Frankfurt/Main 1973, S. 128

wird, liegt die Hoffnung auf eine bessere Zukunft und gleichzeitig Kritik an der Gegenwart und ihren Institutionen, wie sie aus Grundtvigs „Maskeradeballet i Danmark" gleichfalls in mythologischer Einkleidung deutlich hervortritt.

Schweden

Die geographische Lage Schwedens bedeutete sowohl einen Vorteil als auch einen Nachteil in politischer und militärischer Hinsicht, denn im Unterschied zu Dänemark wies Schweden keine Landverbindung nach Mitteleuropa auf. Auseinandersetzungen mit Dänemark wegen der Seewege und des Grenzlandes zur Sicherung des Handels und der staatlichen Unabhängigkeit sowie der Versuche, auf dem Kontinent Land zu gewinnen, schienen dadurch vorprogrammiert. Auch die Größe des Landes konnte bei der Durchführung von Reformen Probleme schaffen, denn die Bevölkerung Schwedens lebte weiter verstreut als beispielsweise die Einwohner Zentraldänemarks. Dennoch scheint die Einheit des Landes - wenn man von den stets umkämpften Randgebieten wie Schonen, Finnland und Norwegen absieht - selbstverständlicher und unproblematischer gewesen zu sein, als es in Dänemark der Fall war.[120]

Die Abgeschiedenheit vom europäischen Festland half in gewissem Maße eine Unabhängigkeit in politischen Entwicklungen zu bewahren, wie sie auf dem Kontinent selten war. Einige historische Umstände lassen sich als schwedische Eigenwege in der europäischen Geschichte vermerken; so verzeichnet das mittelalterliche Schweden beispielsweise eine andere Art des Feudalismus als der Süden,[121] woraus sich später die Ständevertretung herausbildete - ein wechselweise stärkeres oder schwächeres Gegengewicht zum jeweiligen König bildend. Auch der glorreiche Aufstieg des schwedischen Reichs zu einer Großmacht unter Gustav II. Adolf gehört dazu.[122]

Die schwedische Geschichte ist im innenpolitischen Bereich wesentlich geprägt von dem Gegensatz zwischen König und Ständen, wie immer diese gerade organisiert waren, und die beiden Kontrahenten arbeiteten oft mit allen Mitteln, um sich den Vorteil vor dem anderen zu sichern. Die jeweilige Persönlichkeit des Königs und der Grad der politischen Befähigung der Stände und ihrer Führer, wobei die Stände zumeist vom Adel dominiert wurden, gab dabei den Ausschlag. Es wird sich zeigen, daß diese Konstellation ideologischen Legitimationsbestrebungen zeitweilig sehr dienlich war, nicht nur in Abgrenzung gegenüber dem dänischen Rivalen, sondern auch im innenpolitischen Bereich, wobei auf Geschichte und Kultur Bezug genommen wurde.

Die wichtigsten Stationen schwedischer Geschichte und Traditionsverwertung seien kurz skizziert. Zur Zeit der *Volkskönige* (1250 - 1363) bildete sich bereits die Notwendigkeit, aber auch der Vorteil einer Machtbalance zwischen König und Ständen heraus. Im 14. Jahrhundert führte der Einfluß des inzwischen organisierten

---

[120] Obwohl das seit 1560 gefestigte schwedische Reich, ähnlich dem habsburgischen Staatsgefüge, eine Vielzahl an sprachlichen und kulturellen Einflüssen in sich barg, gewährte die damals bereits relativ integrierte Gesellschaftsordnung Schwedens, deren politisches Gefüge stark war, zumindest innenpolitische Stabilität. Zum Verhältnis zwischen dem schwedischen Mutterland und seinen *Kolonien* vgl. Michael Roberts: The Swedish Imperial Experience 1560 - 1718. Cambridge 1979, S. 83ff.

[121] Vgl. Andersson, S. 61

[122] Man vergleiche dazu die Aufsatzsammlung: Göran Rystad (ed.): Europe and Skandinavia: Aspects of the Process of Integration in the 17th Century. Lund 1983 (= Lund Studies in International History)

Adelsstandes zu einer Regierungsbeteiligung dieser Gruppierung. 1335 erreichte Schweden seine bis dahin größte Ausdehnung über die Gebiete Schwedens, Finnlands, Schonens und Norwegens hin. Um die Mitte des 14. Jahrhunderts wurde auch das erste Landrecht festgeschrieben,[123] das Schweden zu einem Wahlreich erklärte. Nur Königssöhne konnten den Thron Schwedens besteigen.

Die auf Betreiben der dänischen Königin Margarete gegründete *Union von Kalmar* (1397) begann sich bereits unter ihrem Nachfolger Erich von Pommern (1397 - 1441), der sich als weniger geschickt im Umgang mit den schwedischen Räten und Ständen erwies als seine Vorgängerin, wieder aufzulösen. Es war kein Zufall, daß in der Zeit wachsender, sich zunehmend auch gewaltsam entladender Widerstände gegen die dänische Fremdherrschaft der Blick auf die ruhmreiche Vorzeit Schwedens fiel. Auf dem Baseler Konzil, das von 1431 bis 1449 tagte, vertrat der schwedische Erzbischof Nikolaus Ragvaldi, aus Växjö stammend, die Gleichsetzung von Goten und Göten und leitete daraus eine Sonderstellung Schwedens ab, wobei er ausdrücklich nicht als Vertreter der Union, sondern seines Heimatlandes auftrat.[124]

Der Hinweis auf die älteste Geschichte der angeblichen Gauten oder Göten bzw. des schwedischen Volks, aus dem sich in der Folgezeit die weitverbreitete Bewegung des *Goticismus* entwickeln sollte, findet sich bereits in der „Getica" des Jordanes (551).[125] Dieses Gedankengut lebte fort, was sich auch in der Titulatur des schwedischen Königs als *Sveriges, Götes och Vendes konung (Suecorum, Gothorum Vandalorumque rex)* verdeutlichen läßt.[126] Ragvaldi gab den Anstoß zur weiteren Beschäftigung mit schwedischer Geschichte unter besonderer Bezugnahme auf den Goticismus, wie die „Prosaiska Kröniken" aus der Mitte des 15. Jahrhunderts zeigt, die zur Zeit der Regentschaft König Karls VIII. Knutson entstand.[127] Das Standardwerk zum schwedischen Goticismus jedoch sollte die „Historia de omnibus Gothorum Sueonumque regibus" (um 1540) des letzten katholischen Bischofs Schwedens Johannes Magnus (1488 - 1544)[128] werden, die Ragvaldis Ideen zugrundelegte und sie erstmals einer breiteren europäischen Leserschaft zugänglich machte, denn Rom war der Druckort der Schrift.[129] Trotz der politischen und religiösen Gegnerschaft zwischen Krone und entmachteter katholischer Kirche erkannte König Gustav I. Vasa, dessen Regierung noch nicht gefestigt war und dessen Bestreben es war, eine neue Herrscherdynastie in Schweden zu begründen, die Bedeutung der Schrift für

---

[123] Andersson, S. 66

[124] Joseph Svennung: Zur Geschichte des Goticismus. Stockholm 1967, S. 34; Andersson, S. 98

[125] Svennung, S. 1. Allerdings hatte Ragvaldi nicht die „Getica" rezipiert, sondern sich in seinen Ausführungen nur auf eine Exzerptensammlung daraus bezogen. Ebd., S. 41

[126] Ebd., S. 70f. Vgl. die dort aufgeführten Briefe der Päpste Gregorius VII. an das schwedische Königspaar (1081) und Alexander III. (5. August 1164) an die Bischöfe Schwedens. Auch der dänische König trug offiziell den Titel *König der Goten und Vandalen*, s. u. a. Molesworth, a. a. O., S. 2, bediente sich aber nicht der damit verbundenen Ideologie.

[127] Ihr Dichter entstammte Karls Schreibstube. Andersson schreibt zu diesem Werk: „Kungen gör sig inga skrupler med sanningen i denna agitationslitteratur." (Der König hatte keine Skrupel in bezug auf die Wahrheit in dieser Agitationsliteratur.) A. a. O., S. 112 - so wurde der Gotenstoff schon vor Johannes Magnus ideologisch verwertet. Vgl. auch Svennung, S. 71f.

[128] Zu Johannes Magnus und seiner Gotenrezeption vgl. Kurt Johannesson: Gotisk renässans. Stockholm 1982

[129] 1554 ließ der wie Johannes Magnus selbst exilierte Bruder des Bischofs, Olaus Magnus, dort die „Historia" drucken. Svennung, S. 82

seine Politik, wenn er selbst auch zu nüchtern und sachlich war, um sich für diese Ideologie zu begeistern.[130] Dennoch schien sie ihm ein geeignetes Mittel zu sein, seine Politik nach innen und nach außen populär zu machen. Nach außen hin strebte Gustav I. Vasa an, Dänemarks Dominanz über den Sund zu brechen, um selbst eine Brücke nach Kontinentaleuropa schlagen zu können. Wie die Goten wollte auch Gustav I. Vasa den Weg nach Süden auf expansiv-aggressive Weise gehen.[131]

Die von Gustav I. Vasa (1523 - 1560) neu begründete und dynastisch ausgerichtete Staatsführung brachte markante Einschnitte für die politische Wirklichkeit Schwedens mit sich, denn die Einführung der Reformation sowie die Ausschaltung jeglichen Widerstands und der alten mächtigen Adelsgeschlechter zielte darauf ab, endlich eine eigenständige, unabhängige Regierung möglich zu machen. Dazu bedurfte es eines starken Königtums, das jedoch auch volksnah sein sollte.[132] Deshalb mußte sich Gustav I. Vasa immer wieder der Liebe und Gewogenheit seines Volks versichern, weshalb er beispielsweise durch Flugschriften den Kontakt mit seinen Schweden suchte oder auch populäre Handlungen - wie die Entlassung des unbeliebten deutschen Ministers Konrad von Pyhy - durchführte.[133] Nicht von ungefähr kam es unter seiner Herrschaft zur ersten volkssprachlichen Bibelübersetzung (1541), und nur wenige Zeit später erschien die Chronik des Olaus Petri,[134] in der auch die nordische Vorzeit Erwähnung fand.[135]

Im Kontrast zu Gustav I. Vasa war Gustav II. Adolf ein begeisterter Anhänger des Goticismus,[136] und das nicht allein aus persönlichen Vorlieben, sondern auch aus politischem Kalkül heraus.[137] Gustav II. Adolf (1611 - 1632), der Enkel des großen Königs, stand noch keineswegs in abgesicherter Position dem Gemeinwesen vor. Aus Polen meldete der dort regierende Zweig der Vasa Ansprüche auf den schwedischen Thron an, denen der junge König entgegentreten mußte. Die wichtigste Aufgabe Gustavs II. Adolf war deshalb zunächst, Schweden in eine stabile, nach außen hin gefestigte Position zu bringen. Dem diente die politische Stabilisierung nach innen, um derentwillen der junge Herrscher Adel und Unadel im wohlproportionierten Gleichgewicht halten mußte und auf das Reich und die Nation zu verpflichten suchte.[138] Auch durch die Ausbildung einer effektiven

---

[130] Andersson, S. 162

[131] Ebd., S. 163f.

[132] „Det har sagts att Gustav Vasa skötte sitt rike som en egen gård." (Es wurde gesagt, daß Gustav Vasa sein Reich wie ein eigenes Gut verwaltete.) - in die Nachfolge der *Volkskönige* sich stellend. Ebd., S. 158

[133] Ebd., S. 154f.

[134] Wie bereits am Beispiel der „Karlschronik" erwähnt, diente die Chronik des Mittelalters und der frühen Neuzeit als wirkungsvolles propagandistisches Mittel, den regierenden König in einem günstigen Licht erscheinen zu lassen. Die Selbstdarstellung und Eigenpropagierung wurde zunehmend als Möglichkeit der Machtstabilisierung nach innen und nach außen verwendet. In bezug auf Gustav II. Adolf vgl. Felix Berner: Gustav Adolf. Der Löwe aus Mitternacht. Stuttgart 1982, S. 10

[135] Andersson, S. 158. Bezüglich Gustavs I. Vasa Einstellung zur Geschichtsschreibung vgl. vor allem Johannesson, a. a. O., S. 270ff.

[136] Vgl. Johannesson, S. 276ff.

[137] Bengt Ankarloo: Europa and the Glory of Sweden: The Emergence of a Swedish Self-Image in the Early 17th Century. In: Europe and Scandinavia, a. a. O., S. 237 - 244. Hier: S. 240ff.

[138] Vgl. hierzu die bereits 1594 abgelegte Oration vor dem Adel: Pro lege et grege, die wechselseitige Verpflichtungen von König und Adel implizierte. Günter Barudio: Gustav Adolf - der Große. Eine politische Biographie. Frankfurt/Main 1982, S. 46 und S. 50

Finanzbürokratie wurde es möglich, eine hochmoderne Armee aufzustellen,[139] die nicht nur die Verteidigung des eigenen Landes sicherte, sondern auch gegen die katholischen Mächte Europas während des Dreißigjährigen Krieges wirksam wurde.

Gustav II. Adolf bediente sich ganz bewußt der Überlieferung, aus der er eine Art von persönlicher Ideologie formte,[140] um seine eigene Position, in der sich beide *Körper* des Königs vereinigten, zu stärken - Amt und Person verbanden sich darin ganz bewußt. So übernahm Gustav II. Adolf nicht nur die Prophezeiung von dem „Löwen aus Mitternacht",[141] sondern baute bewußt am eigenen Image.[142] Dem Willen zur Stärkung der eigenen Position verband sich darin das Bemühen, das schwedische Volk durch die Evozierung der glorreichen Vergangenheit zu einen und damit mit der Monarchie und der Dynastie zu verknüpfen.[143] Bei der Krönung Gustavs II. Adolf wurde diese Tendenz durch eindeutige Bezüge auf oben genannte Zusammenhänge deutlich: Der König veranstaltete ein Turnier[144] und berief sich in einem öffentlichen Aushang auf das Vorbild des Gotenkönigs Berik.[145] Seine Feldzüge stilisierte Gustav Adolf selbst zu *Berikgatas*. Auf diese Weise wurde in die aktuelle Verteidigungspolitik ein „historisches Eroberungsprogramm"[146] eingebunden.

Durch die Berufung auf Tradition und die moderne Vertragstheorie knüpfte Gustav II. Adolf ein Netz wechselseitiger Verpflichtungen einer gesellschaftlichen Kraft gegenüber der anderen. Er formte das schwedische Volk dahingehend, daß es in den beiden *Körpern* des Königs und in der Gottgegebenheit seiner Herrschaft die eigene Identität fand, seine Nation, die zu stützen oder zu verteidigen seine aktive Rolle im Gemeinwesen sein sollte. Auch die Steuerpflicht sollte als solcher *Dienst am Staat* verstanden werden,[147] ebenso der Einbezug des Adels in die Pflicht am Staat durch den König, damit auch dieser Stand der Gemeinschaft diene, was jedoch stets mit dessen eigenen Interessen verbunden verstanden werden sollte.[148] Dadurch gelang es Gustav II. Adolf, seine Person und die verfassungsmäßig garantierten Rechte miteinander zu verbinden, so daß ein Angriff auf die Person des Königs einem Angriff auf den Staat gleichkam.[149]

---

[139] Vgl. dazu die Darstellung von Klaus-Richard Böhme: Schwedische Finanzbürokratie und Kriegführung 1611 bis 1721. In: Europe and Scandinavia, a. a. O., S. 51 - 58. Hier: S. 51 - 56

[140] Über Gustavs II. Adolf innere Legitimation schreibt Barudio: „Diese Imagination fließt aus dem Bestreben, für sich und sein Königtum neben Erbrecht und Herrschaftsvertrag auch Aufträge und Absicherungen durch die Geschichte zu finden." A. a. O., S. 29. Vgl. auch: Barudio: Das Zeitalter des Absolutismus, a. a. O., S. 23f.

[141] Ankarloo, S. 238

[142] Berner, S. 11

[143] Beispielsweise hatte Gustav II. Adolf 1613 das „Svenska Antiquitets Arkivet" gegründet, in dem die nationalen Kulturgüter schwedischer Literatur und Geschichte gesammelt wurden. Springer, S. 110

[144] Svennung, S. 84ff.

[145] „Das politische Programm im Geiste des Goticismus ist unverkennbar. Der ritualisierte Versuch nämlich, eine ruhmreiche Vergangenheit so zu beleben, daß mit dem althergebrachten Ehrbegriff der in der Gegenwart vorhandene Kleinmut gedämpft und die Forderungen des Tages mit Hilfe der Geschichte überhöht werden konnten." Barudio: Gustav Adolf - der Große, a. a. O., S. 28. Vgl. auch Johannesson, S. 285

[146] Barudio, a. a. O., S. 304. Die Kämpfe der Goten gegen das Römische Reich wurden zum Vorbild genommen für die Auseinandersetzungen zwischen Protestanten und Katholiken. Svennung, S. 86

[147] Berner, S. 259

[148] Barudio spricht von einem „System der vermittelnden Kräfte", a. a. O., S. 322

[149] „Jede Herabsetzung des Königs von außen war eine Statusminderung der Krone selbst und betraf die Stände unmittelbar in ihrem vertraglichen Bündnis mit dem eigenen Souverän, der ihre nationale Unabhängigkeit zu schützen hatte." Barudio, S. 354

Zu den historischen und ideengeschichtlichen Voraussetzungen... 37

Abbildung 3: König Gustav II. Adolf von Schweden (1594-1632)

Es wundert nicht, daß die weitreichende Propagierung des nationalen Ursprungs, wie sie der Goticismus betrieb, ihre Wirkung auf die Öffentlichkeit nicht verfehlte und es zu einer allgemeinen Begeisterung für gotische Ideen kam.[150] In Schweden war in der Folgezeit rege wissenschaftliche und künstlerische Beschäftigung mit der Materie zu verzeichnen. Den Höhepunkt der überwältigenden Gotenschwärmerei bildete ein Werk, das große Bewunderung, aber auch Spott und Mißfallen der Zeitgenossen erregte: die „Atlantica" des Olof Rudbeck. Dieses Werk, das ab 1679 erschien, blieb unvollendet; seine vier Bände waren eigentlich nur als Einleitung zu einer umfassenden schwedischen Geschichte konzipiert.[151] Als populärster Ausdruck

---

[150] Svennung, S. 85

[151] Svennung, S. 90. Seit 1675 schrieb Rudbeck an seinem Lebenswerk; 1702 beendete sein Tod die Arbeit daran. Springer, S. 113

goticistischer Ideologie fand die „Atlantica" in Schweden zahlreiche Nachahmer,[152] im Ausland jedoch stand man ihr eher skeptisch gegenüber,[153] weil das phantasievolle, geschichtsmythisch verbrämte Werk jeglicher quellenkundlicher Nachvollziehbarkeit entbehrte. Dennoch bereitete es in Schweden den Boden für einen „verspäteten, chauvinistischen Humanismus,"[154] der Schwedens gesunkene Reputation als Großmacht wieder aufzurichten suchte.[155] Mit dem Niedergang dieser machtvollen Stellung zu Beginn des 18. Jahrhunderts jedoch verlosch das Interesse am Goticismus. Nur der 1811 gegründete „Götiska Förbund" richtete noch explizit sein Geschichts- und Traditionsverständnis nach der gotischen Ideologie aus.

In der Gruppe junger Akademiker, die den „Götiska Förbund"[156] bildeten, zeigten sich bereits deutliche Anzeichen einer Erstarrung der goticistischen geschichtsmythologischen Vorstellungen und die Verflachung patriotischer Regungen in der Beschränkung auf bündische Formalien, so beispielsweise die Annahme götischer Namen, das Absingen eines bündischen Gesangs und die Benutzung eines gemeinschaftlichen Trinkgefäßes.[157] Die Intention der zwölf Gründer des Bundes gibt die Stiftungsurkunde preis, und aus ihr wird deutlich, daß alte Sitten und Traditionen gepflegt und neu bewußt gemacht werden sollten, um dem seiner nationalen Ehre verlustig gegangenen Vaterland zu seiner alten Größe zurückzuverhelfen,[158] weshalb Glanz und Ruhm des alten Schweden in wissenschaftlicher Arbeit und künstlerischem Streben hervorgehoben werden sollten[159] - eine Aufgabe, der jedoch im Rahmen des Bundes nur wenige Mitglieder gerecht wurden.[160]

---

[152] Sie wurde sogar als *nationale Bibel* angesehen. Springer, S. 114

[153] Svennung, S. 93

[154] Springer, S. 114

[155] Vgl. dazu Robert: The Swedish Imperial Experience: „Never had national pride been higher, nor the overt manifestations of patriotism more strident, than in the age which produces Pufendorf's History of the Deeds of Charles X, Olof Rudbeck's Atlantica, and that splendid propaganda-exercise, Erik Dahlberg's Suecia Antiqua et Hodierna". Ebd., S. 138

[156] Vgl. zum „Götiska Förbund" die Darstellung bei R. Hjärne: Götiska förbundet och dess hufudmän. Stockholm 1878; Anton Blanck: Den nordiska renässancen i sjuttonhundratalets litteratur. Stockholm 1911; Greta Hedin: Manhemsförbundet. Ett bidrag till göticismens och den yngre romantikens historia. Göteborg 1928; Jöran Mjöberg: Drömmen om sagatiden. Första delen: Återblick på den nordiska romantiken från 1700-talets mitt till nygöticismen (omkr. 1865). Stockholm 1967; Ingmar Stenroth: Götiska forbundet I. Göteborg 1972

[157] In seinem berühmten Brief an den Sekretär des Bundes Jacob Adlerbeth vom 17. Dezember 1812 kritisierte Esaias Tegnér, eines der bekannteren Bundesmitglieder, die Einseitigkeit und Beschränktheit der Ziele des „Götiska Förbund", und die Folgerung aus seinen Überlegungen formuliert er wie folgt: „Götiska anden hviler i våra ättehöger och den stora döde kunne vi ej uppwäcka." (Der götische Geist weilt in unseren Hünengräbern, und die großen Toten können wir nicht aufwecken.) Zit. nach Mjöberg, S. 101. Vgl. auch Stenroth, S. 16 und gleiche Seite Anm. 2

[158] Vgl. die Stiftungsurkunde des Bundes, abgedruckt bei Hjärne, S. 98ff. und Stenroth, S. 93ff.: „Att uppliva minnet af Göthernas bedrifter och att återvinna den kraftfulla redlighet, som var Förfädren egen, måste derför blifva det högsta målet för våra bemödanden." (Die Erinnerung an die Taten der Göten neu zu beleben und die kraftvolle Ordnung zurückzugewinnen, die den Vorvätern eigen war, soll deshalb das höchste Ziel unserer Bestrebungen sein.) Hjärne, S. 99; Stenroth, S. 94f.

[159] Vgl. die Paragraphen 3 und 8 der Stiftungsurkunde, a. a. O.

[160] Als bedeutsame Vertreter des „Götiska Förbund", die schwedische Literaturgeschichte schrieben, sind Esaias Tegnér, Erik Gustav Geijer und Per Henrik Ling zu nennen.

Abbildung 4: König Karl XII. von Schweden (1682-1718)

Ein Herrscher, auf den sich der „Götiska Förbund" gerne berief, weil er das Heldentum der alten Goten im Kampf um Ehre und Vormacht fortzusetzen trachtete, war Karl XII., der als „Gott auf Erden"[161] glorifiziert erschien, obwohl er sein Volk in zahlreiche Kriege verwickelte, die das schwedische Reich seine Weltgeltung kosteten[162] und es finanziell ausbluten ließen.[163] In der Verbindung mit Geschichte, Mythologie und Dichtung wurde aus dem eigenartigen jungen König, der ein „libertinäres Gottgnadentum"[164] zu vertreten meinte und stark an seine göttliche

---

[161] Barudio: Das Zeitalter des Absolutismus, a. a. O., S. 62

[162] Vgl. die Darstellung von Otto Haintz: König Karl XII. von Schweden. 3 Bände. Berlin 1958

[163] Andersson, S. 268 und S. 271

[164] Barudio, S. 39f.

Sendung glaubte,[165] der Held - „Hjelten", wie ihn Esaias Tegnér in seinem 1813 entstandenen Gedicht rühmte.[166]

Als kulturgeschichtliche Folge dieser 1809 mit dem Verlust Finnlands, das von Rußland erobert wurde, letztlich gescheiterten Versuche der späteren Schwedenkönige Gustav III. und Gustav IV. Adolf, sowohl den Absolutismus Karls XII. als auch Schwedens Vormachtstellung in der Ostsee wieder herzustellen, muß die schwedische Nationalromantik bezeichnet werden, von deren Vertretern bereits die Mitglieder des „Götiska Förbund" vorgestellt wurden. Trat im politischen Leben Schwedens Frankreich in den Mittelpunkt der Ereignisse, so ist für die Geistesgeschichte dieser Zeit gerade die Überwindung der französisch-klassischen Vorreiterschaft prägend.[167] Vorbildfunktion für diese innere Erneuerung hatten nicht nur die Schriften Rousseaus, Montesquieus, Youngs, Greys, Macphersons, Percys und Shakespeares, sondern auch Klopstocks „Messias", die Dichtung des Sturm und Drang, der deutsche Idealismus und schließlich auch Fichte und Herder.[168] Auch die dänische romantische Bewegung war maßgeblich an der Ausbildung und Entwicklung der schwedischen Romantik beteiligt.[169]

Romantik und Patriotismus sind Schlagworte, die sich auch in Schweden nicht voneinander trennen lassen. Wesentlicher Bestandteil der politischen Dichtung war stets die Geschichtsmythologie, wie kurz anhand des Dramas „Gylfe" von Per Henrik Ling aus dem Jahr 1810 exemplifiziert werden soll,[170] das als Reaktion auf den Verlust Finnlands gedacht werden muß, denn neben den einschlägigen Figuren und Requisiten wie Barden, Met und Hünengräbern finden sich in den beiden zweischädligen Riesen, die Gylfes Frau Aura rauben, Alexander und Napoleon allegorisch dargestellt; Aura dagegen wird als Landschaft - das verlorene Finnland symbolisierend - beschrieben. Schicksalsschwer und untergangsgewiß ist die Atmosphäre des Dramas, der Tragik der historischen Situation entsprechend.

Wie es bereits am Beispiel Dänemarks deutlich wurde, treten derartige geschichtsmythologische Vorstellungen gerade in Zeiten der nationalen Krise verstärkt auf. Auch in der schwedischen Nationalromantik wurde Geschichte herangezogen, um diese Krise zu bewältigen und Aussichten auf eine bessere Zukunft zu beschwören. Gesellschaftliche Erneuerung wurde gefordert, so beispielsweise von dem „Götiska Förbund".[171] In der Stiftungsurkunde von 1811 machen die

---

[165] Andersson, S. 248

[166] Gerd Wolfgang Weber: Die schwedische Romantik (1810 - 1830). In: Neues Handbuch der Literaturwissenschaft. Band 10: Europäische Romantik III. Restauration und Revolution. Hrsg. von Norbert Altenhofer und Alfred Estermann. Wiesbaden 1985, S. 387 - 412. Hier: S. 388

[167] Springer, S, 133. Dieser Umstand trifft bereits für die Zeit des gustavianischen Absolutismus zu. Roberts nennt Bellmann als Beispiel eines Dichters, der trotz seines französischen Bildungshintergrunds *schwedisch* dichtete. The Age of Liberty. Sweden 1719 - 1772. Cambridge 1986, S. 136

[168] Blanck, S. 1ff.; Hedin, S. 17ff.; Springer, S. 120; Svante Nordin: Romantikens filosofi. Svensk idealismen från Höijer till hegelianerna. Lund 1987, S. 13ff.

[169] Springer, S. 123f.; Nordin, S. 22ff.

[170] Mjöberg, S. 53 und S. 216f. und Stenroth, S, 65ff. Dieses Drama markierte den Durchbruch der nordisch-goticistischen Poesie in Schweden.

[171] Der „Götische Bund" wurde am 16. Februar 1811 in Stockholm gegründet, und formal bestand er bis zum 10. November 1844, ein Umstand, der verschleiert, daß der Bund schon in den zwanziger Jahren des 19. Jahrhunderts in Auflösung begriffen war. Seine Mitglieder waren Studenten, die Ämter in Verwaltung oder im Militär anstrebten und später auch bekleiden sollten, so daß wir in ihm gerade die Repräsentanten

Gründungsmitglieder des Bundes fremde - vor allem französische - Einflüsse für den Verfall der Gesellschaft und den politischen Niedergang ihres Landes verantwortlich: „Förderfvet och lasterna kommer alltid utifrån." (Das Verderben und die Laster kommen stets von außen.)[172] Geschichtsmythologie als Basis für Dichtung, bildende Kunst und Wissenschaft wird zum Mittel, die Vorbildhaftigkeit der Vorfahren zu beweisen und den ursprünglichen Nationalcharakter der Schweden darzustellen.[173] Die Volksüberlieferung nimmt aus diesen Gründen einen wichtigen Platz im Denken der Bundesmitglieder ein, und die Grundlage der Volkstumsrezeption liegt einmal mehr in den Antithesen zwischen Nordisch und Klassisch, zwischen Heidnisch und Christlich.[174] Vorbildhaftigkeit findet sich personifiziert in den Gestalten des freien Bauern (Odalbonden), des Wikingers und des Skalden;[175] diesen Trägern schwedischen Nationalbewußtseins sind Erik Gustav Geijers (1783 - 1847) Gedichte aus dem Jahr 1811 „Odalbonden", „Vikingen", „Den siste kämpen" und „Den siste skalden" gewidmet.[176] Auch Esaias Tegnérs (1782 - 1846) Gedicht „Svea" (1811/ 1818) und die „Frithjofssaga" (1820) dienten der Herausbildung eines neuen, romantisch fundierten Nationalgefühls.

Wie die beiden oben erwähnten Dichtungen Tegnérs deutlich machen, ist zwar die Person und die Institution des Königs in der romantischen Literatur Schwedens integriert und positiv als Zukunftshoffnung benannt. Auffällig ist jedoch, daß die *vordemokratischen* Kräfte Bauer, Wikinger und Skalde, die dem bürgerlichen Selbstverständnis der schwedischen Intellektuellen nahe kamen, in der Dichtung eindeutig dominierten und zugleich eine andere Gesellschaftsordnung illustrierten, die demokratisch und bürgerlich ausgerichtet war[177] - ein Kontrast zu der bisherigen Ideologisierung, die den König zum Mittelpunkt genommen hatte. Persönliches Verdienst geht vor Geburtsadel - so will es die „Frithjofssaga". Hervorgehoben werden die moralisch integren gesellschaftlichen Kräfte, die im Sinne der Geschichts- und Religionsphilosophie Schellings auf eine nationale Erneuerung und ein neues *Goldenes Zeitalter* hinarbeiten sollten.[178]

---

jener bürgerlichen Mittelschicht vertreten finden, die im späten 18. Jahrhundert als aufstrebender Stand galt. Am Ordenswesen orientiert, wodurch auch die formale Organisation der Treffen bestimmt war, zeichnete sich der Bund durch die Konzentration auf schwedische Themen und Bezüge besonders aus.

[172] Hjärne, S. 99. Vgl. auch Hedin, S. 30 und Weber, S. 390

[173] U. a. diente dazu das Organ des Bundes, die Zeitschrift „Iduna", deren Titel sich auf Herders gleichnamigen Aufsatz zurückführen läßt. Vgl. Kapitel 2 dieser Arbeit.

[174] Hedin, S. 78ff.; Mjöberg, S. 128ff. und S. 239

[175] Vgl. dazu Blanck, S. 381ff.; Hedin, S. 29 Springer, S. 121ff.; Mjöberg, S. 242ff.; Stenroth, S. 53 und Weber, S. 391

[176] E. G. Geijer, einer der schöpferischsten Bündler, hatte in seiner sich an Rudbeck anlehnenden Schrift „Manhem" das goticistische Programm poetisch definiert. Springer, S. 156; Mjöberg, S. 218f. Sein Wirken beschränkte sich jedoch nicht auf die Poesie; 1815 bereits und auch später noch (1842) hielt er Vorlesungen über die Geschichte Skandinaviens ab. Mjöberg, S. 150. Vgl. auch seine Schrift „Om historien och dess forhållande till religion, saga och mythologi" (1812), in der er seine Vorstellungen von Wissenschaft und Bildung niederlegte. Nordin, S. 151f. Auch in Schweden legt die *Neue Mythologie* somit Geschichte und Poesie der eigenen Kultur gleichermaßen ihrem eigenen Kausalitätsprinzip zugrunde.

[177] Weber, S. 391f.

[178] Ebd., S. 396; Magnus Nyman: Press mot friheten. Opinionsbildning i de svenska tidningarna och åsiktsbrytningar om minoriteter 1772 - 1785. Uppsala 1988, S. 29

Wie sehr sich das Bürgertum als neue, aufsteigende gesellschaftliche Kraft mit wachsender öffentlicher Wirkung[179] verstand, macht explizit das Bildungsideal deutlich, das sich um die Jahrhundertwende in Schweden zu entwickeln begann.[180] Es orientierte sich an Pestalozzi und Fichte; auf Fichte berief es sich in der angestrebten allgemeinen Ausbildung zum Staatsbürger,[181] der durch seine Qualifikation nicht nur fähig sein soll, Einfluß auf das Schicksal seines Vaterlandes zu nehmen, sondern auch Wissen und Verständnis der eigenen Volksindividualität gewinnen sollte.[182] Der Kosmopolitismus, der noch zum Ende des 18. Jahrhunderts in Schweden vorherrschend war, wurde allmählich durch das nationale Prinzip abgelöst, was sich im Erziehungswesen beispielsweise durch Unterricht in der schwedischen Sprache, Geschichtsunterricht und der Entwicklung der schwedischen Gymnastik durch Per Henrik Ling als Ersatz für die Militärausbildung niederschlug.[183]

Die Erneuerung der schwedischen Gesellschaft auf nationaler Basis stand auch im Mittelpunkt des Interesses der *Phosphoristen*, die sich stark an der deutschen Romantik orientierten[184] und im Gegensatz zu dem „Götiska Förbund" eine philosophisch-mystisch ausgerichtete Haltung vertraten. Ihr wichtigster Vertreter war Per Daniel Amadeus Atterbom (1790 - 1855).[185] Das wichtigste Bestreben der *Phosphoristen* war es, französische Einflüsse aus dem schwedischen Geistesleben verbannen zu helfen.[186] Daran schloß sich eine harsche Gesellschaftskritik an, die jedoch nicht frei war von revanchistischen Tendenzen.[187] Den idealistischen Vorgaben entsprechend trat dabei vor allem ein universalromantisches Prinzip - angelehnt an Herder und Schelling - hervor: Angestrebt wurde die Vollendung der Geschichte der Kunst. Sie sollte im Norden vonstatten gehen und ein neues *Goldenes Zeitalter* der Kunst einleiten.[188] Diese Theorie implizierte die Ablösung der sinnentleerten bloßen Nachahmung der klassischen Kultur und die Hinwendung zu eigenen Tradition.[189]

Das schwedische Bürgertum - vertreten durch Dichter, die sich bewußt bürgerlich definierten - hatte sich die *Neue Mythologie* zueigen gemacht, um sich selbst in der Geschichte auszudrücken. Geschichtsmythologie wurde nicht länger als dynastisches Legitimationsprinzip angewendet, in dem Gotenfürsten oder historische

---

[179] Nyman, S. 17

[180] Vgl. dazu auch die Darstellung Hedins, a. a. O., S.1ff. Darin wird die Gleichsetzung von „medborgarbildning", „nationalbildning" und „patriotisk bildning" im Schweden der Zeit um 1800 deutlich gemacht.

[181] Ebd., S. 11

[182] Ebd., S. 12

[183] Ebd., S. 23ff.

[184] Die *Phosphoristen* waren seit 1807 im „Aurora Förbund" vertreten und nahmen sich außer der älteren Romantik - und hier besonders Schelling - auch den deutschen Idealismus zum Vorbild. Springer, S. 126; Weber, S. 397. Auch Einflüsse der Entwicklung der romantischen Bewegung Dänemarks fanden in Schweden Eingang. Springer, S. 123. Vgl. auch die Darstellung bei Nordin, S. 80ff.

[185] Vgl. die Darstellung bei Nordin, S. 163ff., die Atterboms philosophische Ansichten und seine Schelling-Rezeption beschreibt.

[186] Springer, S. 128

[187] Stenroth, S. 35. Diese revanchistischen Tendenzen lassen sich bereits im Frühwerk Atterboms nachweisen. Vgl. ebd., S. 31

[188] Weber, S. 397f.

[189] Springer, S. 130; Weber, S. 398

Persönlichkeiten ideologische Verwertung fanden. Vielmehr war es nun das überlieferte *demokratische* Prinzip, mit dem eine Identifikation angestrebt wurde: *Der* Bauer, *der* Wikinger und *der* Skalde vertraten die Eigenschaften der Unabhängigkeit, Wehrbereitschaft und Intellektualität, und sie sollten dazu dienen, die Volksmentalität alter Zeit mit dem Selbstverständnis der modernen schwedischen Bürger zu verbinden. Anregungen aus Deutschland - wobei in erster Linie Schellings geschichts- und religionsphilosophische Schriften zu nennen sind - wurden in die mythologischen Geschichtsvorstellungen integriert, um eine historische Empirie zu evozieren: die stete Wiederkehr eines *Goldenen Zeitalters* in der schwedischen Geschichte.

Das Heilige Römische Reich deutscher Nation

In der Existenz seit seiner angeblichen Gründung durch Karl den Großen im Jahr 800 erlebte das Heilige Römische Reich niemals eine Zeit der Einheit - der innerdeutsche Partikularismus hatte frühe Wurzeln, und so kontrastierte schon im Mittelalter beispielsweise das Stammes- mit dem Volksbewußtsein. Die „teudisca lingua" als einigendes Element, die empfundenen sprachlichen Gemeinsamkeiten zwischen den verschiedenen Reichsteilen und darüber hinaus, gewannen aber früh bereits Bedeutung, wie der Zweite Reichstonspruch Walthers von der Vogelweide expressis verbis deutlich macht.[190]

Zu den regionalen Partikularismen gesellte sich im 16. Jahrhundert die Reformation als trennende, nationale Einheit behindernde Zäsur in der Politik des Heiligen Römischen Reichs. Etwa gleichzeitig wurden jedoch Bestrebungen erkennbar, diese Aufsplitterung „Deutschlands" zu überwinden, indem auf gemeinsame Geschichte und Kultur der Deutschen rekurriert wurde. Besonders die humanistische Wissenschaft und Dichtung bemühte sich um Erforschung und Darstellung des Verbindenden, wobei der Einstieg dazu über die Sprache geschah, die schon in der Römerzeit ein einigendes Band zwischen den Stämmen war.[191]

Die Integrität und geographisch gefestigte Einheit der Staaten Skandinaviens sucht man jedoch im Heiligen Römischen Reich deutscher Nation vergeblich, wo kein Nationalstaat entstand.[192] Territorial weit ausgedehnt über noch nicht einmal

---

[190] „so we dir, *tiuschiu zunge*, wie stet din ordenunge." (Hervorhebung d. Verf.). Zit. nach: Walther von der Vogelweide: Sämtliche Lieder. Mittelhochdeutsch und in neuhochdeutscher Prosa. Mit einer Einführung in die Liedkunst Walthers hrsg. und übertragen von Friedrich Maurer. München 1972, S. 60

[191] Otto W. Johnston: Der deutsche Nationalmythos. Ursprung eines politischen Programms. Stuttgart 1990, S. 4. Johnston verweist besonders auf Jakob Wimphelings „Epitone rerum Germanicarum" (1501), die erste Geschichte des deutschen Volks, und auf Johannes Clajs Grammatik der deutschen Sprache (1578). Ebd., S. 4f.

[192] In dieser Darstellung folge ich Karl Otmar Freiherr von Aretin: Heiliges Römisches Reich 1776 - 1806. Reichsverfassung und Staatssouveränität. 2 Bände. Wiesbaden 1967; Hanns Hubertus Hofmann (Hrsg.): Quellen zum Verfassungsorganismus des Heiligen Römischen Reiches deutscher Nation 1495 - 1815. Darmstadt 1976 (= Ausgewählte Quellen zur deutschen Geschichte der Neuzeit, Band XIII); John Gagliardo: Reich und Nation. The Holy Roman Empire as Idea and Reality, 1763 - 1806. Indiana 1980; Gerrit Walther: „... uns, denen der Name, politische Freiheit' so süße schallt." Die politischen Erfahrungen und Erwartungen der Sturm und Drang-Generation. In: Sturm und Drang. Hrsg. von Christoph Perels. Freies Deutsches Hochstift und Frankfurter Goethe-Museum 1988, S. 307 - 327. Dabei soll vor allem der Zustand des Heiligen Römischen Reichs deutscher Nation nach 1770, der Zeit, der sich die vorliegende Abhandlung widmet, im Vordergrund der Betrachtungen stehen.

alle jene Gebiete, deren Kultur und Tradition im Deutschen wurzelten, wie am Beispiel der Herzogtümer Schleswig und Holstein bereits deutlich wurde und wie es ebenso für Schwedisch-Pommern, Ostpreußen, Livland, Straßburg und die Schweiz galt, war das Reich nur schwer von seiner Geographie her zu definieren. Unterschiedliche Beschaffenheiten politischer, sozialer und ökonomischer Art innerhalb des Heiligen Römischen Reichs deutscher Nation lassen davor zurückweichen, eine allgemeine Betrachtung dieses Staatsgebildes zu versuchen. Es bleibt nur, seine innere Vielfalt festzustellen und nach dem die zahlreichen Gegensätze einigenden Band Ausschau zu halten.

Außer der Entwicklung des neuzeitlichen Staats sowie der Reform des Wirtschaftswesens im Sinne des Merkantilismus[193] lassen sich zunächst nur wenige Veränderungen im gesellschaftlichen Leben des Heiligen Römischen Reichs deutscher Nation im 17. und 18. Jahrhundert feststellen - im Gegenteil führten die politische Starre und die ökonomischen Schwierigkeiten vieler Territorien sowie die strenge Kontrolle und Reglementierung durch den Herrscher zur Beibehaltung der überkommenen Zustände.[194]

Die Französische Revolution verursachte keine tiefgreifende Änderung der Reichspolitik nach innen, löste auch keine Revolution aus,[195] vielmehr läßt sich eine sich verstärkende Erstarrung des Systems als Abwehrmaßnahme gegen die ständigen Angriffe auf die innere Sicherheit von außen feststellen. Die Reichseinheit wurde als Schutzwall gegen Fremdherrschaft beschworen.[196] Dabei ließ sich seit 1790, dem Jahr einer neuen Kaiserwahl, nicht länger der innere Widerspruch verhehlen, den das Reich bot und der in dem Amt des Kaisers latent hervortrat. Zur Zeit der angesprochenen Kaiserwahl galt der Kaiser nur noch als „Hüter des Rechts",[197] als Garant der Reichsverfassung und der Gesetze,[198] der einem Verband vorstand, der nach der Auflösung des Fürstenbunds im gleichen Jahr in sich zerrüttet war und den nur die Starre des Systems zusammenhielt.[199] Die folgenden Kriege gegen das revolutionäre und dann das napoleonische Frankreich machten jede letzte Möglichkeit einer Reform gänzlich zunichte. Was folgte war nur noch der Versuch, die Gefahr der Spaltung und den Schaden am Reich zu begrenzen, was jedoch mit der Krise infolge der Reichsteilung von 1796/97 scheiterte. Die Reichseinheit war zerbrochen.

---

[193] Rudolf Vierhaus: Deutschland im Zeitalter des Absolutismus (1648 - 1763). Göttingen 1978 (Deutsche Geschichte, hrsg. von Joachim Leuschner, Band 6), S. 46

[194] Ebd., S. 49f.

[195] „Die merkwürdige Tatsache, daß die Reformregime in Preußen, Österreich, Toskana, Neapel und Spanien beim Zusammenprall mit der Französischen Revolution wie Kartenhäuser zusammenbrachen, erklärt sich nicht zuletzt aus ihrem absolutistischen Charakter, der auch die letzten Reste ständischer Freiheit beseitigt hatte. Die Freiheitsparolen der Französischen Revolution stießen in den aufgeklärt-absolutistisch regierten Ländern auf die totale Unfreiheit. Nicht zuletzt daraus erklärt sich das relativ geringe Echo dieser Parolen in den Reichslanden, in denen sich der Aufgeklärte Absolutismus nicht hatte durchsetzen können und in denen zum größten Teil die altständischen Freiheiten noch bestanden." Karl Otmar Freiherr von Aretin: Vom Deutschen Reich zum Deutschen Bund. Göttingen 1980 (Deutsche Geschichte, hrsg. von Joachim Leuschner, Band 7), S. 67. Vgl. auch Fritz Valjavec: Die Entstehung der politischen Strömungen in Deutschland, a. a. O., S. 180ff.

[196] Gagliardo, S. 120

[197] Aretin: Heiliges Römisches Reich, S. 17

[198] Ebd., S. 17; Gagliardo, S. 104

[199] Gagliardo, S. 113

Zu den historischen und ideengeschichtlichen Voraussetzungen... 45

Die Auflösung des Reichs begann[200] und vollendete sich am 6. August 1806, allen letzten Rettungsversuchen entgegen, wie sie besonders die Reichsstände, zuletzt auch Preußen und Österreich, unternommen hatten.

Der Untergang des Reichs setzte Kräfte frei, die das starre System der Reichsstruktur und -verfassung gelähmt zu haben schien. Am Beispiel Preußens wird dieses besonders deutlich.

Nach der Jahrhundertwende war der Untergang des alten, vom System des aufgeklärten Despotismus geprägten preußischen Staats nicht mehr aufzuhalten. Napoleons Armee war stark und ihre Befehlshaber geschickt; Preußen jedoch erwies sich in seinen militärischen Handlungen als überaus unglücklich. Die Unschlüssigkeit des preußischen Königs und der schlecht vorbereitete, überstürzte Krieg gegen Napoleons Heer führten in die Katastrophe. Am 9. Oktober 1806 - fünf Monate nach der Auflösung des Reichs und der Gründung des Rheinbunds - erließ der preußische König Friedrich Wilhelm III. ein Kriegsmanifest, doch noch im gleichen Monat kapitulierte Preußen, das der Armee Napoleons schon zahlenmäßig nicht Paroli bieten konnte. Die *Kriegsentschädigungen*, zu denen Preußen nach der Niederlage verpflichtet wurde, kosteten den Staat mehr als die Hälfte seines Gebiets, alles Land westlich der Elbe.[201]

Der völlige Zusammenbruch Preußens machte endlich den Weg frei für eine Neugestaltung des Staats. Der Anstoß dazu ging nicht vom König aus, sondern vom Freiherrn vom Stein. Die Steinschen Reformen schufen Preußen zu einem modernen Staat durch die Modernisierung von Verwaltung, Recht und Sozialstruktur um.[202] Erstmals sollten explizit die Staatsbürger an der Gestaltung von Staat und Gesellschaft mitwirken,[203] denn die Auflösung überkommener feudaler Strukturen war das Ziel: die neue Steinsche Gesellschaftsordnung plante ein starkes Bürgertum ein, das sich jedoch erst entwickeln mußte. Somit waren die Reformen den eigentlichen sozialen Veränderungen weit voraus.[204] Der fürstliche Absolutismus zerbrach und wurde ersetzt durch eine mächtige Verwaltung - der aufgeklärt-bürokratische Absolutismus der Beamten[205] entstand. Bildung und Leistung sollten ihre gesellschaftliche Anerkennung finden.[206]

Diese Entwicklung bedeutete im Vergleich zur vergangenen, vorreformerischen Zeit einen wesentlichen Fortschritt. Zwar war bereits zur Zeit des Absolutismus das

---

[200] Joseph Görres' Nachruf auf das Heilige Römische Reich deutscher Nation lautete: „Am 30. Dezember 1797, am Tage des Übergangs von Mainz nachmittags um 3 Uhr starb zu Regensburg in dem blühenden Alter von 955 Jahren 5 Monaten und 28 Tagen sanft und selig an einer gänzlichen Entkräftung und hinzugekommenem Schlagfluß bei völligem Bewußtsein und mit allen heiligen Sakramenten versehen das heilige römische Reich schwerfälligen Angedenkens." Zit. nach Aretin: Vom Deutschen Reich zum Deutschen Bund, a. a. O., S. 84

[201] Von 5700 Quadratmeilen mit 9,75 Millionen Bewohnern blieben gerade 2877 Quadratmeilen mit 4,9 Millionen Einwohnern übrig. Walther Hubatsch: Grundlinien preußischer Geschichte. Königtum und Staatsgestaltung 1701 - 1871. Darmstadt 1983, S. 71

[202] Vgl. die umfassende Darstellung bei Reinhart Koselleck: Preußen zwischen Reform und Revolution. Allgemeines Landrecht, Verwaltung, soziale Bewegung von 1791 bis 1848. Zweite Auflage, Stuttgart 1975, S. 85ff. und S. 153ff.

[203] Ebd., Zweites Kapitel, S. 153ff.; Aretin: Vom Deutschen Reich zum Deutschen Bund, S. 112

[204] Koselleck, S. 153

[205] Aretin, S. 121

[206] Koselleck, S. 159

Vordringen des Bürgertums in Handel, Wirtschaft und Verwaltung deutlich geworden, aber in der Konkurrenzsituation zum Adel, der gegen die bürgerlichen Eingriffe opponierte, blieb es zumeist unterlegen,[207] obwohl es häufig über die bessere Qualifikation für die neugeschaffenen Ämter im absolutistischen Staat verfügte.[208] In diesem Bereich war auch ein Aufstieg einiger weniger Vertreter der Bürgerschicht[209] zu verzeichnen. Im wesentlichen jedoch waren dem Bürgertum keine Möglichkeiten der Mitwirkung im politischen Bereich gegeben, sieht man von einigen die Ausnahme bildenden Persönlichkeiten wie beispielsweise Goethe ab, der als Geheimer Rat am Weimarer Hof auch großen politischen Einfluß genoß.[210] In der Regel herrschte jedoch die Vorstellung vor, daß der Bürger vor allem gehorsamer Untertan sei,[211] der Landesvater sein patriachalischer Herrscher. Im Extremfall resultierte daraus der Rückzug des Bürgers in die Innerlichkeit, wie sie beispielsweise Teile der pietistischen Bewegung in ihrer Abwendung von der äußeren Welt vollzogen,[212] oder aber eine undifferenzierte Hinwendung zum und Identifikation mit dem Staat.[213]

Auf der anderen Seite entwickelte das Bürgertum gerade aus seiner unterlegenen Position heraus eine eigene Identität und ein Selbstbewußtsein, welche ihm die vermißte Anerkennung ersetzen sollten: das bürgerliche Tugendsystem entstand, das der Lebensweise des Adels ein besseres Gegenbild an die Seite stellen sollte.[214] Das bürgerliche Grundprinzip bestand nicht nur aus Moral und Sittlichkeit als unverbrüchlichen Werten, sondern band dort auch die Arbeit als entscheidende Möglichkeit ein, die eigene Position im Gesellschaftsgefüge zu stärken. Individuelle Leistung war deshalb im bürgerlichen Selbstverständnis hochgeachtet.[215]

Doch nicht nur das Prinzip der Arbeit und der damit verbundenen Leistung hob den Bürger positiv vom Adel ab und verschaffte ihm Überlegenheit, sondern auch der Bildungsbegriff, der nicht zuletzt politisch ausgerichtet war. Das sogenannte

---

[207] Hans-Ulrich Wehler: Deutsche Gesellschaftsgeschichte. Erster Band: Vom Feudalismus des Alten Reichs bis zur Defensiven Modernisierung des Reformära 1700 - 1815. Frankfurt/Main 1987, S. 151f.

[208] Vierhaus: Deutschland im Zeitalter des Absolutismus, a. a. O., S. 78

[209] Es muß darauf hingewiesen werden, daß damals kein einheitliches deutsches Bürgertum bestand. Der gesellschaftlichen Aufstieg gelang den landesherrlichen Beamten sowie Vertretern der Kirche und der gebildeten Oberschicht. Vgl. Koselleck, S. 87ff.; Ulrich Vohland: Zu den Bildungs- und Gesellschaftsvorstellungen zwischen 1770 - 1810. Ansätze zur Ideologiekritik. Bern, Frankfurt/Main, München 1976, S. 37 und S. 40; Vierhaus, S. 51; Wehler, S. 151ff.

[210] Walther, S. 326

[211] Schlaffer, a. a. O., S. 127

[212] Gerhard Kaiser: Pietismus und Patriotismus im literarischen Deutschland. Ein Beitrag zum Problem der Säkularisation. Zweite Auflage, Frankfurt/Main 1973, S. 34

[213] Ebd., S. 121

[214] Vgl. Wolfgang Ruppert: Bürgerlicher Wandel. Die Geburt der modernen deutschen Gesellschaft im 18. Jahrhundert. Frankfurt/Main 1984, S. 27

[215] Ebd., S. 40. Jedoch war, wie Vierhaus betont, bürgerliches Bewußtsein „nicht standesspezifisch; es ist von Adeligen aufgenommen worden und hat im letzten Jahrhundertdrittel auch die Höfe erreicht, vor allem die kleineren. Das Ideal des Hofmanns wurde durch das Ideal des aufgeklärten Bürgers und Patrioten verdrängt, der gemeinnützig tätig ist, der am geistigen, politischen und ökonomischen Leben seiner Zeit Anteil nimmt, sich selbst immer mehr aufklärt und zur Aufklärung anderer beiträgt. Die Möglichkeiten freilich, solche Gesinnung im konkreten Handeln zu bewähren, blieben unter deutschen Verhältnissen lange eng begrenzt." A. a. O., S. 114

Bildungsbürgertum,[216] auf das in diesem Zusammenhang hingewiesen werden muß, formte sein Weltbild nicht, wie es das übrige Bürgertum tat, aus den sozialen und politischen Gegebenheiten heraus, sondern aus Ideen und Idealen, die ihm aus seiner Ausbildung heraus erwuchsen und die es weitergegeben wissen wollte, um dauerhaft eine gesellschaftliche Änderung herbeizuführen. Vohland beschreibt den ideengeschichtlichen Prozeß am Beispiel Herders, dessen Ideal der allseitig ausgebildeten Persönlichkeit dauerhaft auch der politischen Integration dienen sollte:

> Bildung dient Herder als Mittel, sich von den Normen, die den Menschen zu einseitiger Tätigkeit nötigen und damit die Entfaltung aller seiner Kräfte beschränken, zu befreien; seinem Bildungsstreben liegt der provisorische Wunsch zugrunde, sich den Anforderungen der Gesellschaft zu entziehen. ... Dieser mit dem Mittel der Bildung unternommene Kampf um die persönliche Anerkennung und den individuellen Aufstieg des einzelnen Bürgers - der nur unter Verzicht auf jedes politische Mitspracherecht möglich war - ist auch für die bürgerliche Schicht als politischer Fortschritt zu verstehen: denn nach Erreichen der menschlichen und persönlichen Gleichheit zwischen Adeligem und Bürger und ihrer gegenseitigen Anerkennung wird das Erreichen des nächsten Ziels, das der politischen Mitsprache und Mitentscheidung - zunächst des Einzelnen, dann der ganzen bürgerlichen Schicht -, vorbereitet und erleichtert.[217]

Der Mangel an politischen Gestaltungsmöglichkeiten des Bürgertums führte nicht grundsätzlich zum Rückzug der Intellektuellen auf Wissenschaft oder Literatur.[218] Umgekehrt wird der Bereich des Geisteslebens und der Wissenschaft nicht als unpolitisches Gebiet angesehen, wie in einem der nächsten Kapitel am Beispiel der *Neuen Mythologie* noch einmal deutlich gemacht werden soll. Lediglich die Art der - auch öffentlichen - Wirksamkeit war eine andere. Eine öffentliche Lesekultur, getragen zumeist durch sogenannte *Lesegesellschaften*[219] diente der Verbreitung von Ideen und Theorien durch Schriften, Zeitungen und Zeitschriften, die schon vor 1789 zur allgemeinen Bildung sowie zur Entwicklung der bürgerlichen Ideologie und zur Politisierung der Massen beitrugen und oft von den bürgerlichen Intellektuellen verfaßt oder publiziert wurden. Zu nennen wäre an dieser Stelle vor allem Christian Friedrich Daniel Schubarts (1739 - 1791) „Deutsche Chronik" (erschienen ab 1774), aber auch Christoph Martin Wielands (1733 - 1813) „Teutscher Merkur" (erschienen ab 1773), ein Periodikum, bei dem bereits das Attribut *deutsch* sprechend ist: nationales, nicht allein kulturelles Interesse lag der Publikation beider Zeitschriften zugrunde. Auf diese Weise wurde Staatlichkeit transzendiert. Ziel beider Organe war es, das öffentliche Leben zu kommentieren und dabei auch politische Fragen nicht auszugrenzen, allen Einschränkungen der Presse- und Druckfreiheit zum Trotz.[220] In ihrer Intention schlossen sich die als Beispiele genannten Zeitschriften

---

[216] Das Bildungsbürgertum war nur im ideologischen Bereich vom übrigen Bürgertum geschieden, nicht aber sozial oder rechtlich. Die Bildung wurde vielmehr als Qualifikationskriterium in Konkurrenz zum Adel angesehen und verstanden. Vgl. Vohland, S. 41 und Wehler, S. 213

[217] A. a. O., S. 63f.

[218] Walther, S. 308. Derselbe verweist auch auf die *Reichspublizistik* während des *Sturm und Drang* (Ebd., S. 319f.) und den aktiven Einsatz der bürgerlichen Intellektuellen für Reformen (Ebd., S. 323ff.).

[219] Ruppert, S. 138ff.; Valjavec, S. 229f. und S. 237ff.

[220] Valjavec, S. 94, S. 96ff. und S. 125

den zu Beginn des 18. Jahrhunderts publizierten moralischen Wochenschriften an, welche jedoch inhaltlich kaum je politische Aussagen verzeichneten.[221]

Ein Charakteristikum auch des deutschen Adels war es, daß seine Prägung und Einstellung übernational war, was als allgemeines europäisches Merkmal der Adelskultur zu bezeichnen ist, und auch diesbezüglich setzte ihm das deutsche Bürgertum entschieden eine kulturelle Alternative entgegen: Das Bestreben nach dem Aufbau einer ursprünglich deutschen Kulturtradition, die sich schon vor dem Aufflammen nationaler Strömungen in „Deutschland" deutlich artikulierte. Wie es am Beispiel Gottfried Wilhelm Leibniz' (1646 - 1716) erkennbar wird, lassen sich Kultur und Politik wiederum nicht trennen, denn Leibniz' Werke - etwa die Schriften „Disputatio de principio individui" (1663) oder „Meditationes de cognitione, veritate et ideis" (1684) - implizieren bereits eine Veränderung der kulturellen Basis des politischen Lebens in „Deutschland", etwa durch Bestrebungen, die deutsche Sprache zu einem Artikulationsmittel zu formen, wie es den Erfordernissen einer universalen Bildung entsprach.[222] Die Vertreter der Aufklärung in der Folge Leibniz' begründeten eine neue Auffassung von der deutschen Sprache, indem sie sie gleichberechtigt neben die lateinische und die französische stellten. Dadurch wurde auch die Wissenschaft in die nationalen Bezüge eingebunden, so etwa durch Christian Thomasius (1655 - 1728), der als einer der ersten Wissenschaftler im Jahre 1687 Vorlesungen in deutscher Sprache anzeigte,[223] und Christian Wolff (1679 - 1754). Die deutsche Sprache emanzipierte sich in der Folgezeit auch im wissenschaftlichen Diskurs gegenüber dem Lateinischen und dem Französischen, was ihrer stilistischen und grammatikalischen Weiterentwicklung zugute kam,[224] wozu Gelehrte wie Johann Christoph Gottsched (1700 - 1766), Christian Fürchtegott Gellert (1715 - 1769) und Johann Christoph Adelung (1732 - 1806) sowie Dichter wie Klopstock, dem wir uns noch im siebenten Kapitel dieser Arbeit zuwenden werden, und Gotthold Ephraim Lessing (1729 - 1781) beitrugen. Die Entwicklung der poetischen Sprache war es, die nicht nur den Variantenreichtum und die Bedeutung der deutschen Sprache für die nationale und die internationale Kultur unter Beweis stellte, sondern auch entgegen aufklärerischen Anschauungen die Freiheit der Dichtung zu postulieren half.[225] Gerade am Beispiel Klopstocks wird nachweislich die Bedeutung der von wirtschaftlichen Zwängen freien Dichtung für das bürgerliche Selbstverständnis deutlich.[226] Die deutsche Sprache spielte auch durch die vermehrte Bildungs- und Lesefreudigkeit[227] in der bürgerlichen Identitätsbestimmung eine wichtige Rolle - Sprachfähigkeit und Bildungserwerb waren zu ihrer unabdingbaren Grundlage geworden.

---

[221] Ruppert, S. 48

[222] Hajo Holborn: Deutsche Geschichte der Neuzeit, Band 1: Das Zeitalter der Reformation und des Absolutismus (bis 1790). München, Wien 1970, S. 500. Leibniz selbst schrieb noch in lateinischer und französischer Sprache. Ruppert, S. 46f.

[223] Holborn, S, 503

[224] Vgl. die Darstellung bei Hans Eggers: IV. Aufklärung und Empfindsamkeit (ca. 1720 - 1770) sowie V. Auf dem Wege zur Spracheinheit im Vierten Buch seiner Deutschen Sprachgeschichte. Reinbek 1986, S. 286ff. und S. 309ff., worin die ungemein große Bedeutung dieser Zeit für die deutsche Sprachgeschichte erläutert wird.

[225] Ebd., S. 304

[226] Vgl. Kapitel 7 dieser Arbeit.

[227] Ruppert, S. 127

Die Französische Revolution sorgte auch innerhalb der Bevölkerung des Heiligen Römischen Reichs deutscher Nation für die Verbreitung der Idee der Volkssouveränität. Daraus entwickelten sich jedoch keine selbständigen politischen Gruppierungen, die etwa versucht hätten, diese Idee im Reich Wirklichkeit werden zu lassen - von dem kurzen Intermezzo der deutschen Jakobiner in Mainz einmal abgesehen. Valjavec hebt hervor, daß sich im Zuge der Französischen Revolution zwar zunächst die liberalen Strömungen in „Deutschland" verstärkten, die verschiedenen Gruppierungen - Gesellschaften, Freimaurer und studentische Vereinigungen vor allem - aber nur Vorstufen politischer Organisation darstellten.[228] Tiefgreifende Veränderungen in den sozial-gesellschaftlichen Strukturen sollten tatsächlich erst durch Reformen möglich werden, die nach dem Zusammenbruch der alten Ordnung von oben her angeordnet und durchgeführt wurden. Als ideologische Basis diente dabei die allumfassende geschichtsmythologische Vorstellung von der nationalen Einheit, die in den beiden folgenden Kapiteln zum Staats-, Volks- und Vaterlandsbegriff - im Kontrast zu Dänemark und Schweden - und zur politischen *Neuen Mythologie* zu erläutern sind.

---

[228] A. a. O., S. 180 und S. 239

4
„Nation" - „Volk" - „Vaterland"

Zum frühen nationalen Entwicklungsprozeß "Deutschlands" und der skandinavischen Länder

Der Themenkomplex, der sich mit Geschichte und Ideologie Dänemarks, Schwedens und des Heiligen Römischen Reichs deutscher Nation befaßt, ist im wesentlichen charakterisiert durch die wachsende Bewußtwerdung der jeweils eigenen Volksindividualität, die sich im Zuge der politischen Ideenbildung immer stärker auszuprägen begann und letztlich die Nationwerdung der europäischen Völker massiv beeinflußte. In diesem Kapitel soll nun über den konkreten Bereich der Geschichte vertiefend hinausgegangen werden, indem die Ideenbildung der drei genannten Länder herangezogen wird, um zu hinterfragen, wie sich die Ausbildung der nationalen Idee an sich in ihnen ideengeschichtlich vollzogen hat. Dabei soll weniger interessieren, ob die dabei entstandene Ideengeschichte politisch umgesetzt wurde oder bloße Theorie blieb - wichtig erscheint allein die sich darin deutlich abzeichnende Chronologie eines nationalen Entwicklungsprozesses, die es - nach einer allgemeineren Einführung zu den oben aufgeführten Schlagwörtern - zu skizzieren gilt.

Vor dem Hintergrund des im vorigen Kapitel gezeichneten historischen Umfelds soll somit an dieser Stelle ein Themenbereich Darstellung finden, dessen komplizierte und konfliktträchtige Zusammenhänge die neuzeitliche Geschichte bis in unsere direkte Gegenwart hinein prägen: Es geht um die Begriffe *Nation*, *Volk* und *Staat* und ihre Verbindung untereinander im historisch-politischen und sozialen Kontext.[229]

Seit dem Frühmittelalter bereits war das Wort „Nation" - „nationes" als politischer Begriff im Heiligen Römischen Reich geläufig.[230] Es wurde damals mit der Bezeichnung „gentes" ineins gesetzt und definierte Stammesverbände, die sowohl territorial als auch personal-herrschaftlich zusammengewachsen waren,[231] implizierte

---

[229] Verwiesen sei vor allem auf Wortschöpfungen wie „Staatsnation" (im Gegensatz zur „Kulturnation") und „Nationalstaat" (als Kontrast zum bloßen „Willen zur Nation"), wie sie Friedrich Meinecke bildet, um durch diese Antagonismen die spezielle deutsche Entwicklung im Vergleich zur allgemeineuropäischen zu beschreiben. Vgl. Friedrich Meinecke: Weltbürgertum und Nationalstaat. Studien zur Genesis des deutschen Nationalstaats. Sechste Auflage, München und Berlin 1922, S. 3ff.

[230] Werner Conze führt die Entstehung des Begriffs „theodisk", der seit dem 8. Jahrhundert die „deutsche Sprachnation" beschreibt, darauf zurück, daß die Abgrenzung von den „Fremden", den welschen und slawischen Sprachgemeinschaften, erstmals in der Geschichte die Beschreibung der eigenen Identität erforderte, womit Conze zugleich seine These illustriert, daß Nationwerdung kein eigendynamischer Prozeß sei, sondern auf „Erfindung" zurückgehe. Werner Conze: „Deutschland" und „deutsche Nation" als historische Begriffe. In: Otto Büsch/James J. Sheehan (Hrsg.): Die Rolle der Nation in der deutschen Geschichte und Gegenwart. Beiträge zu einer internationalen Konferenz in Berlin (West) vom 16. bis 18. Juni 1983. Berlin 1985 (= Einzelveröffentlichungen der Historischen Kommission zu Berlin, Band 50), S. 21 - 38. Hier: S. 21ff.

[231] Vgl. Jörg-Dieter Gauger: Nation, Nationalbewußtsein und Nationwerdung in der deutschen Geschichte. In: Klaus Weigelt (Hrsg.): Heimat und Nation. Zur Geschichte der Identität der Deutschen. Mainz 1984 (= Studien zur politischen Bildung 7), S. 26 - 44. Hier: S. 26; Horst Möller: Fürstenstaat oder Bürgernation. Deutschland 1763 - 1815. Berlin 1989, S. 43; Joachim Ehlers: Mittelalterliche Voraussetzungen für nationale Identität in der Neuzeit. In: Bernhard Giesen (Hrsg.): Nationale und kulturelle Identität. Studien zur Entwicklung des kollektiven Bewußtseins in der Neuzeit. Frankfurt/Main 1991, S. 77 - 99. Hier: S. 80f.

aber stets die Idee der gemeinsamen Abstammung, der „Geburt" aus einem gemeinsamen „Leib", die sich als politische Einheit, beispielsweise im Volksstamm, manifestierte.[232] Wurde der politische Nationenbegriff im Mittelalter bereits stark eingeengt verwendet, indem die herrschende Dynastie aus ihren Untertanen eine „Nation" formte, was geographisch nicht gerechtfertigt sein mochte,[233] so beschrieb er auch zur Zeit der Reformation nur einen Stand der Gesellschaft, die Obrigkeit nämlich, bestehend aus dem Kaiser und den Reichsfürsten.[234] Im 18. Jahrhundert finden sich die Begriffe „Nation" und „Volk" im allgemeinen synonym gebraucht in der Bedeutung „Bevölkerung eines Staats".[235] Die Benennung der Nation, wie sie in ihrer modernen, umfassenden Bedeutung bekannt ist, hat ihren Ursprung in der Französischen Revolution, als der Dritte Stand am politischen Leben teilzunehmen beginnt und mittels der im 18. Jahrhundert entwickelten Idee der „Volkssouveränität", die eine alternative Herrschaftsform darstellen sollte, welche die repräsentative Auffassung des spätmittelalterlichen Nationenbegriffs auf sich anwendet,[236] im Vollzug der herrschaftlichen Legitimitätsübertragung von einer gesellschaftlichen Kraft auf eine neue, wobei sich an der Definition des Nationenbegriffs zunächst noch nichts änderte.

Welche Kriterien lassen sich finden, um den Nationenbegriff greifbar und praktisch nachvollziehbar zu machen? Jörg-Dieter Gauger nennt zehn Merkmale, wie kulturelle Identität beschrieben werden kann:[237]

> durch territoriale Einheit;
> durch kulturelle Gemeinsamkeiten, wobei die Sprache an erster Stelle steht;
> durch gemeinsame soziale und wirtschaftliche Institutionen;
> durch gemeinsame souveräne Regierung;
> durch den Glauben an die gemeinsame Geschichte;
> durch die Wertschätzung der Nationszugehörigen untereinander;
> durch die Hingabe an ein abstraktes Ganzes;

---

[232] Horst Zilleßen definiert die Nation als „ursprünglich durch Geburt vorhandene Einheit von Menschen." Volk - Nation - Vaterland. Die Bedeutungsgehalte und ihre Wandlungen. In: Ders. (Hrsg.): Volk - Nation - Vaterland. Der deutsche Protestantismus und der Nationalismus. Gütersloh 1970, S. 13 - 47. Hier: S. 15

[233] Möller, S. 43

[234] Hans Joachim Berbig: Kleine Geschichte der deutschen Nation. Düsseldorf 1985, S. 103. Vgl. auch als bekanntesten zeitgenössischen Beleg für diesen Wortgebrauch die Schrift Martin Luthers „An den christlichen Adel deutscher Nation von des christlichen Standes Besserung" aus dem Jahr 1520. Der Zusatz in der Namensformel „Heiliges Römisches Reich deutscher Nation" (sic!) entstammt dem 15. Jahrhundert und bezeichnete zunächst nur die deutschen Teile des Reichs; spätestens seit dem 17. Jahrhundert implizierte er einen deutschen Anspruch auf das Imperium. Die Gottesunmittelbarkeit des Reichs beschreibt der Ausdruck, den Nikolaus von Kues fand: Imperium Germanicum. Berbig, S. 86; Möller, S. 43f.; Conze, S. 27. Aber auch auf das Volk wurde der Nationenbegriff übertragen; das Lexikon des Simon Rot (1571) behandelt „Volk" und „Nation" erstmals synonym. Vgl. Hermann Simon: Geschichte der deutschen Nation. Mainz 1968, S. 302f.

[235] Ulrich Scheuner: Nationalstaatsprinzip und Staatenordnung seit dem Beginn des 19. Jahrhunderts. In: Staatengründung und Nationalitätsprinzip. Unter Mitwirkung von Peter Alter hrsg. von Theodor Schieder. München, Wien 1974 (= Studien zur Geschichte des neunzehnten Jahrhunderts. Abhandlungen der Forschungsabteilung des Historischen Seminars der Universität Köln, Band 7), S. 9 - 37. Hier: S. 18

[236] Wörterbuch der Soziologie. Zweite, neubearbeitete und erweiterte Ausgabe, hrsg. von Wilhelm Bernstorf. Stuttgart 1969, S. 737

[237] A. a. O,. S. 27. Gauger folgt dabei Boyd C. Shafer.

durch Nationalstolz bzw. -trauer;
durch Geringschätzung gegenüber anderen Gemeinschaften, sogar Widerstand gegen das Fremde;
durch Hoffnung auf eine gemeinsame Zukunft.

Gaugers Vorschläge zur Begriffsbestimmung sind im ganzen zutreffend, jedoch setzen sie bereits den Entwicklungsprozeß einer Gemeinschaft hin zur Nation voraus, der sich bei Gauger nicht nachvollzogen findet.

Karl Renner setzt, nur scheinbar im Widerspruch zur bisherigen Begriffsdefinition, die Einheitlichkeit fordert, in der Nation eine „Menschenvielheit" voraus,[238] und beschreibt Nationen als „Menschenmassen, die sich aus der Gesamtheit der menschlichen Gesellschaft im Raume absondern und durch besondere Geschichte, Sprache und Kultur losheben, neben- und gegeneinander Macht erstreben und Macht üben und so als wollende und handelnde Einheiten auftreten."[239] Renner begreift die „Nation" als einen politischen Begriff, denn ihr Entstehen verlange „aktiven Geltungs- und Gestaltungswillen."[240] Auch Hans Joachim Berbig hebt mit seiner knapp gewählten Formel „Wille zur Nation" die Künstlichkeit ihres Entstehens hervor,[241] und Karl W. Deutsch spricht von der „Nation" als „Ergebnis der Transformation eines Volkes oder weniger ethnischer Elemente innerhalb eines sozialen Mobilisationsprozesses."[242] Ausgehend vom Begriff der Volkssouveränität unterstellt Deutsch, daß eine Nation von einem Volk gebildet werde, das - entsprechend der *ständischen* Begriffsdefinition, die bereits erläutert wurde - die Kontrolle über diejenigen Institutionen des Gemeinwesens errungen habe, die zur Ausübung von Macht unabdingbar sind. Nach Deutsch könnte sich dann daraus der Nationalstaat entwickeln.[243]

Auch Eric J. Hobsbawm sieht die Nationen als soziologische und politische Phänomene an, in denen sich erstmals Allgemeinbestrebungen gegenüber den ständischen Partikularinteressen durchsetzten.[244] Da Hobsbawms Denkansatz sowohl soziologisch als auch historisch zu nennen ist, betrachtet er Nationen als „Doppelphänomene", die der Ideologie „von oben" ebenso entsprechen wie der Volksmeinung,[245] weshalb Hobsbawm die Nationwerdung als Zusammenspiel beider Kräfte verstanden wissen will. Im Gegensatz zu Deutsch stellt Hobsbawm jedoch keine entwicklungsbedingte Machtübernahme durch das Volk als zwingend fest, sondern vielmehr eine allmähliche Bewußtseinsveränderung sowohl von Regierenden als auch von Regierten: Loyalität und Identifikation des Bürgers mit dem bereits existenten Gemeinwesen führen dazu, daß ein gewisser Grad an Demokratisierung der Herrschaftsstrukturen unerläßlich wird, um dem Staat eine neue, säkularisierte

---

[238] Karl Renner: Die Nation: Mythos und Wirklichkeit. Manuskript aus dem Nachlaß Hrsg. von Jacques Hannak. Mit einer Einleitung von Bruno Pittermann. Wien, Köln, Stuttgart, Zürich 1964, S. 17

[239] Ebd., S. 28

[240] Ebd., S. 28

[241] A. a. O., S. 16

[242] Karl W. Deutsch: Nationenbildung - Nationalstaat - Integration. Hrsg. von A. Ashkenasi und P. Schulze. Düsseldorf 1972 (= Studienbücher zur auswärtigen und internationalen Politik, Band 2), S. 27

[243] Ebd., S. 27

[244] Eric J. Hobsbawm: Nationen und Nationalismus. Mythos und Realität seit 1780. Frankfurt/Main, New York 1991, S. 31

[245] Ebd., S. 22

Legitimation durch das Volk zu geben,[246] nachdem es im Zeitalter der Aufklärung keine religiöse Begründung nationaler Selbständigkeit mehr geben konnte.[247]

Der Begriff „Volk" entstammt ursprünglich der militärischen Sprache.[248] Ähnlich wie der Nationbegriff konstituiert sich auch dieser Ausdruck aus den Konnotationen „Abstammung", „Sprache", „Kultur" und „Geschichte". Während Berbig das „Volk" als Resultat politischer Entscheidungen definiert,[249] hebt Wilfried Schlau gerade seine natürliche Formung charakterisierend hervor.[250] Mit Herder findet der Begriff Eingang in das kulturelle und politische Leben „Deutschlands", wozu sich im Zuge der Rousseau-Rezeption des 18. Jahrhunderts die Wortformung „Volkssouveränität" gesellt. Die „Volkssouveränität" definiert sich in der Forschung nach der Realisierung des allgemeinen Willens durch Demokratie und der Garantie der Freiheit als höchstem Menschenrecht.[251] Der Volksbegriff an sich jedoch wird in „Deutschland" weniger konkret und weniger eindeutig politisch verstanden: Im Fall des „Volks" handelt es sich um ein objektiv vorhandenes, kulturell geprägtes Kollektiv;[252] eine wertgeladene Begriffsformung, die immer nur voraussetzt, niemals aber selbst befragt worden ist.[253]

Wichtig ist jedoch bezüglich der Unterscheidung zwischen „Nation" und „Volk" festzuhalten, daß die Nation als politische Organisation eines Volkes angesehen werden muß, selbst wenn es sich um den Zusammenschluß eines volklich gemischten Gebildes handelt, wie es etwa die Schweiz darstellt.[254]

Der „Staat" wiederum bildet die Nation. Beschrieben als geographisch abgegrenztes Wirkungsgebiet einer bestimmten Nation, dient er ihr zu Errichtung öffentlicher Gewalt und Nutzbarmachung natürlicher und künstlicher Mittel[255] - wie auch immer sich die Führung des Staats gerade zusammensetzen mag. Ist der Staat im wesentlichen identisch mit der Obrigkeit, steht er zumeist dem Volk diametral gegenüber,[256] im modernen Staatsverständnis verbindet er sich mit dem souveränen Volk.

Wenden wir uns nun jedoch der Entwicklung des Nationalgefühls und Nationalbewußtseins zu, wie es für die historische Realität Dänemarks, Schwedens und „Deutschlands" ab dem späten 18. Jahrhundert formend werden sollte, wobei die Entwicklung hin zur Nation im Vordergrund stehen, aber auch nach einer eventuellen Vorbildfunktion des Nordens für die deutschen Gebiete gefragt werden soll.

---

[246] Ebd., S. 99ff. Vgl. auch Wolfgang J. Mommsen, der gleichfalls hervorhebt, daß sich das Nationalgefühl nicht notwendig in einem Nationalstaat niederschlagen oder an dessen Ideal orientieren muß, sondern sich zumeist realpolitisch an bereits bestehende Gemeinwesen - positiv oder negativ dazu - hält. Nation und Geschichte. Über die Deutschen und die deutsche Frage. München 1990, S. 28f.

[247] Vgl. die Einleitung von Heinrich August Winkler (auch Hrsg.) zu: Nationalismus. Königstein/Ts. 1978 (= Neue Wissenschaftliche Bibliothek, Band 100: Geschichte), S. 5

[248] Vgl. dazu Zilleßen, S. 131ff.

[249] A. a. O., S. 15

[250] Wilfried Schlau: Nation und Volk in soziologischer Sicht. In: Nation und Selbstbestimmung in Politik und Recht. Mit Beiträgen von Wilfried Fiedler et al. Berlin 1984, S. 57 - 68. Hier: S. 57, wo Schlau einen kritischen Blick auf die Forschung zum Thema wirft.

[251] Vgl. Norbert Hoerster: Klassische Texte der Staatsphilosophie. Sechste Auflage, München 1989, S. 189 - 212

[252] Berbig, S. 15

[253] Wörterbuch der Soziologie, S. 1248

[254] Ebd., S. 1251

[255] Renner, S. 30

[256] Hobsbawm, S. 97ff.

Dänemark

Schon im Mittelalter lassen sich für Dänemark rege Kontakte zwischen Einheimischen und Ausländern feststellen, die sich nicht zuletzt durch den Handel ergaben, und eine Öffnung gegenüber den Fremden fiel dem relativ kleinen, seefahrenden Volk nicht schwer. Noch bis zur Reformationszeit entwickelten sich keine dezidert auf eine sich bildende Nation bezogene Vorstellungen oder ideologisch geprägte Vaterlandsbilder; vielmehr war es zu dieser Zeit die reformierte Kirche, die das Volk zu einen verstand, weniger das Königtum,[257] wobei der deutschen und der dänischen Muttersprache der Helstatsbewohner, die seither im Gottesdienst Verwendung fanden, eine integrative Funktion zukam. Erst die Wiederentdeckung der alten Geschichte und Kultur Dänemarks und ihre Verbreitung durch den Buchdruck im Zuge des Humanismus, eine Geistesströmung, die in Dänemark vor allem Eingang fand in der Vermittlung durch deutsche Gelehrte und Universitäten, an denen dänische Studenten ihre Ausbildung erhielten, ließ eine erste bewußte Identifikation mit dem eigenen, dem dänischen Vaterland zu,[258] das in seiner Struktur als „Helstat" zunächst undifferenziert alle nationalen Gruppierungen in sich aufnahm.

Zum Ende des 16. Jahrhunderts hin läßt sich der Begriff der „patria", des „fædreneland" (Land der Väter) oder „fædrenerige" (Reich der Väter) in Dänemark erstmals als Gebrauchsform festmachen.[259] Diese Ausdrücke - der lateinische so gut wie die beiden dänischen - weisen bereits auf Säkularisationsvorgänge hin, denn ursprünglich entstammen sie dem Wortschatz der Bibel und somit religiösem Sprachgebrauch und bezeichneten zunächst sowohl das ganze Reich als auch den heimatlichen Landesteil,[260] ähnlich wie es noch für den Sprachgebrauch im „Deutschland" des 18. Jahrhunderts festzustellen sein wird. Dänemark entwickelte sich im Verlauf des 17. Jahrhunderts von einem Großreich, dessen Teile ideologisch unverbunden unter einer Oberherrschaft nebeneinander existierten, zu einem großen Vaterland, das aus lauter kleinen Vaterländern bestand,[261] eine politische Wendung des „patria"-Begriffs, die sicherlich als Folge der absolutistischen Einigungsbestrebungen anzusehen ist.

Bis ungefähr 1640 standen die Begriffe „land" und das im Mittelalter vor allem religiös konnotierte „rige" gleichbedeutend nebeneinander, danach bestand fast nur noch „land" in Literatur und Umgangssprache fort.[262]

Im 17. Jahrhundert wurde der nunmehr absolut regierende dänische Monarch als „fædrenelandets fader" (Vater des Vaterlandes) direkt mit dem „patria"-Begriff verbunden, womit impliziert wurde, daß sich der Dienst am Monarchen mit dem

---

[257] Harald Ilsøe: Danskerne og deres fædreland. Holdninger og opfatelser ca. 1550 - 1700. In: Dansk identitetshistorie 1: Fædreland og modersmål 1536 - 1789. Redaktion: Ole Feldbæk. København 1991, S. 27 - 88. Hier: S. 28

[258] Ebd., S. 31

[259] Ebd., S. 32

[260] Ebd., S. 32

[261] So schrieb Gunde Rosenkrantz im Jahr 1665: „De, der stammer fra Holsten og Sleswig og Norge kalder jeg ikke fremmede. De har ikke samme Fædreland, men samme Herre og er knyttede til os ved slægteskabs bånd." (Diejenigen, welche aus Holstein und Schleswig und Norwegen stammen, nenne ich nicht Fremde. Sie haben nicht das gleiche Vaterland, aber den gleichen Herrn und sind durch das Band der Verwandtschaft mit uns verbunden.) Zit. nach Ilsøe, S. 33

[262] Ebd., S. 36

Dienst am Vaterland verband. Für diese Zeit läßt sich eine starke Identifikation gerade der bürgerlichen Intellektuellen Dänemarks mit dem Vaterland im Sinne einer Bewußtseinsschaffung oder bereits ihrer Erweiterung feststellen.[263] Der politische Nationbegriff des 17. Jahrhunderts, wie ihn Urkunden und Chroniken beschreiben, bezog sich sowohl auf das Volk als auch auf das Land,[264], worin sich ein Reflex auf die wirkliche oder latente permanente Kriegsbedrohung durch Schweden findet, die das 16. und 17. Jahrhundert durchzog und zugleich ein Feindbild des nordischen Nachbarn entstehen ließ.

Mit dem zunehmenden Zuzug aus den südlichen Landesteilen ins dänische Stammland, vor allem nach Kopenhagen, und dem wachsenden Einfluß, den die Deutschen im Reich gewannen, kam es bereits am Ende des 16. Jahrhunderts vereinzelt zu national begründeten Auseinandersetzungen, die jedoch keine tiefgreifenden Konflikte verursachten, da es nur um Interessengegensätze und nicht um grundsätzliche Probleme ging.[265] Allerdings zeigte sich bereits damals eine Zweiteilung der Gesellschaft in der Nationalitätenfrage: Die Regierung betrieb weiterhin eine einwandererfreundliche Politik, der dänische Volksanteil, der sich teilweise massiv in der direkten Konkurrenzsituation zu den Deutschen befand - so war es etwa im Handwerkerstand oder unter den Soldaten der Fall -, bildete das Bewußtsein seiner Volkszugehörigkeit durch die Konfrontation mit den Deutschen immer stärker aus.

Die Schwedenkriege zwischen 1656 und 1660 führten zu einer starken emotionalen Reaktion im Land, die sich in revanchistischen Ergüssen und patriotischen Manifestationen Luft verschaffte. Die Begriffe „Patriot" und „Patriotisme" wurden zu regelrechten Modewörtern und ihre Verwendung verbunden mit der Überlegung, was in der Krisenzeit das Beste sei für das Vaterland. Die Bürger wurden insgesamt aufgefordert, die Regierung in der Stunde der Not nach Kräften zu unterstützen.[266]

Auch im ideologischen Bereich wurde der Bezug auf den Patriotismus und die dänische Eigenständigkeit immer wichtiger. Jedoch wandte sich diese von der Regierung unterstützte politische Implikation zunächst nicht gegen die im dänischen Reich lebenden Bürger deutscher Abstammung, die man ja gerade in den „Helstat" integriert wissen wollte, sondern wiederum gegen die Schweden. Wie bereits erwähnt, fand zwischen dänischen und schwedischen Gelehrten ein heftiger Streit um den Vorrang der eigenen historischen Überlieferung statt,[267] der zum einen das Wissen der Dänen um die althergebrachte Tradition ihres Landes förderte, aber auch - da möglichst große Teile der Bevölkerung des „Helstat" angesprochen werden sollten[268]

---

[263] Vgl. dazu die Schriften: Peter Wandal: Paa Autroris egen Bekostning sit Danske Fædreneland til Ære og Tjeneste (1634 - 1656) sowie Christen Longomontanus: Astronomica Danica (1622) und Jørgen Mohr: Euclides Danicus (1672), die eindeutig im Dienst der nationalen Sache stehen. Ilsøe, S. 38f.

[264] Ebd., S. 41

[265] Ebd., S. 47

[266] Ilsøe verweist diesbezüglich beispielgebend auf die im August 1658 publizierte patriotische Schrift Jens Lassens: „I Ærlige Danske Mænd". A. a. O., S. 55. Vgl. auch S. 53

[267] Vgl. Kapitel 3 dieser Arbeit.

[268] Diese *volkstümliche* Art der Belehrung über Land und Volk in Dänemark wurde unterstützt durch Reisebeschreibungen. Arent Berntsens' Schrift „Danmarckis oc Norgis Fructbar herlighed"(1656) gibt nicht nur Charakterisierungen von Land und Leuten ab, sondern belehrt den Leser auch über die dänische Gesellschaft und propagiert die Überlegenheit der Dänen über andere Nationen. Ilsøe, S. 66ff.

- die dänische Sprache zu entwickeln half. „Reich" und „Nation" wurden damals mit ideologischer Prägung versehen und zum Bezugsrahmen für König und Regierung bei der Legitimation staatsrechtlicher und nationalpolitischer Positionen gemacht.[269] Es läßt sich somit konstatieren, daß gerade das 17. Jahrhundert einen wesentlichen Fortschritt in der dänischen Identitätsfindung brachte;[270] das 18. Jahrhundert sorgte für eine Sammlung der Kräfte in Hinblick auf eine Bewußtseinserweiterung. Nicht zuletzt trug dazu die Entstehung und Entwicklung eines öffentlichen Lebens bei, welches jedoch um 1720 - wegen der pietistischen Grundhaltung am dänischen Hof - durch die strenge Zensur und das Fehlen jeglichen öffentlichen Theaters[271] in seiner kulturellen Ausprägung stark eingeschränkt war.

Wollen wir am Beispiel Dänemarks der Theorie Hobsbawms von der Nation als „Doppelphänomen" folgen, so kann man davon ausgehen, daß sich das Verständnis des Begriffs „Nation", wie ihn Regierung und Volk Dänemarks im 18. Jahrhundert zu entwickeln begannen, immer weniger miteinander deckte. Die Begriffsdefinition der Regierenden um 1750 bringt Hans Kohn auf eine Formel, die ganz im Sinne der politischen Vorstellungen vom „Helstat", wie sie bereits im letzten Kapitel mehrfach erwähnt wurde, gehalten ist: „Der Begriff des Vaterlandes umfaßte das gesamte, vom König beherrschte Reich - Dänemark, Norwegen, die deutschen Fürstentümer, Island und die Westlichen Inseln."[272] Diese Formel beschreibt den „Helstat" territorial; der König tritt als Amtsträger, nicht als Person an sich daraus hervor.

---

[269] Ilsøe schreibt: „For historieskrivningen var det et indlysende incitament, at dansk historie tegnede et billede af rige og nation, der kunne tjene som referenceramme for konge og regering, samtidig med at den indadtil som udadtil bidrog til at legitimere statsretslige og nationalpolitiske positioner. Den danske regering kunne f. eks. ikke lade det upåagtet, at svenskeren Johannes Magnus' historieværk rummede en række uhyrlige angreb på danskerne og deres formentlige overgreb på svenskerne gennem tiderne. I forhandlinger med Sverige beklagede kansler *Johan Friis*, at denne smædebog var blevet udspredt i Europa, og fremførte, at Magnus, så hånligen oc spotteligen skriffuer om danske mend, som aldrig haffuer werritt skreffuit in nogen nation, endog Gud were loffuit at sansheit er well kiendt.' Nationens ære stod på spil, og regeringen lod 1561 Hans Svaning udgive en gendrivelse på latin, vedføjet en skildring af den af svenskerne ildesete kong Hans's historie." (Es war eine einleuchtende Anregung für die Geschichtsschreibung, daß die dänische Geschichte ein Bild von Reich und Nation zeichnete, das als Bezugsrahmen für König und Regierung dienen konnte, gleichzeitig nach innen und nach außen dazu beitrug, staatsrechtliche und nationalpolitische Positionen zu legitimieren. Die dänische Regierung konnte es z. B. nicht unbeachtet lassen, daß des Schweden Johannes Magnus' Geschichtswerk eine Reihe von ungeheuerlichen Angriffen auf die Dänen und ihre vermeintlichen Übergriffe auf die Schweden durch die Zeitläufe hinweg enthielt. In Verhandlungen mit Schweden beklagte Kanzler Johan Friis, daß diese Schmähschrift in Europa verbreitet wurde und brachte vor, daß Magnus „so höhnisch und spottend über die dänischen Menschen schreibe, wie nie zuvor von einer Nation geschrieben worden sei, auch wenn gottlob die Wahrheit wohlbekannt sei." Die Ehre der Nation stand auf dem Spiel, und die Regierung ließ 1561 Hans Svaning eine Widerlegung auf Latein herausgeben, eine Schilderung der Geschichte Königs Hans, einem der unbeliebtesten schwedischen Könige, beifügend.) A. a. O., S. 58

[270] Ilsøe schreibt: „Den grundlæggende nationalhistoriske bevidsthedsfylde, som 1500tallet gav danskere, blev i 1600-tallet udbygget med erfaringer og forestillinger om, hvordan danskere var, og hvad det var at være dansk, samtidig at der med front mod fremmed indflydelse blev peget på modersmålet som nationens særlige og forpligtende eje." (Die grundlegende nationalhistorische Bewußtseinsfülle, die das 16. Jahrhundert den Dänen schenkte, wurde im 17. Jahrhundert weiterentwickelt durch Erfahrungen und Vorstellungen davon, wie die Dänen seien und was es bedeute, dänisch zu sein; gleichzeitig mit dem Widerstand gegen den fremden Einfluß wurde auf die Muttersprache als das besondere und verpflichtende Eigentum der Nation verwiesen.) A. a. O., S. 82

[271] Die Theater wurden erst 1747 wieder geöffnet. An der Gründung des dänischen Nationaltheaters im gleichen Jahr war Johann Elias Schlegel maßgeblich beteiligt. Vgl. dazu Kapitel 6 dieser Arbeit.

[272] Hans Kohn: Die Idee des Nationalismus. Ursprung und Geschichte bis zur Französischen Revolution. Heidelberg 1950, S. 688

Über die Identitätsfindung und Nationwerdung der Dänen aus der Sicht einer breiten zeitgenössischen Öffentlichkeit heraus gibt eine Publikation neueren Datums genaue Auskunft, die als Ergebnis der Zusammenarbeit einer dänischen Forschergruppe publiziert und auf die bereits mehrfach Bezug genommen wurde.[273] In seinem Vorwort stellt Ole Feldbæk eine Arbeitshypothese vor, welche besagt, daß es gerade der Vorgang der Abgrenzung gewesen sei, der die dänische nationale Bewegung ins Leben gerufen und entscheidend geprägt hatte[274] - letztlich sei es das Feindbild von den Deutschen gewesen, das im 18. Jahrhundert die Ausbildung eines speziell dänischen Selbstbewußtseins vorantrieb, ähnlich wie im Fall der Deutschen die Ablehnung des französischen Einflusses vor allem in kultureller Hinsicht als identitätsstiftend hervorzuheben ist.

Im dänischen Reich des 18. Jahrhunderts wurden die Forschungsergebnisse und die wissenschaftlichen Arbeiten, die seit dem 16. Jahrhundert dänische Geschichte und Kultur offenzulegen sich bemühten, allmählich mit der Politik verbunden und offen für sie verwertbar gemacht, eine Konzeption, in deren Mittelpunkt die Förderung der dänischen Muttersprache stand.[275] Diese Intention tritt besonders exponiert im Schaffen Ludvig Holbergs hervor, der gerade in seinen historischen Werken versuchte, eine Verbindung zwischen der Vorzeit, die für die nationale Identität steht, der Sprache, die das nationale Selbstbewußtsein ausdrückt, und dem Staat, der nationale Eigenständigkeit manifestiert, herzustellen;[276] wie es jedoch im Vorwort zum dritten Band der dänischen Geschichte Holbergs zum Ausdruck kommt, ging sein Bestreben keineswegs dahin, dänische Kultur absolut und vorrangig vor anderen Traditionen zu betrachten. Vielmehr verstand sich Holberg als Weltbürger, der jede Kultur, die er an der Sprache exemplifiziert, gleichrangig bewertet wissen will, auch die bisher mißachtete dänische, und sich daher ausdrücklich und nachdrücklich gegen die deutsche geistige Übermacht in Dänemark, wie sie zu seiner Zeit besonders deutlich spürbar war, zur Wehr zu setzen bestrebt war.[277] Ab 1741 zeigt sich in Holbergs

---

[273] Dansk identitetshistorie 1: Fædreland og modersmål 1536 - 1789; D. i. 2: Et yndigt land 1789 - 1848. Under redaktion af Ole Feldbæk. København 1991

[274] 1. Band, a. a. O., S. 14

[275] Ole Feldbæk: Fædreland og Indfødsret. 1700-tallets danske identitet. In: Dansk identitetshistorie 1, a. a. O., S. 111 - 230. Hier: S. 118f.

[276] Vgl. dazu auch Feldbæk, S. 126. Feldbæk verweist ebd., S. 147 auf die kommentierte Übersetzung des Plinius, die Ove Guldberg noch vor dem Thronwechsel im Jahr 1766 veröffentlichte und in der sich Enthusiasmus für die dänische Sprache mit offener Kritik an der deutschen politischen Führung verbindet.

[277] „Hvad Sproget anbelanger, da have Franske, Englændere, og Italiener stor Fordeel for andre, in Henseende til Sprogenes Righed og Ziirlighed. Jeg veed vel at mange tale prægtigen om det Danske Sprogets Hærlighed, men så vidt gäer ikke min patriotiske Iver. Jeg tilstaaer, at Sproget er vel så rigt, at man derpåkand give sin Meening tilkiende ligesåvel som på Fransk, men ikke så rigt, at man kand exprimere sig med lige Fynd, efterdi man haver ikke mange Ord at gåe Vall udi, for at bruge det som passer sig best. ... Så længe derfore som det Danske Sprog laborerer af slige Svagheder, vil det blive vanskeligt for Skribenter at distingvere sig ved Danske Skrifter, thi man kand sige at det allerede er kommen så vit, at det holdes for Galanterie at skrive galt og u=ordentligt, og at man ved at i agttage Grammaticalske Regler exponerer sig ofte til Latter, og passerer for Pedanter." (Was die Sprache anlangt, so haben Franzosen, Engländer und Italiener einen großen Vorteil vor anderen im Hinblick auf die Reinheit und den Reichtum der Sprache. Ich weiß wohl, daß viele Lobeshymnen sprechen auf die Herrlichkeit der dänischen Sprache, aber so weit geht mein patriotischer Eifer nicht. Ich bekenne, daß die Sprache wohl so reich ist, um seine Meinung so gut wie im Französischen kundzutun, aber nicht so reich, daß man sich mit gleichem Nachdruck ausdrücken kann, dieweil man nicht so viele Worte hat, um daraus eine Wahl zu treffen, um das auszusuchen, das am besten paßt. ... Solange deshalb die dänische

Schriften, als Ergebnis seiner intensiven Studien, das Bestreben, zur Veränderung der Gesellschaft im Hinblick auf die Einschränkung der *Enevælde* und die größere Wirksamkeit des bürgerlichen Gesellschaftselements beizutragen.[278] Jedoch propagierte er keine Antithese zwischen beiden Nationalitäten, wie sie nach 1772 und verstärkt im 19. Jahrhundert auftreten sollte. Mit dieser für die Zeit Holbergs zu konstatierenden - und durch ihn wesentlich beeinflußten - allmählichen Bewußtwerdung der Dänen hinsichtlich ihrer Nationalität und ihrer kulturellen und historischen Tradition war bereits ein erster Höhe- und Endpunkt erreicht, aber auch die Möglichkeit der Bewußtseinserweiterung gegeben.

In der Folgezeit zeigte sich, daß die weitere Ausbildung einer nationalen dänischen Hochsprache immer stärker von den bürgerlichen Intellektuellen getragen wurde, wenn auch mit der Unterstützung der Regierung. Diese gründeten mehrere wissenschaftliche Gesellschaften,[279] die Kultur und Geschichte des Landes zu bewahren suchten. In deren Rahmen fand zunehmend die Förderung der dänischen Sprache breiten Raum: Hatte es vor Holbergs Wirken fast ausschließlich belletristische Literatur in dänischer Sprache gegeben, so wurde sie im 18. Jahrhundert auch als Medium für die Wissenschaft entdeckt.[280] Auch die Sprache diente somit dem Kampf um eine eigene, neben anderen - vor allem der deutschen - gleichberechtigte Identität.

Wie bereits erwähnt, fanden die nationalen Bestrebungen Unterstützung durch die Regierung, und sie konnten auf diese Weise wirklich verändernd in die bestehenden Gesellschaftsstrukturen der Zeit eindringen, denn die Gleichsetzung von *König* und *Vaterland* verschob den Schwerpunkt in Richtung auf den zweitgenannten Begriff, nachdem die absolutistischen Bestrebungen des dänischen Königs nach 1660 der eigenen Person die höhere Stellung eingeräumt hatten[281] - nunmehr wurde es möglich, die Identifikation der dänischen bürgerlichen Intellektuellen mit der Nation als gewachsener Einheit und dem Staat und seinen Repräsentanten herzustellen.

Das frühe und das mittlere 18. Jahrhundert war geprägt vom Stolz auf seine nationalen Eigenschaften, aber im großen und ganzen kosmopolitisch eingestellt.[282] Diese Zeit stand in Dänemark im Zeichen des Friedens und der Aufklärung, und im

---

Sprache an solchen Schwachheiten laboriert, wird es ein vergebliches Unterfangen für die Schriftsteller sein, sich in dänischen Schriften differenziert auszudrücken, denn man kann sagen, daß es bereits so weit gekommen ist, daß es als Galanterie gilt, verrückt und unordentlich zu schreiben und daß diejenigen, die die grammatischen Regeln achten, sich oft dem Gelächter aussetzen und als Pedanten gelten.) Ludvig Holberg: Betænkning over Historier. In: Samlede Skrifter i tolv bind. Bind 8. København 1927, S. 13. Holberg setzt sich hier für eine realistische Behandlung der dänischen Sprache ein, nicht ohne die implizite Aufforderung, sich ihrer produktiv anzunehmen. Die kulturelle Gleichberechtigung, die Holberg anstrebt und auf der er besteht, nimmt bereits Gedankengut Herders vorweg, der gleichfalls jeder Nation eine eigene Individualität und somit einen eigenen Wert zuspricht und der, wie in Kapitel 2 dieser Arbeit dargelegt, die Bedeutung der eigenen Kultur immer neu hervorhebt und zu befördern auffordert.

[278] Feldbæk, S. 114

[279] Feldbæk nennt „Det kongelige danske Videnskabernes Selskab" (gegr. 1742), „Det kongelige danske Selskab til Fædrelandets Histories og Sprogs Forbedring" (gegr. 1746), „Den adelige Akademi i Sorø" (gegr. 1747) und die Kunstakademi (gegr. 1754) als wichtigste Kulturvereinigungen. A. a. O., S. 115f.

[280] Ebd., S. 120

[281] Ebd., S. 112 und S. 126

[282] So drückt es beispielhaft die Schrift Tyge Rothes: Tanker om Kiærlighed til Fædernelandet (1759) aus. Feldbæk, S. 130ff.

Mittelpunkt des politischen Denkens stand der nützliche, vaterlandstreue Bürger.[283] Da auch die meisten der in Dänemark lebenden Ausländer diesem Nützlichkeitsprinzip entsprachen, blieb die Weltoffenheit des Landes akzeptiert und gewahrt. Das *Vaterland* fand sich somit in dem gespiegelt, „hvori vi ansees som Borgere" (worin wir als Bürger angesehen werden);[284] darin zeigt sich eine moralisierende Wertung: Nur derjenige Staat verdiene es, als *Vaterland* bezeichnet zu sein, in dem sich der Mensch als vollgültiger Bürger fühlen konnte.[285]

In Jens Schelderup Sneedorfs (1724 - 1764) Schrift „Om den Borgerlige Regering" von 1757, die bereits im Titel programmatisch eine bestimmte Haltung von der Regierung forderte, nämlich die Beförderung bürgerlicher Interessen, tritt erstmals eine Kritik am kosmopolitischen Vaterlandsbegriff der Zeit hervor.[286] Die fortgesetzte Bevorzugung deutscher vor dänischen Beamten, gleichbedeutend mit dem Fernhalten von jeglichem Einfluß auf Regierung und Verwaltung Dänemarks, findet an dieser Stelle erste Kritik von seiten eines jener bürgerlichen Intellektuellen, deren Selbstwertgefühl diesen Ausschluß als Zurücksetzung empfand.

Der Herrschaftswechsel im Jahr 1766 zu König Christian VII. (1766 - 1784) wurde von den dänischen Patrioten als Möglichkeit für einen politischen Neuanfang verstanden, und ihre Aufforderung an den König, eine *nationale* Politik zu führen, verband sich ausdrücklich mit dem Wunsch, die Wirksamkeit des alten, deutsch dominierten Regimes beendet zu sehen.[287] In dieser Zeit wurde das Nützlichkeitsprinzip, das bereits einige Jahrzehnte früher das große deutsche Bevölkerungskontingent verteidigen sollte, neu interpretiert: Man unterschied nunmehr zwischen *nützlichen Ausländern*, die es verdienten, als Bürger behandelt zu werden, und *Schmarotzern*, die nicht erwünscht waren, wohingegen zuvor die Ausländer an sich als nützlich eingeschätzt worden waren.[288] Offen gerügt wurde auch die Überfremdung der Lehranstalten mit Deutschen und ihre Dominanz im kulturellen Leben; ebenso erfuhr Bernstorffs Industriepolitik scharfe Kritik.[289] Durch Holbergs geistige Vermittlung war bereits ein neues staatsrechtliches Bewußtsein in Dänemark entstanden: Er hatte die Vertragstheorie im dänischen Reich bekannt gemacht, und zum Ende des 18. Jahrhunderts, als die *Enevælde* veraltet schien gegenüber dem aktuellen Gesellschaftszustand, wurde die Idee einer Übertragung der Macht durch das - dänische - Volk als praktikable Alternative zur bisherigen Form der Machtverwaltung angesehen. Vom König wurde nun verlangt, er möge die Interessen seiner - dänischen - Bürger wahren.[290] Den dänischen Bürgern des „Helstat" sollten im politischen Leben größere Möglichkeiten eröffnet und den eingeborenen Dänen somit eindeutig Vorteile vor anderen eröffnet werden.

---

[283] Ebd., S. 137f.

[284] Andreas Schytte: Staternes invortes Regiering (nach 1766 publiziert), Feldbæk, S. 145

[285] Der geographische Begriff des Vaterlands erhielt somit zusätzlich eine soziologische Komponente - dem „Land" schloß sich der abstraktere Begriff der „Gesellschaft" an. Feldbæk, S. 156

[286] Ebd., S. 146

[287] Vgl. dazu Eiler Hagerups Schrift „Brev om Kiærlighed til Fædrenelandet" (1767) und Feldbæk, S. 151ff.

[288] Ebd., S. 157

[289] Ebd., S. 159ff.

[290] So verlangte es Eiler Hagerup. Feldbæk, S. 162

Zum frühen nationalen Entwicklungsprozeß „Deutschlands"... 61

In den beiden Jahren der Struensee-Regierung verschärften sich die Konflikte zwischen Dänen und Deutschen, die inzwischen nicht mehr allein akademisch geführt wurden, sondern vielmehr ins tägliche Leben übergriffen; beispielsweise ließen sich Spannungen innerhalb der Handwerkerschaft Kopenhagens festmachen.[291] Peter Frederik Suhm (1728 - 1798) wurde mit seinen Schriften zum Sprachrohr einer antideutschen Bewegung in Politik und Kultur.[292] Seine patriotischen Schriften, die aufgrund der vom 4. September 1770 bis zum 7. Oktober 1771 herrschenden völligen Druckfreiheit teilweise auch offene Angriffe auf die Regierung Struensee enthalten konnten, stellten auf polemische Weise bloß, daß der Erste Minister noch nicht einmal die Sprache des dänischen namengebenden Volks beherrschte. Spracheinheit zwischen der Regierung und diesen Bürgern wurde damit zum wichtigsten Faktor für die Identität von Herrschaft und Nation erklärt.[293]

Trotz der Einschränkung der Druckfreiheit per Erlaß vom 7. Oktober 1771 hatte sich das politische Denken der Öffentlichkeit so stark ausgebildet, daß nach dem Sturz Struensees 1772 die weitere Entwicklung fast zwangsläufig hin zur dänisch geprägten Herrschaft führen mußte, wobei die Loyalität für den König als Symbol der dänischen Nation unberührt blieb.[294] Einen ersten Höhepunkt erfuhr der dänische Nationalismus mit der Einführung des „Indfødsretslov",[295] in dessen Folge eine dänisch dominierte Politik das Staatsleben zu bestimmen begann, die von einer dänischen Öffentlichkeit getragen wurde, die nunmehr geschlossen hinter *ihrer* Regierung stand.[296]

Unter dem Einfluß Fichtes und seiner Idee einer Nationalerziehung im frühen 19. Jahrhundert definierte sich schließlich *Vaterlandsliebe* als Eigenschaft desjenigen Bürgers, der eine national orientierte Erziehung genossen hatte, dem klassischen Vorbild entsprechend,[297] um den Wert ermessen zu können, den das Vaterland für den Einzelnen haben sollte.

---

[291] Ebd., S. 172

[292] 1771 publizierte Suhm die Schriften „Patriotiske Tanker om Fædrenelandet, til nøiere og nærmere Undersøgelse og Eftertanke" und „Forsøg at beskrive den nærværende Tilstand af de grundige og skiønne Videnskaber samt smukke konster; Dannemark og Norge"; 1772 erschienen „Til Kongen" und „Opmuntring til de Danske og Norske", Schriften, die sich zwar für den Erhalt des „Helstat" und der *Enevælde* einsetzen, das deutsche Bevölkerungselement aber außen vor ließen. Vgl. Feldbæk, S. 172ff. und S. 187f.

[293] Ebd., S. 172

[294] Vgl. Suhms Schrift „Til Kongen" (1772). Feldbæk, S. 187

[295] Vgl. dazu Kapitel 3 dieser Arbeit.

[296] Feldbæk, S. 182. Zur Reaktion der Deutschen in Dänemark vgl. Leopold Magon: Ein Jahrhundert geistiger und literarischer Beziehungen zwischen Deutschland und Skandinavien 1750 - 1850. Erster Band: Die Klopstockzeit in Dänemark. Johannes Ewald. Dortmund 1926, S. 478ff. und Feldbæk, S. 201ff. Vgl. auch Ole Feldbæk/Vibeke Winge: Tyskerfejden 1789 - 1790. In: Dansk identitetshistorie 2: Et yndigt land 1789 - 1848, a. a. O., S. 9 - 109. Die Autoren messen in ihren Ausführungen gerade der deutsch-dänischen Konfrontation eine große Bedeutung für die dänische Identitätsgeschichte bei, denn gerade die Abgrenzung von der deutschen Kultur schuf die fast demonstrativ vorgetragene, bürgerlich geprägte *Danskhed* als neues Lebensgefühl. Jedoch führte die Artikulation lange verschwiegener Kränkungen dazu, daß sich ein teilweise bereits sehr aggressiver Nationalismus ausbildete, wie ihn erst das 19. Jahrhundert in seiner ganzen Wucht zeigen sollte.

[297] Vgl. Ove Mallings Schrift „Store og gode handlinger af Danske, Norske og Holstenerne" (1777) und darin besonders das Kapitel „Kierlighed til Fædrenelandet", auf das auch Feldbæk verweist (ebd., S. 192). Das Motto der dänischen Nationalbewegung läßt sich danach wiedergeben mit dem Motto „Frygt Gud, ær Kongen" - natürlich in der Nationalsprache gefaßt und bezogen auf die vorausgesetzte Spitze der Nation, die in Wirklichkeit die Spitze des „Helstat" war. Ebd., S. 190ff.

Die Abgrenzung dem deutschen Bevölkerungselement gegenüber war vollzogen, dennoch bemühte sich die dänische Regierung darum, die Idee des „Helstat" lebendig zu erhalten.[298] Es bleibt jedoch festzuhalten, daß die Dänen ihre nationale Identität zumindest in der Theorie als Konsequenz der ideengeschichtlichen Entwicklung über die gesamtstaatliche Ordnung und Einheit stellten, wodurch künftige nationale Spannungen innerhalb des dänischen Reichs vorprogrammiert waren, die im 19. Jahrhundert mit der schleswig-holsteinischen Frage latent begegneten und schließlich nur noch militärisch gelöst werden konnten.

Schweden

Auch das frühe schwedische Nationalgefühl entstand aus einer politisch-nationalen Konfrontation heraus, die sich in der Mitte des 16. Jahrhunderts in Abgrenzung zu dem Unionskönigtum, das dänisch dominiert war, entwickelte. Das Streben nach politischer Eigenständigkeit wurde jedoch nicht durch das schwedische Volk als Ganzheit betrieben, sondern vielmehr von den gebildeten und einflußreichen Persönlichkeiten in Kanzleien und Kirchen getragen,[299] wofür bereits Nikolaus Ragvaldi, der Bischof von Växjö, als Beispiel vorgestellt wurde.[300] Wiederum tritt als Propagandist dieser frühen nationalen Linie Johannes Magnus hervor, der vor allem bestrebt war, Saxos dänische Geschichte, aus der heraus ein Führungsanspruch Dänemarks formuliert worden war, zu widerlegen. Dazu konstruierte Magnus eine Herleitung des schwedischen Volks bis auf Kain und Abel und auf Romolus und Remus, womit alle Ansprüche Dänemarks auf die Vormacht im Norden und die Herrschaft über Schweden abgeschmettert werden sollten.[301] In dieser Zeit jedoch ist der nationale Wert, den die Schweden sich selbst als Nation zusprachen, für die Gelehrten und Politiker des Landes allein der ideologischen Gründe wegen interessant, was bereits die Ableitung des schwedischen Volks aus biblischem und vorgeschichtlichem Kontext heraus deutlich macht. Nach einer Identität für das gesamte Volk wurde nicht gesucht; das Volk an sich erschien nur als abstrakte Größe in den historischen Schriften, welche zwar vom *Volk* berichteten, ohne jedoch die unteren Schichten - als Rezipienten der Schriften etwa - einzubeziehen, wobei bereits deren Abfassung in lateinischer Sprache eine deutliche Sperre bildete.[302]

---

[298] Vgl. dazu Ove Høegh-Guldbergs Schrift „Historien af Danmark, Norge og Holsten" (1776). Feldbæk, S. 196

[299] Kurt Johannesson: Gotisk renässans. Johannes och Olaf Magnus som politiker och historiker. Stockholm 1982, S. 144

[300] Vgl. Kapitel 3 dieser Arbeit.

[301] Johannesson, S. 144f. und besonders S. 148

[302] Ebd., S. 252. Genau wie in den anderen Nationen auch diente die lateinische Sprache im Skandinavien des ausgehenden Mittelalters und der frühen Neuzeit dem Universalismus übernationaler Bildung, welche die katholische Kirche monopolartig verwaltete und tradierte. Dem Großteil der Bevölkerung blieb ein Zugang zum schriftlich fixierten Wissen deshalb verwehrt. Nicht zuletzt aus diesem Grund findet sich Nationalgeschichte auch immer mit Sprachgeschichte verbunden: Die Sprache bildete den Schlüssel zur eigenen, individuellen Kultur, an der die universal orientierte Kirche und ihre Vertreter kein Interesse haben konnten. Dennoch scheint die Benutzung der lateinischen Sprache durch Johannes Magnus schlüssig, weil er zum einen den Gegenpunkt zu der ebenfalls lateinisch verfaßten Quelle des Saxo Grammaticus bilden wollte, zum anderen aber auch, weil er nur mittels der lateinischen Sprache andere Gelehrte in Europa und die Vertreter der europäischen Diplomatie von seiner Theorie und der diesbezüglichen Argumentation überzeugen konnte.

Auf der anderen Seite war es gerade das Merkmal der ersten Vertreter der Vasa-Dynastie, daß diese ihre Person mit den Interessen der schwedischen Untertanen aus allen Schichten zu verbinden wußten. Auf dieser Popularität beruhte ein Gutteil der Macht, welche die schwedischen Könige sich erwarben.[303] Der Goticismus wirkte daher verknüpfend als ideologisches Band zwischen den Vertretern aller Schichten der schwedischen Gesellschaft dieser Zeit, da er den nationalen und moralischen Stolz auf die eigene Nation wachsen ließ.[304] Diese nationale Würde nach außen akzeptiert zu sehen schuf in Schweden Mißtrauen gegenüber den Ostseeanrainern und direkten Kontrahenten Rußland und Dänemark,[305] die Schweden um seine Vormacht bringen zu wollen schienen, und die daraus resultierenden Feindbilder wiederum sorgten für ein Anwachsen des nationalen schwedischen Stolzes.

Exkurs: Das schwedische „Reich"

Die Sicherheitsbestrebungen Schwedens gegenüber seinen potentiellen Gegnern Rußland und Dänemark sowie die Furcht vor Isolation in Europa und vor der Blockierung des Wegs dorthin führten dazu, daß sich Schweden umliegende, strategisch wichtige Gebiete anzueignen suchte, wobei der Krieg seine Legitimierung als dienliches politisches Mittel erfuhr.[306] Um 1660 war die Form des aus den eroberten Gebieten bestehenden Reichs gefestigt;[307] jedoch unterscheidet es sich wesentlich vom Charakter beispielsweise des dänischen Reichs, das insoweit zusammengewachsen war und sich derart einheitlich entwickelt hatte - etwa im Sinn einer *multikulturellen Gesellschaft* -, daß die Bezeichnung „Helstat" gerechtfertigt erscheint. Für die Schweden dagegen war das Reich eher Mittel zum Zweck, und die schwedischen Provinzen kamen selten über den Status vernachlässigter Kolonien hinaus, wozu die dezentrale geographische Lage wesentlich beitrug, denn Mutterland und Provinzen waren und blieben nur unzureichend verbunden.[308] Daher überrascht es nicht zu erfahren, daß das Reich niemals eigentlicher Bestandteil schwedischen Nationalstolzes war; stärker als an reichsspezifischen Fragen war man an innenpolitischen Ereignissen interessiert.[309] Eher sah man das Reich ob seiner Größe als Unsicherheitsfaktor an, der latente Bedrohung fürchten ließ. Als nach 1660 die internationale Reputation Schwedens sank, stieg das patriotische Bewußtsein enorm an,[310] und es wurde nicht nur theoretisch beschworen, sondern auch manifestiert in

---

[303] Michael Roberts: The Swedish Imperial Experience, 1560 - 1718. Cambridge 1979, S. 82

[304] Vgl. dazu auch Kapitel 3 dieser Arbeit.

[305] Roberts, S. 68

[306] Ebd., S. 21f.

[307] Roberts vergleicht das schwedische Reich mit dem der Habsburger: Er stellt ein nahezu babylonisches Sprachgewirr aus russisch, finnisch, estnisch, lettisch, deutsch, dänisch und schwedisch fest, weshalb er bis ca. 1690 deutsch als Sammelsprache nachweist. A. a. O., S. 83f.

[308] Ebd., S. 104 und S. 117. Das eigentliche Reich „Svea-rige" (= Sverige) bildeten seit der Frühgeschichte die Provinzen Svea und Gotland.

[309] Allein die Wechselbeziehungen zwischen Schweden und Pommern sind als nennenswert hervorzuheben, jedoch beruhen sie zum größten Teil auf ökonomischen Ursachen, aber auch auf ideologischen Implikationen. Roberts, S. 119

[310] Ebd., S. 138

Abbildung 5: König Gustav II. Adolf von Schweden (1594-1632)

der Blüte der Kunst und Architektur Stockholms, die dem Pariser Lebensstil ein schwedisches Pendant entgegensetzen sollte.[311]

Diese rein äußerliche Manifestation der Größe der schwedischen Nation bezog das Volk nicht mit ein. Dennoch fand in Schweden schon seit dem frühen Mittelalter und später in ausgeprägter Kontinuität dazu eine ernsthafte Integration der meisten gesellschaftlichen Gruppen in Form von *Ständen* in die Regierungsverantwortung im weitesten Sinn des Wortes statt, und deshalb war es gerade der Begriff der „Freiheit", mit dem sich das schwedische Nationalbewußtsein verband. Es bestimmte jeweils die Stärke des Königs, wie weit die Stände an der Macht zu beteiligen seien, und wie bereits festgestellt wurde, kam es unter Gustav II. Adolf durch die Evozierung der gemeinsamen, nationalen Pflicht wohl zu der gelungensten Harmonisierung von Königs- und Ständemacht der Neuzeit,[312] so daß man in Schweden schon früh

---

[311] Ebd., S. 139

[312] Die politischen Stände Schwedens setzten sich aus Adel, Bürgerschaft, Klerus und Bauernschaft zusammen. Vgl. zu diesem Komplex auch Kapitel 3

Zum frühen nationalen Entwicklungsprozeß „Deutschlands"... 65

Ansätze zur Entstehung einer Art parlamentarischer Regierungsform beobachten konnte.[313] Wenn sich natürlich auch die Ständevertretung nicht an einem modernen Demokratiebegriff messen läßt, so läßt sich doch feststellen, daß die Repräsentation des Volks in seiner Totalität in Schwedens Regierungssystem dennoch breiter war, als es für andere europäische Nationen der Fall war.

Um 1680 hatte sich Schweden endgültig zum Militär-, Wirtschafts- und Verwaltungsstaat entwickelt. Die Reduktion und Neuorganisation des Militär- und Beamtenapparats 1696 durch Karl XI. ergab eine Erweiterung des Staatsbegriffs in Schweden, der bisher nur den Etat (= Staatshaushalt) bezeichnet hatte. Durch die Erweiterung des *Finanzstaats* zum *Anordnungs-* und *Personalstaat*[314] wurde zugleich die königliche Macht erweitert, die sich als oberste Kontrolle des *Staats* und als sein Haupt dazu definierte, der absolutistischen Staatsvorstellung Karls XI. gemäß.[315]

Der Tod seines Nachfolgers Karl XII. brachte ein neues Zeitalter für Schweden, das vom Absolutismus der Könige vorerst und von seiner Reichsherrlichkeit endgültig Abschied nahm - allein Pommern blieb Schweden verbunden als Symbol für die einstige Vormachtstellung des nordischen Landes im Ostseeraum und im Heiligen Römischen Reich deutscher Nation, und Pommern blieb schwedisch, obwohl sein Verkauf finanzielle Nöte des Landes hätte beseitigen helfen.[316] Das Nationalgefühl dieser Zeit läßt sich somit als rückwärtsgewandt bezeichnen, Größe und Selbstbewußtsein aus der Zeit beziehend, als Schweden noch über ein Reich verfügte. Ähnliche krisenhafte Ereignisse sollten 1809 zu der nationalen Depression in Folge des Verlusts Finnlands führen, der genau hundert Jahre nach der Schlacht von Poltawa erfolgte.

Der Aufstieg der Parteien im Schweden des frühen 18. Jahrhunderts fiel in eine Phase schwachen Königtums. Den Ständen war ab 1739 die Macht im Staat zugefallen, und die Parteien wollten ein Gegengewicht zu ihnen bilden, wie es die Monarchie damals nicht leisten konnte, denn es bestand die Gefahr des Machtmißbrauchs durch die Stände. Diese hatten sich nämlich ihrerseits eine absolutistische Machtstellung in Schweden geschaffen und erlangten, wie zuvor der König, eine Position über dem Recht.[317] Kritik an der restaurativen Verfassung, die sich an der Konstitution der Regierungszeit Gustavs II. Adolf orientierte, oder an der restriktiven Herrschaft der Stände wurde bestraft[318] - dies alles vollzog sich in einer Periode schwedischer Geschichte, die als *Freiheitszeit* bekannt wurde!

Die Formierung der *Parteien*, die zunächst lediglich als Interessenverbände einiger Personen entstanden waren, geschah aus dem Bestreben heraus, eine aktive Opposition gegenüber der repressiven Ständemacht zu bilden. Auffällig ist jedoch, daß sich die Vertreter der *Hüte* und *Mützen* als an der nationalen Sache stärker

---

[313] Vgl. Kohn, S. 690

[314] Werner Buchholz: Staat und Ständegesellschaft in Schweden zur Zeit des Übergangs vom Absolutismus zum Ständeparlamentarismus 1718 - 1720. Stockholm 1979, S. 29f.

[315] Diese Entwicklung mochte Gefahr laufen, die Mechanisierung des schwedischen Staats hervorzurufen. Jedoch war die Dominanz der Herrscher über den Staat stets nur temporär, denn der Absolutismus war ein Herrschaftsprinzip, das der schwedischen Geschichte nicht entsprach und daher nicht dauerhaft durchsetzbar war. Vgl. Michael Roberts: The Age of Liberty. Sweden 1719 - 1772. Cambridge 1986, S. 1

[316] Ebd., S. 44f.

[317] Ebd., S. 64, S. 68, S. 76 und S. 104f.

[318] Ebd., S. 106f.

Interessierte erwiesen als die Regierung und entsprechend zu wirken begannen, was folgende Umstände beweisen: Die *Hüte* verfügten über eine wöchentlich erscheinende Zeitung „En Ärlig Svensk", deren nationaler Impetus schon im Titel hervortritt[319] und in der sich unter anderem Kritik an dem absolutistischen Machtstreben der Stände findet.[320] Der *Hut*-Parteigänger Carl Gyllenborg (1679 - 1746) trat öffentlich auch hervor als Verfasser von Theaterstücken; als ein *schwedischer Holberg* verfaßte er 1737 die erste politische Komödie Schwedens ("Den svenska sprätthöken", Der schwedische Modegeck), in der die gängigen *ausländischen* Moden verspottet werden.[321] Die *Hüte* selbst betrachteten sich als die Fraktion der *nationalen Wiedergeburt*; sämtliche Lebensumstände der schwedischen Landsleute, vor allem Wirtschaft und Kultur des Landes, sollten sich gänzlich von fremden Einflüssen befreien.[322] Die *Mützen*, eine sich am Mittelstand orientierende Vereinigung, suchte dagegen von Beginn ihres Wirkens an Reformen durchzusetzen, und unter ihrer Herrschaft zwischen 1765 und 1769 gelang es ihnen im Jahr 1766, die Druckfreiheit einzuführen,[323] und 1769 wurde per Gesetz die Festschreibung grundsätzlicher bürgerlicher Freiheiten erreicht.[324] In Anlehnung an die von Montesquieu und Rousseau theoretisch formulierten Staatstheorien und bürgerlichen Rechte setzten sich in der *Freiheitszeit* einige grundlegende Reformen und soziale Neuerungen durch: Zum einen bildete sich eine bürgerliche Mittelklasse aus, zum anderen begann sich die Idee der Vertragstheorie durchzusetzen.[325] Die aktive Teilnahme einer größeren schwedischen Bevölkerungsgruppe an den politischen Prozessen als bisher schien möglich, bis 1772 die Machtübernahme durch Gustav III. die Gleichheitsbestrebungen der *Mützen* fürs erste zerschlug.

Das Streben der Bürgerschaft Schwedens nach politischer Mitwirkung war im Keim erstickt worden, aber die Öffentlichkeit, die sich im Verlauf der *Freiheitszeit* herausgebildet hatte, konnte nicht zum Schweigen gebracht werden, und erst 1777 wurde die Druckfreiheit in Schweden wieder massiv eingeschränkt.[326] Das Wort war die einzige Waffe des politisch zum Schweigen verdammten schwedischen Bürgers, und die öffentliche Auseinandersetzung wurde dazu genutzt, verschiedene Themen und Zusammenhänge differenzierter zu erörtern,[327] wenn auch nicht eindeutig politische oder nationale Themen behandelnde Artikel die Periodika füllten,[328] was schon die Regierung nicht zugelassen hätte. Es liegt jedoch nahe, als Grund der Verschärfung des Pressegesetzes zunehmend politische und soziale

---

[319] Rechtschaffenheit und Nationalbewußtsein wurden als Tugenden des Bürgers miteinander verbunden und als Werte absolut gesetzt.

[320] Roberts: The Age of Liberty, S. 67

[321] Ebd., S. 113

[322] Ebd., S. 136f.

[323] Ebd., S. 166. Zu der politischen Literatur der Zeit vgl. Gunnar Kjellin: Rikshistoriografen Anders Schönberg. Studier i riksdagarnas och de politiska tänkesättens historia 1760 - 1809. Lund 1952, S. 112f.

[324] Roberts, S. 212

[325] Ebd., S. 214 und S. 217

[326] Magnus Nyman: Press mot friheten. Opinionsbildning i de svenska tidningarna och åsiktsbrytningar om minoriteter 1772 - 1786. Uppsala 1988, S. 20

[327] Ebd., S. 19

[328] Die Themen Vernunftglaube, Entwicklungsoptimismus, Humanität, Individualität, Toleranz und bürgerliche Freiheit dominierten in der zeitgenössischen Presse. Nyman, S. 29

Themen in den Zeitungen anzunehmen. Gerade die Unmöglichkeit der Mitwirkung oder Mitverantwortung der bürgerlichen Klasse im Staatswesen, welche die Regierung Gustavs III. ihnen aufzwang, führte zu *Freiheitsträumen*,[329] die zum Inhalt das nicht verwirklichte aufklärerische Ideal einer freien, humanitären Gesellschaft hatten.

Die Bedeutung der deutschen *Sturm und Drang*-Bewegung für Schweden darf nicht unterschätzt werden, nicht zuletzt wegen ihrer Vermittlung modernen Gedankenguts in den Norden, auch die Philosophie Kants, die im Denken der schwedischen Romantiker einen wichtigen Stellenwert einnahm, fand in dieser Zeit den Weg nach Schweden. Nicht zu vergessen ist auch die Einwanderung deutscher Bürger, zumeist Handeltreibender, und Adeliger nach Schweden, wodurch sich gleichfalls eine starke Beeinflussung schwedischen Geisteslebens durch deutsche Vorbilder und Ideen ergab. Besonders deutlich läßt sich diese Einflußnahme für die deutsch-schwedischen Gebiete - Pommern und Verden etwa - nachweisen.[330] Der Einfluß der Universitäten, deren Wert als umfassende Bildungsanstalten gerade in der Zeit der schwedischen Frühromantik hochgeschätzt wurde,[331] machte sich auch im Hinblick auf die schwedische Nationbildung bemerkbar: Die neuen Ideen, über Dänemark von „Deutschland" her vermittelt, fanden dort geeignete Vertreter.[332] Zwei von ihnen, die an einem neu zu bildenden, national orientierten Schweden aus der Katastrophe von 1809 heraus mitarbeiten wollten, seien an dieser Stelle beispielgebend mit ihrer Staatsphilosophie vorgestellt.

Nils Frederik Biberg (1776 - 1827)[333] wirkte ab 1810 als Professor für praktische Philosophie in Uppsala. Seine geistigen Vorbilder waren, charakteristisch für diese Epoche in Schweden, Kant, Fichte, Schelling, Hegel und Schleiermacher, und aus der Lektüre ihrer Werke entwickelte Biberg seine Staats- und Geschichtsvorstellung. Der Staat nimmt in den Schriften Bibergs nicht allein die Funktion der Rechtsanstalt wahr; vielmehr erhält der Staat eine rational-idealistische Aufgabe, denn als organisches, integrierendes Gebilde kommt ihm auch die Pflicht zu, höhere Interessen wie Kultur und Religion zu wahren. Biberg beschreibt den Staat in seiner Funktion als „Person", „Idee" und „Intelligenz" und betont gerade seine Formbarkeit und Beweglichkeit; Bibergs Auffassung steht somit der mechanistischen Staatsauffassung diametral entgegen.[334]

Auch Hans Järta (1774 - 1847)[335] lehnte die Vorstellung von dem Staat als Maschine oder rein rational geprägtem Vertragswerk strikt ab. Järta, der von 1809 bis 1811 und 1815/16 als Staatsrat tätig und in dieser Position von großem politischem Einfluß war, war in seinem Denken beeinflußt durch ein humanistisches Bildungsideal und vertrat durch seine Zugehörigkeit zur historischen Schule eine Gegenposition zur liberalen Staatslehre. Der Staat nimmt in seinen Schriften ebenfalls organisches Wesen an: In ihm verbirgt sich der Sinn für das Wahre, Schöne und Gute, Werte, welche die moderne Zivilisation dominieren sollten und durch die der Staat sich selbst erhöht.

---

[329] Ebd., S. 29

[330] Vgl. dazu Kapitel 9 dieser Arbeit.

[331] Zur Universität Greifswald in Schwedisch-Pommern, einer wichtigen Transfer- und Vermittlungsstelle deutschen und schwedischen Kulturguts vgl. Kapitel 9 dieser Arbeit.

[332] Svante Nordin: Romantikens filosofi. Svensk idealismen från Höijer till hegelianerna. Lund 1987, S. 35

[333] Ebd., S. 109ff.

[334] Vgl. dazu auch Kapitel 5

[335] Nordin, S. 207ff.

Die Idealvorstellung von dem Staat als einem organisch gewachsenen, flexiblen *Wesen*, das alle höheren Werte in sich vereint, wird in Schweden in der Epoche der Romantik getragen von den Vertretern der bürgerlichen Intelligenz im Sinne eines aufgeklärten und fortschrittlichen Patriotismus,[336] den die politischen und sozialen Veränderungen in Schweden bis 1815 hervorgebracht hatten, da sie ein Engagement auch der bisher ausgeschlossenen Gesellschaftsgruppen inzwischen zuließen, zum Wohl des Gemeinwesens.

„Deutschland"

Es liegt nahe, in „Deutschland" eine völlig andere politische Ausprägung und Entwicklung des „Staats-", „Volks-" und „Vaterlandbegriffs" zu erwarten, als es in Skandinavien der Fall war, da von einer einheitlichen staatlichen Entwicklung des Heiligen Römischen Reichs deutscher Nation hin zum Nationalstaat in der fraglichen Zeit keine Rede sein konnte. Geht es in den skandinavischen Staaten eher um eine philosophische Legitimierung gegebener Strukturen und Machtverhältnisse, so laufen in „Deutschland" theoretische Entwürfe einer Staatsvorstellung und die politische Wirklichkeit oft unverbunden nebeneinander her. Den deutschen Denkern fehlte die Struktur, an der sie sich orientieren konnten; deshalb schwankten sie zwischen utopischen Vorstellungsmustern und der Akzeptanz der unbefriedigenden Gegebenheiten.

Das Zerbrechen der nur relativen religiösen und staatlichen Einheit im 16. Jahrhundert zeigt gerade in der negativen Entwicklung den engen Zusammenhang zwischen konfessionellen Gegebenheiten und der Entstehung von Nationalstaaten,[337] wofür als prägnantestes Beispiel England stehen mag. Daher erscheint es nicht verwunderlich, in „Deutschland" schon in der Zeit des Humanismus ein eher partikulares denn ein gesamtstaatlich fixiertes Denken vorzufinden - das Vaterland entsprach dem Territorialstaat.[338]

Der Staatsbegriff verband sich im 16. Jahrhundert nicht nur in den protestantischen Gebieten des Heiligen Römischen Reichs deutscher Nation eng mit der Kirche, so daß der *christliche Staat* im Mittelpunkt der theoretischen Überlegungen der Zeit stand, wofür auch die große Zahl von Fürstenspiegeln spricht, die humanistisch ausgerichtete Gelehrte zur Belehrung ihrer Herrscher verfaßten. Wie die Schriften Martin Luthers (1483 - 1546)[339] durchgehend zeigen, fordert er eine strenge Trennung des geistlichen und des weltlichen Regiments, wobei sich Kirche und Gläubige in weltlichen Fragen widerspruchslos der Obrigkeit, die den Staat repräsentierte, unterordnen sollten.[340] Das Idealbild des deutschen Fürsten, wie es in Anlehnung

---

[336] Kohn, S. 694

[337] Vgl. F. W. Behrens: Deutsches Ehr- und Nationalgefühl in seiner Entwicklung durch Philosophen und Dichter (1600 - 1815). Leipzig 1891, S. 16; Helmut Plessner: Die verspätete Nation. Über die politische Verführbarkeit bürgerlichen Geistes. Frankfurt/Main 1974, S. 41ff., S. 65ff., S. 78.; s. besonders Heinz Schilling: Nationale Identität und Konfession in der europäischen Neuzeit. In: Bernhard Giesen (Hrsg.): Nationale und kulturelle Identität, a. a. O., S. 192 - 252

[338] Zilleßen, a. a. O., S. 45

[339] Vgl. besonders „An den christlichen Adel deutscher Nation", „Von der babylonischen Gefangenschaft der Kirche" und „Traktat von der christlichen Freiheit" (alle 1520).

[340] Ernst von Hippel: Geschichte der Staatsphilosophie in Hauptkapiteln. Zwei Bände. Meisenheim am Glan 1957, 2. Band, S. 33

Zum frühen nationalen Entwicklungsprozeß „Deutschlands"...

an Luther später noch beispielsweise Veit Ludwig von Seckendorff (1626 - 1692) in seinem grundlegenden staatswissenschaftlichen Werk „Vom Teutschen Fürstenstaat" (1656/1665) zeichnet, beschreibt bereits Luther maßgeblich als fromm und gesetzestreu, vorbildhaft für die Untertanen und dem Wohl auch des gemeinen Mannes zugewandt.[341] Das Streben des Volks sollte nicht nach irdischer, sondern vielmehr nach himmlischer Glückseligkeit gehen, so daß der *Staat* nicht in den Einflußbereich der Masse des deutschen Volks geraten konnte.

Die mangelnde Verbindung zwischen den verschiedenen Territorialstaaten und dem Volk im deutschen Sprachgebiet sollte jedoch nicht bedeuten, daß es keine Zeugnisse nationalen Bewußtseins und Stolzes der Deutschen gegeben hätte. Gerade in der Abwendung von der römischen Universalität und der Konzentration auf die Reformation in weiten Teilen „Deutschlands" lag ein Gutteil Engagement für die nationale Sache, und auch die Reichsritter Franz von Sickingen (1481 - 1523) und Ulrich von Hutten (1488 - 1523), die auch deutsch schrieben und dichteten, kritisierten die Hinwendung der deutschen Höfe zur *welschen* Mode heftig.[342] Ihnen gesellten sich später bei die Dichter Rudolf Weckherlin (1584 - 1651), ein „ächter deutscher Patriot in jener sonst so gesinnungslosen Zeit",[343] Martin Opitz (1597 - 1639), bei welchem Behrens lobend „die Erziehung der Volksseele auf dem Grunde ihres Denkens, Dichtens und Wirkens" hervorhebt,[344] Friedrich von Spee (1595 - 1635), Julius Zinkgraf (1591 - 1635), Paul Flemming (1609 - 1640), Friedrich von Logau (1604 - 1655) und Caspar von Lohenstein (1635 - 1683), der Verfasser des Romans „Arminius und Thusnelda" (1689/90 erschienen), der zum Titelhelden die damals sehr populäre, mythisch stilisierte Figur des Cheruskerfürsten Hermann hatte.[345]

Der Ausdruck „Deutschland" war schon im 16. Jahrhundert und vorher ein umgangssprachlich häufig, wenn auch offiziell nie gebrauchter Begriff für das Heilige Römische Reich deutscher Nation, wobei beachtet werden muß, daß „Deutschland" ethnisch-geographisch-linguistische Bedeutung besaß, während die „Reichs"-Formel die politische Herrschaftsordnung definierte.[346]

---

[341] Vgl. Georg Lenz: Deutsches Staatsdenken im 18. Jahrhundert. Berlin 1965, S. 27ff.

[342] Vgl. Behrens, S. 15ff.

[343] Ebd., S. 30

[344] Ebd., S. 32

[345] Der Arminius-Stoff barg besondere Attraktivität in sich, denn er schilderte die Geschichte eines Empörers, der *deutsche* Stämme von ihren Besatzern befreit hatte. Der Gegensatz zweier unterschiedlicher Kulturen wurde folgerichtig zum zentralen Motiv aller Arminius-Rezeption. Im übrigen fand man in diesem Stoff deutsche vorzeitliche Geschichte darstellbar gemacht, so daß er im Humanismus bereits künstlerisch bearbeitet wurde, wobei, wie Ulrich von Huttens lateinisch geschriebener Dialog „Arminius" (1529) deutlich macht, die Figur des Feldherrn das eigentliche Interesse am Stoff begründet, vgl. dazu etwa Frischlins „Julius revivius" (1584), Moscheroschs „Gesichten Philanders von Sittewald" (1640/43) und Rists „Friedewünschendes Teutschland" (1647). Der Name Hermann, wie er seit der Chronik Johannes Carios bevorzugt genannt wird, verbindet sich mit Eigenschaften wie Tugend, Größe und vaterländische Gesinnung, wie überhaupt der nationale Impetus wichtig erscheint. Lohensteins Hermann-Roman, die „sinnreiche Staats-, Liebes- und Heldengeschichte", umfaßt die Lebensgeschichte des Arminius, die glücklich endet, und ist stark von der zeitgenössischen Dichtung beeinflußt, was durch den höfisch-galanten Stil des Romans deutlich wird. Vgl. Elisabeth Frenzel: Stoffe der Weltliteratur. Siebente Auflage, Stuttgart 1988, S. 59ff.

[346] Conze, a. a. O., S. 27

Die Aufklärung strebte nach einer vernunft- und sittlichkeitsbetonten Erkenntnisfähigkeit des Lebens und seiner Erscheinungen.[347] Das moralische Bestreben verband sich häufig mit religiösem Erbauungsschrifttum; viele Aufklärer standen der pietistischen Lehre nahe, die im letzten Viertel des 17. Jahrhunderts als Opposition zum herrschenden Landeskirchentum entstanden war.[348] Der religiöse Subjektivismus, die Gefühlsbetontheit und die Ablehnung des reinen Intellektualismus schienen dem aufklärerischen Prinzip zunächst entgegen zu stehen - war der Pietismus doch in seiner Anlage der Welt abgewandt, deren Äußerlichkeiten die Bewegung mißbilligte. Andererseits war den beiden geistigen Erscheinungen der tiefe Wunsch nach Umgestaltung des Lebens gemeinsam.[349]

Hatte sich zunächst die patriotische Bewegung tatsächlich gänzlich aus der Welt zurückgezogen und sich ein „inneres Vaterland" geschaffen,[350] das traditionell aus dem Pietismus herkam, so trat im Lauf des 18. Jahrhunderts eine Veränderung in der pietistischen Grundhaltung ein, die sich zum Teil aus den Spannungen ergab, die zwischen der inneren und der äußeren Welt herrschten, zum Teil aber auch ein zeitgenössisches Phänomen war, die Umgestaltung bürgerlichen und politischen Lebens betreffend, denn die Mehrzahl der Pietisten gehörte dem bürgerlichen Stand an.[351] Das wechselseitige Verhältnis von Individuum und Gruppe, das dem Pietismus entspricht, das christliche, eschatologisch ausgerichtete Staatsideal, dem die Idee des *Goldenen Zeitalters* Pate stand, die Übertragung der religiösen Erweckung auf die politische Ebene und das Streben nach tätiger Umgestaltung der Welt beherrschten das patriotische Engagement der Anhänger der pietistischen Lehre.[352] Darin eingebunden ist ein starker moralischer Impetus, der sich hauptsächlich um den Begriff der *Pflicht* rankt: Die Pflicht, dem Staat zu dienen wie zuvor Gott, steht über allen anderen Aufgaben.[353] Neben der Bedeutung der deutschen Sprache sollten auch die Ideen der pietistischen Lehre von großer Bedeutung sein für die weitere Ausbildung einer deutschen national orientierten Ideengeschichte. Die deutsche bürgerliche Idealvorstellung eines moralischen Lebens wurde nämlich kontrastiert mit der adeligen Vorliebe für die französische *unmoralische* Kultur.

Die Entstehung nationaler Strömungen um 1750 vor dem Hintergrund der Aufklärung war ein gesamteuropäisches Phänomen[354] und hing zusammen mit der Entwicklung eines neuen Menschenbildes, das auch politische Prägung erfuhr: Es

---

[347] Die Formung des Individuums im Hinblick auf Vollkommenheit und Ausprägung des Willens war eines der wichtigsten Ziele der Aufklärung. Vgl. Hans M. Wolff: Die Weltanschauung der deutschen Aufklärung in geschichtlicher Entwicklung. München 1949, S. 32 und S. 120

[348] Gerhard Kaiser: Pietismus und Patriotismus im literarischen Deutschland. Ein Beitrag zum Problem der Säkularisation. Zweite Auflage, Frankfurt/Main 1973, S. 15

[349] Ebd., S. 36f.

[350] Ebd., S. 40. In der Folge weist Kaiser nach, daß dieses „innere Vaterland" mit der „Deutschen Nation" identisch sei, wofür er vor allem eine frühe Ode Herders als Beleg zitiert. Er schreibt: „Innen und außen sind in diesen Versen gegeneinandergestellt, und die eigentliche Tat des Patrioten ist es, daß er sein inneres Bild des Vaterlandes auch gegenüber der radikalen Wirklichkeit zu bewahren vermag." Ebd., S. 46

[351] Ebd., S. 49

[352] Ebd., S. 72; S. 50f.; S. 60 und S. 37

[353] Ebd., S. 119

[354] Ernst Rudolf Huber: Nationalstaat und Verfassungsstaat. Studien zur Geschichte der modernen Staatsidee. Stuttgart 1965, S. 30

verbanden sich beispielsweise die fortschrittlichen Ideen eines Rousseau mit der Auflehnung gegen das herkömmliche Bild des Untertanen. In „Deutschland" wurde um diese Zeit der Begriff des „Patriotismus" - im Sinne eines Territorialpatriotismus - zu einem festen Bestandteil der Umgangssprache, und er verknüpfte sich eng mit dem zeitgenössischen Verständnis von Freiheit.[355] Neben dem Hinweis auf die politische Kategorie des Ausdrucks fällt auch sein moralischer Impetus ins Auge, wie ein Blick in Zedlers Universallexikon von 1740 deutlich macht, worin der „Patriot" oder „Vaterlandsfreund" beschrieben ist als „ein rechtschaffener Landes-Freund, ein Mann, der Land und Leuten treu und redlich vorsteht und sich die allgemeine Wohlfahrt zu Herzen gehen lässet."[356] Nicht allein das eigene Wohl, vielmehr das Beste für das Gemeinwesen des territorialen Gefüges steht hier im Mittelpunkt des Strebens, angeregt durch das in der bürgerlichen Intelligenz „Deutschlands" beständig wachsende Gefühl geistiger Selbständigkeit, die auch und gerade in den politischen Bereich hineinragte.[357] Die bürgerliche Emanzipation war somit letztlich das Ziel eines jeden Patrioten:[358] die Anerkennung seines Bestrebens an der politisch verantwortlichen Mitwirkung innerhalb des Staatswesens.

Wenn sich um 1800 auch die Bezeichnung „Patriot" seiner späteren Substitution „Nationalist" anzunähern und im 19. Jahrhundert endlich mit ihr zu überschneiden begann, war der Patriotismus doch in seinen Anfängen eindeutig vom weltbürgerlichen Geist der Aufklärung geprägt.[359] Die Frage nach dem bestmöglichen Staat ging von einer Einschätzung der sozialen und politischen Lage aus, welche die Menschheit schlechthin und ihre Bedürfnisse zum Maßstab nahm. Der Gegenwart wurde ein „Defizit an Gemeingeist"[360] unterstellt, das es durch tatkräftiges Handeln zu überwinden galt - so waren die Bestrebungen und Vorstellungen.

Die Realität des Reichs war eine andere. Es läßt sich zwar im 18. Jahrhundert nicht allein eine Tendenz zum *Reichspatriotismus*[361] ausmachen, denn im politischen Leben der von Territorialfürsten dominierten Zeit gab es starke obrigkeitliche Bestrebungen, die eigentliche politische und soziale Heimstatt per definitionem im jeweiligen Territorium oder Kleinstaat festzulegen. Dieser Landes- oder Territorialpatriotismus, beide Bezeichnungen finden sich in der einschlägigen Literatur,[362] entsprach der gegebenen politischen Ordnung der Zeit: In seiner konservativen Tendenz beschwor der Landespatriotismus, wie im folgenden am Beispiel Justus Mösers noch zu zeigen sein wird, die heimische Scholle als das

---

[355] Vgl. Christoph Prignitz: Vaterlandsliebe und Freiheit. Deutscher Patriotismus von 1750 bis 1850. Wiesbaden 1981, S. 3

[356] Zit. nach Rudolf Vierhaus: „Patriotismus" - Begriff und Realität einer moralisch-patriotischen Haltung. In: Ders.: Deutschland im 18. Jahrhundert. Politische Verfassung, soziales Gefüge, geistige Bewegung. Ausgewählte Aufsätze. Göttingen 1987, S. 96 - 109. Hier: S. 97

[357] Rudolf Vierhaus: Politisches Bewußtsein in Deutschland vor 1789, a. a. O., S. 183 - 201. Hier: S. 185

[358] Prignitz, S. 3f.; Vierhaus: Patriotismus, S. 103f. und S. 107; Vierhaus: Politisches Bewußtsein, S. 188

[359] Wolfgang von Groote: Die Entstehung des Nationalbewußtseins in Nordwest-Deutschland 1790 - 1830. Göttingen, Berlin, Frankfurt/Main 1955, S. 8; Prignitz, S. 14f.; Möller, S. 48ff.

[360] Vierhaus: Patriotismus, S. 104

[361] Berbig, a. a. O., S. 105f.; Vierhaus: Politisches Bewußtsein, S. 191; Möller, a. a. O., S. 49

[362] Vgl. etwa Berbig, S. 105f.; Hans-Ulrich Wehler: Deutsche Gesellschaftsgeschichte. Erster Band: Vom Feudalismus des Alten Reichs bis zur Defensiven Modernisierung der Reformära 1700 - 1815. Frankfurt/Main 1987, S. 506; Möller, S. 51

organisch Gewachsene und unterstreicht dabei gerade die Verschiedenheit der lokalen Umstände, die nicht blind der undifferenzierten nationalen Einheit geopfert werden sollten.[363] Im Gegensatz dazu waren nationalpolitische Bestrebungen zukunftsorientiert und vom Reformwillen der Bürger getragen - jedoch fehlte den Patrioten die Einheit der Nation als Stütze. Mochten viele bürgerliche Intellektuelle der Zeit nationalpatriotisch empfinden, so bleiben ihre Ideale doch weit außerhalb jeder Möglichkeit zur Verwirklichung.[364]

Helmut Plessner hat diesen Umstand deutlich benannt, indem er von der deutschen als der „verspäteten Nation" spricht und vor allem dem Bürgertum mangelnde Durchsetzungskraft bezüglich der politischen Entwicklung vorwirft.[365] Die als Bremse wirkende religiöse Polarisierung, das Fehlen einer Reichsidee, die Plessner als Bestandteil vornationaler Geschichte kennzeichnet,[366] machen die spezielle Stellung „Deutschlands" gerade im Hinblick auf die nationale Entwicklung deutlich.

Die Popularität des Themas und Begriffs „Patriotismus" oder „Vaterlandsliebe" seit der Mitte des 18. Jahrhunderts zog eine Reihe von Publikationen nach sich, die dieses Thema zu ihrem Inhalt machten und die in der gelehrten Öffentlichkeit rege Diskussionen auslösten.[367] Schon 1724 wurde erstmals eine moralische Wochenschrift publiziert, die sich „Der Patriot" nannte und sich speziell an die bürgerliche Leserschaft wandte. Des weiteren entstanden Schriften, die explizit die Frage stellten, wie sich der einzelne Bürger national artikulierten oder der nationalen Sache dienen könne. Wie die gesamte Haltung in bezug auf Reichs- und Landespatriotismus unscharf definiert ist, so ist auch in diesem Zusammenhang nicht eindeutig beantwortet, ob sich der Nationalgeist im territorialen oder im reichsdeutschen Rahmen manifestiert. Diesen divergierenden Ansichten entsprechen die Schriften „Vom Tod fürs Vaterland" (1761) und „Über die Liebe zum Vaterland" (1771) des Thomas Abbt (1738 - 1766), worin im landespatriotischen Sinn Treue zum Fürsten und Hingabe an das Vaterland beschworen werden, und Friedrich Karl Mosers (1723 - 1790), der in seinem Werk „Von dem deutschen Nationalgeist" (1765) gerade den Reichspatriotismus propagiert.[368] Eine weitere Schrift, die der Feder des Schweizers Johann Georg Zimmermann (1728 - 1795) entstammt und „Von dem Nationalstolz" (1768) betitelt ist, war gleichfalls von einigem Einfluß auf das deutsche Nationalbewußtsein, denn sie behandelte neben dem Lob der Nation auch die verachtenswerte Abwertung

---

[363] „Während die Aufklärung hinsieht auf die Zukunft, deren Inhalt sie aus der Kritik an der Vergangenheit gewinnt, liebt Möser das Historisch-Gewordene, bestrebt, es im Wege organischer Evolution weiterzubilden. In der Geschichte aber findet er Ungleichheit und qualitative Unterschiede statt jener Vorstellung quantitativer Gleichheit, welche der Rationalismus zum Ausgang seiner politischen Konstruktionen zu machen pflegt. Denn Möser ist wohl bereit zuzugeben, daß die Menschen vor Gott gleich seien, wenn er auch den idealen Staat dort sieht, wo dieser ‚aus lauter hofgesessenen Mitgliedern' besteht, erblickt aber sonst mit dem Auge des Künstlers überall Unterschiede wie Farbnuancen, welche wesenhaft zum Bilde der Welt als einer wirklichen gehören." Hippel, S. 153

[364] Vgl. Kaiser, S. 40

[365] A. a. O., S. 14ff. Das Fehlen einer Staatsidee stellt auch Zilleßen fest. A. a. O., S. 26

[366] A. a. O., S. 41 und S. 46; S. 44

[367] Die Beschäftigung mit dem Patriotismus und der Nation war in „Deutschland" besonders rege, da so etwas wie eine politische *Nation* dort nicht entstand, der europäischen Entwicklung entgegen laufend.

[368] Prignitz, S. 23ff.

Abbildung 6: Johann Gottfried Herder (1744-1803)

anderer Lebensweisen gegenüber der eigenen,[369] fügte sich also nahtlos in das noch vorherrschende kosmopolitische Weltbild ein.[370]

Dieses oben beschriebene *weltbürgerlich-nationale Element* durchzog zur Zeit der Aufklärung auch die staatstheoretischen Schriften. Schon Leibniz propagierte den vernünftigen, moralischen, christlichen und wohltätigen Staat, dessen Ziel es sein sollte, nach innen und nach außen harmonisierend zu wirken und dessen Staatslehre eindringlich vor nationaler Selbstverblendung warnte.[371]

---

[369] Ebd., S. 17

[370] Ebd., S. 15

[371] Hippel, S. 55ff.

Auch Kant sah im Rahmen des Staats eine Bestimmung zur weltbürgerlich orientierten Gesellschaft als immanent an.[372] Er beschrieb den Staat als Notwendigkeit, weil nur in seinem Schutz Freiheit und Recht für den einzelnen Bürger garantiert werden können, lehnte aber den mechanistischen Staat, wie er ihn am Beispiel Preußens beschrieb, ab.[373] Der Staat war im Verständnis Kants vor allem das Vehikel der Kultur, ansonsten aber gänzlich selbstzweckhaft.[374] Kants Äußerungen über den Staat sind theoretisch, und die Begriffe „Volk" und „Nation" deshalb wenig greifbar;[375] es läßt sich ersehen, daß er die Nation als den Zusammenschluß von Volk und Staat festschrieb. Merkmale der Nation sind nach Kant die gemeinsame Sprache und Religion; andere Indizien zur Auffindung einer Individualität der Völker sind im Werk Kants nicht vorhanden.

Vergleicht man die politischen Ansichten eines Justus Möser (1720 - 1794)[376] mit Kants theoretischen Anschauungen, wird man wenig Übereinstimmung finden. Möser ging in seinen Vorstellungen von „Volk und Staat" von der ureigensten Tradition des jeweiligen Territorialstaats aus, und er hob gerade die Unterschiede der einzelnen Gebiete aufgrund ihrer Entwicklungsgeschichte hervor. Freiheit und Grundeigentum markierten seine Position, die in den Verstandes- und Aufklärungslehren eine Bedrohung für das Gewachsene erkannte. Sein Konservatismus forderte eine Erneuerung des Reichs in seiner universalen Ordnung, die gerade die Verschiedenheit der territorialen Einzelteile als erhaltendes Element zu erkennen vermeinte.

Friedrich Karl von Moser dagegen vertrat eine Linie, die stark an Reformen innerhalb des Reichs orientiert war. Der Staatsrechtler erstrebte - sicherlich beeinflußt durch seinen pietistischen Erziehungshintergrund - durch die Ausbildung eines allgemeinen Nationalgefühls eine effektive Stärkung des Reichs als Gemeinwesen. Dieser Prozeß sollte sich von innen heraus, ausgehend von den Deutschen selbst also, vollziehen. Mosers Reformfreudigkeit stellte somit partikulare Interessen ausdrücklich aus Rücksicht auf das Ganze völlig zurück.[377] Mosers Schrift „Von dem deutschen Nationalgeist", die sowohl von Möser als auch von Abbt scharf zurückgewiesen wurde,[378] kontrastierte die Wirklichkeit des Reichs mit der Überlegung, wie das Reich sein könnte, wenn der provinzielle Geist einem echten nationalen Impetus wiche.[379] Dabei muß konstatiert werden, daß sich Mosers Schrift vor allem an die Fürsten „Deutschlands" wandte,[380] keineswegs also alle Deutschen angesprochen und einbezogen waren.

Am umfassendsten und klarsten hat sich in der Zeit der Aufklärung Herder zum Problem des National- und Volksgeistes geäußert. Herder erkannte gerade in der

---

[372] Kurt Borries: Kant als Politiker. Zur Staats- und Gesellschaftslehre des Kritizismus. Leipzig 1929, S. 211ff; Hippel, S. 148

[373] Borries, S. 159f. und S. 87

[374] Ebd., S. 146 und S. 155

[375] Vgl. dazu Borries, S. 204ff.

[376] Hippel, S. 152ff.

[377] John Gagliardo: Reich and Nation. The Holy Roman Empire as Idea and Reality, 1763 - 1806. Indiana 1980, S. 54

[378] Ebd., S. 54 und S. 57

[379] Ebd., S. 55f. Wie weit die Vorgaben und die Vorstellungen in Mosers Werk auseinander lagen stellt Gagliardo dar. A. a. O., S. 63

[380] Ebd., S. 58

Zum frühen nationalen Entwicklungsprozeß „Deutschlands"... 75

Ausbildung eines individuellen Nationalgefühls ein Zeichen für die innere Lebenskraft einzelner, unvergleichbarer nationaler Gemeinschaften und erblickte darin zugleich den Ausdruck ihrer ureigensten Identität,[381] die gerade für die Deutschen im Sinne einer nationalen Wiederbelebung wichtig werden konnte, wie Herder es im Vorwort zu den „Ideen zur Philosophie der Geschichte der Menschheit" (1784 - 1791) darlegte, ein Werk, in dem gerade der Begriff „Nation" häufig erscheint.[382] Während sich in Herders frühen Werken die Bezeichnungen „Volk" und „Nation" noch verbinden, findet sich ab den 1780er Jahren der Nationbegriff politisiert.[383] Herder erkannte die Bedeutung der Nationen im neuzeitlichen Geschichtsverlauf, gerade im Hinblick auf die Ausbildung des modernen europäischen Staats, sah jedoch die Nationalcharaktere, denen er wie Individuen unterschiedliche Eigenarten zusprach,[384] als grundsätzlich gleichwertig an.[385] Aus seinen Studien ergab sich für Herder, daß der Nationalgeist jedem Volk, auch dem deutschen, kohärent sei; nur fehle es an der allgemeinen Erkenntnis seiner latenten Existenz.[386] Das Staatsverständnis Herders war gegen die „Staats-Maschine"[387] gerichtet; seine Kritik am Staat an sich, dem er grundsätzlich Despotismus unterstellte, endete in der Forderung nach Reformen, die sich an demokratischen, liberalen oder republikanischen Vorbildern orientierten.[388] Das Volk sollte den Mittelpunkt des Staats bilden und seiner Tradition gemäß Gesetze aus dem eigenen Volksgeist heraus erschaffen.[389] Um 1800 begann im Denken Herders das emotional geprägte Wort „Volk" den Nationbegriff endgültig zurückzudrängen, wie die Schriften dieser Zeit belegen.[390] Wie auch die Sprache, der ein kultureller Auftrag grundsätzlich innewohnt, stellte Herder den von ihm konstruierten Zusammenhang zwischen Volk, Poesie und politischer Freiheit in den Rahmen einer kulturpolitischen Aufgabe: Die aus dem Volk selbst erwachsene Volkspoesie soll das Volks- und Nationalbewußtsein wecken und auf diese Weise letztlich der Katalysator nationaler Identifizierung sein.[391] Dem schloß sich nach der Jahrhundertwende auch die wiederum im pietistischen Gedankengut wurzelnde

---

[381] James J. Sheehan: The Problem of the Nation in German History. In: Rolle der Nation in der deutschen Geschichte und Gegenwart. Hrsg. von Otto Büsch und James J. Sheehan, a. a. O., S. 3 - 20. Hier: S. 6

[382] Michael Zaremba: Johann Gottfried Herders humanitäres Nations- und Volksverständnis. Ein Beitrag zur politischen Kultur der Bundesrepublik Deutschland. Berlin 1985 (= Studien zu deutscher Vergangenheit und Gegenwart, Bd. 1), S. 118

[383] Ebd., S. 119f. Vgl. auch S. 131f.

[384] In den 1790er Jahren wird das „Volk" als Basis der „Nation" definiert und publizistisch stärker als bisher eingezogen, eine Entwicklung, die auf Herder zurückgeht. Vgl. Hagen Schulze: Die deutsche Nationalbewegung bis zur Reichseinigung. In: Die Rolle der Nation in der deutschen Geschichte und Gegenwart, a. a. O., S. 84 - 117. Hier: S. 89

[385] Wolfgang Frühwald: Die Idee kultureller Nationenbildung und die Entstehung der Literatursprache in Deutschland. In: Otto Dann (Hrsg.): Nationalismus in vorindustrieller Zeit. München 1986 (= Studien zur Geschichte des neunzehnten Jahrhunderts, Band 14), S. 129 - 141. Hier: S. 138

[386] Gagliardo, S. 136

[387] Johann Gottfried Herder: Sämtliche Werke. Hrsg. von Bernd Suphan. Berlin 1877 - 1913, Band XIII, S. 385

[388] Zaremba, S. 143ff.

[389] Ebd., S. 157. Zum organologischen Volksbegriff Herders vgl. Kaiser, S. 146ff.

[390] Zaremba, S. 179

[391] Ebd., S. 182ff.

Idee der nationalen Sendung des deutschen Volks an,[392] bei der damals noch der religiöse Zusammenhang dominierte und noch nicht der *völkische* Gedanke.

In der alltäglichen politischen Praxis konnten derart theoretische Überlegungen, wie wir sie anhand von Mosers oder Herders Schaffen kennenlernten, jedoch keinen allzu breiten Raum finden. Die Ideen dieser Vordenker sollten erst in der Zeit des Zusammenbruchs der alten Ordnung starke Relevanz für die politische Meinungs- und Willensbildung finden, als Bestrebungen hin zu einem geeinten „Deutschland" erstmals zögernd auf ihre Realisierbarkeit geprüft wurden. Gerade Preußen sollte aufgrund seines Reformwillens dabei eine besondere Aufgabe erwachsen - ein anderes Preußen jedoch als das des politischen Pragmatikers Friedrich II., dessen Vaterlandsverständnis sich auf sein eigenes Territorium beschränkte, nahm die historische Herausforderung an.

So paradox es klingen mag, aber in der Beschränkung Friedrichs II. auf sein eigenes „Reich",[393] ein Herrschaftsgebiet, das im wesentlichen innerhalb des deutschen Volksgebiets lag und in des Königs Eigenschaft als Reichsfürst - er war Kurfürst von Brandenburg - innerhalb des Heiligen Römischen Reichs deutscher Nation lag somit der Keim zur Entwicklung eines umfassenden Nationalgefühls. Ernst Rudolf Huber legt dar,[394] daß der Aufstieg Preußens - eng mit der Person des Königs verknüpft - aufsehenerregend und innerhalb des deutschen Sprachgebiets beispielgebend war, denn zum einen wurden *nationale* Tugenden und Werte für diesen Aufstieg verantwortlich gemacht - etwa Opferbereitschaft, Härte des Dienstes, innere Zucht und Selbstbehauptungswille -, die im Laufe der Zeit allgemeine, überregionale Geltung erhielten, so schon zur Zeit der Befreiungskriege; zum anderen gab Preußen ein Beispiel, wie eine Vielzahl von Territorien, Ständen und Untertanen unterschiedlichster Tradition unter dem Dach einer Nation zusammenzufassen seien. Nach Friedrichs II. Staatsauffassung waren Fürst (Amt *und* Person) gänzlich identisch, allerdings nicht im Sinne des französischen Absolutismus, sondern im Sinn einer Pflicht des Königs zur Selbstaufopferung für das politische Ganze. Auf diese Weise bildete sich die organologisch orientierte Idee von dem Fürsten als erstem Diener des Staats aus. Jedoch entsprach es dem Dienstverständnis Friedrichs nicht, eine nur repräsentative Rolle einzunehmen - der preußische König definierte seine Funktion selbst in seinen staatsrechtlichen Äußerungen als ausschließliche Repräsentanz des Vaterlands durch seine Person: Der König war das Haupt des Staatskörpers, welchen er gleichfalls nicht als Maschine verstanden wissen wollte,[395] sondern als lebendigen Organismus, wobei Friedrich jedoch die Macht als

---

[392] Kaiser, S. 216f.; Prignitz, S. 34

[393] Nicht ganz Preußen gehörte juristisch gesehen zum Heiligen Römischen Reich deutscher Nation; auch war keine nationale, deutsche Identität für Preußen prägend, sondern im Gegenteil die kulturelle Vielfalt.

[394] Ernst Rudolf Huber: Die friderizianische Staatsidee und das Vaterland. In: Ders.: Nationalstaat und Verfassungsstaat, a. a. O., S. 30 - 47

[395] Friedrichs II. politische Gegner im Deutschen Reich bedienten sich der Maschinenmethapher für den preußischen Staat, um die streng patriachalische Staatsauffassung des Monarchen zu kritisieren: Königliche Verordnungen bestimmten das gesamte öffentliche Leben; eine allmächtige Kontrolle lag über Preußen, um die Einhaltung von Recht und Gesetz zu gewährleisten. Aus der Bevölkerung kommende politische Ambitionen wurden unterdrückt. Was Friedrich als seinen humanitären Rechtsstaatsgedanken definierte, wurde von seinen Gegnern als antihumanitärer Machtstaatsgedanke entlarvt. Zum Widerspruch innerhalb der herrschaftlich orientierten friderizianischen Staatsidee vgl. Huber, S. 45ff.

unentbehrliches Mittel galt, dem eigentlichen Staatszweck - dem Erhalt von Wohlfahrt, Gerechtigkeit und Sittlichkeit - zu entsprechen.

Die ausführliche Diskussion um die Begriffe „Nation" und „Patriotismus" hatte in vielfacher Hinsicht Folgen für das kulturelle Umfeld; so lassen sich ab der Mitte des 18. Jahrhunderts zahlreiche neue Wortbildungen mit dem Bestandteil „Nation-" erstmals belegen: „Nationalgeist", „Nationalsprache", „Nationaltheater", „Nationalbewußtsein", „Nationalstolz", „Nationalcharakter" und „Nationalökonomie", um nur einige Bespiele zu nennen.[396]

Im weiteren Verlauf des Jahrhunderts meldeten sich jedoch auch Stimmen zu Wort, die dem Aufschwung, den der Nationalgeist seinerzeit nahm, zurückhaltend und skeptisch gegenüberstanden. Wieland äußerte sich in seinen Schriften über die Französische Revolution[397] zweifelnd, ob es außerhalb der kulturellen Gemeinschaft der Deutschen auch noch eine politische Einheit geben könne, der man sein Nationalgefühl zueignen könne; im übrigen sei unter allen Pflichten, derer man ihn als Kind unterwiesen habe, nicht auch nur die Aufforderung gewesen, sich als deutscher Patriot zu betragen. Polemisch fügt Wieland hinzu, daß er nicht sicher sei, ob das ihm fremde Eigenschaftswort „deutsch" zur Beschreibung einer ehrenwerten Sache diene. Wieland findet dagegen sein Vaterland dort, wo es sich gut leben läßt („Patria est ubi bene est."). Auch suche er die deutschen Patrioten vergebens.[398] Wieland sprach sich vor allem für eine kulturelle Vereinigung der deutschen Intelligenz aus, um einen Gemeinschaftssinn zu entwickeln. Dieses kulturelle Nationalbewußtsein schien ihm wichtiger zu sein als die politische Vereinigung.[399]

Auch Goethe (1749 - 1832) folgte auf lange Sicht nicht der zeitgenössischen Tendenz hin zum Bekenntnis zu dem anzustrebenden Nationalstaat als solchem;[400] als Fürstendiener in Weimarer Diensten hatte er sich von der *freischwebenden Intelligenz* verabschieden müssen, wie sie besonders deutlich aus seinem Jugendwerk „Götz von Berlichingen" (1771/1773) hervortritt. Vielmehr entspricht sein Nationenbegriff dem der Vorbilder Möser und Herder, welche die vergangene nationale Größe in der Gegenwart sichtbar gemacht sehen wollten. Goethes politisches Verständnis war geprägt vom Glauben an die Einheit in der Mannigfaltigkeit, stets der natürlichen Entwicklung des Geistes Rechnung tragend und die Despotie der Simplizität ablehnend. Goethes Vorstellung von einer Zukunft,

---

[396] „Deutsche Nation' wurde zu einem vielgebrauchten, gefühlsbeladenen Wertbegriff, der weit dehnbar war und von seinen gebildeten ‚Wortführern' auf Sprache, Kultur, Literatur, Philosophie und Kunst, aber auch auf Geschichte bezogen wurde und damit nicht völlig von einem politischen Nationenverständnis abgetrennt wurde. Entscheidend war, daß nationale Zuwendung und Bekenntnis zu einem allgemeinen, aufgeklärten Weltbürgertum ausdrücklich verbunden wurden." Conze, S. 30. Vgl. auch ebd., S. 29

[397] Vgl. dazu Wieland's Werke. Vierunddreißigster Theil. Aufsätze über die französische Revolution und Wieland's Stellung zu derselben. Berlin o. J., darin besonders den Aufsatz: Über deutschen Patriotismus. Beobachtungen, Fragen und Zweifel (1793), S. 317 - 328, aus dem die folgende Darstellung paraphrasiert ist. Vgl. auch Christoph Martin Wieland: Meine Antworten: Aufsätze über die Französische Revolution 1789 - 1793. Nach Erstdrucken im „Teutschen Merkur" hrsg. von Fritz Martini. Marbach am Neckar, Stuttgart 1983

[398] Wieland, S. 323 und S. 318; vgl. auch Gagliardo, S. 135

[399] Gagliardo, S. 136

[400] Vgl. Hippel, S. 160ff.

die das *deutsche Wesen* richtig zur Geltung bringen könnte, basierte - wie im Fall Wielands - auf der Bedeutung der Kultur in seinem Weltbild, mit deren Hilfe und unter deren erzieherischem Einfluß das Edle im Menschen entstehen sollte. Die Verbesserung der Menschen zugunsten des Gemeinwesens stellte für Goethe den ersten Schritt auf eine verantwortungsvolle Nationenbildung hin dar.

Im Gegensatz zu Goethe finden sich bei Schiller (1759 - 1805) dezidiert politische Äußerungen, und Schillers politische Vorstellung wurden von dem Streben nach dem Ideal der Freiheit bestimmt. Der Einfluß Kants auf Schiller ist deutlich erkennbar, besonders hinsichtlich der Staatsauffassung.[401] Im Staat sollte sich letztlich das Ideal der Freiheit verwirklichen und entfalten. Dieser höchsten Stufe geht ein Bildungs- und Bewußtwerdungsprozeß voraus, der das Individuum für den sittlichen Staat ausbilden soll, wobei die Initiative dazu vom Individuum selbst auszugehen hat.[402] Diesbezüglich aufschlußreich ist Schillers Schrift „Über die ästhetische Erziehung des Menschen in einer Reihe von Briefen" (1793 - 1795), denn sie skizziert nicht nur die Weltanschauung des deutschen Idealismus, sondern entwirft aus der Gesellschaftskritik heraus[403] implizit auch eine Staatsvorstellung, die in der Erziehung durch Kunst eine politische Aufgabe sieht.[404] Dabei kommt der Evolution des menschlichen Geistes - wie auch bei Goethe - eine wichtige Rolle zu. Beklagt wird die Entfremdung des Menschen von seinem „Urzustand", und durch die „ästhetische Erziehung" soll sie in einem Befreiungsakt wieder überwunden werden.[405] Diese Vorgaben schließen ein, daß der von Schiller angestrebte Staat gleichfalls ästhetisch sei,[406] ein Ideal, das weniger gänzlich Wirklichkeit werden als vielmehr den Menschen veredeln solle.[407]

Im Mittelpunkt der Philosophie Fichtes[408] steht eindeutig das Subjekt in seiner Beziehung zum Ganzen der Welt und des Universums, wobei die Gleichheit der Menschen untereinander Voraussetzung ist. Auch für Fichte waren Erziehung und Bildung als Grundlage aller Kultur wichtige Elemente staatlichen Lebens. Bei Fichte mischen sich eindeutig religiöse Aspekte in die Staatsidee: So verstand Fichte den idealen Staat als Offenbarung Gottes und seines Weltplans, denn die Weltverfassung ruht für ihn auf dem Christentum, und das letzte Ziel staatlicher Entwicklung ist der Gottesstaat. Die Lehre, die dorthin führt, muß vermittelt werden; sie ist von Vernunft geprägt, und der Erzieher ist der Mittler der Wahrheit, worin wieder das Prinzip der Volkserziehung durchscheint. Entsprechend hoch ist der moralische Anspruch, den

---

[401] Ebd., S. 178

[402] Ulrich Vohland: Zu den Bildungs- und Gesellschaftsvorstellungen zwischen 1700 - 1810. Ansätze zur Ideologiekritik. Bern, Frankfurt/Main, München 1976, S. 105

[403] Reinhart Koselleck weist darauf hin, daß konkrete Kritik Schillers an Staat und Gesellschaft in seinen Dramen Ausdruck erhält; innerhalb des ästhetischen Prinzips also findet sich ein dualistisches Weltbild vor. In: Ders.: Kritik und Krise. Eine Studie zur Pathogenese der bürgerlichen Welt. Frankfurt/Main 1973, S. 84ff.

[404] Hippel, S. 181; Vohland, S. 96

[405] Hippel, S. 186; Vohland, S. 99ff.

[406] Hippel, S. 182

[407] Vgl. dazu Friedrich Märker: Weltbild der Goethezeit. Die Ganzheitsidee. München 1961, S. 26f.

[408] Vgl. besonders die Schriften Fichtes „Vorlesung über die Bestimmung des Gelehrten" (1794), „Das Naturrecht" (1796/97) und „Der geschlossene Handelsstaat" (1800). Jakob Baxa: Einführung in die romantische Staatswissenschaft. Zweite Auflage, Jena 1931; Hippel, S. 187ff.

Fichte an den Staat stellt: Nur der sittlich hervorragende Staat sollte überleben, der fehlgreifende Staat dagegen untergehen.

Zur Jahrhundertwende hin wandelte sich das deutsche Nationalgefühl unter dem Eindruck der Französischen Revolution in einer Hinwendung zum Nationalismus im modernen Sinn;[409] das bis dahin diffuse Gewirr von Ideen, die sich mit dem Nationenbegriff verbanden, veränderte sich in seiner Qualität - sie wurden offen politisch. Dazu trug die äußere Situation nicht unwesentlich bei, denn die Auflösung des Reichs und die Besetzung großer Teile des ehemaligen Reichsgebiets durch die Truppen Napoleons führten zu antifranzösischen, national orientierten Handlungen im Rahmen der Möglichkeiten, und sie schufen einen engen Zusammenhalt der Menschen untereinander im Sinne der nationalen Sache.[410]

Im kulturell-geistigen Leben der Zeit schreibt man die Epoche der Romantik, die in der Nachwelt nicht wenige Kontroversen ob ihrer politischen oder eben unpolitisch-utopischen Haltung hinterließ.

Der Romantikforscher Jakob Baxa stellt anhand von Beispielen explizit die Romantik als Erbin der Aufklärung dar,[411] und in der Folge arbeitet er heraus, welche der Schriften Friedrich Schlegels, des Novalis, Arnims, Kleists, Görres' und Tiecks der These von der „politischen romantischen Bewegung" entsprechen.[412] Auch Hans Wolfgang Kuhn betont am Beispiel des Novalis die enge Verbindung zwischen politischem Bewußtsein und Engagement und pietistisch-pseudoreligiöser Neigung und Vorstellung.[413] Ernst Rudolf Huber spricht von der „der Theorie und der Praxis des Staats zugewandte(n) politische(n) Romantik",[414] für die er als Vertreter Novalis, Friedrich Schlegel, Adam Müller, dem seine Abhandlung gilt, und Joseph Görres nennt. Hans Kohn stellt gerade das politisch-literarische Engagement verschiedener Dichter für Preußen als bedeutsamen Beitrag zur Entwicklung eines populären Nationalmythos anhand der Beispiele Adam Müllers und Heinrich von Kleists heraus;[415] auch erwähnt er das staatspolitische Wirken Friedrich Schlegels, Joseph von Eichendorffs sowie Fichtes, Schleiermachers, Arndts, Jahns und Görres', deren nationale und politische Konzeptionen er umreißt. Für die nunmehr historisch gewordene DDR-Geschichtsschreibung soll Joachim Streisand als Beispiel herangezogen werden, dessen allgemeine Einschätzung den Begriff „Romantik" nicht verwendet, die aber Dichter in ihrem Wirken für Nation und Geistesleben neben Staatsmännern ausdrücklich nennt.[416]

---

[409] Einschränkend muß jedoch bemerkt werden, daß nationale Strömungen in Deutschland weder eine politische noch eine geistige Einheit bildeten. Vgl. Fritz Valjavec: Die Entstehung der politischen Strömungen in Deutschland 1770 - 1815. München 1951, S. 328; Wehler, S. 506

[410] Vgl. hierzu zum Beispiel die Darstellung von Grootes, a. a. O.

[411] Jakob Baxa: Gesellschaft und Staat im Spiegel der deutschen Romantik. Jena 1924, S. 15ff.

[412] Vgl. auch Baxa: Einführung in die romantische Staatswissenschaft, a. a. O.

[413] Hans Wolfgang Kuhn: Der Apokalyptiker und die Politik. Studien zur Staatsphilosophie des Novalis. Freiburg i. Brsg. 1961 (= Freiburger Studien zu Politik und Soziologie)

[414] Ernst Rudolf Huber: Adam Müller und Preußen, a. a. O., S. 48 - 70. Hier: S. 48

[415] Hans Kohn: Prelude to Nation-States. The French and German Experience, 1789 - 1815. Princeton, New York, Toronto, London, Melbourne 1967, S. 196ff. Daß Nationalgedanke und preußischer Patriotismus nicht im Widerspruch zueinander stehen müssen, beweist gerade das Werk Heinrich von Kleists, worin Preußen als positiv gezeichneter Repräsentant deutschen Nationalgeistes evoziert wird. Vgl. dazu Kleists „Prinz von Homburg" (1821 publiziert) und „Hermannsschlacht" (1809)

[416] Joachim Streisand: Deutschland von 1789 bis 1815 (Von der Französischen Revolution bis zu den Befreiungskriegen und dem Wiener Kongreß). Fünfte Auflage, Berlin 1981, 7. und 8. Kapitel, S. 189ff.

Die gegenteilige Einschätzung der Romantik in der Forschung macht sich immer neu an dem kritischen, teilweise sogar polemischen Standardwerk Carl Schmitts „Politische Romantik"[417] fest, der „dem Romantiker" pauschal unterstellt: „Er hat eine Realität, die er heute ausspielen kann, er will nicht mit der Aufgabe einer konkreten Realisierung belästigt werden."[418] Schmitts Fazit besteht darin, dem politischen Bemühen der Romantiker vorzuwerfen, Politik sei nur der Anlaß zum Schöpfertum nach dem „Prinzip des Occasionalismus"[419] gewesen, und wenn sich die Romantik politisch artikuliert hätte, so etwa im Fall Friedrich Schlegels und Adam Müllers, so sei sie bald der Reaktion zum Opfer gefallen.[420] In seiner Nachfolge stellt Mathys Jolles fest, daß die Romantik eine grundsätzlich unpolitische Bewegung mit der Tendenz zum Irrationalen sei,[421] womit er sie als der Aufklärung und der Klassik entgegengesetzte Bewegung bewertet. Plessner sieht in der „sogenannten Romantik" die Folge aus der Entwicklungslinie des „Fiasko(s) des Luthertums", das die romantische Bewegung zu einem bedeutenden Teil geprägt habe.[422] Ernst von Hippel geht kaum auf die Staatsvorstellung der Romantik ein; allein Schelling und Novalis werden besprochen, Schelling jedoch unter der einschränkenden Prämisse, daß in seiner Philosophie Staat und Recht nur eine untergeordnete Rolle spielten.[423] Der Aufsatz Hermann Timms über „Das ‚Abendland' bei Novalis und Hölderlin"[424] befaßt sich fast ausschließlich mit religiös-philosophischen Denkansätzen; ihre eventuelle politische Relevanz tritt daraus nicht hervor. Ähnlich geschieht es in Hans-Joachim Mähls Aufsatz über die utopische Staatsvorstellung der Frühromantiker,[425] worin Gewicht auf die religiösen und philosophischen Vorgaben des „poetischen Staats" gelegt wird, und zusammenfassend behauptet Mähl: „Der Entwurf eines hypothetisch möglichen Staats ist eine Notwendigkeit, weil er über die empirische Erfahrung hinaus in die Zukunft weist, weil er als antizipierender Vorgriff gelten kann, der etwas aus dieser Wirklichkeit auf die Zukunft hin fortreißt."[426] Darin erschöpft sich das Zugeständnis, das Mähl bezüglich der politischen „Wirksamkeit" der Frühromantik machen will. Hermann Kurzke[427] schließt sich im großen und ganzen den Ansichten Carl Schmitts an und stellt für Novalis ein ästhetisches, nicht aber politisches Bestreben fest, das sich im „Romantisieren" erschöpfe.[428]

---

[417] Carl Schmitt: Politische Romantik. Vierte, unveränderte Auflage der Ausgabe von 1919. Berlin 1982

[418] Ebd., S. 105

[419] Ebd., S. 227

[420] Ebd., S. 48 und S. 84

[421] Mathys Jolles: Das deutsche Nationalbewußtsein im Zeitalter Napoleons. Frankfurt/Main 1936, S. 160ff.

[422] A. a. O., S. 69f. und S. 77

[423] A. a. O., vgl. besonders das Kapitel über Schelling, S. 203ff. Hier: S. 206

[424] Hermann Timm: Ex oriente vox. Das „Abendland" bei Novalis und Hölderlin. In: Dänische „Guldalder"-Literatur und Goethezeit. Vorträge des Kolloquiums am 29. und 30. April 1982, hrsg. von Klaus Bohnen, Sven-Aage Jørgensen, Friedrich Schmöe. Kopenhagen, München 1982, S. 135ff.

[425] Hans-Joachim Mähl: Der poetische Staat. Utopie und Utopiereflexion bei den Frühromantikern. In: Wilhelm Voßkamp (Hrsg.): Utopieforschung. Interdisziplinäre Studien zur neuzeitlichen Utopie. 3 Bände. Frankfurt/Main 1985, Bd. 3, S. 273 - 303

[426] Ebd., S. 286

[427] Hermann Kurze: Novalis. München 1988

[428] Ebd., S. 45. Vgl. auch Kurzkes Darstellung des „Europa"-Aufsatzes, S. 60ff.

Einer zentralen Behauptung Kurzkes folgend, daß die romantische Staatslehre im Gegensatz zur Staatslehre der Aufklärung nie die Grundlage einer Verfassung gebildet habe[429] - und dieses gerade in einer Zeit der allgemeinen Veränderung -, muß nach ihrem Inhalt und ihrer Bedeutung gefragt werden, was wiederum anhand von Beispielen geschehen soll.

Wenden wir uns zunächst dem Nation- und Staatsverständnis des Novalis zu. Kuhn unterstellt dem Dichter eine sowohl praktisch-politische als auch eschatologische Neigung, wofür er die Erziehung des Dichters im aufklärerischen und im pietistischen Sinn verantwortlich macht.[430] In seinen frühen Gedichten spricht sich Novalis eindeutig für den Reichspatriotismus im Sinne des Fürstenbunds von 1795 aus.[431] Novalis' Gesellschafts- und Staatsvorstellung,[432] wie sie sich beispielsweise in der Schrift „Glauben und Liebe oder der König und die Königin" aus dem Jahr 1798 ausdrückt, beruht im wesentlichen auf dem Verhältnis des Einzelnen zu dem „Du", so daß sich daraus konkret schließen läßt, daß des Novalis grundsätzliche Gesellschaftsvorstellungen von Ehe und Familie ausgehen. Nur die Harmonie in der kleinsten Zelle des Staats kann für ein funktionales, moralisches und organisches Ganzes sorgen. Die Monarchie wird als vorbildliches System definiert, da sie im König ihren Bezugspunkt hat. Der König nimmt im Staat die wichtigste Rolle ein: Er stellt das Vorbild der Bürger dar, denn in seiner Person manifestiert sich das „Fatum", das ihn über alle anderen Menschen erhebt. In seiner Krönung ersteht der Staat wirklich und wird sichtbar; sie wird von Novalis als eschatologisches Ereignis geschildert.[433] Alle Menschen sollen dem Vorbild des Königs nacheifern, wodurch ihm auch die Rolle des Erziehers zugesprochen wird; die Königin wirkt ergänzend zu ihrem Gatten als Erzieherin in heimischen Aufgaben. Der „poetische Staat" nun entsteht durch die Liebe des „Ich" und des „Du" zu einem Dritten, dem „Genius der Menschheit",[434] in dem sich harmonisches Zusammenwirken realisieren läßt. Der Staat ist in der Theorie des Novalis eine göttliche Institution und ein individuelles Wesen zugleich. Die Staatsmüdigkeit seiner Zeit konstatiert Novalis, und als Gegengewicht fordert er eine „Sichtbarmachung" des Staats,[435] damit jeder Staatsangehörige bewußt Bürger werde. Grundsätzliche Gleichheit der Menschen leugnet Novalis jedoch; sein Ideal ist der Ständestaat. Von jedem Bürger aber fordert Novalis die absolute Hingabe an den Staat, wie sie im „poetischen Staat" ohnehin als Selbstverständlichkeit gedacht wird. Eine gemischte Staatsform, etwa eine repräsentative Monarchie, schwebt Novalis daher als Ideal vor.

Bei vielen Romantikern trat gerade im Zuge der französischen Besetzung die Forderung nach einem Nationalstaat implizit auf; ein deutliches Zeugnis stellt diesbezüglich das Drama „Die Hermannsschlacht" (1808) Heinrich von Kleists (1777 - 1811) dar, das in der Zeit intensiver Zusammenarbeit mit Adam Müller entstand.[436]

---

[429] Ebd., S. 48

[430] A. a. O., S. 19 und S. 25

[431] Ebd., S. 28f.

[432] Wie besonders Novalis' „Romantische Fragmente" der Jahre 1798/99 zeigen, bilden seine Theorien kein in sich schlüssiges System. Vgl. Baxa: Einführung, S. 75ff.; Hippel, S. 239ff. und Kuhn, S. 97ff.

[433] Repräsentanten des Staats sind der König und die Königin als „Organe des mystischen Staatsindividuums". Vgl. Kuhn, S. 124. S. auch ebd., S. 118

[434] Vgl. Kurzke, S. 40

[435] Baxa: Einführung, S. 79

[436] Baxa: Gesellschaft, S. 225ff.; Kohn: Prelude, S. 196ff.; Streisand, S. 193

Auch Joseph Görres (1776 - 1848) wandte sich im Zuge der Entwicklung in Frankreich immer stärker den Grundlagen einer zu bildenden deutschen Nation aus ihren Keimzellen zu, die er im frühen 19. Jahrhundert im volkstümlichen Herkommen fand, und für die Romantik bereits symptomatisch zu nennende Hinweise auf national bedingte und mit Wertung versehene Charakterunterschiede der Völker finden sich in seinen Schriften.[437] Die Dichter Achim von Arnim (1781 - 1831) und Clemens Brentano (1778 - 1842) dagegen waren in ihren Schriften nie eindeutig politisch geworden, wenngleich Arnims Roman „Die Kronenwächter" (1817) durchaus vor dem aktuellen zeitgeschichtlichen Hintergrund gelesen werden muß,[438] ebenso wie Joseph von Eichendorffs (1788 - 1857) Roman „Ahnung und Gegenwart" (1815). Die beiden Herausgeber des „Wunderhorns" vertraten in ihrem Werk eher das Streben nach der Kulturnation als nach der Staatsnation, wodurch sich politische und soziale Phänomene der Zeit im Werk der Dichter ästhetisiert und mythisiert finden.[439]

Zuletzt sei eine kurze Zusammenfassung von Werk und Wirken der beiden Romantiker angefügt, die als einzige Repräsentanten der Bewegung politisch verantwortlich tätig wurden und in deren politischem Denken sich tatsächlich eine Entwicklung feststellen läßt, die den politischen Gegebenheiten folgt und von daher auf ihre Art beispielgebend ist: Es handelt sich um Friedrich Schlegel (1772 - 1829) und Adam Müller (1779 - 1828).[440]

Friedrich Schlegels nationales Engagement und politisches Interesse tritt in seinem Werk deutlich hervor; Kohn nennt ihn als den ersten Schriftsteller, der gegen Napoleon die Feder zückte.[441] Seine politisch-ideengeschichtliche Entwicklung führte ihn zuerst zur Verteidigung der Demokratie, darin eingeschlossen die Ideale von Freiheit und Gleichheit, basierend auf dem allgemeinen Willen, aber schon bezüglich des Wahlrechts beeinflußt durch Ideen des Aristokratismus, die beispielsweise Stimmen nach Gewicht, nicht nach Anzahl gewichtet sehen wollten.[442] In Friedrich Schlegels romantischen Fragmenten der Jahre 1798 bis 1800[443] treten eher philosophische, nur wenig pragmatisch orientierte Denkansätze hervor; jedoch wird deutlich, daß Schlegel sich inzwischen von den Idealen der Freiheit und der Gleichheit abgewandt hat und zwischenzeitlich die Theorie eines „rechtlichen Despotismus" vertrat, in dem der König in seiner Person das „Volksganze" vertreten sollte. Die Französische Revolution lehnte Schlegel ab, da sie keine neue politische und soziale Ordnung brachte, sondern eher eine große Leere in diesen Bereichen nach sich zog. In den „Politischen Vorlesungen" aus den Jahren 1804 bis 1806[444] schließlich schlug sich Schlegels Hinwendung zum Katholizismus auch in seinem Werk nieder, denn darin benennt er als Basis des Staats den Glauben, dessen Instituierung die Monarchie

---

[437] Baxa: Einführung, S. 99ff.

[438] Baxa: Gesellschaft, S. 217

[439] Frühwald, S. 139ff.

[440] Adam Müller, der 1808 zum Katholizismus konvertiert war, wirkte seit 1810 publizistisch im Dienste Metternichs in Wien. Friedrich Schlegel stand ab 1809 im diplomatischen und propagandistischen Dienst der österreichischen Regierung. 1815 wurde er zum Legationsrat bei der österreichischen Gesandtschaft im Frankfurter Bundestag ernannt, ein Amt, das er bis 1818 ausübte.

[441] Kohn: Prelude, S. 184

[442] Vgl. Friedrich Schlegels Schrift „Versuch über den Begriff des Republikanismus" (1796), s. auch Baxa: Einführung, S. 30ff.

[443] Ebd., S. 66ff.

[444] Ebd., S. 132ff.

sei, die wiederum die Garantie der staatlichen Einheit bilden sollte. Den späteren Vorstellungen Schlegels zufolge führte die Freiheit nur zu Zügellosigkeit und Anarchie. Schlegel formulierte seine Vorstellungen vom Nationalstaat als Gegenbild zu Napoleons Weltimperium: Der Staat sei ein absolutes, sittliches Gebilde, das durch Sprache und Art, womit er den Volkscharakter bezeichnet, zusammengehalten werde. Die innere staatliche Ordnung sollte ständisch gebildet sein; gerade diese ständische Ordnung sollte die bürgerlichen Freiheiten sichern. Eine Staatenföderation - konzeptionell ähnlich dem späteren Völkerbund - schwebte Schlegel vor, welche das Kaisertum als obrigkeitliche Institution überwachen sollte, ohne jedoch in die inneren Angelegenheiten der Nationen unnötig einzugreifen.

Adam Müller setzt Staat und Gesellschaft in seiner Schrift „Elemente der Staatskunst" (1809)[445] identisch, weil beide in der Familie wurzelten. Der Staat solle beweglich und entwicklungsfähig sein; Grundbedingung dafür ist die von Müller entworfene, im konservativen Staatsdenken ruhende Lehre vom Gegensatz. Ohne Gegenwert - so Müller - existiere kein Sein. Auf diese Weise und unter Einschluß aller Gegensätzlichkeiten könne sich ein lebendiges, menschliches und totales Ganzes entwickeln. Der Krieg kann dabei unterstützend wirken, als Mittel nämlich, um die Bürger ihrem Staat emotional näher zu bringen. Es zeigt sich daran bereits beispielhaft, daß der romantische Staatsbegriff in den Schlagwörtern „Totalität, Organismus und Persönlichkeit"[446] seine Grundlage findet. Speziell in der Person Adam Müllers zeigt sich auch die allmähliche „Wendung der Romantik von der Erneuerungsbewegung zur Restauration."[447]

Werfen wir vergleichend einen Blick auf Hegels Staatsphilosophie, den wir damit jedoch keineswegs der romantischen Bewegung zurechnen wollen, so läßt sich auch in seinem Frühwerk bereits das Bestreben erkennen, das Heilige Römische Reich deutscher Nation reformerisch umgestalten zu helfen, unter anderem durch die Bildung einer echten Staatsmacht und die Vereinigung des deutschen Volks mit Kaiser und Reich im Sinne einer „Nation".[448] Als einer der wenigen Gelehrten der Zeit sprach sich Hegel auch nach der Besetzung „Deutschlands" durch Napoleons Armee dafür aus, die Errungenschaften der Französischen Revolution im Land heimisch werden zu lassen.[449] Franzosenhaß und Deutschtümelei lehnte er gleichermaßen ab. Versuche, zukunftsrelevante Aussagen in mittelalterlichen Texten zu suchen oder aus ihnen heraus zu konstruieren,[450] wie es Teile der romantischen Bewegung versuchten, betrachtete Hegel mehr als skeptisch; vielmehr propagierte er das Forschen nach einer ureigenen, aus Tradition und Geschichte ableitbaren National- und Volksreligion, wobei ihm durchaus die Schwierigkeit bewußt war, das moderne Nationalbewußtsein mit der nationalen Tradition zu verbinden - nach Hegel sei dazu die Entwicklung und Ausbildung eines Nationalgefühls nötig, das nach vorne und nicht rückwärts gerichtet sein sollte.[451] Als Beispiel für ein positives

---

[445] Ebd., S. 166ff.

[446] Huber, S. 48

[447] Ebd., S. 52ff.

[448] Vgl. dazu Gagliardo, S. 256ff.

[449] Domenico Losurdo: Hegel und das deutsche Erbe. Philosophie und nationale Frage zwischen Revolution und Reaktion. Köln 1989, S. 34

[450] Ebd., S. 48ff.

[451] Ebd., S. 54

Nationalgefühl berief sich Hegel auf die Lutherbibel, in der er das deutsche Volk und seine Taten allgemeinmenschlich geschildert sah.[452] Seine starke religiöse Prägung bestimmte auch Hegels Staatsvorstellung, die man schon fast als „Vergöttlichung des Staats"[453] bezeichnen kann. Der Staat ist nach dem Verständnis des Philosophen die vernünftige und objektive Ordnung schlechthin, in der sich Freiheit rational verwirklicht, basierend auf einer Urverfassung, die nicht gemacht ist, sondern einfach besteht. Hegel suchte die Verwirklichung seines Ideals im reformierten preußischen Staat, dem er eine Vorreiterrolle innerhalb „Deutschlands" zuspricht. Dennoch finden sich in Hegels Vorstellung von einem idealen Staat auch durch die Vernunft, der Hegel größtes Gewicht beimißt, begründete Einschränkungen der bürgerlichen Rechte, die dem Besten der Bürger dienen und dazu die Unfehlbarkeit des Staats unterstreichen sollen.[454]

Um die Jahrhundertwende und schließlich bis hin zu den Jahren der Befreiungskriege hatte sich der Nationen- und Volksbegriff, orientiert an dem Schlagwort „Volkssouveränität", im ehemaligen Heiligen Römischen Reich deutscher Nation zu einem gebräuchlichen Ausdruckspaar entwickelt, zumal die erhoffte Entstehung eines *Neuen Deutschland* Perspektiven auch auf eine breitere Teilhabe an der politischen Macht zu bieten schien.[455] Die Kämpfe gegen Napoleon vereinten die Deutschen in ihrem Haß gegen den „Erbfeind" - wie es F. C. Rühs ausdrückte - und ließen sie speziell ihr Deutschtum betonen, wozu die inzwischen bekannt gewordenen Kulturzusammenhänge das ihre beitrugen.[456] Jedoch bleibt festzustellen, daß die unterschiedlichen Traditionen und Entwicklungen in „Deutschlands" Territorien und Regionen kein einheitliches Nationalgefühl entstehen ließen, wie das Beispiel Schwedisch-Pommerns verdeutlichen soll, das trotz des durchaus vorhandenen deutschen Kulturbewußtseins seine Anhänglichkeit der schwedischen Krone gegenüber nicht über Nacht abstreifen konnte, als es 1815 preußisch wurde.[457] Auch muß bemerkt werden, daß das deutsche Nationalbewußtsein im Sinne einer tiefergehenden Politisierung nur einen relativ kleinen Teil des deutschen Volks erfaßte,[458] wozu auch die restaurative Entwicklung direkt nach den Befreiungskriegen von 1815 an beitrug.

Vergleichen wir die Entwicklungsstränge „Deutschlands" sowie Dänemarks und Schwedens im Hinblick auf den Weg hin zur Nation, so läßt sich zusammenfassend feststellen, daß man grundsätzliche Übereinstimmungen antrifft, etwa was die Bedeutung von Kultur und Tradition oder die Abgrenzung gegenüber dem Fremden angeht; auch ist die nationale in beiden geographischen Einheiten zugleich eine primär bürgerliche Bewegung. Während jedoch die skandinavischen Staaten dem allgemeineuropäischen Streben nach nationaler Eigenständigkeit aufgrund günstigerer politischer Vorgaben erfolgreich nachkamen, blieb die Vorstellung von einem

---

[452] Ebd., S. 55ff.

[453] Ebd., S. 91ff.; Hippel, S. 219ff.

[454] Vgl. Hippel, S. 222 und S. 229

[455] Wehler, S. 508

[456] Valjavec, S. 337ff.; Streisand, S. 225; Bernhard Giesen und Kay Junge: Vom Patriotismus zum Nationalismus. Zur Evolution der „Deutschen Kulturnation". In: Nationale und kulturelle Identität, a. a. O., S. 255 - 303. Hier: S. 303

[457] Valjavec, S. 331

[458] Ebd., S. 342; Vierhaus: Politisches Bewußtsein, S. 260; Wehler, S. 526

vereinigten „Deutschland" aufgrund des Widerstands deutscher Territorialmächte unrealisiert, was aber nicht hindernd auf die Entstehung nationalen Gedankenguts einwirkte - das Gegenteil war der Fall. Die deutschen Dichter und Schriftsteller, die sich für die nationale Sache einsetzten, orientierten sich vor allem am beeindruckenden französischen Vorbild, denn die Französische Revolution schien einerseits das Beispiel für die gänzliche Zerstörung absolutistischer Ordnung zu sein, zum anderen aber konnte sie auch für das Streben nach weitgehenderer politischer Mitwirkung signalgebend ins Feld geführt werden. Von daher erwies sie sich als wirkungsvollere Demonstration politischer Veränderung von unten als es die moderat-evolutionären Vorgänge in England seit 1688 oder die revolutionär-demokratischen Entwicklungen in Amerika, das weit entfernt war von Europa, jemals hätten sein können. Skandinavien dagegen wirkte nach bisheriger Auffassung eher über Umwege auf deutsches Nationalbewußtsein ein: Montesquieu propagierte die Freiheit der Wälder Germaniens, worin sich sicherlich ein Reflex der berühmten schwedischen Freiheit findet, ein Wert, der nach 1718 auch ins Bewußtsein der deutschen Öffentlichkeit gerückt wurde und somit durch die Vermittlung Montesquieus für die Ideengeschichte Europas einen nicht unwesentlichen Grundstein markierte. Inwiefern weitere, direktere Einflüsse aus den skandinavischen Staaten in „Deutschland" wirksam werden konnten, inwiefern überhaupt schwedische oder dänische Nation- oder Staatsvorstellungen relevant werden konnten, soll anhand der zu bearbeitenden Dichter und Schriftsteller untersucht werden. Zumindest mußten die skandinavischen Staaten im deutschen Bewußtsein einen deutlichen Gegenpol zu Frankreich markieren, denn - wie unsere bisherigen Untersuchungen ergaben - schon vor 1789 finden sich in deren Ideologie und Begriffsbildung klare Ansätze zu einer bewußten Nationbildung in allen Ständen, die im weitesten Sinne politischen Einfluß ausübten oder anstrebten. Dabei wird offen Bezug genommen auf die nordische Frühgeschichte mit ihren vergleichsweise *demokratischen* politischen Strukturen, die für eine künftige staatliche Organisation als Vorbild benannt werden. Der Rekurs auf Geschichte und Mythologie wird deshalb zum Mittel der politischen Emanzipation, und wir werden sehen, ob und in welcher Form sich diese ideologische Komponente im Denken und Schaffen der zu befragenden Autoren niederschlägt.

Geschichte, Kultur und Sprache bilden somit die Eckpfeiler nicht nur des deutschen Nationalbewußtseins, und wie bereits festgestellt wurde, regte die Beschäftigung mit der nationalen Vergangenheit dazu an, den Blick nach vorne zu richten. Neue geistige Ansätze wurden auch im deutschen Geistes- und Wissenschaftsleben als nötig erachtet, um das Vergangene in Verbindung mit dem Gegenwärtigen in Zukünftiges umzuschmelzen, wobei auch das nordische Erbe, ineins gesetzt mit der germanischen Tradition, einbezogen wurde: Man näherte sich dem weiten, übergeschichtlich-utopischen Raum der Mythologie.

5
Idee und Identität

Zur Ausbildung einer *Neuen Mythologie* in „Deutschland" um 1800

„Es fehlt, behaupte ich, unserer Poesie an einem Mittelpunkt, wie es die Mythologie für die der Alten war ... Wir haben keine Mythologie."[459] Dieser Satz aus Friedrich Schlegels Aufsatz „Gespräch über die Poesie" - es entstand 1799 - bildet nicht nur die zentrale Aussage dieser Schrift, sondern formuliert implizit auch die Problematik einer Zeit, die neue künstlerische Denk- und Ausdrucksweisen zu finden gezwungen war.[460]

Die maßgeblichen Ursachen für die von den deutschen Frühromantikern allgemein konstatierte Krise sind zum einen in den Ideen der Französischen Revolution, deren Radikalität alle politischen Werte völlig in Frage gestellt hatte, und zum anderen in der aufklärerischen Absolutsetzung der Vernunft zu suchen. Dazu gesellte sich der immer stärker werdende Einfluß der Naturwissenschaft auf Leben und Denken, der sich vor allem in der Tendenz niederschlug, alle Phänomene logisch erklären und definieren zu wollen.[461] So wurde im 18. Jahrhundert eine *Vernunftreligion* eingeführt, die sich von aller Sinnlichkeit abwandte,[462] sowie eine streng rationalistische Dichtungstheorie, die von Gelehrten wie Gottsched entwickelt und getragen wurde.

Die unaufhaltsam fortschreitende Rationalisierung des Lebens und die gesellschaftlichen Umbrüche führten nach Ansicht der Frühromantiker dazu, daß der Mensch sich der Natur und den sinnlichen Dingen zunehmend entfremdete,[463]

---

[459] Friedrich Schlegel: Gespräch über die Poesie. Mit einem Nachwort von Hans Eichner. Stuttgart 1968, S. 312. Es tritt in diesem Zitat das Gemeinschaftsgefühl - ausgedrückt im „wir" - deutlich hervor. Angesprochen ist die deutsche Kulturgemeinschaft, welche evoziert wird und der die Aufforderung zugeht, stärker hervorzutreten und die fehlende politische Einheit zumindest zu ersetzen, wie in Kapitel 4 beschrieben.

[460] Einschränkend muß jedoch bezüglich dieser Schrift streng unterschieden werden zwischen dem Werk an sich und seiner Wirkung. War die Forderung nach einer *Neuen Mythologie*, wie sie schon Herder 1796 in seinem „Iduna"-Aufsatz formuliert hatte (vgl. Kapitel 2 dieser Arbeit), durchaus in Relation sowohl zur Kunst- als auch zur Ideengeschichte der Zeit zu sehen, so ist die Schrift Schlegels selbst zunächst als ästhetische Darstellung des Mythologischen zu verstehen. Bohrer spricht in diesem Zusammenhang vom „Programm einer objektiven Esoterik des Artisten." Vgl. Karl-Heinz Bohrer: Friedrich Schlegels „Rede über die Mythologie". In: Ders. (Hrsg.): Mythos und Moderne. Begriff und Bild einer Rekonstruktion. Frankfurt/Main 1983, S. 52 - 82. Hier: S. 60. Blumenberg weist darauf hin, daß in Schlegels Theorie des Mythos „der Mythos selbst zu einem Mythos transfiguriert" werde. Hans Blumenberg: Arbeit am Mythos. Fünfte Auflage, Frankfurt/Main 1990, S. 70f.

[461] Manfred Frank: Brauchen wir eine *Neue Mythologie?* In: Ders.: Kaltes Herz. Unendliche Fahrt. Neue Mythologie. Frankfurt/Main 1989, S. 100

[462] „Das Religionssystem des Mythos ist im 18. Jahrhundert durch das der Vernunftreligion abgelöst. Dieses aber hat einen entscheidenden Mangel. Seine Grundsätze sind ... ‚körperlicher Einkleidung' nicht fähig." Heinz Gockel: Mythos und Poesie. Zum Mythosbegriff in Aufklärung und Frühromantik. Frankfurt/Main 1981, S. 83

[463] Ebd., S. 240

Abbildung 7: Karl Wilhelm Friedrich von Schlegel (1772-1829)

was sich auch in der Kunst bemerkbar machte, in der das Prinzip der Naturnachahmung nicht mehr angewendet werden konnte.[464]

Die Frühromantik versuchte, das Entzweite - Geist und Natur - wieder zusammenzufügen, wobei sie sich in größten Teilen jedoch nicht als Gegenbewegung zur Aufklärung verstand.[465] Vielmehr knüpfte sie an diese an, indem sie die Vereinigung von Vernunft und Sinnlichkeit propagierte.[466] Darin folgte sie dem Idealismus in der Ausprägung Schillers und Fichtes, der dem veränderten Lebensgefühl - der Intellektuellen und des Bürgertums vor allem - das Bildungsideal als künstlerischen und gesellschaftlichen Wert anbot.[467] Auch der Idealismus nämlich hatte die Vereinigung der entfremdeten Lebensbereiche angestrebt,[468] die durch das neue Ideal der Natur als Formung des individuellen Geistes möglich schien.[469]

---

[464] Jochen Fried: Die Symbolik des Realen. Über alte und neue Mythologie in der Frühromantik. München 1985, S. 10

[465] Gockel, S. 14ff.

[466] In der Theorie vollzieht sich diese Synthese in dem bereits erwähnten „Gespräch über die Poesie" Friedrich Schlegels, denn darin wird die Harmonie des Ideellen und des Reellen als Ausdruck der Poesie schlechthin definiert (A. a. O., S. 315). Als Vorzug der Mythologie wird gerade ihre „sinnlich-geistige Anschaulichkeit" benannt (S. 318). Vgl. auch Bohrer, S. 69

[467] Fried, S. 21

[468] Gockel, S. 186

[469] Fritz Strich: Die Mythologie in der deutschen Literatur. Von Klopstock bis Wagner. 2 Bände. Unveränderter reprographischer Nachdruck der ersten Auflage Halle an der Saale 1910. Tübingen 1970. 1. Band, S. 339

Zur Ausbildung einer Neuen Mythologie in „Deutschland" um 1800

Die Frühromantik faßte den idealistischen Denkansatz als Vorbild im Ringen der Menschheit nach ihrem inneren Zentrum[470] auf und entwickelte in der Folge aus dem Idealismus den „Realismus", der sich in der Poesie Raum verschaffte.[471] Der eigentliche Ursprung aller Poesie und untrennbar mit ihr verbunden ist jedoch die Mythologie - Schlegel bezeichnet sie als das „Kunstwerk der Natur"[472] -, die für die Einheit des Lebens und der Kunst steht, und deshalb lag es den Frühromantikern nahe, in ihr den Mittelpunkt der Poesie zu suchen. Daher formuliert auch Schlegel in seinem 1800 publizierten Aufsatz „Gespräch über die Poesie" die Forderung nach einer *Neuen Mythologie*, die er wie folgt charakterisiert:

> Die neue Mythologie muß ... aus der tiefsten Tiefe des Geistes herausgebildet werden; es muß das künstlichste aller Kunstwerke sein, denn es soll alle anderen umfassen, ein neues Bette und Gefäß für den alten ewigen Urquell der Poesie und selbst das unendliche Gedicht, welches die Keime aller anderen Gedichte verhüllt.[473]

Nicht immer jedoch war die Haltung der Gelehrten und Dichter der Mythologie gegenüber so vorbehaltlos zustimmend und positiv zu nennen wie zu Zeiten der Frühromantik. Das aufklärerische Mythosverständnis ging von anderen Voraussetzungen aus als das der Frühromantik, indem es, die Bildhaftigkeit und Vielfalt des Mythos verachtend, den Maßstab der Wahrheit und der Eignung zum *Prodesse* an den Mythos anlegte, dem dieser nach Auffassung der Aufklärung nicht gerecht werden konnte. Folglich diffamierte die Aufklärung den Mythos als reine Bildungszierart und sprach ihm jede Relevanz für die zeitgenössische Dichtung ab.[474] In erster Linie bedeutete der Begriff „Mythos" für die Aufklärer „Götterlehre" oder „Erzählung von Göttern,"[475] was verdeutlicht, daß der religiöse Aspekt im Vordergrund des damaligen Mythosverständnisses stand.

Diese ablehnende Position wurde jedoch nicht von allen Gelehrten, die sich als Aufklärer verstanden, akzeptiert. In diesem Zusammenhang ist vor allem das Wirken Herders hervorzuheben, der die Mythologie aufwertete, indem er sie poetisch fruchtbar zu machen suchte. Herder untersuchte den Mythos deshalb unter einer

---

[470] So formuliert es Schlegel im „Gespräch über die Poesie", a. a. O., S. 314

[471] Ebd., S. 215. Die ästhetische Definition, die Schlegel vom Mythos gibt, schafft eine neue, „realistische" Ebene, deren utopische Züge deutlich zum Ausdruck kommen. Institutionen wie „Staat", „Revolution" oder „Menschheit" werden durch das Abstraktum der *Neuen Mythologie* ersetzt (Bohrer, S. 53). Der Realismusbegriff ist jedoch noch stark von seinem Herkommen aus dem naturwissenschaftlichen Bereich geprägt. Die Verbindung von Physik und Philosophie bzw. Poesie ist gerade in der Frühromantik unter dem Einfluß Schellings häufig, der selbst in seiner „Philosophie der Kunst" Gott als „Urstoff und Realität allen Seins" bezeichnet (Vgl. dazu Jochem Hennigfeld: Mythos und Poesie. Interpretationen zu Schellings „Philosophie der Kunst" und „Philosophie der Mythologie". Meisenheim am Glan 1973, S. 12). Vgl. dazu auch Fried, S. 120f. sowie Kapitel 10 dieser Arbeit, das sich mit Henrich Steffens, einem Schelling-Schüler, befaßt.

[472] A. a. O., S. 318

[473] Ebd., S. 312

[474] Strich, 1. Band, S. 106; Manfred Frank: Der kommende Gott. Vorlesungen über die Neue Mythologie. I. Teil. Frankfurt/Main 1982, S. 125; Blumenberg, S. 69ff.

[475] Werner Betz: Vom „Götterwort" zum „Massentraumbild". In: Helmut Koopmann (Hrsg.): Mythos und Mythologie in der Literatur des 19. Jahrhunderts. Frankfurt/Main 1979, S. 11 - 24. Hier: S. 24

poetologischen Fragestellung.[476] Weder Götterlehre noch ein eventueller Wahrheitsanspruch beschäftigten ihn, sondern vor allem die poetische Brauchbarkeit des Mythos; er könne der Einbildungskraft dienen, aus der durch eine Anregung etwas Neues entsteht. Der Mythos ist somit nicht mehr Zweck, vielmehr wird er zum Werkzeug.[477]

Aus seiner Sprachphilosophie läßt sich Herders enge Verknüpfung von Mythos und Poesie erschließen. Seiner Auffassung folgend ist als Aufgabe der Sprache nicht primär Mitteilung zu nennen, sondern das geistig-kreative Verfahren der Namengebung. Deshalb ist, wie wir bereits an anderem Ort feststellten und hier nochmals kurz referieren wollen,[478] die Sprache - ebenso wie der Mythos - der Ausdruck einer „positiven Kraft des Denkens".[479] Sprache und Mythos verknüpft Herder mit Bewußtsein und Vernunft des Menschen,[480] und er bezieht auch die Dichtkunst in seine Überlegungen mit ein: Die Mythologie stellt er im Gewand der Poesie dar.[481] Für Herder ist „Mythologie ... die nach den Gesetzen des Ich gebildete Natur, erste Erkenntnis und erste Dichtung".[482] Wie seine Nachfolger als Forscher auf dem Gebiet der Mythologie befaßte sich Herder zunächst mit den griechischen Mythen, wünschte jedoch keine bloße Wiederbelebung des Alten, sondern strebte nach einer produktiven Erneuerung der Mythentradition, welche die eigene Kultur und Gegenwart berücksichtigen sollte.[483] Gerade dieser Aspekt der Mythosforschung Herders wurde von den Frühromantikern aufgegriffen[484] und - wie bereits anhand des Zitats aus Schlegels „Gespräch über die Poesie" deutlich wurde - zur Grundlage der Beschäftigung der Romantiker mit Mythos und *Neuer Mythologie* erklärt.[485]

Klaus Ziegler weist in seinem Aufsatz über „Mythos und Dichtung" auf die „Einheit und Ganzheit" hin, die sich trotz der unterschiedlichen Strömungen innerhalb der romantischen mythologischen Bewegung ergaben.[486] Im Mittelpunkt aller mythologischen Betrachtungen der Romantiker steht der Mensch als Individuum[487]

---

[476] Frank, S. 124

[477] Ebd., S. 128

[478] Vgl. Kapitel 2 dieser Arbeit.

[479] Gockel, S. 128

[480] Ebd., S. 152

[481] Strich, 1. Band, S. 128

[482] Ebd., S. 339

[483] Frank, S. 131. In seinem Aufsatz „Über den neueren Gebrauch der Mythologie" fordert Herder, das mythische System der Griechen mit zeitgenössischem Inhalt zu füllen, so daß daraus ein direkter Bezug zur Gegenwart entstünde. Dieses Verfahren bezeichnet er als „Heuristischen Gebrauch der Mythologie". Ebd., S. 131

[484] „Die utopischen Entwürfe der Romantik bis zu dem der neuen Mythologie zielen nicht auf die Anamnesis eines urzeitlichen Zustandes, der das Schrittgesetz der Geschichte ein für allemal hinter sich gelassen hätte, sondern auf die Realisierung eines Zustandes, in dem der Mensch, der Offenheit seines Lebenshorizontes bewußt, die Entfremdung überwindet." Gockel, S. 14

[485] Die romantische Mythologie ist weit über die eigentliche Dauer der literarischen Bewegung hinaus auf den Zeitraum von 1790 bis 1887 anzusetzen. Eingegrenzt wird diese Periode vom frühen Schaffen Schellings und dem Todesjahr Bachofens. Klaus Ziegler: Mythos und Dichtung. In: Reallexikon der deutschen Literaturgeschichte. Zweite Auflage. Hrsg. von Werner Kohlschmidt und Wolfgang Mohr. Zweiter Band L - O. Berlin 1965, S. 569 - 584. Hier: S. 572

[486] A. a. O., S. 572

[487] Die Einzigartigkeit des Individuums lehrte zuerst Schleiermacher. Vgl. Strich, 1. Band, S. 342

Zur Ausbildung einer Neuen Mythologie *in „Deutschland" um 1800* 91

in seiner Beziehung zum Unendlichen, das göttlich ist. Der Mythos selbst ist die Offenbarung des Göttlichen,[488] das dem Menschen in sinnlicher Darstellung begegnet. Da er von allen Mitgliedern einer Sozialisation gemeinsam erfahren und tradiert wird,[489] stellt er eine kollektive Weltanschauung[490] dar, die im Unterbewußten ihren Ursprung hat.[491] Die angestrebte Einheitlichkeit findet sich im Mythos, weil er die Extreme Geist und Natur, Realität und Idealität vereinen kann;[492] diese Einheit wurde vor allem in den Bereichen Geschichtsphilosophie und Dichtungstheorie zum Ideal erklärt.

Sowohl Geschichte als auch Poesie trachten danach - so der romantische Ansatz einer Geschichtsphilosophie -, Menschen- und Götterwelt wieder zu verbinden.[493] Als unmittelbarem Produkt des menschlichen Naturzustandes,[494] als alle Gegensätze noch ungeteilt waren, kommt bei diesem Versuch der Mythologie die Rolle der „Lehrerin der Menschheit"[495] zu, wobei wiederum der Einfluß des Idealismus klar hervortritt. Mit ihrer Forderung nach einer *Neuen* und nicht zuletzt auch *politischen Mythologie* entfachten die Romantiker nicht nur eine Literaturrevolution,[496] sondern postulierten neue Werte und entwickelten ein neues, teilweise utopisches, allumfassendes Geschichts- und Gesellschaftsbild.[497] Das Individuum erhielt einen

---

[488] Ziegler, S. 574f.

[489] „Mythologie ist die Sache eines ganzen Volkes, das sich als Individuum versteht." Heinz Gockel: Mythologie als Ontologie. Zum Mythosbegriff im 19. Jahrhundert. In: Mythos und Mythologie, a. a. O., S. 25 - 58. Hier: S. 30

[490] Strich, 1. Band, S. 342

[491] Ziegler, S. 575

[492] So versucht vor allem Schelling in seinen Schriften „Philosophie der Kunst" und „Philosophie der Mythologie" mit dem Begriff der „Absolutheit" Gegensätze aufzuheben. Dieses Konstruktionsprinzip dominiert die beiden Aufsätze, und immer wieder findet sich die Reduktion eines komplizierten Sachverhalts auf einen Begriff, aus dem verschiedene Querverbindungen abgeleitet werden. Vom absolut gesetzten Begriff „Mythologie" leitet Schelling die Untergruppen „Götterlehre und -geschichte", „Ursprung der Poesie" und „Logos" ab, die sich wechselseitig durchdringen, aber in jeder Phase ihrer Weiterentwicklung auf den Überbegriff zurückzuführen sind. Vgl. dazu Hennigfeld, S. 6f. und S. 89ff.

[493] Vgl. Friedrich Schlegel: Literarische Notizen 1797 - 1800. Literary Notebooks, hrsg. von Hans Eichner. Frankfurt/Main, Berlin, Wien 1980, S. 194

[494] Fried, S. 46

[495] „Die Poesie bekömmt dadurch eine höhere Würde, sie wird am Ende wieder, was sie am Anfang war - *Lehrerin der Geschichte der Menschheit*, denn es gibt keine Philosophie, keine Geschichte mehr, die dichtkunst allein wird alle übrigen Wissenschaften und Künste überleben." Christoph Jamme/Helmut Schneider (Hrsg.): Mythologie der Vernunft. Hegels „Ältestes Systemprogramm des deutschen Idealismus." Frankfurt/Main 1984, S. 14

[496] Rudolf Haym: Die Romantische Schule. Ein Beitrag zur Geschichte des deutschen Geistes. Vierte Auflage. Besorgt von Oskar Walzel. Berlin 1920, S. 14

[497] Vgl. Carl Schmitt: Politische Romantik. Vierte, unveränderte Auflage der Ausgabe von 1919. Berlin 1982. Schmitt nennt vor allem Adam Müller und Friedrich Schlegel als beispielgebende politische Romantiker (S. 48) und verweist mehrfach auf die realitätsfernen Vorstellungen der Romantiker (S. 105ff., S. 224ff.). Hans Joachim Mähl (Der poetische Staat. Utopie und Utopiereflexion bei den Frühromantikern. In: Wilhelm Voßkamp (Hrsg.): Utopieforschung. Interdisziplinäre Studien zur neuzeitlichen Utopie. 3 Bände. Frankfurt/Main 1985. 3. Band, S. 273 - 303) stellt den Zusammenhang zwischen dem pietistischen Chiliasmus des 18. Jahrhunderts und den neuen sogenannten „Ideen" der Frühromantik politische Vorstellungen betreffend dar. Novalis steht dabei im Mittelpunkt der Betrachtungen, doch auch Friedrich Schlegel wird bedacht. Fazit der Untersuchungen Mähls ist vor allem die Konstatierung der utopischen Ausrichtung der frühromantischen Staats- und Politikvorstellung (vgl. dazu auch Kapitel 4 dieser Arbeit), der letztlich ästhetische Realität zuteil werden sollte (S. 293).

eigenständigen Platz im Denken der Frühromantiker: Es sollte sich ohne Aufgabe seiner Natur in der Welt spiegeln können;[498] außerdem wurde die Verjüngung, sogar die Erneuerung der Menschheit aus sich selbst heraus gefordert. Der Einfluß der Naturwissenschaft schlug sich positiv nieder, indem er für Philosophie und Dichtkunst fruchtbar gemacht wurde, denn die Frühromantik entwickelte aus der Gegebenheit einer tatsächlichen objektiven Wahrheit einen neuen Realismusbegriff, der das Unendliche im Endlichen sichtbar machen sollte,[499] so daß auch mythologische Überlegungen ohne vernunftbezogene Grundlagen nicht mehr denkbar waren.

Doch die Romantik war nicht durchweg, wie es Schmitt und Mähl nahelegen, eine realitätsferne literarische Bewegung, sondern in weiten Teilen kritisch und eminent politisch eingestellt. Der zündende Funke solchen politischen Bewußtseins und Engagements lag auch diesbezüglich wieder im deutschen Idealismus und in seinem in der Französischen Revolution wurzelnden Ideal der Freiheit. Entsprechend entwickelte sich eine Kritik am „mechanistischen Staat", welcher den darin inkorporierten Bürgern nicht die notwendige Freiheit gewähre und welcher folglich „aufhören" müsse,[500] wie es das sogenannte „Älteste Systemprogramm des deutschen Idealismus" aus den Jahren 1796/97 formuliert.[501] Die kleine Schrift, deren Verfasserschaft nach wie vor umstritten ist,[502] ist kein rein ästhetisches Programm, wie es die Hervorhebung der Idee der Schönheit nahelegen könnte. Vielmehr geht es dem Verfasser des Programms, bei dem es sich in summa um eine lockere Kette verschiedener, miteinander zusammenhängender Gedanken handelt, um die Skizzierung einer *Ethik*, die um die zentrale Frage kreist: „Wie muß die Welt für ein moralisches Wesen beschaffen seyn?" Der Welt selbst liegt die Prämisse einer „Schöpfung aus Nichts" sowie das Postulat des Individuums „als einem absolut freien Wesen" zugrunde, den Bereich der Natur vertretend; dem gegenüber steht das „Menschenwerk", die „Idee vom Staat" implizierend. Die Überwindung des Staats und allen Aberglaubens durch die freien Menschen wird als evolutionäre Zwangsläufigkeit betrachtet. Stets jedoch gehen die Überlegungen auf das Gebot der Vernunft zurück, das Schönheit, Wahrheit und Güte einschließt und also in der Verbindung mit der Dichtkunst eine Erhöhung erfährt - eine Vorstufe der angestrebten All-Einheit bildet sich heraus.[503] Dem soll auch die geforderte „sinnliche Religion"

---

[498] Fried, S. 108

[499] Ebd., S. 120

[500] Zur „Anprangerung des Staates als Maschine" vgl. Domenico Losurdo: Hegel und das deutsche Erbe. Philosophie und nationale Frage zwischen Revolution und Reaktion. Köln 1989, S. 122ff.

[501] Meine Interpretation erfolgt nach dem Textabdruck des Programms bei Jamme/Schneider, a. a. O., S. 11 - 15.

[502] In Frage kommen nach dem derzeitigen Stand der Forschung Hegel, Schelling oder Hölderlin. Vgl. die Aufsätze in: Das älteste Systemprogramm. Studien zur Frühgeschichte des deutschen Idealismus. Hrsg. von Rüdiger Bubner. Bonn 1973 (= Hegel-Studien, Beiheft 9) und die zusammenfassende Darstellung bei Jamme/Schneider, S. 63 - 76.

[503] Auf die geradezu messianische Hoffnung, die das Systemprogramm ausdrückt, verweisen Hermann Braun (Philosophie für freie Geister. Zu Hegels Manuskript: ... eine Ethik. In: Das älteste Systemprogramm, a. a. O., S. 17 - 33. Hier: S. 23) und Ralf-Rainer Wuthenow (Mythologie und Mythos in der Literatur des 18. Jahrhunderts. In: Die neomythische Kehre. Aktuelle Zugänge zum Mythischen in Wissenschaft und Kunst. Hrsg. von Hermann Schrödter. Würzburg 1991, S. 197 - 219. Hier: S. 214).

Abbildung 8: Johann Gottlieb Fichte hält 1807/1808 in Berlin seine „Rede an die deutsche Nation"

dienen, die gleichfalls auf der Vernunft beruhen und vor allem volksnah bildend und einend wirken soll:

> So müssen endlich aufgeklärte und unaufgeklärte sich die Hand reichen, die Mythologie muß philosophisch werden, und das Volk vernünftig, und die Philosophie muß mythologisch werden, um die Philosophen sinnlich zu machen. dann herrscht ewige Einheit unter uns. Nimmer der verachtende Blik, nimmer das blinde Zittern des Volks vor seinem Wissen und Priestern. dann erst erwartet uns *gleiche* Ausbildung *aller* Kräfte, des Einzelnen sowohl als aller Individuen. Keine Kraft wird mehr unterdrückt werden, dann herrscht allgemeine Freiheit und Gleichheit der Geister! - Ein höherer Geist vom Himmel gesandt, muß diese neue Religion unter uns stiften, sie wird das lezte, gröste Werk der Menschheit seyn.[504]

Der Absage an die kalte, unsinnliche Aufklärung folgt damit die Forderung einer neuen Mythologie, die jedoch im Dienst der Vernunft stehen soll, dem Bestreben Kants folgend, eine ästhetische Religion zu entwickeln,[505] deren leichte Erfaßbarkeit gerade im Bereich der Volksbildung Wirkung tun sollte.[506]

---

[504] Systemprogramm, a. a. O., S. 15

[505] Vgl. Klaus Düsing: Die Rezeption der kantischen Postulantenlehre in den frühen philosophischen Entwürfen Schellings und Hegels. In: Das älteste Systemprogramm, a. a. O., S. 53 - 90. Hier: S. 87ff. Annemarie Gethmann-Siefert verweist darauf, daß das Systemprogramm stichworthaft gerade die wesentlichen Probleme des nachkantischen Philosophierens benennt. Dies.: Die geschichtliche Funktion der „Mythologie der Vernunft" und die Bestimmung des Kunstwerks in der Ästhetik. In: Jamme/Schneider, S. 226 - 260. Hier: S. 226

[506] Jamme, der für eine Verfasserschaft Hegels plädiert, sieht im Systemprogramm ein „bedeutsames Dokument" für dessen „Programm einer Aufklärung *mittels* Mythologie". Weiter heißt es zur Charakterisierung des Systemprogramms: „Das dort entfaltete Konzept einer ‚neuen Mythologie' geht aus vom klassisch-aufklärerischen Modell einer Ideologiekritik, das die religiöse Legitimität despotischer Herrschaft als Betrug der Priester und Könige an den Beherrschten entlarven wollte, bedient sich aber zu ihrer Verwirklichung vor- und gegenaufklärerischer Mittel und Medien". Christoph Jamme: „Jedes Lieblose ist Gewalt". Der junge Hegel, Hölderlin und die Dialektik der Aufklärung. In: Ders./Helmut Schneider (Hrsg.): Der Weg zum System. Materialien zum jungen Hegel. Frankfurt/Main 1990, S. 130 - 170. Hier: S. 138. Vgl. auch den Aufsatz Clemens Menzes: Das Ideal der Volksbildung beim jungen Hegel, ebd., S. 215 - 235.

Die Umstände des Niedergangs der alten Ordnung infolge der Auflösung des Reichs und der französischen Besetzung riefen im gesamten ehemaligen Reichsgebiet und darüber hinaus ein neues Interesse an der deutschen Nation und ihrer Geschichte wach. Gerade die Berufung auf ihre Geschichte sollte eine Hilfestellung zur Bewältigung der aktuellen Demütigung der Deutschen leisten, aber auch Perspektiven für ein künftiges „Deutschland" bieten und entwickeln helfen. Das Wort „deutsch" wurde damals fast schon zwanghaft gebraucht - trotz des Fehlens eines sich offiziell als *deutsch* bezeichnenden Staats. Angestrebt war dennoch keine Ablösung „Deutschlands" aus dem europäischen Bezugsraum, sondern schlicht eine Neuordnung des Landes, einigermaßen analog zu den übrigen Nationalstaaten Europas,[507] wenn auch den Deutschen eine besondere Rolle zukommen mochte.

Einer der populärsten Prediger eines so gearteten Deutschtums war zu Beginn des 19. Jahrhunderts in dem Philosophen Johann Gottlieb Fichte (1762 - 1814) zu finden. In seiner Persönlichkeit verbanden sich das Ideal der Volksbildung und nationale Vorstellungen von Einheit und Größe, die bereits prinzipiell Methoden einer politischen Mythologisierung vorwegnahmen, beispielhaft für diese Zeit. Fichtes Lehre baute im wesentlichen auf den Ideen der Französischen Revolution und Kants auf.[508] Seine in Frankreich gesetzten Hoffnungen sah er jedoch im Verlauf der letzten Dekade des 18. Jahrhunderts scheitern, denn Fichte vertrat die Ansicht, daß allein der vorbildliche Staat, mit welchem er das revolutionäre Frankreich zunächst identifizierte, die große Aufgabe der allgemeinen Menschwerdung erfüllen könne - der moralisch anfechtbare Staat dagegen müsse an dieser Pflicht scheitern und untergehen.[509] Die Vorstellung von der Verwirklichung seiner Ideale behielt Fichte jedoch bei und übertrug sie vom französischen auf das deutsche Volk, dem er wegen der Größe seines Geistes, den es in der Vergangenheit bewiesen hatte, die Auserwähltheit und Sendung vor allen anderen Nationen zusprach.[510] Dieses politische Ideal Fichtes kommt besonders in den „Reden an die deutsche Nation" aus dem Winter 1807/08 zum Ausdruck, in denen sich Fichte mit dem Problem einer anderen, national ausgerichteten Erziehung, aber auch mit der Menschheitsgeschichte auseinandersetzte, wobei die national- und volksmythologischen Elemente seines Denkens deutlich hervortreten. Einflüsse Kants und des schweizerischen Pädagogen Pestalozzi sind unübersehbar.[511] Auch finden

---

[507] Vgl. zu diesem Komplex Max Braubach: Von der Französischen Revolution bis zum Wiener Kongreß. Dritte Auflage, München 1979 (= Gebhardt Handbuch der deutschen Geschichte, Band 14), S. 101

[508] Eugen Newton Anderson: Nationalism and the Cultural Crisis in Prussia, 1806 - 1815. New York 1939, S. 24

[509] Vgl. die Einleitung Alwin Diemers zu Johann Gottlieb Fichte: Reden an die deutsche Nation. Hamburg 1955, S. VIII

[510] Die *Erwähltheit* eines Volks ist nicht anderweitig übertragbar, denn nicht die politische Idee an sich, sondern die völkische Eigenart ist maßgeblich für seine Vorbestimmung. Walter Hof schreibt: „Der Gedanke der Sendung, des Auserwählt- oder Berufenseins kann sich ... niemals auf Eigenschaften stützen, die jeder, der guten Willens ist, erwerben kann, sondern nur auf solche, die ihm von Natur verliehen und durch seine Geschichte weiterentwickelt worden sind, also auf Individualität im modernen Sinn." Ders.: Der Gedanke der deutschen Sendung in der deutschen Literatur. Gießen 1937 (= Gießener Beiträge zur deutschen Philologie 50), S. 13. In dieses Sendungsbewußtsein spielen stets pseudoreligiöse, eschatologische Strömungen hinein - wie noch am Beispiel Ernst Moritz Arndts ausführlicher darzustellen sein wird -, die sich mit der geschichtsphilosophischen Vorstellung verbinden, daß die Deutschen ein Volk seien, „das seine welthistorische Stunde gegenwärtig erlebe und noch zukünftig erwarten dürfe." Karl-Heinz Bohrer: Der Mythos vom Norden. Studien zur romantischen Geschichtsprophetie. Köln 1961, S. 58

[511] Diemer, S. X und S. XII

Zur Ausbildung einer Neuen Mythologie *in „Deutschland" um 1800*

sich in Fichtes „Reden" viele Gedanken bereits vorgebildet, die nur wenig später bei den Romantikern großes Gewicht erhalten sollten. Es sei in dieser Hinsicht besonders auf seine geschichtsphilosophischen Entwürfe verwiesen, die den Gedanken des *Goldenen Zeitalters* aufnehmen und entwickeln.[512] Fichte setzt fünf Epochen ein - drei Haupt- und zwei Übergangsepochen - und charakterisiert sie wie folgt:

1. Epoche: Zustand der Unschuld
2. Epoche: Anhebende Sünde
3. Epoche: Vollendete Sündhaftigkeit
4. Epoche: Anhebende Rechtfertigung
5. Epoche: Heiligung[513]

Die Entwicklung, die innerhalb dieser Epochen mit dem Menschen vor sich geht, führt von der Unfreiheit zur Freiheit, vom Unbewußten zum Bewußtsein. Die Entfremdung des Menschen von sich selbst und der Natur wird aufgehoben.

Fichte sah seine Geschichtsphilosophie durchaus in einem Bezug zu den aktuellen politischen Ereignissen der Zeit: Mit dem Zusammenbruch des preußischen Staats im Jahr 1806 war - Fichtes oben aufgeführter Theorie entsprechend - die vierte Epoche eingetreten, die nun zwangsläufig in den Zustand der - nationalen - *Heiligung*, einem Neuanfang entsprechend, wenn auch im Bewußtsein des Vergangenen, einmünden mußte.[514]

Vorschläge für einen solchen Neuanfang unterbreiten die „Reden", in denen der Gedanke im Mittelpunkt steht, daß es die Pflicht einer gedemütigten Nation sei, sich selbst eine neue Ordnung zu schaffen.[515] Die Prämisse der Überlegungen Fichtes, wie es zur Ausbildung einer solchen Ordnung kommen könnte, liegt darin, daß der Einzelne und seine Bestrebungen im allgemeinen Interesse aufgehen müssen.[516]

---

[512] In der Nachfolge Fichtes (und anderen) griffen auch die Romantiker bei der Konstruktion ihrer geschichtsphilosophischen Vorstellungen häufig auf die antike Überlieferung des Goldenen Zeitalters zurück. (Vgl. dazu Bodo Gatz: Weltalter, goldene Zeit und sinnverwandte Vorstellungen. Tübingen 1967), deren Nähe zur Dichtungstheorie der Zeit groß war: Durch das Vorbild einer idealen, mythischen Urzeit - bei Hölderlin beispielsweise ist es die Antike - sollte der mangelhafte Zustand der Gegenwart analysiert und auf eine wiederum ideale Zukunft hingewirkt werden. Die Existenz des menschlichen Bewußtseins und der Vernunft verhindern aber ein bloßes Zurückgehen; der Aufbau der romantischen Geschichtsphilosophie verläuft vielmehr in Zyklen und entspricht somit dem des mythischen Bewußtseins überhaupt. Wie Gockel hervorhebt, findet jede scheinbare Wiederholung auf einer anderen, höheren Ebene statt (Mythologie als Ontologie, a. a. O., S. 33). Die Rolle des Mythos in der romantischen Geschichtsphilosophie entspricht somit seiner Funktion in der Dichtung, in der er als „Vorbild" dient, „uns in der Gegenwart zu orientieren, und uns zugleich beständig erinnert uns zur Vergangenheit zu erheben, und der besseren Zukunft entgegen zu arbeiten", wie es Friedrich Schlegel im Schlußteil der zweiten Fassung des „Gesprächs über die Poesie" ausdrückt. A. a. O., S. 355

[513] Diemer, S. XV

[514] Ebd., S. XVII; Anderson, S. 40

[515] Reden, S. 19

[516] Ebd., S. 20ff. „Fichte longed to develop an individual who would fight Napoleon to the last drop of blood and believed that the acceptance of his ideals would bring that about. He envisaged that the perfect man as the product of a new kind of schooling, an eager universalist, an ardent nationalist, receptive, original, active, perfect as to will power, perfect in his love of the ideal and in his devotion to society. Fichte portrayed in the ‚Reden' the manner in which these qualities were to be developed in the novice." Anderson, S. 52

Nur so können die Deutschen nach Fichtes Ansicht jemals zu einer bewußten Nationalstruktur finden. Um diese Gesamtheit festzustellen, bedarf es einer nationalen Erziehung der Deutschen,[517] welche die Liebe zu eben dieser Nation erwecken soll und den Schüler, nachdem sein Wille und sein Verstand sowie seine *Sinnlichkeit* - in moderner Terminologie dem Begriff *Sensibilität* entsprechend - ausreichend gebildet wurden, zur tätigen Vaterlandsliebe bewegen soll. In den „Reden" erläutert Fichte den Vorzug des deutschen Volks vor allen anderen Nationen, der zum einen in der Seßhaftigkeit der Deutschen von alters her besteht, was auf Reinheit und Unverfälschtheit der Sitten hindeutet,[518] zum anderen nennt Fichte die Sprache, die den Menschen primär bildet. Die deutsche Sprache bezeichnet er - im Gegensatz zu den übrigen germanischen Sprachen - als lebendig und naturverbunden.[519] Wegen dieser Ursprünglichkeit haben die Deutschen das Recht, sich als Urvolk, als Volk schlechthin, zu bezeichnen.[520] Der Begriff der *Deutschheit* wird konnotiert mit Attributen wie „frei", „ursprünglich" und „fortschrittlich".[521] Diese Eigenschaften des deutschen Volks müssen jedoch - so fordert es Fichte - neu entdeckt und durch eine entsprechende Erziehung gefördert werden, damit die Deutschen ihre natürliche Bestimmung wiedererkennen,[522] so daß eine etwaige zukünftige „Heruntersetzung unserer ganzen Nation"[523] vermieden werde. Damit dieses Ziel erreicht werde, verlangt Fichte grundsätzlich das Bekenntnis zum Deutschtum, die Schaffung eines neuen Geistes, der die Deutschen zur politischen und kulturellen Selbständigkeit führt und - als Ableitung daraus - die Erhaltung und Reinigung der deutschen Sprache,[524] um „diese Nation als Wiedergebärerin und Wiederherstellerin der Welt"[525] wirken zu lassen.

Aus den oben ausgeführten Umständen ergibt sich als Folgerung, daß die alten und neuen Mythen den Romantikern vielerlei Ansätze auch zur politischen Utopiebildung bieten konnten. Die Unmöglichkeit einer konkreten historischen Fixierung des Mythos machte ihn zum geeigneten Vermittler idealer Vorstellungen, die den romantischen Gegensatz zur negativ konnotierten modernen Zivilisation manifestieren sollten.[526] In den Werken Jacob Grimms und Johann Jacob Bachofens - um Spätere zu nennen - findet sich die mythische Vergangenheit zum Vorbild für die Zukunft erhoben.[527] Bachofen ernennt den Mythos sogar zur vollgültigen Geschichtsquelle,[528] worin ihm Richard Wagner zustimmt.[529] Der Mythos erhält auf

---

[517] Reden, S. 27

[518] Ebd., S. 60

[519] Ebd., S. 61 und S. 72. Bohrer verweist darauf, daß das kulturell motivierte Sendungsbewußtsein in „Deutschland" bereits in den Sprachgesellschaften des 17. Jahrhunderts artikuliert wurde und sich durch den besonderen Stellenwert begründete, den man der deutschen Sprache verlieh. A. a. O., S. 58

[520] Reden, S. 106

[521] Ebd., S. 121

[522] Ebd., S. 121

[523] Ebd., S. 142

[524] Ebd., S. 193ff.

[525] Ebd., S. 233

[526] Ziegler, S. 577

[527] Ebd., S. 577

[528] Vgl. Eckhard Heftrich: Johann Jacob Bachofen und seine Bedeutung für die Literatur. In: Mythos und Mythologie, a. a. O., S. 235 - 250. Hier: S. 240 und Alfred Bäumler: Einleitung zu J. J. Bachofens „Der Mythus von Orient und Oxident", hrsg. von Michael Schroeter. München 1926, S. CXC

diese Weise historische Relevanz, was in bezug auf den Themenkomplex der *Nationalen Mythologie* von Interesse ist.

Ein Beispiel für die enge Verwobenheit der Begriffe *Mythos*, *Geschichte* und *Sage*, die sich im zeitlichen Verlauf der Romantik immer stärker ausprägt, gibt die Einleitung zur dritten Auflage des Nibelungenlieds von Friedrich Heinrich von der Hagen (1780 - 1856),[530] und zugleich gewährt diese Schrift erneut Einblick in die Art und Weise der Vereinnahmung der nordischen Mythologie als deutscher Nationalmythos.

Von der Hagen bezeichnet die „Sage von den Nibelungen" als „Deutsche Ur- und Stammessage",[531] wobei er nicht unterscheidet zwischen der literaturgeschichtlichen und historischen sowie der mythischen Überlieferung, denn der Begriff „Sage" steht in diesem Zusammenhang sowohl für „Mythos" als auch für „Geschichte", was das folgende Zitat deutlich macht:

> Sie (die Sage, d. Verf.) ragt mit dieser (der nordischen Göttersage, mit der sie verwachsen ist, d. Verf.) über die Geschichte hinaus und ist selber eins ihrer ältesten Denkmale. Und wenn die spätere Geschichte ihr auch mannigfaltig Namen und Gestalt gegeben hat, so zeigen doch eben diese Namen, wie wenig Übereinstimmung hier ist, doch daß die Schöpfeimer der Geschichte nicht in den Urborn der Dichtung hinabreichen. Zwar ist uns so viel von dem wirklich Geschehenen in jenen alten Zeiten verborgen: aber die Sache, der Mythus, ist uns dafür die älteste und wahrhafteste innere Geschichte, die Geschichte ein für allemal.[532]

In der Vorstellung von der Hagens ist also der Mythos eine Geschichtsquelle, die eng mit der Poesie verbunden ist - ganz dem romantischen Mythologieverständnis entsprechend -, und wieder begegnet die romantische Denkweise, alles aus einem Urgrund heraus zu erklären. Da der Mythos mit Geschichte identifiziert wird, entfällt zwangsläufig auch die in der Aufklärung übliche Debatte über seine Wahrhaftigkeit, denn diese wird ihm automatisch zugesprochen. Im folgenden wird die Engführung der Begriffe *Sage* und *Geschichte* durch von der Hagen nahegelegt:

> Sie (die Sage, d. Verf.) ist allerdings, wie fast alles, so zugleich auch äußere Geschichte, und diese wird unaufhörlich von ihr angezogen, und spielt immerdar in sie hinein, hier in den Nibelungen von Attila und Dietrich bis

---

[529] Nach Wagner gibt der Mythos dem Rezipienten die Sicht frei auf den Urgrund der Geschichte, und er ist nicht nur für den Schöpfer neuer Geschichten ein Spielfeld der Möglichkeiten, sondern bietet dem Individuum, das ihn belebt, selbst mehr Handlungsvarianten als es die von Sachzwängen und Traditionen überfrachtete Geschichte tut. Kunst und Geschichte müssen erst von den sie überlagernden Hüllen befreit werden, um ihr wahres Gesicht zeigen zu können. Deshalb zog Wagner den Nibelungenmythos dem Nibelungenlied vor. Vgl. Richard Wagner: Eine Mitteilung an meine Freunde (1851), In: Ders.: Sämtliche Schriften und Dichtungen in zwölf Bänden. Fünfte Auflage, Leipzig o. J., 4. Band, S. 230 - 344 und besonders S. 312 und den 1848 entstandenen Aufsatz „Die Wibelungen. Weltgeschichte aus der Sage", ebd., 2. Band, S. 115 - 155, in welchem Wagner seine Geschichtsmythologie theoretisch-exemplarisch niederlegte.

[530] Der Nibelungen Lied zum erstenmal in der ältesten Gestalt aus der St. Galler Urschrift mit Vergleichung aller übrigen Handschriften, herausgegeben durch Friedrich Heinrich von der Hagen, ordentl. Professor an der Universität zu Breslau. Dritte berichtigte, mit Einleitung und Wörterbuch vermehrte Auflage. Breslau 1820

[531] Ebd., S. III

[532] Ebd., S. III

auf Rüdiger und Pilgerin, vom Heiden= und Heldenthum bis auf das Christen= und Ritterthum. Aber nicht minder umgekehrt, wirkt die Sage auf die Geschichte, nicht nur, daß sie deren Erzählung oft ihr bedeutsames Gepräge aufdrückt, und uralte Mähren sich bei ähnlichen großen Anlässen erneuern, sondern es begibt und wiederholt sich auch wirklich wohl, was die Sage als längst vergangen weissagt.[533]

Das Geschichtsbild von der Hagens, das sich an Schellings organischer Geschichtsvorstellung orientiert, ist zyklisch, wie wir es bereits als typisches Merkmal des Mythos ausgewiesen haben: Alles wiederholt sich, aber auf einer höheren Entwicklungsstufe. Die Sage ist eine Vorstufe der Geschichte, die Nachweise nicht erforderlich sein läßt, dasjenige Mittel der Poesie und der Geschichte, welches dazu dient, Kontinuität und Tradition zu erzeugen, und sie wiederholt sich auf der nächsthöheren Stufe, der Ebene der Geschichte, auf der die Ereignisse nachprüfbar werden. Umgekehrt wieder läßt deshalb die Geschichte Rückschlüsse auf die Sage zu - was in bezug auf die verschollene frühzeitliche deutsche Überlieferung bedeutsam ist.

In einer anderen Schrift aus dieser Zeit versucht von der Hagen eine „mythologische Erklärung des Nibelungenlieds",[534] das er als eine Mischung aus „Mythus, Sage, Geschichte und Lehre zugleich"[535] bezeichnet. Wiederum werden die Begriffe Sage, Mythos und Geschichte enggeführt. Außerdem weist von der Hagen auf die Verbindung des „Nordisch-Deutschen Epos" mit dem „Nordisch-Deutschen Mythos" hin: Eins sei aus dem anderen entstanden.[536] In der Folge belegt von der Hagen diese These, indem er das Nibelungenlied mit dem nordischen Mythos vergleicht und es dadurch über seinen eigentlichen literarischen Wert hinaus erhöht. Es wird Siegfried beispielsweise nicht nur mit dem nordischen Lichtgott Baldr eins gesetzt, sondern auch zum Sonnengott erklärt,[537] wodurch ein direkter Bezug zum Jahreszyklus entsteht, welcher der mythischen Vorstellung von der Wiederkehr aller Dinge entspricht. Die Weltgeschichte, deren - zyklischer - Ablauf durch Daten nachweisbar ist, verbindet sich auf diese Weise mit der Menschen- und Göttergeschichte.[538]

Die enge Verbindung von Mythos und Geschichte steht im Zusammenhang mit der Suche nach der Identität des eigenen, des deutschen Volks, die mit dem Verfall politischer und sozialer Traditionen zum Ende des 18. Jahrhunderts hin immer wichtiger wurde. Die Rückschau auf die eigene glorreiche Vergangenheit sollte ein Zusammengehörigkeitsgefühl und ein kollektives Bewußtsein der erlittenen Schmach wecken und das niedergedrückte Volk erbauen.[539] Damit verbunden war die Aufwertung des Mittelalters, das nunmehr nicht länger als dunkle und barbarische

---

[533] Ebd., S. III

[534] Friedrich Heinrich von der Hagen: Die Nibelungen: ihre Bedeutung für die Gegenwart und für immer. Breslau 1819, S. 197

[535] Ebd., S. 208

[536] Ebd., S. 36

[537] Ebd., S. 60f.

[538] Ebd., S. 89

[539] Vgl. zu diesem Komplex Bernd Hüppauf: Mythisches Denken und Krisen der deutschen Literatur und Gesellschaft. In: Mythos und Moderne, a. a. O., S. 508 - 527

Zeit angesehen wurde,⁵⁴⁰ dessen Bewertung vielmehr bald ins andere Extrem umschlug. Novalis' Aufsatz „Die Christenheit oder Europa" (1799) beispielsweise läßt ein stark idealisiertes deutsches *und* europäisches Mittelalter entstehen, in das romantische Sehnsüchte und Bestrebungen nach Einheit und Universalität hineinprojiziert wurden⁵⁴¹ und bei dessen Darstellung dem Katholizismus als einheitlicher Konfession die positiv zu wertende geschichtliche Idealvorstellung des *Goldenen Zeitalters* zugeschrieben wird.⁵⁴²

Auch die Rezeption von Nibelungensage und Nibelungenlied stand von Anfang an bereits in Konfrontation mit der nationalen Problematik. Zunächst stand der Aspekt im Vordergrund, das Nibelungenlied sei als „teutsche Ilias" (Johannes von Müller)⁵⁴³ anzusehen, als deutsches Nationalepos, und dieses schon zu Zeiten, als das Nibelungenlied erst von nur einigen wenigen Wissenschaftlern zur Kenntnis genommen worden war. Nachdem die nationale Verwertung des Textes vor und während der Befreiungskriege ihren Höhepunkt erreicht hatte und ihr dann später in der Metternichära politisch ein Ende gesetzt worden war, verlor das Heldenepos zunehmend an Popularität und öffentlicher Bedeutung; dagegen traten Einzelmomente in den Vordergrund des Interesses, aus denen sich - mehr oder minder gewaltsam - eine historische und kulturelle Tradition der Deutschen erschließen ließ.⁵⁴⁴ Man ersah

> das Heimische als Wurzel deutscher Kraft. Das Fremde als verderbliche Fessel. Das altdeutsche Werk als Urkunde deutschen Wesens und Jungbrunnen der Germania. Den Anruf an eine durch die Überfremdung verdorbene Gegenwart, sich wieder auf das ruhmvolle Erbe zu besinnen. Die franke Sicherheit, daß der alte Text den Nachfahren nicht nur eine neue Sangeskraft, sondern auch neues Leben, ein Leben nach dem glorreichen Vorbild der Alten schenken könne.⁵⁴⁵

Das Nibelungenlied, das dem Nationalgefühl eigentlich nicht explizit entgegenkommen konnte, denn es nennt nicht den Begriff *deutsch*, wurde zum nationalen Tugendkatalog stilisiert,⁵⁴⁶ zum Vorbild an „Reinheit und Zucht";⁵⁴⁷ es entwickelten sich daraus verbindliche Leitbilder, die sich jedoch schnell zu Stereotypen verfestigten und der „Selbstfeier deutschen Wesens"⁵⁴⁸ Vorschub leisteten.

---

⁵⁴⁰ Vgl. Helmut Brackert: Nibelungenlied und Nationalgedanke. Zur Geschichte einer deutschen Ideologie. In: Mediævalia litteraria. Festschrift für Helmut de Boor zum 80. Geburtstag. Hrsg. von Ursula Hennig und Herbert Kolb. München 1971, S. 343 - 364. Hier: S. 345f.

⁵⁴¹ Joseph Körner: Nibelungenforschungen der deutschen Romantik. Reprographischer Nachdruck der 1. Auflage Leipzig 1911. Darmstadt 1968, S. 32f.

⁵⁴² Vgl. hierzu Hermann Kurzke: Novalis. München 1988, S. 60ff.

⁵⁴³ Brackert, S. 344

⁵⁴⁴ Lerke von Saalfeld: Die ideologische Funktion des Nibelungenliedes in der preußisch-deutschen Geschichte von seiner Wiederentdeckung bis zum Nationalsozialismus. Berlin 1977, S. VI bzw. S. 30

⁵⁴⁵ Brackert, S. 344

⁵⁴⁶ Ebd., S. 350

⁵⁴⁷ Vgl. von der Hagen: Die Nibelungen: ihre Bedeutung für die Gegenwart und für immer, a. a. O., S. 199

⁵⁴⁸ Brackert, S. 356

Dennoch erwies sich das Nibelungenlied als in seiner Ausdeutbarkeit nicht unerschöpflich. An dieser Stelle nun trat der nordische Mythos von den Nibelungen hinzu, der zur Quelle pseudohistorischer Untersuchungen funktioniert wurde, welche die dunkle Kindheitsepoche der deutschen Nation erhellen sollten.

Joseph Görres weist in seinem Aufsatz über die Nibelungen die Quelle des Epos dem Norden zu;[549] die Frage, ob die poetische Urzelle der Dichtung eventuell deutschem Boden entsprungen sein könnte, wird mit dem Hinweis auf Friedrich Schlegels „Urvolk"-Theorie[550] beantwortet, nach welcher die Ursprünge der Nation und der Fabel - denn beides hängt ursächlich zusammen - in Asien zu finden seien.[551] Alle Dichtung und Geschichte entstammt deshalb einer einzigen Quelle - eine Theorie, welche die Gleichsetzung von deutscher und nordischer Kulturtradition ermöglichte.

Die Theorie, den Mythos als Ausdruck historischer Gegebenheiten zur Quelle des Nibelungenlieds zu erklären, war anerkannt durch das Mythosverständnis der Zeit. Das Nibelungenlied selbst wurde als Aktualisierung des alten Mythos verstanden,[552] da es sich selbst auf der Grundlage des Mythos bewegte, diesen aber auf die Zeitebene des Mittelalters übertrug. Somit stellte auch das Nibelungenlied ein Beispiel für die schöpferische Rezeption des Mythos dar, wenn auch eine unbewußte Kreativität zur Schaffung des Epos führte. Diese Auffassung lag begründet in der Vorstellung von dem Volk als eigentlichem Schöpfer der Dichtkunst, die sich auf Friedrich Karl von Savigny (1779 - 1861) zurückführen läßt[553] und in der sich Mythen und Volkspoesie - wie sich bereits bei der Behandlung des Aufsatzes von Joseph Görres gezeigt hat - zur Nationalpoesie verbinden,[554] deren Ausdruck das Epos von den Nibelungen ist.

Jedoch wurde das Nibelungenlied nicht allgemein als geeignetes Ventil für das deutsche Nationalgefühl angesehen, sondern vielfach als Entstellung und Verfälschung der Quellen abqualifiziert.[555] Es verstand sich beispielsweise Friedrich de la Motte

---

[549] Vgl. die Darstellung Körners, a. a. O., S. 91ff.

[550] Friedrich Schlegel: Über die Sprache und Weisheit der Inder (1808). Darin führt Schlegel alle Völker auf ein aus Asien nach *Germanien*, das die skandinavischen Länder nach romantischer Gepflogenheit mit einschloß, eingewandertes „Urvolk" zurück. Vgl. Körner, S. 90; Bohrer, S. 102. Dieses Wissen geht auf den dänischen Historiker des Mittelalters Snorri Sturluson zurück, der den Begriff „Asen" mit „Asien" verband und die Genealogie des nordischen Göttergeschlechts im Osten beginnen ließ.

[551] „Drei Stufen unterscheidet er (d. i. Görres, d. Verf.) in der Genesis der Heldensage: die innerste, im Osten entspringende Ader: den Mythus, dessen Vereinigung mit dem geschichtlichen Leben der Nation: die Historie; wechselseitige Beeinflussung der aus gleicher Urquelle entspringenden Sagen und die Zurückdrängung der historischen Wahrheit durch das Gesetz des Schönen. Mythe, Geschichte und Phantasie sind die Säulen, die das Gebäude des deutschen Epos tragen." Körner, S. 97

[552] von der Hagen, S. 39, S. 146ff. und S. 198

[553] Otfrid Ehrismann: Das Nibelungenlied in Deutschland. Studien zur Rezeption des Nibelungenlieds von der Mitte des 18. Jahrhunderts bis zum Ersten Weltkrieg. München 1975, S. 76

[554] Vgl. Jacob Grimm: Gedanken über Mythos, Epos und Geschichte (1815). Grimm geht davon aus, daß die von einem Kollektiv geschaffenen Volkssagen Nationalsagen sind. Jede Sage wurzelt im Mythos, und jedes Nationalgedicht, das aus den das Volk bewegende Begebenheiten hervorgeht, ist Mythos. Strich, 2. Band, S. 388f.

[555] „Außer der Einheit von Wissenschaft und Kunst klingt ... bei Schlegel eine politische Begründung mit an, die in der Folgezeit, ausgelöst durch die napoleonischen Kriege und die als Gegenbewegung entstandenen Einheitsbestrebungen in Deutschland, in massive nationale, auch germanophile und

Fouqué, der in seiner Trilogie „Der Held des Nordens" (1810) auf die nordische Sagentradition zurückging, als Reiniger der Nibelungensage - das Nibelungenlied dagegen bezeichnete er als „undeutsch, flach, krankhaft, leblos."[556] Als besonders störend wurde teilweise der mittelalterliche Zusatz des Christentums innerhalb des Epos empfunden, obwohl das christliche Element im Nibelungenlied nicht exponiert erscheint, sondern lediglich den äußeren Rahmen der Handlung prägt. Dennoch wurde das Christentum - für einige Romantiker als Religion auch eine Art von Mythologie - als Element des Nibelungenliedes mit Skepsis betrachtet, da sich für einen Teil der Romantiker, die Anhänger der Nationalromantik nämlich, das Mittelalterbild mit der negativen Konnotation des universalen, allmächtigen Katholizismus verband, die eine nationale Interpretation des Nibelungenlieds geradezu verbot. Deshalb konzentrierten sich einige Dichter und Gelehrte auf die nordischen Mythen und Sagen,[557] während andere Romantiker geradezu als Vorzug ansahen, was Frühere abgelehnt hatten, indem sie - wie beispielsweise Novalis - das Mittelalter als Zeit der politischen, kulturellen und religiösen Einheit und Hochzeit ansahen.

Poetisch ließ sich das Nibelungenlied weniger leicht fruchtbar machen als die nordischen Sagenkreise um die Nibelungen, denn im Gegensatz zu diesen nordischen nibelungischen Mythen erschien es als zu fest gefügt und zu vollkommen, als daß man es hätte neu gestalten können. Der Mythos dagegen bietet grundsätzlich mehr Gestaltungsmöglichkeiten, da er in die Tiefe des menschlichen Bewußtseins eindringt[558] und so Identifikationen leichter zuläßt als es der fertige, bereits geformte Stoff je erreichen könnte. Auch läßt der Mythos die unterschiedlichsten Fragestellungen zu.[559] Deshalb berief sich die Bewegung, die eine nationale Mythologie forderte, eher auf die Nibelungensage als das Nibelungenlied, mittels derer sie ihre Sehnsucht nach historischer Kontinuität und traditionaler Rückversicherung zu befriedigen suchte.[560]

---

teutomane Strömungen geriet. Die Strömungen gehen, teilweise deutlich nachweisbar, auf Klopstock zurück, hatten dann aber eine vorrangig an der Nibelungensage orientierte Rezeptionsstrategie zur Folge, wie etwa die des Baron de la Motte Fouqué. Er tat den mittelhochdeutschen Text als Entstellung und Verfälschung ab." Ehrismann, S. 48

[556] Zit. nach Ehrismann, S. 66

[557] „In der profanen Poesie (des Mittelalters, d. Verf.) finden wir ... noch zuerst den Sagenkreis der Nibelungen ...; da herrscht noch die ganze vorchristliche Denk- und Gefühlsweise, da ist die rohe Kraft noch nicht zum Rittertum herabgemildert, da stehen noch, wie Steinbilder, die starren Kämpen des Nordens, und das sanfte Licht und der sittige Atem des Christentums dringt noch nicht durch die eisernen Rüstungen." Heinrich Heine: Die romantische Schule. Mit einem Nachwort von Norbert Altenhofer. Frankfurt/Main 1987, S. 20. Dem idealisierten Mittelalterbild August Wilhelm Schlegels und des Novalis stellt Heine an diesem Ort ein Germanenbild an die Seite, das nicht weniger unhistorisch ist und dessen Genese aus dem Geist Montesquieus und Mallets klar hervortritt. Beide Vorzeitmythen - die germanische Vorzeit und das christliche Mittelalter - stehen in der Romantik oft unvermittelt nebeneinander.

[558] Vgl. Kurt Hübner: Die Wahrheit des Mythos. München 1985, S. 61

[559] Blumenberg definiert: „Mythen sind Geschichten von hochgradiger Beständigkeit ihres narrativen Kerns und ebenso ausgeprägter marginaler Variationsfähigkeit. Diese beiden Eigenschaften machen Mythen traditionsfähig: ihre Beständigkeit ergibt den Reiz, sie auch in bildnerischer oder ritueller Darstellung wiederzuerkennen, ihre Veränderbarkeit den Reiz der Erprobung neuer und eigener Mittel der Darbietung. Es ist das Verhältnis, das aus der Musik unter dem Titel ‚Thema mit Variationen' in seiner Attraktivität für Komponisten wie Hörer bekannt ist. Mythen sind daher nicht so etwas wie ‚heilige Texte', an denen jedes Jota unberührbar ist." A. a. O., S. 40

[560] Manfred Frank: Der kommende Gott, a. a. O., S. 136ff.

Wie bereits an anderer Stelle erwähnt,[561] war Herder in seinem Aufsatz „Iduna, oder der Apfel der Verjüngung" (1796) als erster Gelehrter auf die Möglichkeit eingegangen, die nordische Mythologie als Ersatz für die verschollene einheimische zu wählen. Die Idee einer nationalen Mythologie entsprang hauptsächlich dem Verlangen nach einer lebendigen und volkstümlichen Dichtungstradition,[562] wie man sie in den mittelalterlichen Ritterlegenden zu erkennen meinte.[563] Für frühere Zeiten jedoch fand man keine literarischen Spuren, weshalb man sich, um diese Lücke zu schließen, immer wieder auf die nordische Kulturtradition berief.[564] Eine neue Weltanschauung sollte in der nationalen Mythologie begründet liegen, die auch *deutsche Tugenden* wie Sittlichkeit und Treue herausheben sollte, nicht zuletzt um sich von der überfeinerten *adeligen* antiken Mythologie positiv abzuheben. Die Vorzüge der nordischen Mythologie machten sie aber auch für die schöne Literatur zugänglich, denn außer hoher Moral bot sie durch ihre Stofffülle die Möglichkeit einer literarischen Bereicherung und diente durch ihre geistige Nähe auch dem deutschen nationalen Interesse.[565] Nicht zuletzt bot der Norden als eigener Mythos das in der Romantik ersehnte und erwartete zukunftsweisende, eschatologisch ausgerichtete Ziel der Weltgeschichte an, der Brennpunkt, in dem sich alles vollenden sollte,[566] und am Beispiel Ernst Moritz Arndts wird sich weisen, wie eng sich Nordlandmythos und deutsches Sendungsbewußtsein in ihrer pseudoreligiösen Ausprägung noch verdichten sollten.[567]

Nachdem die Theorie der Mythosrezeption beschrieben und am Beispiel des Nibelungenstoffes in ihrer ideologischen Ausformung vorgestellt wurde, soll nun der Aspekt der eigentlichen politischen Mythologie umrissen werden, indem nach der Funktionalität des Mythos gefragt wird. Nimmt man, wie es Manfred Frank tut, den Mythos als Erklärung für Bestehendes und von Lebenszusammenhängen[568] und somit als Legitimationsmittel an, so ist die Folgerung zulässig, daß das

---

[561] Vgl. Kapitel 2.

[562] Strich, 2. Band, S. 231

[563] Ebd., S. 232

[564] Ebd., S. 269. Strich benennt an dieser Stelle Jacob Grimms mythologische Studien, die auf die Identität der Mythologie des Nordens mit der Götterlehre der Deutschen hinauslaufen. Grimm nahm beiden Völkern gemeinsame Quellen an, die er auszuforschen aufrief (vgl. Klaus von See: Deutsche Germanen-Ideologie. Frankfurt/Main 1970, S. 36). Vgl. auch die Umschreibung der Einschätzung Friedrich Schlegels, wie sie Strich vornimmt (2. Band, S. 358): „Das nordische Naturgefühl ist die Wurzel, aus der das Gebilde des abendländischen Geistes erwuchs. Die deutsche Mythologie ist verklungen. Aber ihr Geist lebt in allem fort, was wir romantisch nennen. Die Quelle der Romantik fließt noch heute in der Edda. Ihr Geist lebt im Liede der Nibelungen wie im Heldenbuch und aller Ritterpoesie. An Tiefe und Bedeutung und Ahnung der Natur aber steht die nordische Edda über dem deutschen Nibelungenliede, weil sie den Geist der Mythologie in seiner ursprünglichsten Reinheit erhalten hat. Indessen bleibt die Edda an sich immer noch mehr ein Studium als Gegenstand des unmittelbaren poetischen Genusses. Es bedarf noch der vermittelnden Dichter, welche die geheimnisvollen Sagen dem Gefühl und der Phantasie nahe zu bringen wissen."

[565] So stellt es Jens Möllers mit dem dritten Preis bedachter Beitrag zu einem 1800 von der Kopenhagener Universität ausgeschriebenen Wettbewerb dar, worin eine Antwort auf die Frage versucht wurde, ob die nordische statt der griechischen Mythologie der schönen Literatur des Nordens zuträglicher sei. 1812 wurde Möllers Aufsatz in Gräters Zeitschrift „Odina und Teutona" veröffentlicht. Strich, 2. Band, S. 238

[566] Bohrer, S. 39 und S. 60

[567] Vgl. Kapitel 9 dieser Arbeit.

[568] Frank spricht von der „Rechtfertigungsleistung des Mythos", a. a. O., S. 11

Zur Ausbildung einer Neuen Mythologie *in „Deutschland" um 1800* 103

Unvermögen der Institution Staat, den Begründungsansprüchen der Bürger zu genügen,[569] keine unwesentliche Ursache für die Bildung politischer Mythologien ist, die aber wohlgemerkt von oben, von der Regierung, betrieben wird. Wie wir bereits bei der Behandlung des sog. „Ältesten Systemprogramms" festgestellt haben, wird nach einer neuen, sinnlich erfaßbaren Religion bzw. Mythologie verlangt, die es ermöglicht, das Volk zu bilden, moralisch zu erheben und in sich zu einen. Die Vereinfachung des Politischen durch den Mythos - in Form etwa von Metaphern, Kollektivsymbolen, Mythen und narrativen Stereotypen[570] - wird zur ideologischen Selbstdefinition einer Gesellschaft nötig, die sich demokratisch verstehen will und sich einer größeren, vielfältigeren Volksmenge öffnet als zuvor und deren Tradition und Gegenwart nun dieser großen Bevölkerungsgruppe angedient werden muß.[571]

Wenden wir uns, um ein konkretes Beispiel anzuführen, dem preußischen Reformstaat nach 1806 zu. Wie bereits angesprochen, machte der Zusammenbruch des Heiligen Römischen Reichs deutscher Nation und die folgenschwere Niederlage Preußens den Weg frei für grundlegende Reformen und Neuerungen, nicht nur auf rechtlichem und sozialem, sondern massiv auch auf politischem Gebiet, denn dem Freiherrn von Stein und seinen Mitarbeitern, denen die Planung und Durchführung der Reformen zufielen, stand letztlich das große Ideal vor Augen, eine einzige deutsche Nation, verbunden in einem Nationalstaat mit Preußen an der Spitze, aus den Trümmern des Heiligen Römischen Reichs deutscher Nation heraus zu schaffen. Im Sinne einer stärkeren öffentlichen Verbreitung und Wirkung dieser Idee sollten deutsche Literaten in die Propagierung dieses ideologischen Konzepts miteinbezogen werden,[572] so daß es letztlich das Zusammenwirken von Kulturschaffenden und Staatsbeamten war, das dem deutschen Nationalmythos seine politische Fassung gab. Otto W. Johnston verweist allerdings darauf, daß dieser nationalen Propaganda keine konkreten Pläne zugrunde lagen; vielmehr habe den Initiatoren die Utopie einer vereinten deutschen Nation vor Augen gestanden, wobei den Bürgern suggeriert werden sollte, daß diese nationale Einigung auf ihren Einsatz zurückzuführen sei, wogegen die Einigungs- und Freiheitsbestrebungen eigentlich von der regierenden Reformpartei am Berliner Hof unter Führung Steins ausgegangen waren.[573]

Am bedeutendsten für die nationale Propaganda dieser Zeit und ihre Mythologisierung war jedoch die Verdrängung des ruhmreichen Napoleonbildes, für die zuerst Fichte in die Schranken trat.[574] Unter den Schriftstellern, die sich im

---

[569] Vgl. dazu Manfred Frank: Die Dichtung als *Neue Mythologie*. In: Mythos und Moderne, S. 15 - 40. Hier: S. 35

[570] Wulf Wülfing, Karin Bruns, Rolf Parr: Historische Mythologie der Deutschen 1789 - 1918. München 1991, S. 2

[571] Dadurch werden Geschichte und Politik wechselweise *neutralisiert*, wie es bereits am Beispiel des Nibelungenlieds und seines Personals als Stück deutscher mittelalterlicher Geschichte deutlich wurde. Wülfing u. a. schreiben diesbezüglich: „Indem der Mythos sich subjektzentrierter Geschichts- und Gesellschaftstheoreme bedient, wird deutsche ‚Nationalgeschichte' interaktionistisch als ‚Dramenkonstellation' ‚erzählt'." (A. a. O., S. 10). Vgl. dazu auch die Ausführungen Herfried Münklers: Zur Funktion von Mythen in der Politik: Das Nibelungenschicksal und die deutsche Nation. In: Forschung Frankfurt 1/1989, S. 5 - 11, worin gerade die Suggestivkraft des Nibelungenmythos und seine Funktionalisierung in der Politik eindrucksvoll herausgearbeitet ist.

[572] So legte es Stein implizit in seiner „Brünner Denkschrift" von 1810 dar. Vgl. Otto W. Johnston: Der deutsche Nationalmythos. Ursprung eines politischen Programms. Stuttgart 1990, S. 32

[573] Ebd., S. 22ff.

[574] Ebd., S. 47f.

Dienste Preußens - von Stein dazu animiert - für die Schaffung eines Gegenmythos einsetzten, befanden sich unter anderem Theodor Körner (1791 - 1813), Ernst Moritz Arndt und Heinrich von Kleist.[575] Doch läßt sich deren propagandistisches Schriftgut nicht im Sinne eines *Gegenmythos* subsumieren; die dichterische Linie des zu schaffenden Nationalmythos liegt ebenso wenig fest wie die politische. Man befolgte die Vorgabe der antifranzösisch eingestellten Publizistik als eine Art Strategie und setzte dabei emotiv ansprechende nationale Symbole absolut.[576] Die deutsche Identität entsprang der bürgerlichen Kultur; nationale und bürgerliche Ideologie verschmolzen, und Staat und Sprache waren zentrale Aspekte des nationalmythologischen Interesses, zwangsläufig im Rückblick, aber stets - zumindest in der Zeit, die auf das Reformjahr 1806 folgte - innovativ orientiert.[577] Die Definition des deutschen *Staats* als Nachfolger des untergegangenen *Reichs*, seinerseits eine Art Mythos,[578] sollte Kontinuität und historisches Bewußtsein manifestieren. Das zu schaffende *Neue Deutschland* sollte die nationale Vergangenheit als Modell für die Zukunft behandeln, in der sich auf ideale Weise alle Gegensätze verbinden würden und mit dessen Gründung und fernerer Existenz zugleich eine säkulare, institutionalisierte Ersatzreligion entstünde,[579] was anhand der Untersuchung der Schriften Ernst Moritz Arndts beispielhaft belegt werden kann.

---

[575] Vierhaus weist darauf hin, daß Kleists propagandistische Schriften die Begriffe „König" und „Vaterland" zusammenfassen, so daß man in seinem Fall nicht von einem demokratischen Staatsverständnis sprechen kann. Überhaupt drückt Vierhaus starke Zweifel am politischen Interesse Kleists aus: „An dem Werk des Wiederaufbaus Preußens auf neuen Grundlagen und in neuer Gestalt ist Kleist nicht beteiligt; es ist nicht einmal erkennbar, in welchem Maße er es überhaupt wahrnimmt. Mit literarischen und literarisch-kommerziellen Projekten und Zeitschriftenplänen befaßt, in einem lebhaften Kreis von Freunden sich bewegend, wachsende Anerkennung als Dichter erfahrend, verbringt er - fern der Politik - im rheinbündischen Dresden, an einem Ort sozusagen zwischen den Fronten, seine produktivste Zeit." Heinrich von Kleist und die Krise des Preußischen Staates um 1800. In: Ders.: Deutschland im 18. Jahrhundert. Politische Verfassung, soziales Gefüge, geistige Bewegungen. Ausgewählte Aufsätze. Göttingen 1987, S. 216 - 234. Hier: S. 231

[576] Johnston, S. 23

[577] Manfred Frank: Die Dichtung als *Neue Mythologie*, S. 31f.

[578] Vgl. dazu Lothar Kettenacker: Der Mythos vom Reich. In: Mythos und Moderne, a. a. O., S. 261 - 289

[579] Johnston, S. 16ff.

6
„Ein Fremder, der sich in einem auswärtigen Land befindet, scheint mir viel Ähnlichkeit mit einem Gaste zu haben, der sich im Hause eines guten Freundes aufhält."[580]

Kosmopolitismus und Nationalgefühl: Johann Elias Schlegel in Dänemark

Einen der ersten Gelehrten deutscher Herkunft, der sich intensiv mit Sprache und Kultur Dänemarks befaßte, finden wir in Johann Elias Schlegel, „Gelehrter, Dolmetscher, Theoretiker und Essayist ..., weniger Lyriker ... als Dramatiker".[581] Sein Lebenslauf bietet keine außergewöhnlichen Ereignisse, jedoch ist er gerade wegen seines zeittypischen Verlaufs interessant, denn er zeichnet nach, wie das Leben eines durchschnittlichen bürgerlichen Gelehrten im 18. Jahrhundert in etwa verlief: 1719 wurde Johann Elias Schlegel als Sohn des Stiftssyndikus Johannes Schlegel in Meißen geboren. Ab 1733 besuchte er die kursächsische Landesschule in Pforta, um schließlich ab 1739 in Leipzig Recht, Philosophie und Geschichte zu studieren - Studienfächer also, die einem Bürgerlichen des 18. Jahrhunderts bestenfalls Aussichten auf eine Anstellung im niederen Beamtentum eröffnen konnten. 1742 sehen wir Schlegel als Hofmeister; im folgenden Jahr erhielt er eine Stelle als Privatsekretär des sächsischen Geheimrats von Spener. Beider Weg führte über Hamburg nach Kopenhagen, wo Schlegel bis zu seinem Tod im Jahr 1749 lebte und wirkte, zunächst weiter im Dienste von Speners, ab 1747 als Professor für Staatsrecht und Kommerzwesen an der im selben Jahr gegründeten Ritterakademie in Sorø.

In dieser kurzen Biographie wird angedeutet, daß das Bürgertum des 18. Jahrhunderts trotz seiner intellektuellen Vorzüge und seiner Gelehrsamkeit weiterhin sozial und materiell dem Adel unterlegen war. Die Abhängigkeit Schlegels von seinem adeligen Dienstherrn spiegelt sich selbst noch in seinen Bemühungen um eine Professur in Sorø, denn er erhielt sie im wesentlichen aufgrund der Fürsprache des Schriftstellers Ludvig Holberg und anderer Gönner. Ob die Werke Schlegels - und hierbei soll besonders das Trauerspiel „Canut" interessieren - tatsächlich, wie Georg-Michael Schulz behauptet,[582] am Adel orientiert sind und eine dezidierte „Untertanenoptik" zeigen, wird im folgenden zu untersuchen sein.

Johann Elias Schlegel war - für seine Zeit durchaus üblich - sowohl Theoretiker als auch Praktiker der Dichtkunst. Die Bildungseinflüsse, mit denen der junge Dichter,

---

[580] Johann Elias Schlegel: Werke. Hrsg. von Johann Heinrich Schlegel. V. Band, Kopenhagen und Leipzig 1770. Reprint, Frankfurt/Main 1971, S. 3

[581] Steven D. Martinson: Zur Dramentheorie Johann Elias Schlegels. In: Johann Elias Schlegel: Vergleichung Shakespears und Andreas Gryphs und andere dramentheoretische Schriften. Stuttgart 1984, S. 85 - 93. Hier: S. 85

[582] Georg-Michael Schulz: Die Überwindung der Barbarei. Johann Elias Schlegels Trauerspiele. Tübingen 1980, S. 11

der bereits 1736 ein „Hecuba"-Drama verfaßt hatte, dem 1737 eine „Iphigenie" und 1739 eine „Dido" folgten, konfrontiert war, bestanden zum einen in der antiken Überlieferung, aus der französische Dramatiker schöpften, von denen vor allem Pierre Corneille (1606 - 1684) und Jean Baptiste Racine (1639 - 1699) lange über ihren Tod hinaus Nachahmer in „Deutschland" fanden, zum anderen in dem übermächtigen Johann Christoph Gottsched, dessen 1730 publizierte „Critische Dichtkunst" lange Zeit als Standardwerk der deutschen Poetik galt und in die Nachfolge des „Buch(s) von der deutschen Poeterey" (1624) des Martin Opitz gestellt wurde.[583] In seinem Werk und Wirken war Gottsched bestrebt, durch eine Verbesserung des deutschen Theaters alle Deutschen zu bilden und zu erziehen.[584]

Schlegel war mit dem Schaffen Gottscheds wohlvertraut; in der Forschung ist man sich jedoch nicht einig über das Verhältnis beider zueinander.[585] Aber es läßt sich als verbindlich feststellen, daß Schlegel sich intensiv und kritisch vor allem mit den Ansichten und Theorien Gottscheds im Bereich der Poetik und des Dramas auseinandersetzte und im übrigen vielfältige weitere Einflüsse in seine Betrachtungen einbezog, die eine Relation zum deutschsprachigen Theater hatten, wobei besonders französische Dichter reflektiert wurden.[586]

Der Schlüssel zu den dichtungstheoretischen Vorstellungen Schlegels liegt in der zentralen Funktion, die der Imitation, der Nachahmung, zukommt:[587] Dem Dichter steht ein „Vor-Bild" vor Augen, das in ein dramatisches „Bild" umgeformt werden soll. Dabei jedoch ist keine Abbildung der Wirklichkeit angestrebt, wie sie Gottsched in seiner Theorie proklamierte. Vielmehr soll der Effekt der „Verfremdung" auf dem

---

[583] Vgl. Elizabeth M. Wilkinson: Johann Elias Schlegel. A German Pioneer in Aesthetics. Zweite Auflage, Darmstadt 1973, S. 8 und Helmut Koopmann: Drama der Aufklärung. Kommentar zu einer Epoche. München 1979, S. 24ff.

[584] Wilkinson, S. 9. Vgl. auch die Darstellung ebd., S. 6ff. und Sigrid J. G. Schütz: Nationale Züge im Werk Johann Elias Schlegels. Ann Arbor 1977, S. 32

[585] So nimmt Eugen Wolff einen positiven Einfluß Gottscheds, aber eine starke Distanz von seiten Schlegels an (Johann Elias Schlegel. Zweite Auflage, Kiel und Leipzig 1892, S. 26 und S. 40). Werner Söderhjelm kann keine offene Opposition Schlegels gegen Gottsched feststellen, aber auch kein besonderes Interesse Schlegels an Gottscheds Ideen (Om Johann Elias Schlegel som lustspeldiktare. Helsingfors 1884, S. 8ff.). Wolfgang Paulsen stellt fest, daß Schlegel zwar von Gottsched fasziniert war, aber doch in Distanz zu ihm wirkte, wofür er Schlegels Dramen „Herrmann" und „Lucretia" anführt, die beide entgegen der Empfehlung Gottscheds entstanden (Johann Elias Schlegel und die Komödie. Bern, München 1977, S. 10). Elizabeth M. Wilkinson nimmt in Schlegels Haltung gegenüber Gottsched distanzierten Respekt an (A. a. O., S. 47). Gottsched dagegen unterstützte nachweislich Schlegels Talent, beispielsweise indem er ihm in der „Deutschen Schaubühne" ein Forum zur Verbreitung seiner frühen Werke bot (vgl. Söderhjelm, S. 101; Schulz, S. 7; Friedrich Sengle: Das historische Drama in Deutschland. Geschichte eines literarischen Mythos. Zweite Auflage, Stuttgart 1969, S. 22). Auch wird Schlegel häufiger als Fortführer der Ideen Gottscheds angesehen. (Werner Schubert: Die Beziehungen Johann Elias Schlegels zur deutschen Aufklärung in seinen frühen Dramen und seiner poetischen Theorie. Leipzig 1959, S. 146f.).

[586] Vgl. Johann von Antoniewiczs Hinweis auf des Franzosen Fraquiers Imitationstheorie (Johann Elias Schlegel: Ästhetische und dramaturgische Schriften. Hrsg. von J. v. A. Unveränderter reprographischer Nachdruck der Ausgabe Suttgart 1887. Darmstadt 1970, S. XLIIf.) und Sigrid Schütz' Hinweis auf Mauvillon (S. 102), die sich in Schlegels dramentheoretischen Schriften gespiegelt finden.

[587] Vgl. Wilkinson, S. 53ff; Schubert, S. 118ff.; Martinson, S. 86; Hermann Schonder: Johann Elias Schlegel als Übergangsgestalt. Würzburg 1941, S. 3; Joachim Salzbrunn: Johann Elias Schlegel. Seine Dramaturgie und seine Bedeutung für die Entwicklung des deutschen Theaters. Göttingen 1953, S. 7ff. In seinem Aufsatz „Von der Nachahmung" (Werke, a. a. O., III. Band, Kopenhagen und Leipzig 1764, S. 95 - 162) definiert Schlegel, „daß ich unter NACHAHMUNG nichts anderes verstehen werde, als eine Handlung, da man die Absicht hat, etwas einer andern Sache ähnliches hervorzubringen." Ebd., S. 108

Theater dem Zuschauer dazu dienen, wesentliche Merkmale der Handlung und der Charaktere zu erkennen, beides aber dennoch als Illusion einzuordnen. Das Ziel aller derartigen Bestrebungen Schlegels ist es - wiederum in Abgrenzung zu Gottsched - Vergnügen zu erwecken,[588] und nach Schlegels Auffassung läßt sich dieses Vergnügen, welches der Hauptzweck der dramatischen Kunst ist, sehr gut mit einer moralischen Belehrung verbinden, die jedoch nicht der eigentliche Sinn und Zweck des Dramas ist, wie es Gottsched fordert, sondern vice versa im Zuge des Vergnügens entsteht.[589]

Schlegels theoretische Vorstellungen vom Drama, wie es für das deutsche Theater zu schaffen sei, beziehen das Publikum als Entscheidungsfaktor darüber mit ein, ob ein Theaterstück gelungen ist oder nicht. Der Zuschauer soll soweit gebildet sein, daß er das Verhältnis zwischen „Vor-Bild" und „Bild" - Natur und Kunst also - nachvollziehen kann, denn nur so erschließt sich ihm das Vergnügen an der theatralischen Aktion.[590] Doch auch dem Dramatiker kommt eine wichtige Aufgabe im Hinblick auf das Publikum zu, denn er muß in seiner Stoffwahl Rücksicht nehmen auf den Geschmack und die Eigenart seines Publikums,[591] wie es in der Schrift „Gedanken zur Aufnahme des dänischen Theaters" (1747)[592] erläutert und weiter ausgeführt wird.

Obwohl Johann Elias Schlegel keine eigene Poetik oder Dramaturgie verfaßte, lassen sich seine Vorstellungen darüber, wie Theater künftig zu gestalten sei, deutlich aus seinen theoretischen Werken herauslesen. Seine anläßlich der Neugründung des Königlichen Theaters in Kopenhagen verfaßte, oben genannte Schrift gibt Einblick in Schlegels Plan, ein dänisches *Nationaltheater* ins Leben zu rufen,[593] wobei er Vorschläge unterbreitet, die prinzipiell auch für ein noch zu schaffendes deutsches *Nationaltheater* tauglich gedacht sind.

Die Gründung speziell eines *Nationaltheaters* verlangt, Rücksicht auf den Charakter der betreffenden Nation zu nehmen.

> Denn eine Nation schreibt einem Theater, das ihr gefallen soll, durch ihre verschiedenen Sitten auch verschiedene Regeln vor, und ein Stück, das für die eine Nation gemacht ist, wird selten den anderen ganz gefallen.[594]

Dramen dagegen, die „fremde Sitten" abbilden, können keine Teilnahme des Zuschauers an der Handlung erwecken.[595] Diesen Ausführungen schließt sich die Forderung an, einheimische poetische Talente, die aus *nationalen* Stoffen *nationale* Dramen schaffen können, zu fördern,[596] so daß das Theater zum Übungsfeld der

---

[588] Wilkinson, S. 53 Schonder, S. 15 Martinson, S. 87f.

[589] Wilkinson, S. 65; Schubert, S. 145

[590] Antoniewicz, S. CXf.; Siglinde Eichner: Johann Elias Schlegel. In: Deutsche Dichter des 18. Jahrhunderts. Ihr Leben und Werk. Hrsg. von Benno von Wiese. Berlin 1977, S. 162 - 175. Hier: S. 167

[591] Wilkinson, S. 70ff.; Schütz, S. XII; Eichner, S. 168

[592] Werke, III. Band, S. 259 - 298. Hier: S. 292

[593] Ebd., S. 261

[594] Ebd., S. 262

[595] Ebd., S. 286

[596] Schlegel war jedoch nicht der erste, der nationale Stoffe als Grundlage von Dramen verwendet wissen wollte. Antoniewicz verweist auf Riccoboni (Dissertation sur la Tragédie moderne, 1730) und Bodmer (Critische Betrachtungen über die poetischen Gemählde der Dichter, 1741). A. a. O., S. CLXVf.

intelligenten Kräfte der Nation werde. Auf diese Weise wird die Unterstützung dieses national motivierten Projekts zur patriotischen Aufgabe erklärt.[597]

Die Würdigung nationaler Individualität, die bei Schlegel nicht etwa wertend, sondern vielmehr als Hochschätzung jeder Art von Kulturausdruck zu verstehen ist, läßt sich aus Schlegels intensiven literarischen Studien heraus erklären, die bereits in Pforta durch eine frühe Begegnung mit griechischer und lateinischer Dichtkunst ihren Anfang fanden. Dabei ist wichtig, daß Schlegel den direkten Zugang zu den Quellen suchte und nicht den damals üblichen Einstieg über die Rezeption der Antike wählte;[598] ebenso sollte er auch mit englischer und französischer Dichtung,[599] vor allem im Bereich der Dramatik, sowie der dänischen Literatur verfahren. Seine theoretischen Schriften sind deshalb stets von dem Bestreben geprägt, vorurteilsfrei die verschiedenen Erscheinungen auf dem Feld der Dichtkunst zu betrachten.

Ein markantes Beispiel für Schlegels theoretisches Wirken hinsichtlich einer Erweiterung der Möglichkeiten für die deutsche Bühne bietet der Aufsatz „Vergleichung Shakespears und Andreas Gryphs bey Gelegenheit einer Übersetzung von Shakespaers Julius Caesar" (1741),[600] worin er die Auffassung der Gottschedianer, daß Shakespeare für das deutsche Theater nicht tauglich sei,[601] zumindest in Zweifel zieht. Diese Schrift beinhaltet nicht nur die erste wichtige Reflektion Shakespeares durch einen deutschen Schriftsteller,[602] sondern gibt auch Einblick in einige grundsätzliche Anliegen Schlegels, beispielsweise auch in bezug auf die Hinwendung zu dem historischen Drama, siehe „Lucretia" (1740), „Herrmann" (1741) und „Canut" (1746), nachdem er das Gebiet der mythologischen Dramen ausgeschöpft hatte. Im englischen Drama, wie es seine Ausprägung besonders durch Shakespeare erfuhr und das er exemplarisch anhand des Trauerspiels „Julius Caesar" erläutert, dessen Übersetzung durch Kaspar Wilhelm von Borck (1704 - 1747) er kritisiert, sieht er vorbildhafte Züge, die auch für ein deutsches historisches Drama geeignet wären; Schlegel verweist etwa auf die Handlungsstruktur, bei der nicht die Liebe das Gemüt des Publikums bewege, sondern vielmehr „die unglücklichen Zufälle der Großen, und die Schicksale des Staats."[603] Auch die Charaktere, die größtmögliche Ähnlichkeit mit den historischen Personen aufweisen, leiten ihn zu weiteren Überlegungen über die Art der Personenführung in Shakespeares Dramen,[604] die in dem Urteil

---

[597] Werke, III. Band, S. 297f.

[598] Eichner, S. 164ff.

[599] Bezüglich der eigenen literarischen Ansätze Schlegels schreibt Martinson: „Im Hinblick auf Schlegels Ehrfurcht vor den griechischen Meistern der dramatischen Kunst und die Gleichschätzung Shakespeares und Racines läßt sich schließen, daß seine dramentheoretischen Schriften ein neues Kunstideal konzipierten, in dem die Würde und Majestät der Sprache eines Racine und die (Anziehungs-) Kraft der Charakterdarstellung eines Shakespeare mit der Einfachheit und Tiefe der griechischen Dramatiker vereint werden sollten." A. a. O., S. 93

[600] Werke, III. Band, S. 27 - 64

[601] Vgl. Wolff, S. 72ff.

[602] Vgl. Antoniewicz, S. LXXIII; J. W. Eaton: Johann Elias Schlegel and German Literature. In: Germanic Review 4 (1929), S. 327 - 351. Hier: S. 341

[603] Werke, III. Band, S. 43

[604] „Man kann den Charakter einer Person, die in der Historie bekannt ist, zwar in etwas ändern und entweder höher treiben oder etwas weniger von seinen Tugenden und Lastern in ihm abbilden, als die Geschichte ihm zuschreibt. Aber wenn man weiter gehen wollte, so würde man mit seiner Menschenmacherey mehr zum Romanschreiber, als zum Dichter werden." Bei Personen der Geschichte ist der Charakter bekannt, und deshalb kann jede Unähnlichkeit Mißvergnügen beim Zuschauer

Kosmopolitismus und Nationalgefühl: Johann Elias Schlegel in Dänemark

gipfeln, daß ein „selbstwachsender Geist"[605] mehr vermag als jedes Regelwerk der Poesie, womit er Gottscheds Auffassung, daß Dichtung *lernbar* sei, in Frage stellt.

Die Zeit der Wirkung Schlegels fällt in die Epoche der Aufklärung, die wesentlich geprägt ist von dem Glauben an die Vernunft und den Fortschritt. Eine Entwicklung läßt sich in dieser Periode im Bereich der Gefühlskultur und des bürgerlichen Selbstverständnisses festmachen,[606] und gerade diese Emanzipationsversuche des Bürgertums führen dazu, daß die Lernwilligkeit und Lernfähigkeit in der Aufklärung sehr stark ausgeprägt sind, weshalb es nicht verwunderlich erscheint, daß auch und gerade das Theater als wandlungsfähigste und direkteste Form der Literaturübermittlung überhaupt in den Dienst der Bildung gestellt wurde.[607]

Auch Schlegel stellt sich in den Dienst der Vervollkommnung der Menschheit, des großen Ziels der Aufklärung, setzt also das Vergnügen an der Dichtung nicht absolut, sondern verbindet es mit einem moralischen Anliegen,[608] wie er es nicht nur auf der Bühne, sondern auch in verschiedenen Beiträgen seiner Wochenschrift „Der Fremde",[609] die 1745/46 in Kopenhagen in insgesamt zweiundfünfzig Ausgaben veröffentlicht wurde, zum Ausdruck bringt. So heißt es etwa in dem Aufsatz XXVII vom 12. Oktober 1745, der sich kritisch mit dem Thema Überfluß und Pracht auseinandersetzt:

> Ich sage alles dieses nur in Absicht auf die Sittenlehre, in so weit man die ganze Welt als eine einzige Gesellschaft ansieht, und alle Bürger derselben zu einem Endzwecke arbeiten sollen, nehmlich einer des andern Bestes zu befördern. Die besonderen Umstände eines Staats können bey diesem Überfluße Einschränkungen anrathen, die ich mich nicht erkühne zu bestimmen.[610]

Auch der Auseinandersetzung mit dem Wesen der Geschichte sind einige Überlegungen gewidmet, die für Schlegels Dichtung wesentliche Relevanz gewinnen sollten. Unter dem starken Einfluß der wissenschaftlichen *Altertumsrezeption*, die er in Dänemark als Bestandteil der politischen Auseinandersetzungen und der dänisch-patriotischen Bestrebungen kennenlernte, verdichtete sich für Schlegel ganz offenbar die Vorstellung, daß nur durch die Beschäftigung mit der eigenen Geschichte, durch die Erhebung der Geschichte über bloße Fakten hinaus und ihre Einordnung in ein wissenschaftliches und kulturelles Gefüge echtes Geschichtsbewußtsein und

---

hervorrufen: „Dieses wird nicht so leicht geschehen, wenn der Charakter in den Hauptumständen ähnlich, und nur in Nebenumständen verändert wird. Man pflegt, auch von den größten Helden, nur ihre Haupttugenden im Gedächtnisse zu behalten." Werke, III. Band, S. 48 und S. 49

[605] Ebd., S. 64

[606] Vgl. hierzu Koopmann, S. 7ff., der die Aufklärung insgesamt als aktiven Prozeß gesehen wissen will.

[607] Ebd., S. 26ff.

[608] Vgl. Marlies Kegel-Vogel: Johann Elias Schlegel und der Erziehungsoptimismus in der deutschen Aufklärung. In: Worte und Werte. Festschrift für Bruno Markwardt, hrsg. von Gustav Erdmann und Alfons Eichstaedt. Berlin 1961, S. 155 - 164.

[609] Werke, V. Band. Im allgemeinen wird auf unterhaltsame Weise versucht zu belehren, gerade auch über Land und Leute und die dänische Kultur. In jedem Beitrag dominiert ein Leitgedanke, der durch verschiedene literarische Mittel wie etwa Allegorie, Satire, geschichtliche oder geographische Erläuterungen ausgeführt wird. Auf einzelne Beispiele soll an anderer Stelle eingegangen werden.

[610] Werke, V. Band, S. 241

die Identifikation mit der eigenen geschichtlichen Identität möglich werden. In einem seiner letzten Beiträge zum „Fremden" schreibt Schlegel:

> Sie werden sich vielleicht ein wenig um die Geschichte Ihres Vaterlandes bekümmert haben. Diese Wissenschaft aber wird nur todt seyn, wenn Sie nichts als Namen, Zahlen und Schlachten herzusagen wissen. Ihre übrigen Wissenschaften, und die Geschicklichkeit, über jede Sache nachzudenken, müssen dieser erst das Leben geben.
> Eine gleiche Bewandtniß hat es mit der Kenntniß von der Beschaffenheit Ihres Vaterlandes. Sie werden sie nicht vollständig in Büchern finden, Sie werden sie nicht in Vorlesungen hören; und desto wichtiger ist es, dieselbe für sich zu studieren.
> Die Wissenschaften zusammen, mein Herr, werden Ihnen eine Liebe für Ihr Vaterland und einen Eifer etwas Gutes zu thun, beybringen; den Sie außerdem nimmermehr erlangen würden, wenn Sie auch sogar das Geheimniß fänden, bey allen Sprachen, die Sie wissen, noch die Aegyptische zu erlernen.[611]

Schlegel überträgt seine Geschichtsvorstellung somit auf den Vaterlandsbegriff, der nur dann einen sinnvollen Inhalt erhält, wenn man sich ihn aktiv erarbeitet und sich um das Verständnis der Zusammenhänge bemüht. Jedoch tritt an dieser Stelle nicht klar hervor, ob Schlegel das *Vaterland* mit dem Reich oder dem Territorium verbunden wissen will. Im folgenden soll deshalb Schlegels Verhältnis zu den Begriffen *Nation* und *Vaterland* - beide sind eng miteinander verbunden - anhand zweier Gedichte, „Über die Liebe des Vaterlandes" und „Das Glück Mitbürgern zu gehorchen" und der Trauerspiele „Herrmann" und „Canut" dargestellt werden. Die Dramen markieren dabei deutlich, daß Schlegels Lebensumstände zur Zeit ihrer Entstehung jeweils andere waren. Als Vorgriff sei an dieser Stelle bereits darauf verwiesen, daß das *deutsche* Drama „Herrmann" noch klar Schlegels reichspatriotische Einstellung spiegelt, womit wir ihn wohl auch identifizieren dürfen, wogegen die Bearbeitung des *dänischen* „Canut"-Stoffs bereits Schlegels Erfahrung mit dem dänischen „Helstat" reflektiert.

Am deutlichsten kommt Schlegels Definition des *Vaterland*begriffs in einem Gedicht aus dem Jahre 1744 zum Ausdruck, das den Titel „Über die Liebe des Vaterlandes"[612] trägt. Gleich die erste Verszeile stellt das grundsätzliche Verhältnis des Bürgers zu seinem Vaterland dar: „Freund, es ist unsre Pflicht, das Vaterland zu lieben."[613] Das Wechselverhältnis von Recht und Pflicht bestimmt die Position des *Staatsbürgers*. Das Vaterland ist demzufolge nicht allein ein emotional aufgeladener Begriff, sondern beinhaltet auch die juristische Funktion des Staats, die beispielsweise darin besteht, die Bürger zu schützen.[614] Darin besteht die Bindung beider Parteien, die unauflöslich ist: „Es kann kein neues Band uns von dem alten trennen./Erziehn; dieß macht ein Recht, das wir nicht beugen können."[615] Der Dienst am Staat - am Vaterland also - besteht darin, daß der Bürger ihm zum Dank für empfangene Wohltaten das Leben

---

[611] Werke, V. Band, XLVII, 11. März 1746, S. 401

[612] Werke, IV. Band, Kopenhagen und Leipzig 1766, S. 117 - 124

[613] Ebd., S. 117

[614] Ebd., S. 117 heißt es: „Wer unser Leben schützt, hat Recht auf unser Leben."

[615] Ebd., S. 117

Kosmopolitismus und Nationalgefühl: Johann Elias Schlegel in Dänemark

weiht, wenn er schon nicht als sein Märtyrer unsterblich werden kann[616] - ein Topos, der - bis aufs äußerste getrieben - im „Herrmann"-Drama ausgeführt wird und auch dort grundsätzlich auf die Pflicht zum Dienst am Vaterland zurückgeführt wird.[617]

Doch dieses Pflichtgefühl gegenüber dem Vaterland und seine Wertschätzung sollen nicht dazu führen, auf andere Nationen, womit Schlegel das Volksganze beschreibt, verächtlich herabzublicken.[618] Auch soll man sein Vaterland weder zu eifrig lieben noch darauf herabblicken. Dagegen wird vorbildhaft am Ende des Gedichts ein venunftbetontes Verhältnis zum Vaterland propagiert:

> Freund, glaube: durch Bemühn der Weisheit nachzugehn,
> Und seines Volkes Glück und Wohlfahrt zu verstehn,
> Und gegen die Gewalt des Vorurtheils der Zeiten,
> Zum Dienste seiner Stadt sich ämsig zu bereiten;
> Durch Sorge, wenn ein Sturm auf sie zusammenzieht;
> Durch Freude, wenn ihr Wohl mit neuem Segen blüht;
> Durch ungebrochne Treu, wenn sie uns werth gehalten,
> Ein Theil von ihrem Glück mit Eifer zu verwalten;
> Dadurch bezeugt man, mehr als durch Schmeicheley,
> Daß man ein treuer Sohn des Vaterlandes sey.[619]

Ähnlich äußert sich Schlegel in dem Gedicht „Das Glück Mitbürgern zu gehorchen",[620] welches beschreibt, daß nur aus dem Schoß des Vaterlands eine gerechte Herrschaft und „der Städte Wohl" - im Sinne des Territorialpatriotismus - entstehen könne. Die Fremdherrschaft dagegen wird als Übel benannt; die Eindringlinge sind als „Tyrannen" und „Henker" bezeichnet. Hier läßt sich eine gedankliche Parallele feststellen zu dem Entwurf eines Nationaltheaters, der bereits referiert wurde, beschreibend, daß gleiche Sitte Dichter und Publikum verbinden solle, wenn eine Interaktion zwischen ihnen zustande kommen soll. Das genannte Gedicht, aufbauend auf dem Pflichtverständnis des vorherigen Poems, wendet nun den dramentheoretischen Gedanken ins Politische und stellt die Antithese auf zwischen dem Dienst am Vaterland, der Herrscher und Untertanen gleichermaßen einbezieht, und der Tyrannei durch Fremdherrschaft, welche das als Ideal geschilderte Gleichgewicht zerstören würde.

Als erstes Fazit läßt sich somit feststellen, daß Schlegel jeder Nation einen eigenen Charakter[621] und eigene Sitten zugesteht, jedoch keinerlei Hierarchie im Verhältnis

---

[616] Ebd., S. 118

[617] Vgl. die Exposition des Dramas, die erste Szene des ersten Akts des Trauerspiels, worin Herrmann durch seinen Vater Sigmar über seine Pflichen als *Deutscher* belehrt wird. Werke, I. Band, S. 313ff.

[618] „Ich habe niemals den Willen gehabt, weder ein Bewunderer noch ein Tadler, noch ein Vertheidiger des dänischen *Volks* zu seyn. Und diejenigen, die mich hin und wieder als das letztere betrachten wollen, können versichert seyn, daß ich es vielleicht seyn würde, wenn ich erst überzeugt wäre, daß diese *Nation* einen Vertheidiger nötig hätte." (Hervorhebungen von d. Verf.) Werke, V. Band, S. 7. Vgl. auch ebd., S. 17, wo Schlegel vom „Charakter der dänischen Nation" spricht und damit wiederum das Volksganze meint.

[619] Werke, IV. Band, S. 124

[620] Werke, IV. Band, S. 132f.

[621] Schlegel definiert die Nationen als Individuen, denn er spricht von der „Verwandlung der Völker in Personen". Weiter heißt es: „Jedes Volk gefällt sich selbst vor andern, es beurtheilt andre nach sich, es verwirft diejenigen Eigenschaften, deren es sich nicht rühmen kann, und es erhebt diejenigen, die es an sich wahrzunehmen glaubt, und wenn es andern Vorzüge zugesteht, so legt es sich selber noch größere bey." Werke, V. Band, S. 20f. Wie jede selbständige Persönlichkeit, so kommt auch jedem Volk eine bestimmte - kollektive - Eigenart zu.

der Völker zueinander zuläßt, sogar die „Barbaren", die im Sinne der *edlen Wilden* beschrieben sind, in diese *Völkergemeinschaft* integriert, die er als vernünftigen Idealzustand politischen Gleichgewichts betrachtet.[622] Der Mensch, der sein Vaterland liebt, ist also sowohl Staats- als auch Weltbürger, denn er erkennt seine Nation als sein eigenes Bestes an,[623] akzeptiert aber auch, daß andere Menschen ihren Platz in anderen Kulturzusammenhängen haben. Im Rahmen der Dramentheorie Schlegels wird diese nationale Idee gar in seine Ästhetik eingefügt[624] und erhält in bezug auf das Trauerspiel „Herrmann" - wie auch später im Falle des „Canut" - dergestalt programmatische Qualität, als sie der Forderung nach nationalen Stoffen auf der Bühne nachkommt.

In seinem Vorbericht zu dem Fragment gebliebenen Versepos „Heinrich der Löwe", das Johann Elias Schlegel 1740 zu dichten begann, berichtet sein Bruder und Herausgeber seiner Werke Heinrich über das intensive Studium der Reichsgeschichte, das Schlegel in seinen Universitätsjahren betrieb. Die daraus gewonnenen Erkenntnisse wollte Schlegel auch als Quelle für dichterische Stoffe - „Tragödien und Heldengeschichten" - nutzen.[625] Das Epos „Heinrich der Löwe" entspricht freilich nicht der modernen Vorstellung von Geschichtsrezeption; vielmehr werden darin Charaktere der Geschichte mitsamt ihren Tugenden und Lastern, die in Form von Allegorien gezeichnet sind, vorgeführt, aber insofern wird es immerhin noch „wenigstens des Inhalts wegen für Deutsche schätzbar seyn, wenn es auch Ausländer nicht genug interessieren sollte."[626] So schreibt Johann Heinrich Schlegel.

Ein weiteres dichterisches Zeugnis für Johann Elias Schlegels Beschäftigung mit der Reichsgeschichte liegt der Nachwelt nicht vor.

Die Frage, ob das „Herrmann"-Drama national zu nennen sei, ist in der Forschung nicht schlüssig beantwortet. Eugen Wolff bewertet das Trauerspiel als „Quellenarbeit"; „der moderne Geist wird speziell national, der Stoff gleichfalls national, die Technik durchaus modern."[627] Und weiter heißt es: „Schlegels ,Herrmann' muß ... als Grundpfeiler der nationalen Richtung im deutschen Drama überhaupt gelten."[628] Das Drama entspreche dem eigenen Ideal des Dichters, weil das Trauerspiel „Hermann" „eine nach Form und Geist nationale Dichtung"[629] vorzustellen fähig sei. Wolfgang Paulsen schränkt die Äußerungen Wolffs dagegen erheblich ein, wenn er behauptet, daß „Herrmann" nicht aus einem patriotischen Gefühl heraus, sondern vielmehr in Opposition zu Gottsched entstanden sei, der den Stoff als nicht dramengeeignet verworfen hatte.[630] Diese Intention mag unterschwellig vorhanden gewesen sein - wurde doch bereits festgestellt, daß Schlegel nicht gewillt war, sich

---

[622] Werke, IV. Band, S. 119f.

[623] Schütz, S. 115f.

[624] Ebd., S. 152

[625] Werke, IV. Band, S. 3

[626] Ebd., S. 6

[627] A. a. O., S. 42f.

[628] Ebd., S. 49. Zum Einfluß Schlegels beispielsweise auf Goethe, etwa im Hinblick auf das Drama „Götz von Berlichingen" (1771/1773) vgl. Johann Wolfgang Goethe: Dichtung und Wahrheit. Mit zeitgenössischen Illustrationen, ausgewählt von Jörn Göres. 3 Bände. Frankfurt/Main 1975, 1. Band, S. 160 und S. 177

[629] Ebd., S. 92

[630] A. a. O., S. 10f.

Kosmopolitismus und Nationalgefühl: Johann Elias Schlegel in Dänemark 113

den Ansichten Gottscheds sklavisch zu unterwerfen. Jedoch entsprach die Wahl des Stoffs gerade seiner Vorstellung eines national geprägten Theaters, so daß es als nahezu zwangsläufig erscheinen muß, wenn Schlegel in seiner Wendung hin zu den Geschichtsdramen Handlungsmuster, welche der eigenen, der deutschen Vergangenheit entstammten, vorzog, vielleicht in einem Versuch, wie weit man mit der Realisierung eines Nationaltheaters bereits gehen könne. Dafür spricht, wie sein Bruder im Vorbericht zu dem Trauerspiel darlegt, daß er am Drama „Herrmann" intensiv - knapp eineinhalb Jahre lang - arbeitete und daß es zeitlebens sein Lieblingswerk gewesen sei.[631]

Das Drama ist in seiner Handlung antithetisch strukturiert; die Vaterlandsfreunde, die von Tugend und Liebe zur eigenen Nation durchdrungen sind,[632] stehen den Vaterlandsverrätern entgegen, die aus egoistischen Motiven heraus ihr Volk betrügen. Den Römern kommt dabei eine durchaus untergeordnete Funktion innerhalb der Handlung zu; im wesentlichen ist der sich austragende Konflikt rein *deutsch* und muß auch in dem *deutschen* Kollektiv seine Lösung finden. Im Fadenkreuz steht dabei Herrmanns Bruder Flavius, der sich zwischen der Pflicht dem Vaterland gegenüber und seiner Vorliebe für Rom nicht entscheiden kann und der moralisch von vornherein als Verlierer gelten muß. Pflichttreue wird belohnt, wenn auch nur aufgrund der Bereitschaft zu großen persönlichen Opfern, die aber willig gebracht werden, Pflichtvergessenheit dagegen erntet Verachtung und Strafe.

Betrachtet man die zuletzt besprochenen Werke Schlegels im Zusammenhang, so wird es nicht schwerfallen, eine nationalpatriotische Intention darin zu erkennen, daß dem Vaterland und dem Dienst an ihm ein hoher sittlich-moralischer Wert zugesprochen wird, wobei Schlegel vor allem für die deutsche Nation spricht, der er angehört, aber dabei anderen Nationen gleichen Stolz auf ihr Vaterland nicht abspricht.

Die eindeutig nationalpatriotische Einstellung verstärkt und definiert sich mit noch größerem Bewußtsein, als Schlegel 1743 im Gefolge des Geheimen Kriegsrats Spener nach Kopenhagen übersiedelt, wo damals deutscher Einfluß maßgeblich war - jedoch drückt sie sich anders aus als erwartet. Denn der Dichter und Schriftsteller zieht sich nicht in die Bequemlichkeit deutschen Umgangs zurück, sondern beschäftigt sich eingehend mit dem Gastland und seiner Sprache und Kultur, wobei aber die Sprache keinen nationalen Unterschied im Sinne einer unüberwindbaren Trennung bedeuten sollte.[633] Wie der Bruder Heinrich berichtet, konnte sich Johann Elias Schlegel bereits nach zwei Monaten auf dänisch verständlich machen.[634] Sein Sprachstudium ermöglichte ihm nicht nur die problemlosere Verständigung in

---

[631] Werke, I. Band, S. 285. Man sollte auch bedenken, daß die Ausbildung des historischen Dramas sich damals erst in den Anfängen befand. Sengle bezeichnet Schlegel, der erstmals in seinen Geschichtsdramen historische Treue walten ließ, deshalb als Begründer des „allgemeindeutsch-historischen Dramas." A. a. O., S. 24

[632] Herrmann selbst bezeichnet seinen Mut als „deutsch", sein Vater Sigmar fordert ihn nachdrücklich dazu auf, „der Deutschen Schimpf zu rächen." Werke, I. Band, S. 316

[633] Seine Zeitschrift „Der Fremde" markiert in nuce das Verhältnis zwischen Schlegel und seinem Gastland Dänemark. Zum einen zieht sie eindeutig eine Verbindungslinie zwischen beiden Parteien, indem die Offenheit dem fremden Kulturkreis gegenüber stets implizit erscheint. Jedoch wird gerade das Fremde, das Außenseitertum des Ausländers, formuliert, und entscheidend zeigt sich für die Zukunft des Fremden in fremdem Land die Gestaltung des wechselseitigen Verhältnisses.

[634] Werke, V. Band, S. XXXV

Dänemark, sondern auch den Zugang zu dänischer Literatur und Originalquellen. Auch suchte er den Kontakt zu den neugegründeten dänischen wissenschaftlichen Gesellschaften, der „Danske Selskab for Fædrelandets Historie og Sprog" und der „Selskab af Lærdoms og Videnskabers Elskere",[635] und in seinen Bemühungen, sich mit Kultur und Geschichte des Landes, in dem er sich als Gast aufhielt, vertraut zu machen, fand er die Unterstützung verschiedener Persönlichkeiten des dänischen Lebens, die ihm auch Zugang zu ihren Privatbibliotheken gewährten. An dieser Stelle sei vor allem der Historiker und Philologe Hans Gram (1685 - 1748) hervorgehoben, dessen Schrift „Hans Gram om Kong Knuts den Stores Reise til Rom, hvad den er skeet" (Hans Gram über König Knuts des Großen Reise nach Rom, was dort geschah) des Jahres 1745 Schlegel kannte und durch die er die Anregung zur Schaffung eines Knut-Dramas erhalten haben könnte.[636]

Betrachten wir nun Schlegels Zeitschrift „Der Fremde" etwas ausführlicher. Sie orientierte sich am englischen Modell der moralischen Wochenschriften, wie es auch in „Deutschland" zu dieser Zeit hochaktuell war. Auch in Dänemark kannte man diese Art der Zeitschriften schon vor Schlegels publizistischem Wirken. Von 1737 bis 1739 bestand die „Deutsche Bibliothek", die von Langebek und Harboe in deutscher Sprache veröffentlicht wurde, um höhere Auflagen und ein breiteres Absatzgebiet zu garantieren. Das erste dänischsprachige Monatsblatt war „Den danske Spectator", der 1744 erschien.[637]

Bereits im Titel seiner Zeitschrift drückt Schlegel aus, was seine eigentliche Intention ist: Als ein Fremder und Gast in Dänemark möchte er diejenigen seiner Eindrücke schildern, die ihm erwähnenswert erscheinen, und seinen Lesern so ein Bild des Landes zeichnen. Dabei ist er bemüht, weder zu stark zu loben, noch zu sehr zu tadeln; in beiden Äußerungen solle man sich zurückhalten, um als rechtschaffener Gast gelten zu können:[638]

> Ich habe niemals den Willen gehabt, weder ein Bewunderer noch ein Tadler, noch ein Vertheidiger des dänischen Volks zu seyn. Und diejenigen, die mich hin und wieder als das letztere betrachten wollen, können versichert seyn, daß ich es vielleicht seyn würde, wenn ich erst überzeugt wäre, daß diese Nation einen Vertheidiger nötig hätte.[639]

Die Raumnot, seine eigenen Neigungen und Interessen sowie nicht zuletzt das Bestreben zu vergnügen lassen Schlegel seine bewußt subjektive Auswahl aus der dänischen Kultur und Lebensart für die Beiträge verteidigen:

> Man wird bey diesen Umständen keinen vollständigen Charakter der dänischen Nation von mir zu gewarten haben. Ich werde genug gethan zu haben glauben, wenn ich nach meiner wenigen Einsicht hin und wieder einige Züge davon entwerfe. Wenn meine Neugierigkeit mich den einen oder andern Umstand

---

[635] Vgl. Gustav Paul: Die Veranlassung und die Quellen von Johann Elias Schlegels „Canut". Darmstadt 1915, S. 6ff.

[636] Ebd., S. 4

[637] Vgl. J. W. Eaton: Johann Elias Schlegel in Denmark. In: Modern Language Review 23 (1928), S. 28-42. Hier: S. 31f. sowie Schlegels Charakteristik der Blätter in „Der Fremde", a. a. O., Anmerkung S. 14f.

[638] Vgl. Werke, V. Band, S, 3ff.

[639] Ebd., S. 7. Als *Nation* definiert Schlegel, wie bereits verdeutlicht, das gesamte *Volk*, also Dänen, Deutsche und Norweger, die gemeinsam den „Helstat" bilden.

bemerken lassen, so wird meine Trägheit mich auch öfters blos bey allgemeinen Betrachtungen aufhalten.[640]

Das Bestreben, sich überhaupt um Geschichte, Literatur und Sprache seines Gastgeberlandes zu bemühen, weist Schlegel als echten Weltbürger aus, denn er erkennt den besonderen, individuellen Charakter einer Nation, statt alle Volksindividualitäten über einen Kamm zu scheren und Eigenarten darin gänzlich zu ignorieren, wodurch der Begriff des „Kosmopoliten" entstellt würde:

> Die meisten der unbesorgten Fremden gehen in Gesellschaft, wie in ihrem Vaterlande; Sie essen, spielen, plaudern und führen eben dieselbe Lebensart, wie in ihrem Vaterlande, ohne daß es ihnen einmal einfällt, daß sie an einem fremden Orte sind. Sie kommen mir als eine Art von *Weltbürgern* vor, die die ganze Welt für ihr Vaterland halten, und keinen Ort anders als den andern finden, ausser wo kein guter Wein und keine Spielgesellschaften zu haben sind.[641]

Scharf kritisiert Schlegel jede Art von übersteigertem Nationalgefühl und die Verachtung anderer Völker sowie die pauschale Typisierung von Nationen nach dem Vorbild einzelner Personen:

> Jedes Volk gefällt sich selbst vor andern, es beurtheilt andre nach sich, es verwirft diejenigen Eigenschaften, deren es sich nicht rühmen kann, und es erhebt diejenigen, die es an sich wahrzunehmen glaubt, und wenn es andern Vorzüge zugesteht, so legt es sich selbst noch größre bey.[642]

Auch wendet sich Schlegel entschieden gegen die sogenannte *Klimatheorie* und schreibt die unterschiedliche Ausbildung der jeweiligen Volksindividualität den kulturellen Veränderungen zu, die sich im Laufe der Zeit ergaben. Differierende Lebensumstände und Erziehungsmethoden sind für die Vielfalt nationalen Ausdrucks verantwortlich zu machen.[643]

Durch Vergnügen zu belehren ist die Devise, welche die folgenden Beiträge Schlegels bestimmt. Der Tonfall ist plaudernd; kein Thema wird derart erschöpfend behandelt, daß es den Leser erschöpfen könnte; Bekanntes wird mit Unbekanntem vermischt. Jeder Beitrag widmet sich einer bestimmten Fragestellung, die zumeist einer moralischen Betrachtung entspringt und die in der Folge durch Exkurse in die Literatur, die Mythologie, die Geschichte oder das zeitgenössische dänische Ambiente ausgeführt wird. Auf diese Weise gelingt es Schlegel, in leichtem Ton Wissenswertes über Dänemark zu vermitteln. Eine Auswahl an Beispielen soll diesen Umstand illustrieren.

Schlegels Leserschaft setzte sich in der Hauptsache aus gebildeten Deutschen im damaligen Dänemark zusammen, vor allem in Kopenhagen und in den Herzogtümern, und so gilt es hin und wieder, Verhaltensregeln aufzustellen, wie man sich in einem fremden Land zu benehmen habe. Man solle, so lautet Schlegels

---

[640] Ebd., S. 17
[641] Ebd., S. 11f.
[642] Ebd., S. 21
[643] Ebd., S. 23ff.

Hinweis, Anteilnahme für das Volk und seine Vorlieben zeigen, um ihm die nötige Hochachtung zu erweisen. Dieses gilt beispielsweise für die Liebe der Nation zu ihrem Königshaus, an deren Freud und Leid teilzuhaben einem jeden Gast gut anstehe.[644]

Das Thema der weiblichen Bildung wird illustriert durch ein fiktives Papier aus dem unterirdischen Reich „Potu", das Holberg im „Niels Klimt" entwarf. Den moralischen Betrachtungen folgt diesmal die Darstellung eines dänischen Erzählwerks, der sittlich-moralischen die literarische Belehrung.[645]

Die Beschreibung einer Landschaft bei Kopenhagen, die sich als „Dyrehaven" (der Hirschpark) nördlich der dänischen Hauptstadt identifizieren läßt, wandelt Schlegel in einen locus amoenus um; einem Gedicht über den „Thiergarten" folgt der Hinweis auf Holbergs Komödie „Quellenreise". Die Bäume des locus amoenus tragen in ihren Rinden eingeschnitten die Namen verschiedener zeitgenössischer dänischer Dichter.[646] Aus der Naturbeschreibung wird ein literarischer Topos geformt.

Das Thema eines anderen Beitrags ist die Liebe zur Wahrheit. Ein moralischer Dialog zwischen dem Riesen Ymer und dem Gott Loki wird in die Betrachtung eingeflochten, dessen Thema die Frage ist, „ob man im ‚Valhalla', das ist in dem Orte, wo die tapfern Leute ihre Wohnung nach dem Tode zu finden glaubten, auch noch den Degen in der Scheide tragen würde".[647] Dazu schreibt Schlegel in einer Anmerkung: „Das Gespräch ist nach dem Sinn dieser Mythologie geschrieben, mit eben der Freiheit, mit welcher die Alten zu der griechischen Mythologie hinzugedichtet haben."[648] Schon vor der Rezeption nordischer Mythologie durch Klopstock findet sich also bei Schlegel an dieser Stelle bereits eine Mythologie durch eine andere ersetzt, wobei das Dialogschema als poetisches Mittel dem Leser bereits bekannt ist.

Anläßlich des Themas Redlichkeit kommt Schlegel auf die alten nordischen Helden zu sprechen:

> Ich finde von den ältesten dänischen Helden nicht leicht einen, welcher nicht von der Redlichkeit zuweilen eine Ausnahme gemacht; und man soll mir nicht leicht einen zeigen, dem ich nicht Helden aus dem itzigen Jahrhundert entgegen setzen will, wider deren Redlichkeit man gewiß weniger einzuwenden hat; da es doch viel leichter ist die Falschheit zu wissen, die ein Mensch in den itzigen Zeiten begangen hat, als diejenigen, die durch die Zeit verloschen sind.[649]

Als Beispiele, die allesamt aus dem historischen Werk des Saxo Grammaticus stammen, das Schlegel im Rahmen seiner dänischen Studien kennenlernte,[650] wählt er die des Helden Atislus, Hamleth, den er als „Ulysses des Nordens" bezeichnet,[651]

---

[644] Vgl. S. 42f.

[645] Vgl. S. 82ff.

[646] Ebd., S. 130ff.

[647] Ebd., S. 142

[648] Ebd., S. 142

[649] Ebd., S. 296

[650] Vgl. Paul, S. 17ff.

[651] Ebd., V. Band, S. 297

Kosmopolitismus und Nationalgefühl: Johann Elias Schlegel in Dänemark

Starkather und Canut, über den wir bereits an dieser Stelle durch Schlegel erfahren.[652] In diesem Beitrag verbindet Schlegel eine moralische Anschauung mit einem Blick in die dänische Geschichte der Vorzeit, wobei er sich des Saxo als Quelle bedient und gleichzeitig den Leser mit ihm bekannt macht.

Eine besondere Spezies der Geschichtskontinuität stellt Schlegel her, indem er Personen seiner Bekanntschaft mit mythischen oder historischen Gestalten verwandtschaftlich-genealogisch verbindet.[653] Auf diese Weise ironisiert Schlegel eine damals bereits existierende Art der Geschichtsbetrachtung, der er auch die *Klimatheorie* zurechnet, und die Kontinuität erzwingen will, indem sie dieselbe aus Eigenschaften oder äußeren Merkmalen herleitet. Schlegel hatte ja bereits im II. Beitrag zu der Zeitschrift „Der Fremde" darauf hingewiesen, daß Kontinuität gerade in der entwicklungsbedingten Veränderung und im kulturellen Wandel besteht,[654] so daß Geschichtsmodelle, die diese Zwischenstufen ignorieren, implizit als fragwürdig erscheinen.

Auch aktuelle kulturpolitische Ereignisse aus der Gegenwart Schlegels finden Raum in den Beiträgen, wie zum Beispiel der Konflikt des Historikers und Theologen Erik Pontoppidan (1698 - 1764) mit der Gesellschaft für nordische Sprache und Geschichte, die als Anmerkung referiert wird und im eigentlichen Text zur Allegorie umgewandelt erscheint.[655]

Die Zeitgebundenheit der Themen und des Ausdrucks sowie der Gattung der Moralischen Wochenschrift schlechthin erklären, weshalb Schlegels Beiträge im Rahmen des „Fremden" in Nachwelt und Forschung nur ein geringes Echo fanden. Dennoch lassen sich aus den Aufsätzen in mehrfacher Hinsicht Schlüsse ziehen: Auf Schlegels Weltbild, auf seine Interessenschwerpunkte in bezug auf Dänemark und seine Kultur und Geschichte sowie auf sein Vermögen, erzieherisch und unterhaltsam zugleich zu schreiben, wobei er die poetischen Mittel seiner Gegenwart gezielt dazu einsetzte, Altbekanntes und konkrete Information miteinander zu verschmelzen.

Schlegel selbst dienten die Beiträge dazu, sein über die dänische Geschichte und Kultur zusammengetragenes Material zu sichten und auf seine Gestaltbarkeit hin zu überprüfen. Die Frucht seiner Forschungsarbeit findet sich überzeugend komprimiert in dem Trauerspiel „Canut" (1746),[656] das Schlegel aus Anlaß der Wiedereröffnung des Kopenhagener Theaters entwarf. Er selbst schreibt in bezug auf seine Stoffwahl:

> Die alten nordischen Geschichte(n) sind so fruchtbar an Charakteren und an großen Begebenheiten, daß ich dadurch Lust bekam, auf einem Felde Blumen

---

[652] Schlegel schreibt ebd., S. 299: „Der große Canut, der doch unter die größten Helden des Alterthums gehöret, glaubte ebenfalls, daß man, um sein Glück zu machen, einen andern wohl hintergehen könnte. Dieser dänische König war mit dem Olaus, König von Norwegen, nach England gegangen, und sie hatten sich verglichen, daß sie ihre Eroberungen mit einander teilen wollten. Canut fand Gelegenheit mit dem Könige von England einen Frieden zu stiften, dadurch er selbst zum Mitregenten in England angenommen ward. Olaus bekam also nichts, und mußte unbelohnt wieder nach Hause gehen. Und über dieses beraubte ihn Canut seiner Geliebten, und betrog ihn also sowohl um seine Eroberungen im Felde, als bey dem Frauenzimmer."

[653] Ebd., S. 344f.

[654] Vgl. dazu nochmals Werke, V. Band, S. 23ff.

[655] Ebd., S. 404ff.

[656] Werke, I. Band, S. 209 - 282. Über Schlegels intensive Quellenarbeit gibt Paul Auskunft, a. a. O., S. 17ff. Söderhjelm weist darauf hin, daß bereits 1747 eine dänische Übersetzung des „Canut" vorlag. A. a. O., S. 104

zu brechen, welches die Dichtkunst bisher meistentheils unberührt gelassen hatte. Dieser Wahl der Materie habe ich es vielleicht zu danken, wenn der Canut bey derjenigen Nation nicht ungeneigt aufgenommen worden, aus deren Geschichte er gezogen ist.[657]

Der Dichter wählt, seiner eigenen Theorie zufolge, einen Stoff, der speziell das dänische - deutschsprachige und deutsch beherrschende - Publikum anzusprechen vermag, dessen Thematik aber auch im deutschen Sprachraum Interesse erregen konnte. Abgesehen von der Stoffwahl läßt sich jedoch im „Canut" keine grundsätzliche strukturelle Neuerung festmachen, wie sie etwa Schlegels eigener Dramentheorie entspräche. Der Aufbau folgt dem des zu dieser Zeit vorbildlichen französischen Dramas, denn auch die Einheit von Handlung, Ort und Zeit sind eingehalten; der dramatische Höhepunkt liegt exakt in der Mitte des fünfaktigen Trauerspiels. Der Empfehlung Gottscheds entsprechend wurde die Personenzahl auf das unerläßliche Maß reduziert. Schlegel dichtete in Alexandrinern - ebenfalls dem französischen Vorbild entsprechend -, die er alternativ männlich und weiblich reimen ließ, wobei die einzelnen Verse als Sinneinheiten zu verstehen sind.[658]

Verglichen mit der statischen Antithetik, die das Drama „Herrmann" von Anfang bis Ende beherrscht, findet sich im „Canut"[659] ein interessanter Wechsel zwischen Statik und Dynamik, der getragen wird von den zentralen Gestalten des Trauerspiels, dem König Canut und seinem Gegenspieler Ulfo, der von der Forschung allgemein als der eigentliche Protagonist und Träger der Handlung angesehen wird,[660] denn er entspricht im wesentlichen der modernen Auffassung einer Dramengestalt. Tatsächlich findet sich der Gegensatz zwischen Canut und Ulfo deshalb so fesselnd gezeichnet, weil hier - im Gegensatz zum Trauerspiel „Herrmann" - nicht einfach zwei Prinzipien vertreten sind, sondern weil diese Prinzipien vielmehr ihre Personwerdung in den beiden Hauptfiguren erleben, ohne daß dabei eine Allegorie als Stilmittel Anwendung findet, wie es in dem Versepos „Heinrich der Löwe" der Fall war. Daß in dem Drama dem Titelhelden Canut das positive Prinzip zugesprochen wird, liegt in den Werten begründet, die er vertritt: Er repräsentiert das Reich, dem

---

[657] Werke, I. Band, S. 111 (sic!). Vgl. Horst Steinmetz: Nachwort zu: Johann Elias Schlegel: Canut. Ein Trauerspiel. Im Anhang: Johann Elias Schlegel: Gedanken zur Aufnahme des dänischen Theaters. Stuttgart 1980, S. 117 - 127. Hier: S. 123

[658] Vgl. Schonder, S. 35f.

[659] Der bereits dargelegten Dramentheorie Schlegels gemäß unterscheiden sich die beiden Trauerspiele auch von der Stoffwahl und dem Gehalt her: Finden wir im „Herrmann" einen Stoff gebildet, der den deutschen Nationalgedanken evoziert, so wird im „Canut" die „Helstat"-Ideologie ausgebreitet. Das jeweilige Publikum fand sein eigenes Gemeinwesen darin gespiegelt und konnte deshalb die Nachahmung, wie sie Schlegel propagiert, nachvollziehen - wobei natürlich etwaige Überschneidungen - die bürgerliche Ideologie wäre zu nennen - nicht ausgeschlossen sind.

[660] Söderhjelm, S. 105; Schonder, S. 25; Kurt May: Johann Elias Schlegels „Canut" im Wettstreit der geistesgeschichtlichen und formgeschichtlichen Forschung. In: Trivium 7 (1949), S. 257 - 285. Hier: S. 257; Robert H. Heitner: German Tragedy in the Age of Enlightenment. A Study in the Development of Original Tragedies, 1724 - 1768. Berkley 1963, S. 102; Schütz, S. 192; Schulz, S. 87. Ulfo wird zumeist als ein Held angesehen, der bereits auf den Sturm und Drang vorausweist, womit man jedoch die Intention des Dichters verfehlt, der keinen positiven Helden in Ulfo schaffen wollte. Dem widerspricht auch Luigi Quattrocchi (Il teatro di Johann Elias Schlegel. Rom 1965), der Ulfo mit der Figur des Jago in Shakespeares „Otello" vergleicht und dabei resümierend feststellt: „Ulfo non è l'eroe del male." (Ulfo ist nicht der Held des Bösen.) A. a. O., S. 69. Wie sehr sich jedoch bereits die Sturm-und-Drang-Bewegung von Schlegels Intention entfernte, beweist eine 1780 entstandene Prosafassung des „Canut", worin sich Ulfos *genialische* Züge verstärkt finden, wogegen Canuts Gestalt ganz in den Hintergrund tritt. Steinmetz, S. 127

er vorsteht, und schützt seine Untertanen, wie es als Ideal bereits in dem zuvor besprochenen Gedicht „Das Glück Mitbürgern zu gehorchen"[661] beschrieben ist. In diesem Werk erscheint auch schon die antithetisch gezeichnete Figur des Tyrannen vorgezeichnet, des Eindringlings, der sich das Recht auf Herrschaft gewaltsam aneignen will. Als solchen erkennen wir den Ulfo des Dramas.

Ulfo vertritt eine soziale Ordnung, die längst überwunden und archaisch geworden ist. Die Nationbildung hat sich durch die Reichsgründung des mittelalterlichen Canut längst vollzogen, und deshalb stoßen Ulfos Aufbegehren, sein Egoismus und seine Ruhmsucht auf Ablehnung und Befremden.[662] Ulfo erscheint als unbelehrbarer Anhänger des Alten. G. L. Jones schreibt dazu:

> for Schlegel, Ulfo is not a modern character but the representative of a social order which is gradually being superseded. *Ulfo represents the dying world of aristocratic values.* He is no social revolutionary: on the contrary, he would dearly like to occupy Canut's throne. Paradoxically, it is Canut who symbolizes the new world of 'middle-class' (i. e. human) values, a world in which subjects cast aside their servility and the monarch's main concern is to promote their well-being.[663]

Die Handlung wird von Ulfos Umtrieben vorangebracht, die darauf hinauslaufen, Canuts Herrschaft zu brechen. Neben der Antithese tritt also auch die Wiederholung oder Reihung als wesentliches Strukturprinzip der Handlung deutlich hervor.[664] Im Prinzip von Rede und Gegenrede entfalten sich die unterschiedlichen Ansichten aufs schärfste. Kurt May hat darauf hingewiesen, daß sich Ulfo gerade auch sprachlich von den übrigen Figuren des Dramas absondert.[665] In den Dialogen entwirft er Antithesen und Antinomien, um seine grundsätzlichen und abweichenden Standpunkte klarzumachen.[666] Die meistbenutzten Worte Ulfos sind „Ruhm", „Muth", „Blut", „Fluch" und „Wunde", und der Lautwert des Vokals „u" charakterisiert Ulfo noch zusätzlich negativ.[667]

Die Sprache Canuts beschreibt dagegen, seiner *statischen* Haltung entsprechend, die „Diktion der objektiven Distanz", einen „objektiven Sentimentalismus",[668] welcher kaum Verben und Adjektive, dafür aber umso mehr Nomen aufweist.[669] Canut ist der von Vernunft durchdrungene und vom Glauben an die Macht der Humanität überzeugte, gütige und nach Möglichkeit großmütig vergebende Herrscher,[670] dessen

---

[661] Werke, IV. Band, S. 132ff.

[662] Vgl. dazu die Reaktion Godewins auf Ulfos Vorwürfe, ebd., S. 241

[663] G. L. Jones: Johann Elias Schlegel: „Canut". The Tragedy of Human Evil. In: Lessing Yearbook 6 (1974), S. 150 - 161. Hier: S. 159, Hervorhebungen von d. Verf.

[664] Wolf, S. 141f.

[665] Vgl. May, S. 269f.

[666] Vgl. als Beispiel Werke, I. Band, S. 274f.

[667] Ebd., S. 278

[668] Ebd., S. 275

[669] Ebd., S. 274

[670] Vgl. dazu z. B. Werke, I. Band, S. 232ff.; auf S. 251 heißt es: „Canut: Mein Herz ist stets gewohnt, aufrichtig zu verzeihn." Diese Aufrichtigkeit steht im Kontrast zu Ulfos Listenreichtum und gilt, wie auch Redlichkeit und Treue, explizit als bürgerliche Tugend. Vgl. dazu Fritz Brüggemann: Der Kampf um die bürgerliche Welt- und Lebensanschauung in der deutschen Literatur des 18. Jahrhunderts. In: DVjS 3 (1925), S. 94 - 127. Hier: S. 99

Reich jedoch aufgrund der Akzeptanz durch die Untertanen in sich gefestigt ist, so daß er sich solche Güte zumeist leisten kann, ohne die Herrschaftsstrukturen zu gefährden. Vernunft ist die Basis des Herrscher-Untertanen-Verhältnisses, und wechselseitiges Vertrauen ist seine Stütze, wodurch die Untertanen sozial eine Aufwertung erfahren. Gewalt findet keinen Raum in dieser Ordnung, und auch Krieg wird nur als Möglichkeit erwogen zum Schutz gegen äußere Feinde oder um der Gerechtigkeit zum Sieg zu verhelfen, wie im Fall des slawischen Prinzen Godschalk, dessen Vater von einem äußeren Feind erschlagen wurde, welcher nun Godschalks Erbreich und Thron besetzt hält. Canuts Bestreben ist es, ein Gemeinschaftsgefühl innerhalb seiner staatlichen Ordnung entstehen zu lassen, um Konflikte der *Staatsbürger* untereinander, die eigentlich durch die Kraft der Vernunft überwunden sein sollten, auszuschließen:

> Canut (zu Godewin): Tritt näher, Godewin, hier nimm dein Schwerd zurück,
> Dies fiel aus deiner Hand durch ein gerechtes Glück.
> Es war dir rühmlicher dies Schwerd besiegt zu verlieren,
> Als es zum Untergang des Nebenbürgers führen.
> Brauch künftig es allein für mich und für mein Reich,
> Aus Pflicht und nicht aus Zorn. Umarmt euch, liebet euch![671]

Weiter unten heißt es:

> Canut: Dem andern Unrecht thun, und noch sein Feind zu seyn,
> Ist nur dem Volk erlaubt, für Helden zu gemein.[672]

Canut, dessen Vorbildhaftigkeit und Tugend sich im Kontrast zu Ulfos Lasterhaftigkeit besonders offensichtlich entfalten, ist als Mensch und König - beide Funktionen verschmelzen eng miteinander[673] - ebenso vorbildlich wie die staatliche und moralische Ordnung, die er repräsentiert und deren Prinzip sich somit in seiner Figur gestaltet findet.[674] In den Augen der Untertanen hebt sich die Göttlichkeit einer derartig vernunftbegabten und gerechten Herrschaft besonders hervor, so daß der ideale König als Statthalter Gottes auf Erden erscheint:

> Godewin (zu Ulfo): Itzt wird er (Canut, d. Verf.) hier erscheinen.
> Auch sein Verzug bezeugt noch seine Gütigkeit;
> Er läßt noch dir zur Reu und uns zum Bitten Zeit.
> Hier kömmt er. Hat die Huld, die seine Stirne zieret,
> Für dich nur keinen Stral, der dich mit Ehrfurcht rühret?
> Ist den die Majestät, das Bild der Göttlichkeit,
> Das doch der Erdkreis ehrt, für dich nur nicht geweiht?[675]

---

[671] Werke, I. Band, S. 254

[672] Ebd., S. 255. Vgl. auch S. 247

[673] Nur ein vorbildlicher Mensch kann ein vollendeter König sein, und als solcher bewährte er sich bereits, da ihm bisher keine Schwäche anzulasten war: „Canut (zu Estrithe): Was du dem Bruder sagst, wird nie der König rächen." A. a. O., S. 249. In Canut befindet sich Humanität und Regentschaft im Einklang; das Prinzip der Vernunft findet sich als ihre Grundlage vorbildlich ausgeprägt.

[674] Schulz, S. 91

[675] Werke, I. Band, S. 277

Canut ist schließlich durch Ulfos Unbeugsamkeit dazu gezwungen, ihn zum Tod zu verurteilen, da er sich als unbelehrbarer Störenfried der Ordnung erweist:

> Canut: Du sprichst von deinem Ruhm, und schweigest vom Vergehen.
> Sprich! reut dich dein Versehn?
> Ulfo: Ich kenne kein Versehen.
> Erkenn entwaffnet noch des Überwinders Hand,
> Den nicht die Tapferkeit, nur Macht und Menge band.
> Was meinen Ruhm erhebt, hab ich mich stets erkühnet;
> Thu nun, was deinem Ruhm und deinem Throne dienet!
> Canut: Nehmt den Unwürdigen vor meinen Augen fort!
> Der Tod ersticke noch sein letztes stolzes Wort!
> Er müsse durch sein Blut der Welt die Lehre geben:
> Wer nicht will menschlich seyn, sey auch nicht werth, zu leben.[676]

Dennoch betrübt es den Canut, daß er durch Ulfo gezwungen ist, von seiner üblichen Milde abzuweichen und die Todesstrafe zu verhängen:

> Canut: Von allem, was das Glück den Fürsten übergeben,
> Ist das Betrübteste das Recht auf Tod und Leben.
> Es dringt uns Strafen ab, und weist uns zu unserer Pein
> Dem Mitleid, das uns rührt, auch Unrecht im Verzeihn.[677]

Der Dichter konzipierte das Drama „Canut" als Festspiel zu Ehren des dänischen Königshauses anläßlich der Wiedereröffnung des Theaters in Kopenhagen im Jahre 1747.[678] Der Handlung vorangestellt ist eine „Anrede Canut des Großen an Se. Majest. Friedrich den Fünften, König in Dänemark, Norwegen x",[679] worin Friedrich in Canut antizipiert erscheint. Das Bild des idealen Herrschers, der über die Völkervielfalt des „Helstat" integrativ wirkend regiert und so den dänischen Staat in seiner Einheit erhält, entsteht vor den Augen des Lesers:

> Canut: Mein Geist erblickt vergnügt, aufmerksam, hoffnungsvoll
> Dich, Friedrich, auf dem Thron, der durch dich prangen soll.
> Ich weide mich an dir, und such in deinen Werken.
> Dein Anfang läßt mich schon Fleiß, Recht und Güte merken.
> ...
> Du fühlst, wie schön es sey, für frohe Völker wachen,
> Ein ganzes Reich erfreun, und Herzen glücklich machen,
> Mit ernster Weisheit sich der Menschenliebe weihn,
> Ihr Vater, Sorger, Freund, und auch ihr Beyspiel seyn;
> Und treibt ein strenger Zwang das Rachschwerd nicht zum Kriegen,
> Durch seiner Länder Flor bloß über andre siegen?
> ...
> Die Welt muß dankbar seyn, wenn man sie glücklich macht.
> Vielleicht wird sie dereinst mich darum seltner nennen,

---

[676] Ebd., S. 279
[677] Ebd., S. 280
[678] Paulsen, S. 33
[679] Vgl. Werke, I. Band, S. 219f.

> Wenn sie, was mich erhub, an dir wird finden können,
> Und zur Ermunterung, an meines Ruhmes statt,
> In deinen Tugenden ein näher Beispiel hat.
> Wie glücklich säh ich dann auch meinen Ruhm begraben,
> Zufrieden, was du thust, vor dem gethan zu haben;
> Erblicke nur dein Reich im fünften Friederich
> Mich wieder auferweckt, und größer noch als mich!

Das Drama „Canut" war also vor allem zur sittlichen Erbauung und moralischen Belehrung des regierenden dänischen Königs Friedrich V. und seiner - bürgerlichen - Untertanen gedacht. Die Wechselwirkung zwischen Monarch und Untertan, zwischen dem Ersten Bürger und den Staatsbürgern, ist jedoch nur dann als erfolgbringend denkbar, wenn Pflichtbewußtsein und die Einsicht in das allgemeine Wohl das Fundament der politischen Ordnung sind, wofür Canut das ex negativo aus Ulfos Figur heraus entwickelte Prinzip verkörpert.[680] Schon im III. Beitrag zum „Fremden" nennt Schlegel den vernünftigen und friedfertigen Fürsten als Ideal des Herrschers:

> Ein friedlicher Held muß die Gesetze eines Landes gänzlich erneuert und die Errichtung desselben umgegossen haben, ehe er die Aufmerksamkeit eines Geschichtsschreibers auf sich zieht, der auf der andern Seite gleichwohl die Eroberung oder den Verlust der kleinsten Oerter bemerket. Dem ungeachtet ist es eine eben so große Geschicklichkeit, die innere Beschaffenheit eines Landes vor allerley kleinen Uebeln zu bewahren, die mit der Zeit nachwachsen könnten, als es vor einem Feinde zu vertheidigen. Wenn man ebenso geneigt wäre, dasjenige, was ein Herr zum Besten des menschlichen Geschlechts oder seiner Unterthanen gethan hat, aufzuzeichnen, als man bereit ist, der Mordbegierde Denkmale zu schreiben; so würden die Gesetze, die in einem Lande nach und nach gegeben werden, eine Geschichte veranlassen, die eben so nützlich seyn könnte, als die Erzehlungen von den Kriegen und Veränderungen der Reiche.[681]

Das archaische, *adelige* Streben nach dem persönlichen Nutzen wird gegenüber der modernen Staatsauffassung zurückgewiesen, die *bürgerlich* ist und die Solidarität innerhalb einer Gemeinschaft propagiert, deren *primus inter pares* der Herrscher ist.

Aus der Interpretation der Werke Schlegels läßt sich ersehen, daß der Dichter sein Werk dem Erziehungs- und Aufklärungswillen seines Zeitalters unterwarf, wobei die Forderung nach einem staatskonformen Verhalten sowohl an den Fürsten, der gerecht regieren soll, als auch an die Untertanen, die dem Vaterland pflichtschuldigst dienen sollen, ergeht. Dahinter steht das bürgerliche Ideal eines vernünftigen Zusammenwirkens beider politischer Kräfte, wodurch sich Schlegels Werk durchaus als gesellschaftspolitisch relevant einstufen läßt.

---

[680] Auch in den Gedichten „Cantate Auf das Geburtsfest der Kronprinzeßin von Dänemark. Den 18. December 1743" (Werke, IV. Band, S. 217ff.) und „Auf die Geburt des Kronprinzen von Dänemark. Den 29. Januar 1749 auf der Sorøschen Ritterakademie verlesen" (ebd., S. 136ff.) ergeht die Forderung nach „der Fürsten Freundlichkeit" (S. 218), nach Huld und Gnade (ebd.), damit das Wohl des Landes und der Untertanen gedeihen möge.

[681] Werke, V. Band, S. 27f.

Kosmopolitismus und Nationalgefühl: Johann Elias Schlegel in Dänemark

Die Belesenheit Schlegels sowie seine prinzipielle Offenheit für Kultureindrücke jeder Art lassen ihn über das Drama Gottschedischer Prägung hinausgehen und für jedes einzelne Werk die geeignete Struktur wählen.[682] Die Kritik an seinem Festhalten an der traditionellen Form des Trauerspiels, das sich entgegen seinen theoretischen Äußerungen deutlich macht in seiner Rezeption des französischen Vorbilds,[683] läßt den Umstand außer acht, daß Schlegel sein Publikum erreichen wollte, an dessen Geschmack er sich orientierte und das er allmählich von seiner Vorstellung des Theaters zu überzeugen gedachte, wie er es in der Schrift „Gedanken zur Aufnahme des dänischen Theaters" formulierte.[684] Die Reform des Theaters, die sich, wie im übrigen auch jede Kritik Schlegels, an der Theaterpraxis orientieren sollte, mußte deshalb schrittweise und für das Publikum nachvollziehbar erfolgen. Jedoch finden sich im Werk Schlegels bereits eindeutige Neuansätze, etwa die Charakterzeichnung betreffend, die Schlegel gegenüber dem Primat der Handlung, wie ihn Gottsched formuliert hatte,[685] emanzipierte. Diese hervorragende Stellung der Charaktere ist im Lustspiel wie im Trauerspiel gleichermaßen vorhanden, wofür man die Einflüsse Holbergs und Molières[686] sowie Shakespeares verantwortlich machen kann. Schlegels Bedeutung für das deutsche Theater liegt jedoch vor allem auf theoretischem Gebiet;[687] sein früher Tod verhinderte ein folgerichtiges, konsequentes Umsetzen dieser Ideen in die Theaterpraxis, wie es im Ansatz jedoch erkennbar ist.

Die Zeitgenossen und direkten Nachfolger Schlegels nahmen das Drama „Canut" zwiespältig auf. Dem Lob Gottlob Samuel Nicolais (1733 - 1811)[688] folgt Lessing in der „Hamburgischen Dramaturgie" zwar nach, steht dem Drama aber insofern skeptisch gegenüber, als Schlegel seines Erachtens nicht die richtige Mischung aus guten und schlechten Eigenschaften seiner Dramenfiguren erzielt habe.[689] Den Wert besonders seiner dramentheoretischen Schriften erkennen gleichfalls Lessing und Nicolai, aber auch Mendelssohn und Schiller an, doch schon zur Zeit des Sturm und Drang ist Schlegel nahezu vergessen.[690] Erst im 19. Jahrhundert werden Schlegels Werke, die theoretischen so gut wie die poetischen, wiederentdeckt.[691]

Die Forschung des 20. Jahrhunderts sieht in Schlegel zu Recht einen exponierten Wort- und Formschöpfer seiner Zeit, der sich sowohl bezüglich der Erweiterung

---

[682] Schulz sieht in Schlegels Trauerspielen eine „individuelle Ausgestaltung des mit der frühaufklärerisch-rationalistischen Poetik gesetzten Rahmens." A. a. O., S. 8

[683] Vgl. z. B. Söderhjelm, S. 101

[684] Vgl. Werke, III. Band, S. 278ff.

[685] Vgl. Wilkinson, S. 38

[686] Söderhjelm, S. 39, S. 62, S. 70 u. ö.

[687] Salzbrunn, S. 184

[688] Nicolai urteilte über den „Canut": „Der Canut ist das einzige gewissermaßen vollkommene Stück, das wir mit den Trauerspielen der Ausländer vergleichen können." In: Briefe über den itzigen Zustand der schönen Wissenschaften in Deutschland, Berlin 1755, S. 123, zit. nach Peter Wolf: Die Dramen Johann Elias Schlegels. Ein Beitrag zur Geschichte des Dramas im 18. Jahrhundert. Zürich 1964, S. 172

[689] Vgl. Salzbrunn, S. 177. Lessing war jedoch tief beeindruckt von dem theoretischen Vorgehen Schlegels, und auf der ersten Seite seiner Ankündigung der „Hamburgischen Dramaturgie" nahm er auf Schlegels Aufsatz „Gedanken zur Aufnahme des dänischen Theaters" Bezug. Eaton: Johann Elias Schlegel and German Literature, a. a. O., S. 245; Wilkinson, S. 99f.

[690] Salzbrunn, S. 179f.

[691] Vgl. hierzu Eichner, S. 163

poetischer Ausdrucksfähigkeit des Deutschen[692] als auch der Ansätze zur Schaffung eines dem Ausland ebenbürtigen deutschen Nationaltheaters[693] große Verdienste erworben hat.

Nachdem in der Interpretation der Dramen versucht wurde, die wesentlichen Merkmale der Handlungsstruktur und der Personenführung darzulegen, die in dem *deutschen* Drama „Herrmann" sowie in dem *dänischen* Trauerspiel „Canut" im groben Ansatz übereinstimmen, stellt sich an dieser Stelle die Frage, ob sich in Schlegels Werk spezielle *nationale* Charakteristika feststellen lassen und ob seine *dänischen* Werke auch als solche zu verstehen sind. Insbesondere ist von Interesse, wie die dänische Umgebung auf Schlegel wirkte, sowohl in geistiger als auch in materieller Hinsicht, etwa bezüglich seiner Kontakte zu dänischen Gelehrten, wobei vor allem Hans Gram zu nennen wäre, oder seinen Bemühungen um eine Anstellung in dänischen Diensten, wofür er sich durch seine in Dänemark verfaßten und von uns besprochenen Werke zu empfehlen suchte.

Wie anhand der Beiträge zum „Fremden" sowie in den „Gedanken zur Aufnahme des dänischen Theaters" deutlich wurde, erkennt Schlegel durchaus nationale Unterschiede der Völker untereinander an, die er jedoch nicht negativ wertet, sondern als natürliches Ergebnis der Geschichte und Tradition eines jeden Volks verstanden wissen will. So vermischt er auch nicht willkürlich germanische und nordische Kultur miteinander, sondern gesteht jeder Überlieferung ihre Eigenart zu, betont diese sogar ausdrücklich. Aus dem abweichenden Kulturbewußtsein ergibt sich, daß Schlegel auch hinsichtlich des dänischen Publikums grundsätzlich andere Interessen in bezug auf dramatische Stoffe annimmt, als er Engländern, Franzosen und Deutschen unterstellen würde,[694] ein Ansatz, der zugleich die selbstgestellte Forderung Schlegels erfüllt und einschränkt. Zum einen findet sich in dem Drama „Canut" ebenso wie in dem Dramenfragment „Gothrika" die „Helstat"-Ideologie problematisiert, die als spezifisch dänische Zutat den Stoff an sich über seinen eigentlichen Gehalt hinaus erhöht. Andere Inhalte sind von weniger spezifisch nationaler Intention: Die Liebe zum Vaterland und ihre Realisierung durch Fürsten und Untertanen etwa ist ein Thema, das keineswegs dezidiert national zu fixieren ist, sondern das vielmehr in einer Zeit, in der der *Aufgeklärte Absolutismus* in fast allen Staaten Europas die Grundlage der Regierung bildete, den Gegenstand vielfältigster Betrachtungen und Diskussionen abgab, gerade auch unter den bürgerlichen Intellektuellen, die politisch wenig Einfluß hatten und sich nur im Rahmen der Dichtung eine Stimme verschaffen konnten, wenn sie überhaupt ihre politisch-sozialen Vorstellungen öffentlich machen wollten. Solches ist im Fall Schlegels festzustellen.[695]

---

[692] Vgl. Paulsen, S. 102

[693] Quattrocchi, S. 72; Eichner, S. 173

[694] Schubert bemerkt dazu: „Nationale Unterschiede der Poesie bedingen keinen unterschiedlichen Wert und verstoßen nicht gegen die Wahrscheinlichkeit, da sie nichts Absolutes ist, sondern sich nach den Begriffen des Publikums relativiert, die wiederum von seinen Sitten und Lebensgewohnheiten abhängen." Schubert, S. 197

[695] Man vergleiche etwa, welchen Stellenwert die Pflicht im Werk Schlegels einnimmt, die als *bürgerliche Tugend* im Sinne des vorbildlichen Einsatzes fürs Vaterland ausgedeutet werden kann, gegen die sich die „adeligen" Verräter im eigenen Lager jedoch sperren. Es ist bezeichnend für den Fortschrittsoptimismus der Aufklärung und die Stärke der Vision Schlegels, daß das jeweilige junge, unverbrauchte (= bürgerliche und vernünftige) Prinzip nach schwerem Kampf den Sieg davonträgt.

Es war Schlegel deshalb möglich, die dänischen Quellen ebenso schlüssig und problemlos zu verwerten wie die deutschen, weil gerade nicht patriotische Bestrebungen hinter der Stoffwahl standen, sondern lediglich das Wiedererkennen der Geschichte durch das Publikum angestrebt wurde, dem sich durch den Bekanntheitsgrad des Dargestellten die die Gestaltung durchdringende sittlich-moralische Lehre leichter erschließt.[696] Nur so erklärt sich, daß ein Drama, welches ein Stück dänischer Nationalgeschichte zum Vorwurf hat, auch im deutschen Kulturraum erfolgreich sein konnte: Zumindest der Grundtenor seiner Botschaft war für jeden Europäer zu verstehen, der mit dem System des *Aufgeklärten Absolutismus* vertraut war, nur, daß der nichtdänische Zuschauer noch dazu eine Episode aus der Geschichte und der Ideengeschichte Dänemarks kennenlernte. Obwohl sich Schlegel also intensiv mit dem Problem der nationalen Identität anläßlich seines Umzugs nach Kopenhagen beschäftigte, wo er der Fremde und seinem Gastland zumindest Höflichkeit und gastgemäßes Verhalten schuldig war, blieben seine Werke doch von der Haltung des zeitgenössischen Kosmopoliten geprägt, dem nicht an der Betonung der nationalcharakterlichen Unterschiede im Sinne einer Abwertung und Entfremdung gelegen war, sondern dem es darauf ankam, defizitäre Mängel an Vernunft und Wissen durch allgemeinverständliche Belehrungen und Anweisung auszugleichen.

Wie die Aufsätze, die im Rahmen des „Fremden" entstanden, deutlich machen, stand Schlegel seinem dänischen Gastland keineswegs gleichgültig gegenüber. Man erkennt in diesen Aufsätzen sowie in dem Drama „Canut" das Bestreben Schlegels, sein Wissen über und seine Erfahrung mit Dänemark zu verarbeiten, und der Leser erkennt darin die rege Lernwilligkeit des Autors und Dichters Schlegel, der den in Dänemark ansässigen Deutschen ein sozusagen wissenschaftliches Dänemarkbild vermitteln, dem dänischen Publikum ein seinem Charakter entsprechendes Drama schenken und sich dadurch und indem er der „Helstat"-Ideologie derart positive, lobende Züge abgewinnt auch für eine offizielle Stellung in Dänemark empfehlen will, wie er sie 1747 an der Ritterakademie zu Sorø tatsächlich erhielt. Trotz dieser einschränkenden Anmerkung scheint uns das Werk Schlegels doch primär von dem Bestreben geprägt, die dänische Kultur an die in Dänemark lebenden Deutschen heranzutragen, um ein wohlwollendes Verständnis für die kleinere, nicht aber - und hier folgt Schlegel im Geiste Holbergs Bestrebungen[697] - bedeutungslosere Nation in ihnen zu erwecken.

---

[696] Steinmetz schreibt dazu: „Vielmehr stellt das nationale Element als Ingredienz der Dichtung in der Regel ein Moment nicht des Nationalismus, sondern allein der Poetik dar, ja, noch allgemeiner, ein Moment innerhalb des umgreifenden kosmopolitischen Erziehungs- und Bildungsprogramms der Aufklärung. ... Zur Nationalgeschichte greift der Dichter nicht aus Gründen patriotischer Erbauung oder vaterländischer Begeisterung. Auch die Nationalgeschichte bleibt letztlich für Schlegel ein Material-Magazin. ... Ebensowenig wie „Herrmann" als politisch-patriotisches Drama der Deutschen gedacht war, sollte auch „Canut" die Dänen zur Besinnung auf ihre historisch-nationale Vergangenheit und Gegenwart ermuntern." A. a. O., S. 118 und S. 122f.

[697] Vgl. Kapitel 4 dieser Arbeit.

7
„Auch meinem Vaterlande sangen Barden,/Und, ach, ihr Gesang ist nicht mehr"[698]

Friedrich Gottlieb Klopstocks historisch-philologische Bemühungen um eine deutsche Identität

Die zu Lebzeiten bereits umstrittene Dichterpersönlichkeit Friedrich Gottlieb Klopstock (1724 - 1803) ist in verschiedener Hinsicht für die Forschung zu einem bemerkenswerten Objekt der Betrachtung geworden,[699] und oftmals war es eher seine Wirkung als sein Werk, das zur Aussage über seine Person diente.[700] Der Dichter des erfolgreichen und vielbeachteten „Messias"-Epos, der Bardiete um den Cheruskerfürsten Hermann und zahlreicher Oden, aber auch sprachwissenschaftlicher Abhandlungen und der „Deutschen Gelehrtenrepublik" vermochte niemals seinen politischen und seinen praktischen Sinn zu verleugnen; seine idealistisch-humanitätsorientierten, fortschrittsoptimistischen politischen und sozialen Vorstellungen standen nicht im Widerspruch zu einem bodenständigen wirtschaftlichen Sinn, der dem Bestreben entwuchs, die dichterische Berufung zum

---

[698] Klopstocks sämtliche Werke. Vierter Band. Leipzig 1854, S. 202

[699] Die ältere Forschung bestimmte Klopstocks Persönlichkeit seiner Dichtung „Der Messias" entsprechend als die des „heiligen Dichters" (vgl. etwa Leopold Magon: Ein Jahrhundert geistiger und literarischer Beziehungen zwischen Deutschland und Skandinavien 1750 - 1850. Erster Band: Die Klopstockzeit in Dänemark. Johannes Ewald. Dortmund 1926, S. 88; Karl Kindt: Klopstock. Berlin 1941, S. 320, S. 324 und S. 326; Friedrich Beißner: Klopstock als Erneuerer der deutschen Dichtersprache. In: Zeitschrift für Deutschkunde 56 (1942), S. 235 - 240. Hier: S. 236; Karl August Schleiden: Klopstocks Dichtungstheorie als Beitrag zur Geschichte der deutschen Poetik. Saarbrücken 1954, S. 86f.), doch hebt die Forschung auch sein Engagement für die deutsche Nation und seine humanistischen Bemühungen hervor (vgl. z. B. Heinz Kindermann: Klopstocks Entdeckung der Nation. Danzig 1935, S. 14; Friedrich Beißner: Klopstocks vaterländische Dramen. Weimar 1942; Joachim Müller: Revolution und Nation in Klopstocks Oden. In: Ders.: Wirklichkeit und Klassik. Berlin 1955, S. 63 - 115; Jean Murat: Klopstock. Les thèmes principaux de son œuvre. Paris 1959, S. 258ff.; Walter Hinderer (Hrsg.): Geschichte der politischen Lyrik in Deutschland. Stuttgart 1978, S. 128, S. 150 und S. 153ff.; Harold T. Betteridge: Klopstocks Wendung zum Patriotismus. In: Friedrich Gottlieb Klopstock. Werk und Wirkung. Wissenschaftliche Konferenz der Martin-Luther-Universität Halle-Wittenberg. Berlin 1978. Hrsg. von Hans-Georg Werner, S. 179 - 184). Die jüngere Forschung betont die engagierte Einbindung Klopstocks in sein sozialhistorisches Umfeld (s. u. a. Helmut Pape: Die gesellschaftlich-wirtschaftliche Stellung Friedrich Gottlieb Klopstocks. Bonn 1962; Ders.: Klopstocks Autorenhonorare und Selbstverlagsgewinne. Frankfurt/Main 1969; Ulrich Dzwonek/Claus Ritterhoff/Harro Zimmermann: „Bürgerliche Oppositionsliteratur zwischen Revolution und Reformismus." F. G. Klopstocks „Deutsche Gelehrtenrepublik" und Bardendichtung als Dokumente der bürgerlichen Emanzipationsbewegung in der zweiten Häfte des 18. Jahrhunderts. In: Literaturwissenschaft und Sozialwissenschaften 3: Deutsches Bürgertum und literarische Intelligenz 1750 - 1850. Hrsg. von Bernd Lutz. Stuttgart 1974, S. 277 - 328; Peter Rühmkorf: Walther von der Vogelweide, Klopstock und ich. Reinbek 1975)

[700] Vgl. dazu Jürgen Behrens (Hrsg): Briefwechsel zwischen Klopstock und den Grafen Christian und Friedrich Leopold zu Stolberg. Neumünster 1964; Annelen Kranefuß: Klopstock und der Göttinger Hain. In: Walther Hinck (Hrsg.): Sturm und Drang. Kronberg/Ts. 1978, S. 134 - 162; Richard Alewyn: „Klopstock". In: Euphorion 73 (1979), S. 257 - 364

Brotberuf zu machen.[701] Dem entsprach sein völlig neues, geradezu revolutionär zu nennendes Verständnis der Funktion des Dichters, welches sich in der Zeit des ausgehenden 18. Jahrhunderts am wachsenden Selbstbewußtsein des Bürgers orientierte und den eigenen Wert nicht mehr aus der Konfrontation mit dem höfischen Leben und dem Mäzenatentum zu beziehen suchte, sondern die Fixierung darauf geradezu ablehnte. Versteht man somit Klopstocks Dichterbild als Reflex der sich im ausgehenden 18. Jahrhundert allmählich vollziehenden sozialen Veränderungen in „Deutschland",[702] scheint es nicht verwunderlich, gerade in Klopstock einen engagierten Verfechter integrativer, bisher unterprivilegierte Gruppen aufwertender Ideologien zu finden, und in diese Richtung zielt auch sein Bemühen um ein verbindliches Verständnis alter „deutscher" Geschichte und Kultur, aus welcher die deutsche Nation ihre Identität schöpfen sollte. Die Entwicklung eines diesbezüglichen ideologischen Konzepts im Zusammenhang mit seinem knapp zwanzig Jahre währenden Aufenthalt in Dänemark wird im Rahmen dieser Untersuchung von besonderem Interesse sein.

Der Dichter wurde 1724 als Sohn des fürstlich-mansfeldischen Kommissionsrats Gottlieb Heinrich Klopstock und seiner Frau in Quedlinburg geboren. Die dort seit der Mitte des 17. Jahrhunderts ansässige Familie war zu dieser Zeit bereits wohlhabend und gutsituiert; der Vater hatte eine Vertrauensstellung als fürstlicher Stiftsadvokat inne, wodurch seine soziale Rolle in der Stadt bedeutend war.[703] Den Gipfel des für einen Bürgerlichen seiner Zeit möglichen gesellschaftlich-sozialen Aufstiegs erreichte er 1732, als er mit seiner Familie das von ihm gepachtete Amt „Friedeburg" bezog. Nach vier Jahren jedoch war sein Versuch, in die Sphäre großherrschaftlichen Gutsbesitzes eintreten zu können, bereits gescheitert: Auf heute nicht mehr zu rekonstruierende Weise verlor Klopstocks Vater sein Vermögen; der soziale und finanzielle Abstieg, begleitet von zahlreichen und langwährenden Schuldenprozessen, war nicht zu verhindern.

Friedrich Gottlieb Klopstock war deshalb während seiner gesamten Schul- und Studienzeit auf finanzielle Unterstützung durch Verwandte angewiesen und wurde - gleichfalls aus wirtschaftlichen Erwägungen heraus - von vornherein für die theologische Laufbahn ausersehen. Diese Entscheidung bedeutete einen massiven sozialen Einschnitt innerhalb der Familientradition, in der das teurere juristische Studium üblich gewesen war.[704]

Von 1739 bis 1745 besuchte Klopstock die Fürstenschule zu Pforta. Seine dort gehaltene Abschiedsrede vom 21. September 1745 verdeutlicht bereits, welcher Plan den jungen Mann von dieser Zeit an beschäftigen sollte: Er strebte danach, ein episches Werk über einen erhabenen Gegenstand zu verfassen.[705] Dieses Vorhaben sollte sich in dem den Vorbildern Homer und Milton nachempfundenen, die Zeitgenossen tief beeindruckenden Hexameter-Epos „Der Messias" (in vier Teilen, publiziert 1751, 1755, 1768 und 1773) verwirklichen, an dem er seit 1745 arbeitete und das bereits in seinen

---

[701] Vgl. Pape: Klopstocks Autorenhonorare, a. a. O., S. 16, S. 33, S. 41ff. und S. 97ff.

[702] Vgl. besonders Dzwonek et al., a. a. O.

[703] Pape: Die gesellschaftlich-wirtschaftliche Stellung Klopstocks, a. a. O., S. 13

[704] Pape: Klopstocks Autorenhonorare, S. 13

[705] Vgl. Klopstocks Abschiedsrede über die epische Poesie, cultur- und litterargeschichtlich beleuchtet, sowie mit einer Darlegung der Theorie Uhlands über das Nibelungenlied begleitet von Albert Freybe. Halle 1868, S. 1 und S. 133

Abbildung 9: Friedrich Gottlieb Klopstock (1724-1803)

Anfängen die Mitwelt Klopstocks derart zu begeistern vermochte, daß sein Ruhm als Dichter bereits zu seiner in Leipzig verbrachten Zeit einsetzte.

In Leipzig hatte sich Klopstock 1746 immatrikuliert, nachdem er in Jena ein Jahr lang Theologie studiert hatte. Das Leben in Leipzig prägte ihn wesentlich; sein Bedürfnis nach einem von gesellig-freundschaftlichen und künstlerischen Kontakten bestimmten Lebensumfeld[706] zeigte sich bereits damals deutlich an. Klopstock schloß sich an die Herausgeber der von 1744 bis 1748 erschienenen „Bremer Beiträge" an, unter ihnen J. A. Cramer, J. A. Ebert, J. A. Schlegel und Chr. F. Gellert, die eine gottschedkritische Literaturauffassung pflegten. Insbesondere seine Freundschaft zu Johann Andreas Cramer (1723 - 1788), dem er durch seinen Einfluß 1754 den Ruf nach Kopenhagen erwirken konnte, wo Cramer als deutscher Hofprediger wirkte, vertiefte sich im Laufe der Zeit.[707]

---

[706] Vgl. Franz Muncker: Friedrich Gottlieb Klopstock. Geschichte seines Lebens und seiner Schriften. Stuttgart 1888, S. 51ff. und S. 57; Behrens, a. a. O., S. 54f.

[707] Vgl. dazu auch das folgende Kapitel dieser Arbeit über Carl Friedrich Cramer, den Sohn des Vorgenannten.

1748 wurden die ersten drei Gesänge des „Messias" in den „Bremer Beiträgen" veröffentlicht, deren Wirkung auch das Interesse für den jungen Dichter erwachen ließ, wobei die Frage nach einer wirtschaftlichen Absicherung Klopstocks besondere Bedeutung gewann, denn er sollte das Epos vollenden können, ohne von finanzieller Not beeinträchtigt zu sein. 1750 konnte er sich kurzzeitig der Unterstützung Johann Jakob Bodmers (1698 - 1783) in Zürich anvertrauen; im Februar 1751 endlich nahm er das bereits im August des Vorjahres an ihn ergangene Angebot des dänischen Hofes an, ihn bis zur Fertigstellung seiner „Messiade" durch eine Pension zu unterhalten.[708] Im April 1751 traf Klopstock in Kopenhagen ein und verblieb dort, allen anfänglichen Bedenken zum Trotz, bis zur Amtsenthebung Johann Hartwig Ernst von Bernstorffs (1712 - 1772), seines großen Förderers und persönlichen Freundes, im Oktober 1770.

Sein weiteres Leben verbrachte Klopstock in Hamburg, bis an sein Lebensende von der erwähnten dänischen Pension ernährt. Sein Engagement galt in dieser Zeit im wesentlichen der „deutschen" Sache; seine Schriften und Dichtungen umkreisen den Themenbereich des Vaterlands, seiner Sprache und seiner Kultur. Die gesellschaftliche Aufwertung der bürgerlichen Intelligenz wurde in der „Deutschen Gelehrtenrepublik" (1774) thematisiert, in der ihre Organisation als Grundbedingung der öffentlichen Wirksamkeit manifestiert erscheint. Klopstocks intensive Beschäftigung mit der deutschen Sprache zum Zweck ihrer Ausbildung zur vollgültigen Dichtersprache[709] und mit einer inhaltlichen und formalen Neudefinition der Ode als Mittel persönlichen Gefühlsausdrucks innerhalb der Lyrik[710] läßt sich ebenso verfolgen wie die Erforschung altgermanischen und keltischen Kulturguts,[711] und vielfältig schlug sich die Schlacht im Teutoburger Wald in seinen Werken nieder.[712] Auch machte die Französische Revolution zunächst einen starken Eindruck auf den Dichter - in ihr schienen sich seine humanistischen Ideale zu verwirklichen, und hart beklagte Klopstock den Umstand, daß es nicht die deutsche Nation war, die diesen richtungsweisenden gesellschaftlichen Umbruch in eine freie, gleiche und brüderliche Zukunft vollzogen hatte.[713]

---

[708] Der dänische Hof war selbst stark deutsch geprägt, zum einen durch die Herkunft der Königsfamilie aus dem Holsteinischen, aber auch durch seinen Regierungsstab, der größtenteils deutschstämmig war. Das Interesse an dem deutschen protestantischen Dichter muß von daher nicht verwundern.

[709] Vgl. dazu etwa die „Fragmente über die deutsche Sprache" (1779 und später) sowie die „Grammatischen Gespräche" (ersch. 1794 und später) und die Darstellungen Friedrich Beißners (Klopstock als Erneuerer der deutschen Dichtersprache, a. a. O.) und Karl Ludwig Schneiders (Klopstock und die Idee der Erneuerung der deutschen Dichtersprache im 18. Jahrhundert. Heidelberg 1965).

[710] Vgl. Karl August Schleiden: Klopstocks Dichtungstheorie, a. a. O., S. 31; Hans-Georg Werner: Klopstock und sein Dichterberuf. In: Weimarer Beiträge 20 (1974), S. 5 - 38. Hier: S. 25f.

[711] Karl August Schleiden: Friedrich Gottlieb Klopstock. Der Begründer der neueren deutschen Dichtung. In: Deutschunterricht 8 (1956), S. 23 - 46. Hier: S. 27; Karl Mickel: Gelehrtenrepublik. In: Heinz Ludwig Arnold (Hrsg.): Friedrich Gottlieb Klopstock. München 1981 (ed. text und kritik), S. 82 - 96. Hier: S. 84

[712] An dieser Stelle sind vor allem die Oden „Hermann und Thusnelde" (1752), „Hermann" (1767) und „Hermann aus Walhalla" (1794) sowie die Bardiete „Hermanns Schlacht" (1769), „Hermann und die Fürsten" (1784) und „Hermanns Tod" (1787) zu nennen.

[713] Vgl. die Ode „Sie und nicht wir" (1790). „Deutsch" und „französisch" empfindet Klopstock im übrigen nicht, wie viele Zeitgenossen, als widersprüchliche nationale Differenzierungen; vielmehr seien beide Nationen einen Ursprungs, nämlich des fränkischen. Vgl. die Ode „An Cramer, den Franken", worin die von Klopstock gedachte Assoziation deutlich hervortritt.

Friedrich Gottlieb Klopstocks historisch-philologische Bemühungen... 131

Das Selbstverständnis des Dichters Klopstocks, dem vor allem aufgrund seiner pietistischen Prägung[714] messianisch-prophetische Züge zugeschrieben werden können,[715] und das durch die zukunftsweisende, das lyrische Ich sowie das Vaterland exponiert darstellende Art seiner Dichtung erworbene Charisma des „Messias"-Dichters, als der er im wesentlichen galt,[716] haben ihre Wirkung auf die Mitwelt nicht verfehlt.[717] In seinem Dunstkreis bildete sich der „Göttinger Hainbund", dessen Name direkt auf die Bardendichtung Klopstocks Bezug nimmt. Dem Bund war die vaterländische Aussage jedoch fast wichtiger als das eigentliche dichterische Vorbild Klopstocks.[718] Ähnlich läßt sich in bezug auf die Bardendichtung der Nachfolger Klopstocks - des Paters Denis und Kretschmanns etwa - sagen, daß sich die Vorgabe schnell verselbständigte und nur am Rande Vorbildfunktion besaß.[719] Klopstocks Ruhm wurde auf diese Weise über sein eigentliches künstlerisches Verdienst hinaus gesteigert.

Diesem Umstand trug unter anderem auch das 1803 ungewöhnlich pompös ausgerichtete Begräbnis Klopstocks in Hamburg Rechnung.

Die Zeit des dänischen Aufenthalts Klopstocks ist in der Forschungsliteratur vielfältig reflektiert worden; immer wieder wird darin die Frage laut, inwiefern sich aus Klopstocks Präsenz in Kopenhagen Wechselbeziehungen zwischen seinem Wirken und der dänischen Kultur ergaben.[720] Dabei ist auffällig, daß ein eventueller Einfluß Klopstocks auf die dänischen Dichter und Schriftsteller seiner Zeit immer bereitwilliger bestritten wird, je williger man die Tatsache zu akzeptieren bereit ist, daß Klopstock nicht nur der über irdische Belange erhabene genialische Dichter des „Messias" war, sondern vor allem ein in sein Umfeld eingebundener Mensch, dessen Beruf die Dichtkunst war.[721] In Dänemark nämlich war Klopstock nicht so unumstritten, wie es noch Leopold Magon postulierte,[722] dessen heute noch bedeutsame Schrift „Die Klopstockzeit in Dänemark" sich sogar soweit vorwagt, in Ermangelung einer zeitgenössischen fortschrittlichen Literatur in Dänemark der Zeit

---

[714] Gerhard Kaiser: Klopstock. Religion und Dichtung. Gütersloh 1963, S. 132

[715] Werner, S. 7 und S. 20f.

[716] Vgl. Kindt, S. 7; Beißner: Klopstock als Erneuerer, S. 236

[717] Vgl. etwa Thomas Höhle: Klopstock in seiner Zeit. In: Klopstock. Werk und Wirkung. A. a. O., S. 97 - 114; Kranefuß, S. 136 und S. 153; Hinderer, S. 150ff.

[718] Kranefuß, S. 139f.

[719] Vgl. Fritz Strich: Die Mythologie in der deutschen Literatur. Von Klopstock bis Wagner. 2 Bände. Unveränderter reprographischer Nachdruck der 1. Auflage Halle 1910, Tübingen 1970, 1. Band, S. 64ff.

[720] Vgl. Franz Muncker, S. 250ff.; Leopold Magon: Aus Klopstocks dänischer Zeit. In: Germanisch-Romanische Monatsschrift 12 (1924), S. 264 - 277; Magon: Klopstockzeit, S. 86ff.; J. W. Eaton: Klopstock and Danish Literature. In: Germanic Review 3 (1928), S. 95 - 127; Deutsch-dänische Literaturbeziehungen im 18. Jahrhundert. Akten des Kolloquiums am 9. und 10. Oktober 1978 vom Institut für germanische Philologie der Universität Kopenhagen in Zusammenarbeit mit dem Deutschen Kulturinstitut Kopenhagen, veranstaltet und geleitet von Klaus Bohnen, Sven-Aage Jørgensen und Friedrich Schmöe. München 1979. Darin: Klaus Hurlebusch: Dänemark - Klopstocks „zweites Vaterland"? S. 75 - 104 und Leif Ludwig Albertsen: Ewalds Verskunst. Bermerkungen gegen die These vom großen Einfluß Klopstocks, S. 105 - 131; Harro Zimmermann: Zwischen Hof und Öffentlichkeit. Anmerkungen zu Klopstock und seinem Kreis in Dänemark. In: Text und Kontext 8 (1980), S. 7 - 42; Ders.: Freiheit und Geschichte. F. G. Klopstock als historischer Dichter und Denker. Heidelberg 1987, S. 64ff.

[721] Vgl. vor allem Albertsen, a. a. O.

[722] Magon: Klopstockzeit, S. 87f.; Ders.: Aus Klopstocks dänischer Zeit, S. 271

um 1750 - 1770 Klopstocks Prägung aufzupressen. Wie noch gezeigt werden soll, läßt sich mit Sicherheit behaupten, daß der Aufenthalt Klopstocks in ihrem Land für die Dänen bedeutend und anregend war hinsichtlich ihrer eigenen Identität und Sprache - in Fortführung jedoch der seit einem Jahrhundert sich vollziehenden Erforschung der vorzeitlichen Kulturzeugnisse.

Um Klopstocks Position, die er in Dänemark einnahm, besser definieren zu können, ist es hilfreich, die Trennung zwischen dem Dichter und dem Menschen Klopstock nachzuvollziehen, die Pape vorschlägt.[723] Der Dichter Klopstock nämlich mochte, da ein fortschrittlicher Repräsentant dänischer Literatur vor Johannes Ewalds (1743 - 1781) Wirken nicht auszumachen war, die aufklärerisch-rationalistische Literaturauffassung, wie sie Holberg vertrat, durch sein Wirken unabsichtlich in Frage gestellt haben[724] und weitere und neue Möglichkeiten aufzeigen, wie mit Stoff und Sprache dichterisch zu verfahren sei. Der Mensch Klopstock jedoch hatte Schwierigkeiten in einer Gesellschaft, die sich im Umbruch befand und in der sich die bürgerliche dänische Intelligenz gegen die bisherige Hierarchie, in der das deutsche Bevölkerungselement zumeist gegenüber dem dänischen Volksteil besser plaziert war, zur Wehr zu setzen suchte und deshalb in den Kategorien „deutschfreundlich" (= dem Adel zugeneigt) und „deutschfeindlich" (= dem dänischen Bürgertum gewogen) zu denken lernte. Dabei muß berücksichtigt werden, daß das dänische Großbürgertum dem Hof sehr zugetan war und in seinem Lebensstil den Adel zu imitieren versuchte.[725] Eine einheitliche Bürgerschicht gab es also auch in Dänemark nicht.

Wie im folgenden zu zeigen sein wird, ist es gerade dieser gesellschaftspolitische Aspekt, den sich Klopstock und sein Kreis im Umgang mit dem „zweiten Vaterland"[726] zueigen machten. Weniger Interesse bringt er für die zeitgenössische Kultur Dänemarks auf,[727] und inzwischen ist auch der von Magon behauptete große Einfluß Klopstocks auf Johannes Ewald[728] gründlich angezweifelt worden.[729] Zwar war er an der Errichtung einer „Dänischen Gesellschaft zur Beförderung der schönen Wissenschaften in der dänischen Sprache", die 1759 von Johann Andreas Cramer geplant wurde, sehr interessiert,[730] doch ist der Nachwelt auch überliefert, daß Klopstock die dänische Sprache nicht erlernte.[731] Auch seine Altertumsstudien befaßten sich eher mit dem keltischen „Kulturerbe" in der Art des Ossian und mit germanischen Überlieferungen sowie dem Zeugnis des Tacitus aus dieser Zeit als mit der nordischen Kulturtradition, die er im wesentlichen durch die Lektüre Mallets vermittelt bekam; vielleicht kannte er auch Petrus Resenius' Edda-Ausgabe.[732] Für

---

[723] Pape: Die gesellschaftlich-wirtschaftliche Stellung, a. a. O., S. 68ff. und S. 77ff.

[724] Hurlebusch, S. 95: „Seine Wirkung auf die zeitgenössische dänische Literatur ... erfolgte ohne Vorsatz des Dichters."

[725] Zimmermann: Zwischen Hof und Öffentlichkeit, S. 19ff.

[726] Von der Sprache der Poesie. Klopstocks Werke, Zehnter Band, Leipzig 1855, S. 202 - 214. Hier: S. 202

[727] Magon: Aus Klopstocks dänischer Zeit, S. 270; Eaton, S. 111

[728] Magon: Klopstockzeit, S. 227

[729] Vgl. Albertsen, a. a. O.

[730] Vgl. die Antwort auf einen diesbezüglichen Brief von Cramer, Werke, Zehnter Band, S. 308f.

[731] Eaton, S. 111

[732] Willy Scheel: Klopstocks Kenntnis des germanischen Altertums. In: Vierteljahrsschrift für Literaturgeschichte 6 (1893), S. 186 - 212. Hier: S. 195

Klopstock war es in Kopenhagen wiederum zur ersten Aufgabe geworden, sich mit einem zahlreichen Freundes- und Bekanntenkreis zu umgeben, der ihm die deutsche Heimat verkörpern und ersetzen sollte und seine Dichtungen würdigen und ihn zu weiteren Werken anzuregen vermochte.

Wie wichtig die Freundschaft und die Protektion der Staatsminister Bernstorff und Moltke letztlich für ihn waren, hat die bereits erwähnte Studie Papes klar ersichtlich gemacht.[733] Klopstocks Stellung in Dänemark sowie seine wirtschaftlichen Verhältnisse waren nicht klar definiert, und mehr als einmal mußte er fürchten, seiner Unterstützung durch den König verlustig zu gehen. Bis 1763 waren sein Leben und Wirken in Kopenhagen von keiner offiziellen Anstellung und keinem Titel begleitet, wodurch ihm jeder Anspruch auf eine amtliche Bestallung versagt blieb. Die vom dänischen König ausgesetzte, knapp bemessene Pension galt dem Dichter des „Messias", der sein Werk vollenden sollte. Wäre nicht der menschliche und der materielle Beistand Bernstorffs dem Dichter zugute gekommen, wäre es Klopstock kaum möglich gewesen, seine unabhängige Stellung zu bewahren. Seine finanzielle Abhängigkeit hat jedenfalls dazu geführt, Klopstock die wirtschaftliche Eigenständigkeit von Gelehrten und Dichtern als Idealvorstellung definieren zu lassen und die geistige Leistung der Intellektuellen - dem bürgerlichen Bestreben des ausgehenden 18. Jahrhunderts entsprechend - als ökonomischen Maßstab zu propagieren.

Ineins mit seiner Haltung geht die Ablehnung der traditionellen Form des Hofdichtertums, die Klopstock mit seiner Persönlichkeit und seiner übergeordneten Rolle des „Messias"-Dichters nicht in Einklang bringen konnte.[734] Das Fürstenlob gehörte zu den ureigensten Aufgaben des Hofdichters, jedoch versuchte Klopstock stets, sich dieser Pflicht insofern zu entziehen, als er seine Panegyrik anonym veröffentlichen ließ oder sich als Sprecher im Auftrag der öffentlichen Meinung darstellte und sein Lob dadurch objektivierte. So heißt es in der Ode „Friedrich der Fünfte" (1759):

> Wecke zu Silbergetön die Leier, die frohere, wenn sie Skandinaviens Stolz,
> Auch der Deutschen, besingt. Der nennt der Menschlichkeit Ehre,
> Welcher Friedrich nennt.[735]

Friedrich V. (1746 - 1766), der Herrscher über Dänemark, Norwegen und Island sowie über die Herzogtümer Schleswig-Holstein, der als solcher auch Fürst des Heiligen Römischen Reichs deutscher Nation war, erhält innerhalb Nordeuropas eine besondere Rolle zugesprochen und wird emphatisch gelobt, wobei der Dichter wiederum als Vertreter der Öffentlichkeit spricht („Für den König", 1753):

> Den wir lieben! er ist, er ist der Jubel
> Unserer Seele![736]

Stets bezieht sich das lyrische Ich ein in die Beschreibung der Gefühle, die „das Volk", das eins wird durch die Liebe zu seinem König, als Ganzes für seinen Herrscher

---

[733] Pape: Die gesellschaftlich-wirtschaftliche Stellung, S. 68ff.

[734] Ebd., S. 68; Zimmermann: Zwischen Hof und Öffentlichkeit, S. 9, worin Klopstock als „bewußter Repräsentant einer kritischen Literatengeneration" beschrieben wird, „die weder an höfisch- und großbürgerlich-repräsentativer Literatur, noch an kruder Kausaldichtung ihr Genüge finden will."

[735] Klopstocks Werke, Vierter Band, Leipzig 1854, S. 67

[736] Ebd., S. 102

empfindet. Auch in der Trauer stimmt der Einzelne mit dem Ganzen zusammen, wie es die Ode „Rothschilds Gräber"[737] aus dem Todesjahr des Königs 1766 beweist:

> Wie Einer der Eingeborenen des Landes
> Liebt' ich Friedrich, und da schläft er im Tode vor mir!
> Bester König! Es klagt ihm nach der Gespiele der Muse
> Und der Weisheit, um ihn trauert der Liebling der Kunst.
> Bester König! Der Knabe, der Greis, der Kranke, der Arme
> Weinen, Vater, es weint nah und ferne dein Volk!
> Von des Hekla Gebirge bis hin zu dem Strome der Weser
> Weinet alle dein Volk, Vater, dein glückliches Volk![738]

Der Dichter spricht das ganze Volk des „Helstat" an, das in seiner Gesamtheit um seinen toten Herrscher trauert. Ebenso wie Schlegel zuvor rühmt Klopstock den dänischen Herrscher an dieser Stelle als Garant des politischen status quo Dänemarks und als integrative Macht, die alle Nationalitäten seines Reichs verknüpft. Auch reiht sich der Dichter hier in die Gruppe derjenigen ein, die der besonderen Unterstützung des Königs bedürfen und ohne seine Milde nicht lebensfähig wären. Auch andere Passagen des Königslobs Klopstocks beweisen, daß er in König Friedrich V. von Dänemark vor allem den „Geber" sieht,[739] welcher der Kunst an Mitteln zuschreibt, was ihr gebührt, und der im Gegenzug mit dem Verdienst ausgezeichnet ist, die Entstehung von Kunst- und Literaturwerken erst ermöglicht zu haben.[740]

Klopstocks Verhältnis zu dem dänischen König Friedrich V. war offensichtlich sehr harmonisch und von keinerlei Mißbehagen im Umgang getrübt, obwohl Klopstock die menschlichen Schwächen Friedrichs V. wohl kaum hat übersehen können. Ein Bild über seine Persönlichkeit in die Öffentlichkeit zu bringen hat er sich nie erlaubt; stets ging es Klopstock darum, die Vorbildhaftigkeit des Königs herauszustellen. Seine Güte und Menschlichkeit lassen ihn den Titel eines „Vaters des Volkes"[741] verdienen, und sein Friedenswille stellt ihn in direkten Gegensatz zu dem Bild des Eroberers,[742] worin sich Friedrich II. von Preußen als Gegenpol erkennen läßt.[743] Die Gottgleichheit des Königs wird betont, jedoch erscheint sie nicht allein als angeborene Eigenschaft, sondern vielmehr als erworbene Charakterprägung. So heißt es in der ersten Ode über „Friedrich den Fünften" (1750):

> Welchen König der Gott über die Könige
> Mit einweihendem Blick, als er geboren ward,

---

[737] Der Titel bezieht sich auf den Dom zu Roskilde, in dem seit dem Mittelalter die dänischen Könige beigesetzt werden. Den Namen des Orts übersetzte Klopstock fälschlich mit „Rothschild", wo es statt dessen „Roßquelle" heißen müßte.

[738] Ebd., S.172

[739] Vgl. die Oden „Für den König" (1753), a. a. O., S. 101 und „Die Genesung des Königs" (1759), S. 129

[740] Pape schreibt: „Der König reicht keine Gnadengelder mehr, sondern *dient* in freier Menschlichkeit einer großen Sache, dem dichterischen Werk, den Wissenschaften und der Religion, indem er dem Schöpfer einer tendenzlosen, über die Zeit hinausweisenden Dichtung eine Existenzgrundlage schafft." A. a. O., S. 70

[741] „Friedrich der Fünfte", a. a. O., S. 65

[742] Ebd., S. 64 und „Für den König", S. 102

[743] Vgl. Harold T. Betteridge: Klopstock in Dänemark. In: Beiträge zur deutschen und nordischen Literatur. Festgabe für Leopold Magon zum 70. Geburtstag, 3. April 1957. Berlin 1958, S. 137 - 152

> Sah vom hohen Olymp, dieser wird Menschenfreund
> Seyn und Vater des Vaterlands.
> ...
> Niemals weint' er am Bild eines Eroberers,
> Seines Gleichen zu seyn. Schon, da sein menschlich Herz
> Kaum zu fühlen begann, war der Eroberer
> Für den Edleren viel zu klein.
> ...
> Gott nachahmen und selbst Schöpfer des Glücks seyn
> Vieler Tausend'! Er hat eilend die Höh' erreicht
> Und entschließt sich, wie Gott zu seyn.[744]

In diesem Entschluß liegt keine Anmaßung verborgen; das Streben nach Gottgleichheit entspricht vielmehr dem pietistischen Ideal von Demut, Menschenliebe und Friedfertigkeit und nähert sich, ins Politische gewendet, dem Ideal des Aufgeklärten Absolutismus, das Klopstock in der Person Friedrichs V. von Dänemark verwirklicht sieht.[745] Mit der Entscheidung für ein christliches, glückverheißendes Regiment entscheidet sich der König für das Wohlergehen und die Glückseligkeit seines Volks, und mit dem Verzicht auf persönlichen Ruhm zugunsten des ganzen Landes und seiner Bewohner sorgt er für wirtschaftliche und soziale Prosperität. Klopstock stellt somit die Schwächen des Menschen hintenan; sie haben auf die Bewertung des Königs keinen Einfluß, solange sie sich nicht zum Nachteil seines Volkes auswirken, um das er sich verdient gemacht hat. Deshalb lautet des Dichters Urteil über Friedrich V. in summa: „Der König ist des besten Geschichtsschreibers würdig."[746]

In der bereits zitierten Ode „Rothschilds Gräber" (1766) spricht sich nicht nur Klopstocks Betroffenheit über den Tod des Königs und Förderers aus, sondern auch die Hoffnung auf Kontinuität durch den Sohn Friedrichs V., der als Christian VII. von 1766 bis 1784 herrschen sollte. Dabei tritt Klopstock wiederum als Sprecher des Volks hervor:

> Du, o Friedrichs Sohn, du Sohn Luisens, erhabner
> Theurer Jüngling, erfüll' unser Erwarten und sey,
> Schöner, edler Jüngling, den alle Grazien schmücken,
> Auch der Tugend, sey uns, was dein Vater uns war![747]

Bereits 1760 hatte Klopstock in der Ode „Das neue Jahrhundert" die Kontinuität der dänischen Regentschaft propagiert.[748] Dem Lob der friedlichen und freiheitlichen

---

[744] A. a. O., S. 64f.

[745] Hurlebusch schreibt diesbezüglich: „Es charakterisiert Klopstocks ethisch fundiertes Politikverständnis, daß die staatliche Herrschaft immer nur in Gestalt von Herrscherpersönlichkeiten, nicht als Herrschaftsordnung erscheint, daß zwar von Staatsmännern, nicht aber vom Wesen des Staates die Rede ist." A. a. O., S. 90

[746] Friedrich Gottlieb Klopstock: Werke und Briefe. Historisch-kritische Ausgabe, II. Briefe 1751 - 52. Hrsg. von Rainer Schmidt. Berlin, New York 1985, S. 40 (Brief an Johann Heinrich Rahn vom 19. Mai 1751).

[747] A. a. O., S. 173

[748] Ebd., S. 134 - 138

Abbildung 10: König Friedrich V. von Dänemark (1746-1766)

Herrschaft der Gegenwart, die sich von der europäischen Machtpolitik nicht verlocken läßt, schließt sich der Wunsch an:

> Nur Friedrich und Christian
> Sollen das neue Jahrhundert beglücken![749]

Kronprinz Friedrich (1768 - 1839), der Nachfolger Christians VII., wird 1792 in der Ode „Friedrich, Kronprinz zu Dänemark" gleichfalls in der Kontinuität des gerechten und weisen Regiments seiner Vorgänger gesehen; er selbst bemühte sich, deren Werk insofern fortzusetzen, als er - schon vor seiner Krönung im Jahr 1808, als er für seinen kranken Vater die Regierungsgeschäfte wahrnahm - eine aufgeklärte, fortschrittliche Politik betrieb, gemeinsam mit dem Neffen des von Klopstock

---

[749] Ebd., S. 136

verehrten Bernstorff. Großes Lob findet in der vorliegenden Ode die Abschaffung der Leibeigenschaft in Dänemark in den späten achtziger Jahren des 18. Jahrhunderts, die Klopstock in seinem Lob noch zusätzlich bestärkt:

> Wohl ihm, er säet auch Saat zu des Landmanns Freiung; die grünt nun,
> Hebet der früheren Ähren empor.
> Aber bald wird das ganze Gefild von gebogenen Halmen
> Rauschen und Wonne dem Erntenden seyn.
> Heller noch strahlet das Ziel, an dem die schönsten der Palmen
> Wehen, die je die Unsterblichkeit gab.
> England wollt' es erreichen, den Menschenhandel vernichten;
> Aber es zögerte, nahte sich nur.
> Danien hat es zuerst erreicht, hat empfangen der Palmen
> Früheste aus der Unsterblichkeit Hand.
> Gallien, Land, das Wunder thut, und du schlummerst? Erwach' und
> Thu' dieß Wunder Danien nach![750]

Die Fortschrittlichkeit Dänemarks in humanitären Fragen findet ihre Fortsetzung, und diese Leistung ist es, die Klopstock dem dänischen Herrscherhaus vor allem wohlwollend zuschreibt, selbst dann noch, als er längst nicht mehr in Dänemark ansässig, wohl aber nach wie vor Nutznießer seiner Wohlfahrt ist.

Es läßt sich diesen Darlegungen entnehmen, daß Klopstock dem dänischen König eine ideale, transzendente und weit über seine eigentliche Staatsfunktion hinausgehende Rolle zuweist, die sich mit religiösen Anspielungen verbindet, wie es besonders die Oden „Friedrich der Fünfte" und „Für den König" beweisen, und Klopstock spart auch nicht damit, den Bezug auf seine „Messias"-Dichtung immer neu hervorzuheben. So bietet die siebente Strophe der Ode „Friedrich der Fünfte" eine Anspielung auf das Gottesgericht im XVIII. Gesang des „Messias", in Strophe 10 wird die Muse als Sängerin dieser Dichtung benannt.[751] Dadurch verbindet Klopstock sein Leben und sein Schicksal direkt mit dem des Königs:[752] Beide sind gottberufen und -gesandt, und beider Aufgabe ist es, für ihre „Gemeinde" zu wirken. Neben dieser idealen Erhöhung der Rolle und des Verhältnisses von Dichter und König stehen auch relativ profane gesellschaftliche Umstände im Blickpunkt des Interesses Klopstocks während seines Kopenhagener Aufenthalts, und in der Problematisierung der Frage, welche Eindrücke und Anregungen Klopstock in Dänemark gewonnen und verarbeitet hat, ist nicht zuletzt das Problem der bürgerlichen Identitätsfindung, die ihm das dänische Bürgertum und die dänische bürgerliche Intelligenz vorlebten, wichtig, das Klopstock letztlich zur Beschäftigung mit nordischer, germanischer und keltischer Kultur hinleitete, woraus sich eine Ideologie eigener Art entwickeln sollte. Wir kommen darauf zurück.

Bei der Bewertung der in Dänemark erfahrenen sozialen Gegebenheiten muß deutlich vor Augen stehen, welchen geistigen Hintergrund Klopstock selbst seit seiner Jugend ausgebildet hatte und welches Weltbild er vertrat.

Seine Herkunft aus großbürgerlichen Kreisen, sein früher Kontakt zu adeligen Jugendlichen der Nachbarschaft, mit denen er aufgrund der Wohlhabenheit des

---

[750] Ebd., S. 326
[751] Ebd., S. 65f.
[752] Beißner: Klopstock als Erneuerer der deutschen Dichtersprache, a. a. O., S. 236; Pape, S. 71

Vaters ungezwungen verkehren konnte,[753] seine Erfahrungen mit dem politischen System der Schweiz - es wird noch davon zu handeln sein - und davor der Leipziger Kreis, in dem sich ein Rang- oder Standesdenken allein aus Fähigkeiten und Leistungen herleiten lassen mochte, ließen in Klopstock ein für die damalige Zeit einzigartiges Selbstwertgefühl entstehen, das sich aus seiner Bildung, seinem Literatentum und seinem pietistisch geprägten Tugendideal herleitete.[754] Als Mittelpunkt auch des Kopenhagener Kreises konnte er sicher sein, daß seine Freunde und Anhänger, gleich ihm zumeist Angehörige der bürgerlichen Intelligenz, seine Wert- und Zielvorstellungen teilten.[755]

Die gesellschaftlichen Verhältnisse in Dänemark waren andere als die in „Deutschland". Den Mittelpunkt des öffentlichen Lebens bildete der Hof, um den sich der Adel und das deutschsprachige Großbürgertum bewegten, während das dänischsprachige Bürgertum und die dänischen bürgerlichen Intellektuellen eine vorsichtig oppositionelle Rolle einnahmen. Diese Umstände mochten dafür Sorge tragen, daß die Selbstdefinition der bürgerlichen Intelligenz, als die sich der Kopenhagener Kreis verstand, sich stärker auszuprägen begann als in „Deutschland" - galt es doch, der gemeinsamen Sache Gewicht zu verleihen. Das Organ des Kreises, der „Nordische Aufseher", dem Johann Andreas Cramer vorstand, versuchte einerseits, das Großbürgertum zu einer weiseren und tugendhafteren Lebensführung anzuleiten und andererseits die bisher unterrepräsentierten dänischen Intellektuellen in ihrem Selbstwertgefühl zu stärken.[756] Klopstock selbst versuchte, durch kürzere Aufsätze, die im „Nordischen Aufseher" publiziert wurden, in diesem Sinne zu wirken.[757]

Die politische Stellung Dänemarks in Europa mochte gleichfalls beeindruckend auf Klopstock gewirkt haben;[758] von seinem Königsbild abgesehen, gab es immer noch genügend Gründe, die Klopstock dazu bewegen konnten, das dänische Regierungssystem als vorbildlich anzusehen: Die herrschende Wertschätzung von Kunst und Wissenschaft,[759] die Anerkennung seiner dichterischen Leistung ohne den Zwang zu devoter Huldigung, die erhebliche persönliche und publizistische Freiheit, die Klopstock und sein Kreis im Rahmen eines rechtsstaatlichen und realpolitischen Machtsystems erfuhren,[760] haben den deutschen Dichter sicherlich beeindruckt. Während seine spätere enthusiastische Feier der Französischen Revolution mitunter idealistische, euphorisch-utopische Züge aufweist,[761] zeigt sich im Lob Dänemarks, wie er es stellvertretend für die Politik seinem obersten Repräsentanten ausspricht, noch - ganz im Sinne der Aufklärung - die Würdigung der Möglichkeiten, die der aufgeklärte Absolutismus dänischer Prägung bieten konnte,

---

[753] Pape, S. 16

[754] Kaiser: Klopstock, S. 168, S. 172f. und S. 196f.

[755] Zimmermann: Zwischen Hof und Öffentlichkeit, S. 7f.

[756] Ebd., S. 9 und S. 18

[757] Dabei sei beispielsweise auf die Beiträge „Von der Bescheidenheit", „Von dem Fehler Andere nach sich zu beurtheilen" und „Von dem Publiko" verwiesen, die im 10. Band der Werke abgedruckt sind (S. 293 - 297, S. 298 - 301, S. 302 - 307).

[758] Vgl. Hurlebusch, S. 87ff.

[759] Klopstock reflektiert diese Wertschätzung in dem Aufsatz „Von dem Range der schönen Künste und der schönen Wissenschaften". Werke, Zehnter Band, S. 239 - 253, s. besonders S. 346

[760] Zimmermann, S. 10

[761] Vgl. die Oden „Les Etats Généraux","Kennet euch selbst", „Sie und nicht wir" und „Der Freiheitskrieg".

bei dem nicht Ruhmsucht, sondern die Glückseligkeit einer möglichst großen Anzahl von Menschen und der Erhalt des status quo das angestrebte Ziel waren. So heißt es in der Ode „Das neue Jahrhundert" (1760):

> O Freiheit, Freiheit! nicht nur der Demokrat
> Weiß, wo du bist,
> Des guten Königes glücklicher Sohn,
> Der weiß es auch!
> Nicht allein für ein Vaterland,
> Wo das Gesetz und Hunderte herrschen,
> Auch für ein Vaterland,
> Wo das Gesetz und einer herrscht,
> Ersteiget, wem diesen Tod sein großes Herz verdient,
> Ein hohes Thermopylä
> Oder einen andern Altar des Ruhms
> Und locket sein Haar und stirbt.[762]

Die Art, *auf welche Weise* regiert wird, bedeutet Klopstock ungleich mehr als die äußere Form, und von daher ist es nicht verwunderlich, daß Klopstock sich kritisch und distanziert über die politische Wirksamkeit der schweizerischen Republik, der er wahren demokratischen Geist absprach, äußerte[763] und die Französische Republik, als dort Terror, Hunger und Kriegsnot zu herrschen begannen, gänzlich ablehnte, während seine Haltung der französischen Entwicklung gegenüber zuvor durchaus positiv war.[764]

Schon in seiner Jugendzeit hatte sich Klopstock historischen Stoffen zugewandt: Der Plan eines nationalen Epos über Heinrich den Vogler hatte er zugunsten des „Messias"-Epos aufgegeben.[765] In Dänemark erst war es ihm jedoch möglich, sich mit den Ergebnissen der wissenschaftlichen Beschäftigung mit dem nationalen Altertum und ihrer Anwendung auch auf die schönen Künste vertraut zu machen. Seine Erkenntnisse schlugen sich in seinem dichterischen Schaffen nieder, wovon speziell die Oden deutlich Zeugnis geben.

Es ist Klopstock in diesem Zusammenhang häufig vorgeworfen worden, die Adaption der germanischen Mythologie, derer er sich an Stelle der bis dahin gebräuchlichen griechischen Götterlehre bediente, nicht folgerichtig und unwissenschaftlich vollzogen zu haben; die Namen stünden unvermittelt im Raum, ohne System und Zusammenhang.[766] Als Gegenpol zu Klopstock wird allgemein

---

[762] A. a. O., S. 134f.

[763] Zu Klopstocks Kritik an den inneren Zuständen der Schweiz, die für ihn nicht zu ihrem republikanischen Anspruch passen wollten, vgl. Murat, S. 259 (Verweis auf einen Brief an Gleim vom 18. Oktober 1750); Zimmermann: Freiheit und Geschichte, S. 55, vielleicht schlicht aus einer Oppositionshaltung Bodmer gegenüber, mit dem es während des Aufenthalts Klopstocks in Zürich aus persönlichen Gründen zum tiefgreifenden Zerwürfnis kam. Vgl. Pape, S. 51

[764] Vgl. Murat, S. 267 und S. 270ff.

[765] Der Gedanke einer Bearbeitung dieses Stoffes entsprach Klopstocks schon in seiner Schulzeit sich manifestierendem „Verlangen nach einem Nationalepos". So Freybe in: Klopstocks Abschiedsrede über die epische Poesie, a. a. O., S. X

[766] Vgl. vor allem Richard Batka: Altnordische Stoffe und Studien in Deutschland. 2. Abschnitt: Klopstock und die Barden. In: Euphorion 6 (1899), S. 67 - 83. Hier: S. 68; Otto Springer: Die Nordische Renaissance in Skandinavien. Stuttgart, Berlin 1936, S. 17

Gerstenberg genannt, der sich um eine systematische Aufarbeitung des nordischen Altertums bemühte, wovon insbesondere das „Gedicht eines Skalden" zeugt, das Gerstenberg mit einem umfassenden Anmerkungsapparat versehen mußte, damit es verständlich würde.[767] Klopstocks Methode war dagegen eingängiger: er ging von einem bekannten klassisch-mythologischen Personalstamm aus, und indem er die griechischen Mythologeme durch ihre germanischen Pendants ersetzte, bewirkte er bei den Rezipienten eine größere Identifikationsbasis, als dies Gerstenberg möglich war, der zwar mit philologischer Akribie vorging, welche jedoch letztlich den Rezeptionsprozeß an sich mühselig werden ließ.

Die germanisches, altnordisches und keltisches Kulturgut unbekümmert vermischenden, *vaterländischen* Oden sind stellenweise nicht frei von Anspielungen oder Zitaten aus der antiken Mythologie, und es gelang Klopstock nur selten, über den reinen Aufzählungsmechanismus hinaus Bezüge herzustellen, die einen Austausch von klassischer und „nationaler" Mythologie aus ästhetischen Gründen gerechtfertigt hätten. Dennoch existiert eine Art *Programm*, das viele dieser Oden wie ein roter Faden durchzieht und im wesentlichen im Dienst der Neubelebung der alten Kultur im neuen Gewand steht.

Am deutlichsten tritt dieses *Programm* in der Ode „Der Hügel und der Hain"[768] hervor, in der ein griechischer Poet, ein deutscher Dichter und ein keltischer Barde zu Wort kommen. Der Dichter, Repräsentant einer vaterländischen Kunst, spricht der eigenen Tradition das Wort und gibt ihr den Vorzug vor der fremden Kultur, die sich im griechischen „Hügel" symbolisiert findet. Der (Eichen-)„Hain" dagegen wird als der Ort und die Heimstätte der vaterländischen Dichtkunst erkannt. So spricht der (deutsche) Dichter:

> D. Ich seh' an den wehenden Lorber gelehnt,
> Mit allen ihren goldenen Saiten,
> O Grieche, deine Leyer stehn
> Und gehe vorüber.
> Er hat sie gelehnt an den Eichensproß,
> Des Weisen Sänger und des Helden, Braga,
> Die inhaltvolle Telyn. Es weht
> Um ihre Saiten, und sie tönt von sich selbst: Vaterland![769]

Der Ruf ergeht an den Dichter, und der Zauber des Eichenhains führt in die Tiefe der eigenen Vergangenheit, wogegen die antike Kultur nicht ausreichend Kraft zur Inspiration in sich trägt.

Der Barde gibt sich als Sänger und Held zu erkennen und weiß seinem Vaterland nicht nur Ruhm zu singen, denn es kommt ihm auch die politische Aufgabe zu, Krieger im Kampf zu begeistern, ein dichterisches Motiv, das - wie zu zeigen sein wird - vor allem in der „Hermann"-Trilogie seine Ausgestaltung findet, aber auch in den Oden häufig zum Tragen kommt.[770] Denn es ist die Pflicht des Barden

---

[767] Vgl. dazu Kapitel 2 sowie Richard Batka: Altnordische Stoffe und Studien in Deutschland 1. Von Gottfried Schütze bis Klopstock. In: Euphorion. Zweites Ergänzungheft (1896), S. 1 - 70. Hier: S. 37ff.

[768] Werke, Vierter Band, S. 202 - 207

[769] Ebd., S. 207

[770] Vgl. etwa die Oden „Fragen" (1752) und „Unsre Sprache" (1767).

(= Dichters), sich *politisch* zu betätigen, und seine Mittel und Fähigkeiten dienen ebenso gut zu einer vaterländischen Tat wie das Handwerk des Kriegers.[771]

Es läßt sich feststellen, daß Klopstock die griechische Mythologie nicht gänzlich aus seinen Oden verbannte; oftmals überschneidet oder verschlingt sich diese mit der „deutschen" Götterlehre, was als ein Beweis dafür gelten kann, daß es Klopstock nicht um eine dem damaligen Forschungsstand folgende oder gar wissenschaftlich fundierte Darstellung der germanischen oder keltischen, in Ansätzen aber auch der altnordischen Kultur ging. Klassische Versatzstücke werden herangezogen, um die Intention des Dichters deutlich hervortreten zu lassen, die darin besteht, alle Mythologien als grundsätzlich gleichberechtigt zu behandeln, oder wenn ein nordisch-germanisches Pendant nicht bekannt ist. So heißt es in der Ode „Die deutsche Sprache" (1783):

> Der ist, geheimere Kunst, der trifft's
> Zur Weise, wie *Orpheus, der Celt'*, es traf.
> Dem Verein kommt nur der Wald; aber, tönt
> Der Genoß auch in das Lied, wandelt der Hain.[772]

Der griechische Sänger Orpheus tritt auf diese Weise in die bardische Dichtkunst ein, für die der Name Ossian synonym gebraucht zu werden pflegt; Orpheus' Bedeutung als Sänger, die den zeitgenössischen Rezipienten der Oden Klopstocks vertraut war, wird mit der des Kelten implizit gleichgesetzt.

Es ist Apollo Patareus, welcher gleichermaßen der Inspirator der Skalden, der Barden und des Orpheus ist;[773] damit geht es Klopstock erneut darum, den Primat der Klassik vor dem nordisch-germanischen und keltischen Altertum zu negieren. Deshalb erscheint es folgerichtig, daß Klopstock für jedes Mythologem der griechischen Antike eine Entsprechung im nordisch-germanisch-keltischen Bereich sucht: Die „heimische" Mythologie soll als vollgültige und funktionierende erscheinen, wenn man sie gegen die griechische Götterwelt aufzuwiegen sucht. Der Hinweis auf die harmonische Einheit im Ursprung verweist auf aufklärerisches Gedankengut; es geht nicht darum, die Überlegenheit der „deutschen" vor der griechischen Kultur schlechthin zu behaupten - der „Lehrling der Griechen" weiß, was er ihr zu verdanken hat -, es wird jedoch deutlich gemacht, daß nur die eigene Kultur und Sprache die vollwertige Ausdrucksform einer Nation sein kann.[774] In der Ode „Unsre Sprache" (1767) heißt es:

> Entscheidungen, Vergeltungen sprachen wir aus,
> Rache, mit des Deutschen Schwert und Wort.

---

[771] Diesbezüglich sei besonders auf die Ode „Braga" (1766) verwiesen.

[772] A. a. O., S. 298. Hervorhebung von d. Verf.

[773] Vgl. die Ode „Braga", S. 168

[774] Den Begriff der „Nation" suchen wir bei Klopstock vergebens. Bevorzugt - und sicherlich auch aus Stilgründen - bedient er sich der emotional-integrativen volkssprachlichen Begriffe „Volk" (vgl. die Ausführungen zu den Königsoden) oder „Vaterland". Es wird darauf zurückzukommen sein. Zum unterschiedlichen Wert und zur Differenzierung der einzelnen Sprachen untereinander vgl. den Aufsatz „Von der Sprache der Poesie" (Werke, Zehnter Band, S. 202 - 214), darin besonders S. 202ff., S. 211f. und S. 213f., wo Klopstock die verschiedenen Sprachen in ihrem jeweiligen Ausdruckswert zu bestimmen sucht und fazitär über die Sprache schlechthin feststellt: „Sie ist, wie die Nation, die sie spricht. Sie denkt selbst, und bringt die Gedanken anderer zur Reise." (S. 214) Nationalcharakter und Sprache entsprechen sich, aber so, wie keine Nation der anderen gänzlich gleicht, gleicht auch keine Sprache der anderen.

> Die Kette verstummte mit Varus in dem Blut.
> Die dich damals mit erhielten, Sprache, da im Forst
> Der Wasser die Erobererkette versank,
> Schweigend in der Legionen Blut
> Versank, sie umhüllt die Vergessenheit mit Nacht.
> Ah, die Geister der Bardiete, welche sie zur Schlacht
> Ertönen dem zürnenden Vaterlandsheer,
> Folgen mit der Todeswunde dir!⁷⁷⁵

Identität herzustellen ist nur dann möglich, wenn Kultur, Sprache und Geschichte eine ursprüngliche Einheit bilden. Darin liegt die Stärke einer Nation begründet, die der Feind nicht untergraben kann („Teutonien erlag/Nur in Siegen, unerobert").⁷⁷⁶

Am deutlichsten und aufwendigsten zeigt sich die Bestückung mit nordisch-germanisch-keltischen Versatzstücken in der Ode „Wingolf", die unter dem Titel „An meine Freunde" bereits in der Leipziger Zeit im Jahr 1747 entstanden war, 1766 aber ihre Umarbeitung erfuhr.⁷⁷⁷ Diese Umarbeitung markiert den Beginn der Beschäftigung Klopstocks mit nationalen und nationalhistorischen Fragen, alten Sprachdenkmälern, germanischen und keltischen Altertümern.⁷⁷⁸ Ein wesentlicher Grund für diese im Werk Klopstocks rege einsetzende nationalkulturelle und -politische Identifikation mag darin zu suchen sein, daß sein Förderer König Friedrich V., aus dessen Privatschatulle Klopstock seine Pension ausgezahlt erhielt, im gleichen Jahr gestorben war - der Dichter mochte sich aus Sorge um seine Existenz damals verstärkt nach Süden orientiert haben, in der Hoffnung, im Heiligen Römischen Reich deutscher Nation eine Anstellung zu finden; ohnehin zog es ihn immer wieder nach „Deutschland", wovon seine zahlreichen Reisen und sein knapp zwei Jahre währender Aufenthalt dort von 1762 bis 1764 Zeugnis geben. Wie in Kapitel 4 dieser Arbeit bereits ausgeführt, stand die Diskussion um die Begriffe „Nation" und „Vaterland" in der zweiten Hälfte des 18. Jahrhunderts in Blüte, und Klopstock versuchte, von seinem Interessenschwerpunkt aus in diese Diskussion einzugreifen. Dazu trugen auch seine sprachwissenschaftlichen Schriften bei sowie der sogenannte „Wiener Plan" des Jahres 1768, der das Ziel verfolgte, die deutsche Wissenschaft zu organisieren, als „Republik" im „Reich" sozusagen, und dadurch ihren Wert im soziokulturellen Gewirr des Heiligen Römischen Reichs deutscher Nation wesentlich zu heben.

Doch wenden wir uns zunächst wieder der Ode „Wingolf" (1747/1766) zu. In dem sehr subjektiv geprägten Gedicht erscheint der Dichter als Barde. Diesmal sammelt er seine Freunde nicht im Dichterhain um sich, sondern in der „Weinhalle"

---

⁷⁷⁵ Werke, Vierter Band, S. 196f.

⁷⁷⁶ Ebd., S. 195

⁷⁷⁷ Vgl. Heinz Kindermann: Klopstocks Entdeckung der Nation. Danzig 1935, S. 59. Kindermann verweist darauf, daß 1766 Lessings „Laokoon" erschien, der den Gegenentwurf zur national orientierten Poetik Klopstocks propagiert und den Stoizismus der nordischen Heroenzeit verurteilt. Ebd., S. 63. S. auch Batka: Klopstock und die Barden, S. 76

⁷⁷⁸ Wie Scheel (S. 189), Batka (S. 68) und Kindermann (S. 56) nachweisen, gab es schon in der Leipziger Zeit und - deutlicher - später in Kopenhagen Ansätze zu einer engagierten Beschäftigung Klopstocks mit dem germanischen Altertum, jedoch nimmt dieser Wesenszug der Dichtung des Deutschen erst 1766/67 konkrete, durchdachte Formen an. Vgl. dazu den Brief an Gleim vom 19. Dezember 1767 in der Historisch-kritischen Werkausgabe, V. Band, S. 46.

- im „Wingolf"- Walhallas, dem Sitz der Asen, die in Klopstocks Ode den Ort der heiligen Dichtkunst und der heiligen Freundschaft zugleich symbolisiert.

Für Klopstocks Darstellung der altdeutschen Dichtkunst sind Metaphern der Dynamik typisch, welche die Kraft und Lebendigkeit der alten, vernachlässigten Tradition beweisen und beschwören sollen im Hinblick auf ihre zukunftsweisende Funktion, der nichts weniger als die Starre des Toten anhaftet. Gleichzeitig sind diese Metaphern stark an Naturbildern orientiert; sie folgten darin dem klassischen Vorbild der Quellenmetapher für den Ursprung der Dichtkunst. Entsprechend sind es die Luft- und Wasserbilder, welche die Dynamik der altdeutschen Dichtkunst beschreiben, und so beginnt die „Wingolf"-Ode:

> Wie Gna im Fluge, jugendlich ungestüm
> Und stolz, als reichten mir aus Iduna's Gold
> Die Götter, sing' ich meine Freunde
> Feiernd in kühnerem Bardenliede.
> Willst du zu Strophen werden, o Haingesang?
> Willst du gesetzlos, Ossians Schwunge gleich,
> Gleich Ullers Tanz auf Meerkrystalle,
> Frei aus der Seele des Dichters schweben?
> Die Wasser Hebrus wälzten mit Adlereil'
> Des Celten Leyer, welche die Wälder zwang,
> Daß sie ihr folgten, die den Felsen
> Taumeln und wandeln aus Wolken lehrte.
> So floß der Hebrus. Schattenbesänftigter,
> Mit fortgerissen folgte dein fliehend Haupt
> Voll Bluts, mit todter Stirn, der Leyer
> Hoch im Getöse gestürzter Wogen.
> So floß der Waldstrom hin nach dem Ocean:
> So fließt mein Lied auch, stark und gedankenvoll.
> Deß spott' ich, der's mit Klüglingsblicken
> Höret und kalt von der Glosse trieft.[779]

In diese kraftvoll-dynamische, fast schon gewaltvoll zu nennende Schilderung des poetischen Ergusses mischen sich Freyas Botin Gna und die nordische Göttin Iduna, welche die Äpfel der Dichtkunst bewahrt, analog zu den Hesperiden der griechischen Mythologie, mit dem keltischen Dichtersänger Ossian und dem antiken Fluß Hebros - in Ermangelung einer nordisch-germanisch-keltischen Alternative; der deutsche „Wald" findet auf diese Weise sein Kompositum „Strom"; wiederum vermischen sich klassisch-antike und heimische Mythologie sehr direkt, ohne einen Widerspruch innerhalb der Metaphernsprache der Ode zu erzeugen. Des weiteren findet sich die Quelle der Dichtkunst mit „Mimer" benannt, die „Trunkenheit des Quells"[780] jedoch verweist auf den griechischen Gott Bacchus; gleich Iduna charakterisiert auch ihn vor allem die Eigenschaft der Jugend.

Diejenige Ode, welche die kraftvolle Dynamik der Dichtung in Naturmetaphern ganz in den Mittelpunkt stellt, entstand gleichfalls 1766 und trägt den Titel „Der Bach". Gleich zu Beginn macht die Angabe des Metrums die Verbindung von

---

[779] Werke, Vierter Band, S. 5f.

[780] Beide Zitate ebd., S. 7 (13. Strophe des Ersten Liedes).

fließendem Wasser und fließender Sprache klar; wiederum ist die Sprache mit dem im Hain sprudelnden Dichtungsquell verbunden:

> Bekränzt mein Haar, o Blumen des Hains,
> Die am Schattenbach des bardischen Quells
> Nossa's Hand sorgsam erzog, Braga mir
> Brachte, bekränzt, Blumen, mein Haar!
> Es wendet nach dem Strome des Quells
> Sich der Lautenklang des wehenden Bachs.
> Tief und still strömet der Strom; tonbeseelt
> Rauschet der Bach neben ihm fort.
> Inhalt, den volle Seel' im Erguß
> Der Erfindung und der innersten Kraft
> Sich entwirft, strömet; allein lebend muß,
> Will es ihm nahn, tönen das Wort.
> Wohllaut gefällt, Bewegung noch mehr;
> Zur Gespielin kor das Herz sie sich aus.
> Diesem säumt, eilet sie nach; Bildern folgt,
> Leiseren Tritts, ferne sie nur.[781]

Klang und Bewegung sind die maßgeblichen Eigenschaften der Dichtung, und ihre Qualität bestimmt sich im wesentlichen durch die Erfindung, deren eines Merkmal die Kraft ist und welche die *Befreiung* des „Bachs" vom „Strom" gewährt.

Wasser erhält die Eigenschaften der Luft zugesprochen. So ist der Dichtungsquell in der Ode „Unsre Sprache" (1767) in seiner Dynamik beschrieben: „der Quell der Barden in das Thal/Sein fliegendes Getöne, mit Silber bewölkt",[782] und auch die Sprache, das Medium der Dichtkunst, ist mit Luft und Wasser und deren dynamischen Eigenschaften verbunden. Man vergleiche etwa die Ode „Die deutsche Sprache" (1783), worin die Sprache Hermanns als mächtiger Strom erscheint und sich mit der Luft vermählt („wallt/In die Luft, hohes Gewölk duftend").[783] Die Sprache Hermanns, der als „Mann des Volks"[784] angesprochen wird, entströmt „tieferen Quellen",[785] was seine Naturnähe und Ursprünglichkeit sowie die Reinheit seines sprachlichen Ausdrucks beweist. Die Sprache jedoch, und mit ihr die Kultur der Germanen um Hermann, versandete und konnte den „Strom" nur mit Hilfe „Der Glücklichen Einer" erreichen. Die müßigen „Wanderer" werden getadelt: „Versiegt vielleicht/Ein ähnlicher Quell in dem Sand auch uns,/Und gebricht Leitung ihm nur?"[786] Klopstock kritisiert an dieser Stelle diejenigen, die nicht sehen und hören wollen, die somit ihrer eigenen Sprache, Geschichte und Tradition gleichgültig gegenüber stehen. Ihre Rede ist nicht ehrlich; das Kompositum „Doppelgekling" verweist auf die Zweideutigkeit ihrer wohl schönen, aber im Grunde gehaltlosen Rede.[787] Der Hain kann jedoch

---

[781] Ebd., S. 177
[782] Ebd., S. 194
[783] Ebd., S. 297
[784] Ebd., S. 297
[785] Ebd., S. 297
[786] Ebd., S. 298
[787] Ebd., S. 298. Vgl. auch Jens Baggesens „Der Karfunkel oder Klingklingel-Almanach", worin knapp zwanzig Jahre nach dem Entstehen dieser Ode die Mode des Sonettdichtens in ihrer nur auf Klangschönheit angelegten Wirkung persifliert wird.

seinen Naturzauber nur dann ausüben, wenn man ihm „Gegenklang" entgegenbringt und sich Bereitschaft und Vermögen dem Verständnis der Natur verbindet, wie es die Ode „Thuiskon" aus dem Jahr 1764 verdeutlicht:

> (...) Und Thuiskon vernimmt's und schwebt
> In wehendem Geräusche des begrüßenden Hains und horcht;
> Aber nun empfangen mit lautem Gruß,
> Mit der Sait' ihn und Gesang, die Enkel um ihn,
> Melodien, wie der Telyn in Walhalla, ertönen ihm
> Des wechselnden, des kühneren, deutscheren Odenflugs,
> Welcher, wie der Adler, zur Wolk' itzt steigt,
> Dann herunter zu der Eiche Wipfel sich senkt.[788]

Die innere Verbindung zwischen Thuiskon und dem Hain besteht, und nur auf diese Weise entstehen Melodien, die der Götter würdig sind.[789] Der „Odenflug" wird jedoch konkret als „kühn" und „deutsch" bezeichnet; seine Macht und Wirkung liegt in seiner Kraft, welche das Oben mit dem Unten verbindet. Das Wort „deutsch" verweist darauf, daß solches in der Gegenwart möglich sei, und zugleich wird ein Wunschbild für die Zukunft vorgestellt, die mitreißende Dynamik der deutschen Dichtung steht als Ideal vor des Dichters geistigem Auge.

Das bereits als Ideal benannte Prinzip bürgerlicher Tugend, welche die zukünftige Gesellschaft bestimmen soll, lenkt die Ode „Wingolf" in den Bereich sozialpolitischer Utopie. Das Dritte Lied der Ode, das man mit dem ursprünglichen Odentitel „An meine Freunde" versehen könnte, läßt aus der Erfahrung der Freundschaft heraus in der Imagination des Dichters die Tugend entstehen und ihn für die Verbundenheit seiner Freunde mit ihm Dankesworte finden, die im Vierten Lied in einen erwartungsvollen Blick in die Zukunft einmünden, wobei gleichfalls das Freundeslob im Mittelpunkt steht. Diese Verbindung von Sozialutopie und Freundschaftskult, in einen mythologischen Rahmen eingebettet, ist insofern aussagekräftig, als Klopstock an dieser Stelle ein bewußt „demokratisch"-bürgerliches Bild zeichnet, dem der altdeutsche Mythos Entsprechung geben kann. Im Gegensatz zur klassischen Mythologie, die häufig als Mittel zum Herrscherlob und Fürstenpreis diente, ist die von Klopstock verwendete Götterlehre noch unverbraucht und reflektiert implizit die archaischen Zustände, die zwar auch Fürsten kannten, aber - so sieht es Klopstock - im Ideal einer von Gleichheit geprägten Gesellschaft wurzelten, das Fürsten und Volk verband und von einer eigenen, einheitlichen Identität dominiert war, der Aufspaltung in Stämme zum Trotz.[790] Implizit gibt Klopstock somit an dieser Stelle bereits einen deutlichen Hinweis auf seiner Ansicht nach historische Zustände, einen Hinweis auf die ideale Identität von Sein und Bewußtsein, die es wiederzuerlangen gilt. Die Einbettung der Freundesgestalten, die selbst Dichter oder Mäzene sind, in ein mythologisches Gefüge verweist auf die Möglichkeit der Realisierung eines

---

[788] Werke, Vierter Band, S. 157

[789] Der „germanische" Faktor, der sich darin ausdrückt, macht auch die Annahme möglich, daß an dieser Stelle „deutsch" und „dänisch" zusammen gedacht sind und daß Klopstock somit zumindest in kultureller Hinsicht eine große Nähe und Ähnlichkeit beider Kulturen annimmt.

[790] Vgl. dazu den Aufsatz Harro Zimmermanns: Geschichte und Despotie. Zum politischen Gehalt der Hermannsdramen F. G. Klopstocks. In: Arnold: Friedrich Gottlieb Klopstock, S. 97 - 121. Hier: S. 108

solchen Ideals, wie die Darstellung Johann Adolf Schlegels in der Ode „Wingolf"
verdeutlicht:

> ... Jetzt sah ich fern in der Dämmerung
> Des Hains am Wingolf Schlegeln aus dichtrischen
> Geweihten Eichenschatten schweben
> Und in Begeistrung vertieft und ernstvoll
> Auf Lieder sinnen. Tönet! da tönerten
> Ihm Lieder, nahmen Geniusbildungen
> Schnell an. In sie hatt' er der Dichtkunst
> Flamme geströmt aus der vollen Urne.
> ...
> Komm', goldne Zeit, die selten zu Sterblichen
> Heruntersteiget, laß dich erstehn und komm'
> Zu uns, wo dir es schon im Haine
> Weht und herab von dem Quell schon tönet!
> ...
> Aus allen goldnen Zeiten begleiten dich,
> Natur, die Dichter, Dichter des Alterthums,
> Der späten Nachwelt Dichter! Segnend
> Sehn sie ihr heilig Geschlecht hervorgehn.[791]

Das mythische Prinzip von Vergangenheit, Gegenwart und Zukunft in ihrer engen Verknüpfung miteinander läßt Schlegel im überzeitlichen Raum schweben, in dem zumindest Vergangenheit und Gegenwart eng ineinander verwoben sind. Schlegels Streben, das sich mit Begeisterung und Ernst verbindet, ist eines wahren Dichters würdig, als der er in der Heiligkeit des Hains erscheint, ein Dichter, der nicht auf Nachahmung baut, sondern auf wahres, gottgleiches Schöpfertum.[792] Der Quell erscheint als Manifestation dieser göttlichen Inspiration, und wiederum sind Luft und tönendes Wasser ihre Begleiter. Die segnenden Dichter der alten Welt treffen dort auf die Dichter der Gegenwart, die gleichzeitig Zukunft verheißen. Die göttliche Sendung des Dichters findet sich in der heimatlichen, germanischen Mythologie begründet.

Wie stark Klopstocks Bestreben war, vaterländische Themen in der ihnen entsprechenden „deutschen" Einkleidung - für diese zumindest hielt sie Klopstock - zu behandeln, beweisen auch die Dramen um Hermann.[793] Es muß auch in bezug

---

[791] Werke, Vierter Band, S. 17f.

[792] Bernd Witte schreibt (Genie, Revolution, Totalität. Mythische Tendenzen der Kunstepoche. In: Christa Bürger (Hrsg.): „Zerstörung, Rettung des Mythos durch Licht." Frankfurt/Main 1986, S. 19 - 42): „Der Geniebegriff wirkt ... einerseits im höchsten Maße emanzipatorisch, zugleich aber ist er - und das macht seine Dialektik aus - in höchstem Maße restriktiv. Der Dichter definiert sich aufgrund seiner Produktivkraft als Ausnahmesubjekt, stellt sich auf eine Stufe mit Fürsten, Propheten und Gott und schließt damit die große Masse, die, da ihr die produktiven Fähigkeiten abgesprochen werden, auf die Rezeption von Kunst beschränkt bleibt, von der Emanzipation durch Literatur aus." Ebd., S. 23. Diese Einschränkung gilt auch für den von Klopstock in der Ode „Wingolf" gezeichneten *demokratischen* Zustand.

[793] Es stellt sich an dieser Stelle die Frage, ob Klopstock die Dramen um „Hermann" allein „germanisch" im Sinne von „deutsch" oder im Sinne von „gesamtgermanisch" verstanden wissen wollte, so wie es Baggesen im Kapitel „Hermannsberg" in seinem Reisebericht „Das Labyrinth" tat. Jens Baggesen: Danske

auf diese Werke festgestellt werden, daß die Verbindung von historischer Wissenschaft und den schönen Künsten als deutlicher Reflex seines Dänemarkaufenthaltes gewertet werden muß. Klopstock schließt damit direkt an Johann Elias Schlegel an, der anläßlich seines Aufenthalts in Dänemark gleichfalls die enge Verflechtung von Nationalgeschichte und Nationalliteratur propagiert hatte,[794] wobei jedoch Schlegel nicht für die Identitätsfindung der dänischen Nation als solche tätig wurde, sondern sein Trauerspiel „Canut" deutlich in den Dienst der Staatsideologie gestellt hatte. Klopstock dagegen ging es darum, den wechselseitigen Bezug von Geschichte und schönen Künsten aufeinander im Hinblick auf die deutsche Identitätsfindung nutzbar zu machen, die er jedoch nicht wie Schlegel auf die konkrete Staatsideologie übertragen konnte. Scheel weist darauf hin, daß Klopstock die Figur Hermann schon 1752 für sein Werk entdeckt hatte,[795] wobei die Quelle Tacitus ihm vielleicht durch die Lektüre Montesquieus bekannt war;[796] die Kenntnis der Hermann-Dichtungen Lohensteins und Johann Elias Schlegels setzen wir voraus. Doch erst 1769 erschien „Hermanns Schlacht"; „Hermann und die Fürsten" und „Hermanns Tod" wurden noch später, 1784 bzw. 1787 publiziert.

Im Mittelpunkt der beiden Dramen steht nicht etwa eine Handlung, sondern vielmehr ein breit angelegter Diskurs über das Schicksal der „Nation" und die eigene Identität, der immer wieder von langen Bardengesängen unterbrochen wird. Die Dramen bezeichnete Klopstock als „Bardiete"; diesen Begriff will er dem Tacitus entnommen haben, und er definiert ihn im Sinne eines bardischen Schlachtgesangs, denn die Barden folgten den Kriegern in die Schlacht, um sie durch ihre Gesänge zu stärken und anzufeuern, aber auch um die Taten zu besehen, aus denen wiederum neue Gesänge entstehen sollten.[797] Die Barden nehmen somit in den Bardieten eine zentrale Rolle ein, denn ihre Gesänge, welche die Vergangenheit ebenso wie die Gegenwart der „Deutschen" spiegeln, lassen sie zu gesellschaftlich hochgeachteten Funktionsträgern werden - im Widerspruch dazu steht die Position der Dichter und Gelehrten zur Lebenszeit Klopstocks, die ihrem Wert nicht entspricht; sie sind unterprivilegiert. Indem die Barden die Krieger in die Schlacht begleiten, kommen sie ihnen an Wert fast gleich; noch dazu sind sie die Träger des Wissensstandes der

---

Værker i tolv Bind. Udgivne af Forfatterens Sønner og C. J. Boye. København 1827 - 1832, 8. Band, S. 356 - 378. Vgl. dazu auch den Exkurs des folgenden Kapitels. Diese Annahme liegt nahe, zum einen, weil Klopstock sein Interesse an Hermann, dem Cherusker während seines Dänemarkaufenthalts intensivierte, ein Umstand, hinter dem wir Anregung aus seinem dänischen Umfeld im weitesten Sinn vermuten dürfen. Zum anderen steckt darin auch das bereits angesprochene bürgerliche Element in Klopstocks Gestaltung des „Hermann"-Stoffs - wir werden darauf zurückkommen -, das wesentlich aus Klopstocks Konfrontation mit dem politischen Gemeinwesen Dänemarks gespeist ist. Im übrigen mag auch Klopstock eine prinzipielle Ähnlichkeit des deutschen und des dänischen Kulturkreises empfunden haben, obwohl sein Interesse an dänischen geistigen Strömungen nur rudimentär war.

[794] Vgl. Kapitel 6 dieser Arbeit.

[795] A. a. O., S. 190

[796] Vgl. dazu Rudolf Vierhaus: Montesquieu in Deutschland. Zu seiner Wirkung als politischer Schriftsteller im 18. Jahrhundert. In: Ders.: Deutschland im 18. Jahrhundert. Politische Verfassung, soziales Gefüge, geistige Bewegungen. Ausgewählte Aufsätze. Göttingen 1987, S. 9 - 32

[797] Vgl. die Ausführungen Klopstocks in einer Nachschrift zum Drama „Hermanns Schlacht". In: Klopstocks Werke in zwölf Bänden. Achter Band. Leipzig 1804, S. 245. Der Begriff „Barditus" bezeichnet in der Tat nach der „Germania" des Tacitus (Kapitel 3) ein Schlachtgeschrei der Germanen, wobei es sich um ein schallnachahmendes Wort, nicht etwa um einen „Schildgesang" oder eine „Bartrede" handelt. Im 17. Jahrhundert gelangte das Wort ins Neuhochdeutsche und wurde auf die keltischen Barden bezogen.

„Nation": sie kennen ihre Geschichte und Gegenwart, über welche sie die Fürsten und auch das Volk in Kenntnis setzen, und entsprechend hoch ist ihr Selbstwertgefühl:

> Werdomar: Desto stolzer sind wir auf die Fürsten der Cherusker, der Marsen und der Katten. Und manchmal tönen selbst die Waffen schneller vorwärts, wenn, wer sie führt, den Flügelschwung des Gesangs hinter sich hört.[798]

Dadurch, daß sie bestrebt sind, den historischen Ereignissen beizuwohnen, die sie besingen sollen, garantieren die Barden geschichtliche Authentizität, und übertragen auf die Gegenwart Klopstocks mag dem Dichter besonders daran gelegen haben, für sich selbst und seine Kaste eine ähnliche Funktion einzufordern.[799]

Klopstock hatte - so tritt es in den Oden an Friedrich V. zutage - in Dänemark die enge Bindung des Volks an seinen guten König erkannt und darüber gedichtet. Diesem Vorbild mag das in seiner Darstellung des germanischen Altertums propagierte Ideal einer Identität von Fürstentum und Volksherrschaft entsprungen sein,[800] die ihre Übertragung in die Gegenwart des 18. Jahrhunderts finden sollte; ex negativo wird sie vorgetragen, denn die Geschichte Hermanns ist eine dunkle Episode der *deutschen* Tradition; Klopstock, der sich in seiner Bewertung des Fürstenideals als eindeutiger Gegner des Kriegs aus Ruhm- und Ehrsucht Einzelner heraus erklärte,[801] erhebt den Krieg, den die „Deutschen" gemeinsam gegen das römische Joch führten, zu einer die Identität fördernden historischen Begebenheit:

> Arpe (zu Hermione): Ich sage dir, daß du eine Kattin bist!
> Hermann: Ich danke dir, Hermione. Ja, Wodan ließ mir meine Stirn heiß glühen und mein Herz laut aufschlagen, daß ich mein Vaterland retten konnte! Dir, Arpe, könnte ich antworten, daß ich ein Cherusker bin; aber laß uns so nicht reden, edler Vater dieser edeln Tochter. Wir sind Deutsche.[802]

In der Streitfrage von *Nationalismus* und *Partikularismus*, der die aktuelle Problematik des Heiligen Römischen Reichs deutscher Nation reflektiert, scheidet sich der *wahre Deutsche* von dem *Volksfeind*; die Identität und das Volksbewußtsein entstehen neu aus der Notsituation heraus, welche das Zusammenwirken von Fürsten und Volk nötig macht.[803] Die unbeugsame Haltung des sich vereinenden Volks formuliert der Druide Brenno:

> Brenno: Besiegen könnt ihr uns, aber nie sollt ihr Deutschland erobern.[804]

Klopstock zeichnet in den Dramen um Hermann nach, wie die natürliche Gesetzgebung zerstört und fremder Despotismus zum herrschenden Prinzip wird;

---

[798] Hermann und die Fürsten, Werke, Siebenter Band, Leipzig 1855, S. 146

[799] Zimmermann: Geschichte und Despotie, S. 105

[800] Ebd., S. 109

[801] Dagegen betrachtet er den Krieg des französischen Volks gegen die europäischen Nationen, der sich im Zuge der Französischen Revolution als unumgänglich erwies, als gerechte Sache, wie es die Ode „Der Freiheitskrieg" (1792) unter anderem deutlich macht.

[802] Hermann und die Fürsten, a. a. O., S. 175

[803] Vgl. Karl Mickel: Gelehrtenrepublik. In: Arnold: Friedrich Gottlieb Klopstock, a. a. O., S. 82 - 96. Hier: S. 90

[804] Hermann und die Fürsten, S. 252

der Sinn seiner Darstellung liegt darin, ein warnendes Bild des historischen Verlaufs zu zeichnen, den die Gegenwart korrigieren soll.[805]

Auch in den Oden thematisierte Klopstock die deutsche Sache. Das Vaterland, bei Klopstock ein stark emotional besetzter Begriff, der zur Identifikation einläd und in seiner Verwendungsweise auch religiös geprägt ist, ist mit dem Gefühl zu begreifen; dieses Gefühl muß erst gebildet und bewußt erfahren werden, bevor der Mensch zu einem echten Mitglied seines Vaterlandes wird. So drückt es die Ode „Mein Vaterland" (1768) aus,[806] welche die Entwicklung von der unbewußten, scheuen Vaterlandsliebe („So schweigt der Jüngling lang"…„Glühend ist seine Seele") hin zum emphatischen Bekenntnis zum Vaterland deutlich macht:

> Ich halt' es länger nicht aus! Ich muß die Laute nehmen,
> Fliegen den kühnen Flug,
> Reden, kann es nicht mehr verschweigen,
> Was in der Seele mir glüht!
> O, schone mein - dir ist dein Haupt umkränzt
> Mit tausendjährigem Ruhm; du hebst den Tritt der Unsterblichen
> Und gehest hoch vor vielen Landen her -
> O, schone mein! Ich liebe dich, mein Vaterland!

Die Last der Pflicht, die drückende Verantwortung, welche die Vaterlandsliebe mit sich bringt, ist dem lyrischen Ich durchaus bewußt; dennoch nimmt dieses Geständnis dem Jüngling die letzten Zweifel an der Berechtigung seines Gefühls und wirkt wie eine Befreiung. Die naheliegende Aufgabe der schlichten Vaterlandsliebe ist der höheren, transzendenten Idee untergeordnet: „Sie führet hinauf/Zu dem Vaterland des Menschengeschlechts." Somit liegt nicht allein das eigene Vaterland im Blickfeld des lyrischen Ich; vielmehr ist seine Weltsicht *missionarisch*: dem Lob des Vaterlandes, das als locus amoenus beschrieben wird, verbindet sich die Hoffnung, daß sich andere Nationen seiner Vorbildhaftigkeit anschließen mögen, die vor allem in der Schlichtheit der Sitten und der intellektuellen Überlegenheit besteht - das Mittel dazu ist der Krieg, der in dieser Ode einem Kreuzzug gleichkommt. Er ist deshalb gerecht, weil das eigene Vaterland alle anderen überstrahlt, auch, indem es der Tyrannei durch seine Machtfülle nach innen und außen ein Ende setzen kann, was es schon einmal bewiesen hatte. Dem Vaterland zu dienen ist ein Gewinn für die allgemeine und übernationale Sache der Gerechtigkeit, aber es ist auch schwer, seinem Vorbild, das in den ihm immanenten Eigenschaften der *Kraft* und der *Entscheidung* besteht, Folge zu leisten:

> Mir winket ihr eiserner Arm! Ich schweige,
> Bis etwa sie wieder schlummert,
> Und sinne dem edeln schreckenden Gedanken nach,
> Deiner werth zu sein, mein Vaterland.[807]

Der Begriff „Vaterland" soll integrativ und identitätsschaffend wirken; das „Vaterland" allein ist es, das die Nation vereinen kann.[808] Dieses Ideal einer - politisch zwangsläufig

---

[805] Vgl. Zimmermann: Freiheit und Geschichte, S. 265f.

[806] Werke, Vierter Band, S. 213ff.

[807] Ebd., S. 216

[808] „C'est dans l'amour de la patrie que l'individu se sent vraiment un homme parmi les hommes." Murat, S. 292

- nur im Geist vereinten Volksgemeinschaft ist stark pietistisch geprägt,[809] und es reflektiert für Klopstock die Notwendigkeit, diese geistige Einheit zu manifestieren, um auf diese Weise vielleicht die politische Union voranzutreiben. Insofern würde die Errichtung einer Akademie, in der sich das Wissen der Nation bündeln könne, nur eine Zwangsläufigkeit darstellen.

Die Idee der Gelehrtenrepublik[810] ist ursprünglich übernational; sie artikulierte sich im 17. und 18. Jahrhundert in Form von gelehrten Gesellschaften oder Sprachgesellschaften, welche die Forderung nach öffentlicher, freier und gelehrter Diskussion stellten. Dem wissenschaftlichen Anliegen verband sich somit ein politisches, worauf bereits der im Titel aufgeführte Begriff „Republik" verweist, der aber an dieser Stelle nicht unbedingt synonym mit „Demokratie", sondern vielmehr mit „Staat" zu denken ist; jedoch wird in der Abgrenzung von der geburtsständischen Monarchie hier bereits auf eine neue Form der Qualifikation - auf die geistige nämlich - verwiesen. Um die bekanntesten Werke zu nennen sei auf D. de Saavedras „Republica Literaria" (1612), die in Anlehnung an die „Utopia" des Thomas Morus (1516) entstand, verwiesen, der sich Francis Bacons „Nova Atlantis" (1627) sowie die Schriften P. Bayles (1684), J. Thomasius' (1693) und J. G. Pritius' (1698) anschlossen.

Bei Klopstock tritt nun mit der 1774 fertiggestellten „Deutschen Gelehrtenrepublik" eindeutig das nationale Element in den Vordergrund; eine universale Ausrichtung der wissenschaftlichen Organisation, wie er sie im Sinn hat, steht nicht zur Debatte. Die nationale Intention unterstreichen vor allem die einbezogenen „Denkmale der Deutschen"[811] bei denen es sich um epigrammatische Darstellungen einiger Episoden der frühen *deutschen* Geschichte handelt, wobei wiederum die Schlacht im Teutoburger Wald im Vordergrund steht. In ihnen erweist sich die Geschichts- und Kulturtradition der angezeigten „Republik" als lebendig, auf die es die eigene, gegenwärtige Politik zu beziehen gilt, und es begründet sich darin ein nationales Zusammengehörigkeitsgefühl, das als latent in der eigenen Geschichte verborgen postuliert wird.[812]

Es ist das Kriterium der Gelehrsamkeit, das die Hierarchie in Klopstocks mit utopischen Zügen versehener „Deutscher Gelehrsamkeit" bestimmt; nicht die Abstammung, sondern der Grad der Gelehrsamkeit scheidet den Edelmann vom Pöbel.[813] Ihre Gesetze sprechen von Moralität, Gerechtigkeit und Wahrheit, die Umgangsform ist der öffentliche Diskurs.[814] Politische Nomenklatur wird übernommen, um die auch in Staatsfragen relevante Kompetenz der Wissenschaftler und Gelehrten zu betonen. Wie die „Geschichte des letzten Landtages"[815] beweist,

---

[809] Vgl. dazu Gerhard Kaiser: Pietismus und Patriotismus im literarischen Deutschland. Ein Beitrag zum Problem der Säkularisation. Zweite Auflage, Frankfurt/Main 1973, S. 40ff.

[810] Vgl. zum folgenden die Ausführungen von Max Kirschstein: Klopstocks deutsche Gelehrtenrepublik. Berlin 1929, S. 1ff. und W. Knispel: Gelehrtenrepublik. In: Historisches Wörterbuch der Philosophie, Bd. 3. Hrsg. von Joachim Ritter. Darmstadt 1974, sp. 226 - 232. Hier: sp. 226ff.

[811] Werke, Achter Band, Leipzig 1855, S. 180 - 192 und S. 221 - 231

[812] Vgl. Harro Zimmermann: Gelehrsamkeit und Emanzipation. Marginalien zu Friedrich Gottlieb Klopstocks: „Deutsche Gelehrtenrepublik". In: Arnold: Friedrich Gottlieb Klopstock, S. 70 - 81. Hier: S. 72f. sowie Ders.: Freiheit und Geschichte, S. 270

[813] Werke, Achter Band, S. 3f.

[814] Ebd., S. 46ff., S. 63ff., S. 68ff., S. 126ff. u. a.

[815] Ebd., S. 126

soll die Wissenschaft den Vorstellungen Klopstocks nach die Möglichkeit zu einem öffentlichen Diskurs als der Grundlage jeglichen politischen Wirkens bereitstellen, also gerade für eine Umgewichtung der zeitgenössischen Gegebenheiten sorgen: Der Einbezug der Gelehrten ins politische Leben soll zum einen für die Ausbildung einer kritischen, interessierten Öffentlichkeit sorgen, zum anderen soll dadurch ihre Einflußnahme auf die politischen Kräfte der Zeit und die Einbindung wissenschaftlicher Ergebnisse in ihre Regierungsgeschäfte garantiert sein.[816]

Die Gesetze der „Republik" sind verbindlich, da sie moralisch begründet sind. In ihnen findet sich ein antiabsolutistisches Wertesystem kodiert, denn es gibt keine Macht Einzelner, keine Politik der Gewalt darin; vielmehr ist die Leistung wichtiger als die geburtsständische Position, Autoritäts- und Wahrheitsfindung unterliegen einem Lernprozeß, Recht und Gesetz stehen über allem, und Politik ist eng mit Gesetzlichkeit und Moral verbunden.[817] Nicht zuletzt wird echte Einigkeit und Einheit demonstriert und der Streit über den Vorzug von nördlichen oder südlichen Deutschen[818] als von außen kommender Versuch der Sprengung der Gemeinschaft enttarnt,[819] so daß einer endgültigen Union nichts mehr im Wege steht.

Mit dem historischen Interesse verbindet sich die Evidenz des Fortschreitens wissenschaftlicher Forschung, das in der „Gelehrtenrepublik" ebenfalls seinen Niederschlag findet; es geht um eine zu entwickelnde deutsche Grammatik[820] und ein zu schaffendes Wörterbuch[821] sowie um eine neue Poetik.[822] Diese Unternehmungen setzten sich von den rein äußerlichen Taten der Herrscher implizit ab, welche der wissenschaftlichen Entwicklung gegenüber als unwesentlich erscheinen und deren Wert für das Wohl des Vaterlandes im Vergleich dazu nicht bestehen kann: Das Lob der bürgerlichen Gelehrsamkeit ersetzt die Panegyrik.

Klopstocks „Deutsche Gelehrtenrepublik" (1774) steht zwischen dem real existierenden Heiligen Römischen Reich deutscher Nation und der deutschen geistigen Welt. Sie kann als Vorschlag eines zu schaffenden deutschen Staats angesehen werden, der das in sich zerfallene Heilige Römische Reich deutscher Nation mit seinen konkurrierenden Monarchien ersetzen könnte, denn diesem Unterfangen will sie Vorschub leisten. Der geistigen Welt, die sich von der greifbaren, realen Welt abtrennen will, hat sie die konkrete Organisation voraus. Ihr Ziel ist es, die Geistesnation mit dem Staat zu versöhnen, ohne dabei jedoch von ihren eigenen Gesetzen und Strukturen abzurücken.[823]

Mit den Ausführungen zu Klopstocks *vaterländischen* Werken wird deutlich, daß sich sein Antrieb, sich verstärkt der Sache „Deutschlands" zu widmen, in Dänemark entwickelte. Anlaß und Vorbild dazu bot der Zustand der dänischen Gesellschaft, wie er sie mit eigenen Augen hatte beobachten können. Dafür lassen

---

[816] Zimmermann: Freiheit und Geschichte, S. 82ff., worin wiederum die Genese dieses Gedankenguts bei Klopstock in die Kopenhagener Zeit gelegt wird.

[817] Zimmermann: Gelehrtsamkeit und Emanzipation, S. 79f.

[818] Werke, Achter Band, S. 248ff.

[819] Ebd., S. 252ff.

[820] Ebd., S. 164ff., S. 261ff. und S. 285ff.

[821] Ebd., S. 231ff.

[822] Ebd., S. 242ff.

[823] Kirschstein, S. 48

sich - wie bereits angesprochen - als Gründe benennen der enge Kontakt zu König Friedrich V. und den politisch verantwortlichen Ministern Bernstorff und Moltke, durch den sicherlich auch sein politischer Sinn geschärft wurde, die relativ große persönliche und publizistische Freiheit, die er in Dänemark im Vergleich zum Heiligen Römischen Reich deutscher Nation genießen durfte, sowie Klopstocks eigene schwierige Position in der dänischen Gesellschaft, die ihm Klarheit über politische Phänomene verschaffte. Auch setzten in Kopenhagen Klopstocks eigene historische, sprach- und kulturhistorische Forschungen ein, woran sicherlich das Vorbild der nordischen Renaissance, die zur Zeit des Aufenthalts des Dichters in Dänemark in voller Blüte stand und mit Mallet einen Höhepunkt in bezug auf ihre Breitenwirkung gefunden hatte, so daß sein Dänemarkaufenthalt für Klopstock eine Bewußtseinserweiterung sowohl in persönlicher als auch in sozialer und politischer Hinsicht bedeutete, die er für sein künstlerisches Werk fruchtbar machen konnte, die jedoch lange Zeit von der Forschung mißachtet wurde, welche dem Dichter „wolkenthronende Autorität"[824] zusprach und sich von seinen wirtschaftlichen und sozialen Schwierigkeiten keine Vorstellung machte.

Die Wirkung des dänischen Kultur- und Gemeinschaftswesens auf Klopstock kam bereits in einigen in Dänemark verfaßten Oden zum Tragen, entfaltete sich jedoch im wesentlichen erst nach seiner Rückkehr nach „Deutschland" im Jahr 1770. Schon zur Zeit seines Kopenhagenaufenthalts hatte Klopstock seine unwissenschaftliche Umgehensweise mit den Ergebnissen dänischer Kulturforschung Kritik eingebracht; ebenso wurde ihm die Verflachung der von ihm inaugurierten Bardendichtung durch seine Epigonen angelastet.[825] Dennoch läßt sich sagen, daß Klopstocks Rezeptionsweise germanischen, keltischen und nordischen Altertums populärer wurde als Gerstenbergs wissenschaftliches Vorgehen, denn Klopstock faßte die deutsch-englisch-skandinavische Überlieferung als gleichberechtigt neben der klassischen Kulturtradition auf und verwendete sie dementsprechend, und dieses stellt sein eigentliches Verdienst in bezug auf sein Rezeptionsverhalten dar. Sein diesbezügliches aufklärerisch-emanzipatorisches Vorgehen nämlich bildete die Grundlage für sein patriotisches Wirken, mit dem er den Streitfragen um Staats- oder Kulturnation seiner Zeit begegnen wollte: Klopstock suchte eine Lösung für die Probleme der Gegenwart in der Geschichte, ein Verfahren, das er in Dänemark kennengelernt hatte und wozu ihm zum einen die Schriften Mallets, zum anderen aber auch das Vorbild der Dramen „Herrmann" und „Canut" Johann Elias Schlegels Orientierungspunkte geliefert haben mochten. In Dänemark diente die nationale Geschichte dazu, das Königtum ideologisch zu stabilisieren, wie es im „Canut"-Drama Schlegels der Fall war; Klopstock dagegen zieht aus der alten *deutschen* - wir würden sagen *germanischen* - Geschichte Einsichten, die zu der Aufwertung und Propagierung einer Allianz zwischen Fürstenmacht und Volkssouveränität hinführten, die auch die Emanzipation der bürgerlichen Intelligenz und eine Aufwertung von Wissenschaft und Kunst einbezogen,[826] also der Ausbildung einer

---

[824] Otto Springer: Die Nordische Renaissance in Skandinavien. Stuttgart, Berlin 1936, S. 17

[825] Vgl. u. a. Strich, I. Band, S. 64ff.

[826] An dieser Stelle sei besonders auf die Sprachbezogenheit der Kunst- und Wissenschaftstheorie Klopstocks verwiesen, die auf eine Aufwertung besonders der deutschen Muttersprache hinausläuft. Vgl. dazu etwa die Ode „Unsre Sprache an uns" aus dem Jahre 1796 (Werke, Siebenter Band. Leipzig 1804, S. 3f.), worin programmatisch die Eigenart und Formbarkeit, die Individualität und der Bilderreichtum

bürgerlichen Ideologie dienten, die Klopstock und sein Kreis schon in Dänemark als notwendig erkannt hatten. Darin vor allem lag der eigentliche Gewinn, den Klopstock aus seiner dänischen Zeit ziehen konnte.

---

der deutschen Sprache beschworen wird. In ihrer Rede wendet sich die personifizierte Sprache an die „Nazion", also - wie wir es nach Klopstock zu verstehen haben - an die Gesamtheit der Kulturschaffenden „Deutschlands". Klopstocks Begriff der Nation kann somit als selektiv und elitär verstanden werden. Vgl. diesbezüglich auch die Differenzierung, die in der „Deutschen Gelehrtenrepublik" zwischen den *Gelehrten* und dem *Pöbel* vorgenommen wird.

8
„Jedes Verhältnis von Bürger zu Bürger ist ein freyes Verhältnis."[827]

Der Klopstockverehrer Carl Friedrich Cramer als Anhänger der Französischen Revolution und sein persönliches Scheitern an der holsteinisch-dänischen Reaktion

Den „Klopstockphilologen"[828] Carl Friedrich Cramer (1752 - 1807) gilt es abweichend von der bisherigen und der weiteren Vorgehensweise nicht allein als Dichter oder Schriftsteller zu betrachten, der in seinen Werken und Schriften nationale Stoffe von ideologischer Tragkraft thematisierte, sondern vielmehr als aufschlußreiches Beispiel für einen Wanderer zwischen Dänemark und dem übrigen Norden, seinem erwählten Schaffensraum, „Deutschland",[829] dem Land seiner Abstammung, und Frankreich, wo sich Cramers Ideale im Zuge der Revolution zu verwirklichen schienen. In Quedlinburg, der Geburtsstadt Klopstocks, als ältester Sohn von dessen intimem Freund Johann Andreas Cramer geboren, war Cramers Leben und Schaffen durchgängig vom übermächtigen Vorbild des älteren „Messias"-Dichters bestimmt. Davon geben Cramers Schriften „Klopstock. In Fragmenten aus Briefen von Tellow an Elisa" des Jahres 1777 und das sechsbändige Werk „Klopstock. Er; und über ihn" (1780 - 1795) Auskunft, aber auch eigene Odendichtungen, die man als Cramers Bestrebungen ansehen kann, dem großen Vorbild nachzueifern, wobei die Qualität und Originalität der Dichtungen zu wünschen übrig lassen.[830]

Die Familie Cramers lebte bereits seit 1751 in Kopenhagen, wo Johann Andreas die Stellung des Königlichen Hofpredigers - durch die Vermittlung Klopstocks dazu berufen - inne hatte. Johann Andreas Cramer, der sich bereits in Leipzig, wo er in den vierziger Jahren die Freundschaft Klopstocks gewonnen hatte, durch die Übertragung von Psalmen ins Deutsche einen Namen gemacht hatte,[831] wirkte in Kopenhagen auch in seiner Funktion als Herausgeber der Zeitschrift „Der Nordische Aufseher" als einer der führenden Köpfe der deutschen, zumeist bürgerlichen Intellektuellen, die sich um Klopstock scharten. Der Sohn Carl Friedrich wuchs inmitten dieses illustren Zirkels auf, dem zwischenzeitlich auch Männer wie Helferich Peter Sturz und Matthias Claudius angehörten.[832] Cramer erfuhr dadurch das

---

[827] Carl Friedrich Cramer: Menschliches Leben. Zwölftes Stück. Altona und Leipzig 1794, S. 79

[828] Ludwig Krähe: Carl Friedrich Cramer bis zu seiner Amtsenthebung. Berlin 1907, S. 202

[829] Gleich Klopstock versteht auch Cramer die deutsche Nation als „Kulturnation", verwendet jedoch bevorzugt den Begriff des „Vaterlands". Vgl. dazu etwa Carl Friedrich Cramer: Klopstock. In Fragmenten aus Briefen von Tellow an Elisa. Neudruck der Augabe Hamburg 1777. Bern 1969/1971. In 2 Bänden, S. 23, S. 76, S. 132 und S. 162ff., sowie Ders.: Klopstock. Er; und über ihn. Sechster Theil 1758. Leipzig und Altona 1795, S. 6 und S. 16f.

[830] Krähe, S. 34, S. 46, S. 54 und S. 132ff.

[831] Krähe spricht in bezug auf ihn vom „Cramer-Pindar", der mit dem „Klopstock-Homer" kontrastiert wird. A. a. O., S. 18

[832] Ebd., S. 27

Bewußtse in einer deutschen bürgerlichen Identität, doch war er stärker als die Generation seines Vaters willig, sich zu einer deutsch-dänischen Symbiose zu verstehen: Er lernte die Sprache seiner Wahlheimat so gut, daß er als Übersetzer dänischer Werke - etwa Johannes Ewalds und Jens Baggesens, wie im folgenden noch zu zeigen sein wird - einen Beitrag zur Vermittlung eben dieser Kultur nach „Deutschland" leisten konnte.

1771 mußte Cramers Vater im Zuge der politischen Reinigung nach dem Sturz Bernstorffs sein Amt aufgeben. Mit seiner Familie zog er zunächst nach Lübeck. Für Carl Friedrich begann mit diesem Einschnitt ein zeitweilig äußerst rastloses Leben im Inneren und Äußeren, das ihn quer durch „Deutschland" führen sollte.[833] 1772 heißt seine Station Göttingen; dort war Carl Friedrich zunächst in der theologischen Fakultät eingeschrieben, ergänzte sein Studium jedoch bald durch Lektionen im Arabischen und Syrischen - Disziplinen, die ihm schon 1775 einen außerordentlichen, 1780 einen ordentlichen Ruf an die dänische Universität in Kiel als Professor der griechischen und orientalischen Sprachen einbrachten. Als bedeutsamer für Cramer persönlich erwiesen sich jedoch seine gesellschaftlich-literarischen Kontakte, die ihn ab 1771 mit Lessing, Heyne, Bürger und Voss zusammen brachten. Im Jahr 1773/74 sehen wir Cramer als Mitglied des Göttinger Hainbundes, der sich 1775 bereits wieder auflöste. Der Bund hatte sich zum Ziel gesetzt, Klopstock in seinem Dichten und seinem nationalen Wirken nachzufolgen - eine Aufgabe, welcher der unter seinen Fittichen aufgewachsene Cramer sich besonders hingebungsvoll widmete.[834]

Hatte der Student Cramer nie mit besonderem Engagement gelernt, so traf Ähnliches für den Professor Cramer der Universität Kiel zu; er nahm seine Dienstpflichten nicht sonderlich ernst;[835] die Herausgabe seiner von ihm von Jugend an selbstverfaßten umfangreichen Schriften erschien ihm weitaus wichtiger als sein Lehramt.

Wie Krähe anhand von Beispielen nachweist, war Cramer ein schwieriger Mensch, früh verdorben von dem beinahe täglichen Umgang mit bedeutenden Gelehrten und Künstlern schon während seiner in Kopenhagen verbrachten Kindheit und Jugendzeit.[836] Die epigonale Sucht, im literarischen Urteil unbestritten recht zu haben, und seine enthusiastische, unbedingte Klopstockverehrung trugen ihm manche literarische, aber auch persönliche Auseinandersetzung ein[837] - seine Vielschreiberei machte ihn angreifbar.[838] In diesem Rahmen steht die offene Feindseligkeit, die sich zwischen Cramer und Goethe nach dessen Bruch mit Klopstock im Jahre 1775/76 aufzubauen begann und die sich bis ins Jahr 1796 als latent schwelend verfolgen läßt.[839] Cramers Unbedingtheit in seinem Urteil und seine Arroganz als

---

[833] Zum folgenden vgl. Krähe, S. 31ff.

[834] Ebd., S. 57. Vgl. auch die Publikation: „Für Klopstock". Ein Gedichtband des Göttinger „Hains", 1773. Nach der Handschrift im Hamburger Klopstock-Nachlaß zum ersten Mal herausgegeben, mit Nachwort und Anmerkungen versehen von Anton Lübbering. Tübingen 1957, S. 53ff. und S. 115f.

[835] Ebd., S. 111

[836] Ebd., S. 49, S. 84 und S. 127

[837] Ebd., S. 141, S. 144f. und S. 149f.

[838] Alan Ruiz: „Cramer, der Franke": ein norddeutscher Herold der Französischen Revolution gegen die „aristokratischen Skribenten" seiner Zeit. In: Jakobiner im Mittelalter. Hrsg. und eingeleitet von Helmut Reinalter. Innsbruck 1977, S. 195 - 227. Hier: S. 196

[839] Vgl. dazu Krähe, S. 141 und Ruiz, S. 195 und S. 200

Literaturkritiker[840] ließen ihn selbst seine Freunde und Gönner vertreiben.[841] Seine literarisch sich artikulierende Streitfreudigkeit war es auch, die ihn letztlich seine Stellung in Kiel kostete: Seine Begeisterung für die Französische Revolution nämlich ließ ihn als einen Beitrag zur Anregung politischer Reform in „Deutschland" und Dänemark im Jahr 1793 eine Übersetzung der Werke des Revolutionsschriftstellers Petion planen.[842] Die deutsche Kanzlei in Kopenhagen forderte diesbezüglich eine Rechtfertigung des Planes, die Cramer in einer ausführlichen Promemoria „Über mein Schicksal" (1794) abgab. Da man Cramer jedoch nicht mehr als geeignet ansah, ein vorbildhafter Lehrer und ein treuer Staatsbürger zu sein, entließ man ihn per königlicher Resolution vom 6. Mai 1794. Alle Einsprüche gegen dieses Urteil waren vergeblich. Nach einem einjährigen Aufenthalt in Hamburg zog Cramer 1795 mit seiner Familie weiter nach Paris, wo er sich niederließ und bis zu seinem Tod als Buchhändler wirkte, nunmehr im Sinne eines deutsch-französischen Kulturaustauschs.

Es ist eine diffizile Aufgabe, das umfangreiche schriftstellerische Werk Carl Friedrich Cramers im Hinblick auf die spezielle Fragestellung der vorliegenden Arbeit zu sichten. Für unsere Maßgaben mußte deshalb zwangsläufig eine Auswahl getroffen werden, die einige wenige, aber dennoch für das Schaffen und Denken Cramers entscheidende Aspekte hervorhebt und seine Entwicklung aufzeigt vom Klopstockverehrer, der den dänischen Hintergrund, vor dem sich das gemeinsame Leben in Kopenhagen abspielte, idealisiert, hin zum Anhänger der Französischen Revolution und ihrer Prinzipien, ein geistiger Schritt, dem die ideologisch fundierte Rezeption der Werke Voltaires, Rousseaus, Diderots, Beaumarchais', Sièyes', die er auch teilweise übersetzte, vorausging. Kulturpolitik entwickelte sich allmählich zur reinen Politik;[843] im Gegensatz zu den meisten Klopstockjüngern nämlich erarbeitete Cramer eine eigene, radikale Position, die im totalen Kontrast steht zu den Anschauungen beispielsweise der Grafen Stolberg, die - gleich Cramer einst dem Göttinger „Hainbund" angehörend - den Weg der Reaktion gegangen waren.[844] Cramers stürmende und drängende Ansicht bestand darin, eine Unvereinbarkeit zwischen bürgerlicher Kunst und dem Dienst an den Interessen der Aristokratie zu behaupten, wie sie für ihn exemplarisch Goethe und Schiller vertraten und worin der Grund für seine Auseinandersetzungen mit ihnen ab 1775 lag.[845] Der ureigenste Wert des Bürgertums proklamiert sich in seinem eigenen Selbstwertgefühl, das nicht durch den Pakt mit den Fürsten korrumpiert werden darf.

Cramers niemals widerspruchsfrei verlaufende Entwicklung findet ihre Entsprechung in seinem Werk als Dichter in der Nachfolge Klopstocks, als Übersetzer und als Biograph, als der er Klopstocks übermächtigen Geist ebenso reflektiert wie

---

[840] Krähe, S. 136

[841] Ebd., S. 149f.

[842] Ebd., S. 234f.; zum folgenden vgl. vor allem die Schrift Carl Friedrich Cramers „Über mein Schicksal", Kiel 1794.

[843] Ruiz, S. 201

[844] Vgl. Jürgen Behrens (Hrsg.): Briefwechsel zwischen Klopstock und den Grafen Christian und Friedrich Leopold zu Stolberg. Neumünster 1964, S. 98f. Friedrich Graf Stolberg wirkte seit 1776 als Gesandter in Kopenhagen, weshalb für ihn in bezug auf sein Verhältnis zu Cramer die gleichen Maßstäbe anlegt werden müssen wie für Goethe und Schiller.

[845] Ruiz, S. 200f.

das eigene Schicksal. Während wir den Dichter Cramer an dieser Stelle vernachlässigen können, sollen der Übersetzer und der Biograph ausführlicher besprochen werden, um Cramers Verhältnis zu Dänemark und dem übrigen Norden sowie seine Staatsidee hervorzustellen. Dazu sollen uns - neben einem Blick auf die Fehde um die Oper „Holger Danske" des dänischen Komponisten Friedrich Ludewig Aemilius Kunzen, in die sowohl Cramer als auch der Librettist Jens Baggesen verwickelt waren - die Übersetzung von „Baggesens Professors in Kopenhagen Humoristische Reisen durch Dännemark, Deutschland und die Schweiz in fünf Bänden" (1793) sowie die Schriften „Menschliches Leben. Zwölftes Stück" (1794) und „Über mein Schicksal" (1794) dienen.

Nehmen wir zunächst Einblick in die sogenannte „Holger-Fehde".[846] Sie fällt in das ohnehin bewegte Jahr 1789 und markiert einen ersten Höhepunkt des deutsch-dänischen Nationalitätenkonflikts im dänischen Reich, der nicht zuletzt politische Wurzeln hatte: Bemühten sich die dänischen Einwohner des Landes darum, den deutschen Einfluß auf höchster Ebene zu neutralisieren, so mußten viele Deutsche in Dänemark härter denn je um ihre volle Anerkennung als Bürger dieses Landes kämpfen, seit 1776 das *Indfødsretslov* erlassen worden war.[847] Den Mechanismus dieser nationalen Ausgrenzung durch die Dänen lernte Cramer erstmals 1788 kennen, als er und seine Kollegen der Kieler Universität massive Kritik durch A. C. Hvid, einen Gelehrten und Theologen, erfuhren, welche sich nicht allein auf fachliche Mängel bezog, sondern vielmehr auf den gesamten deutschen Volkscharakter ausgeweitet wurde.[848] Cramer nahm als namentlich Angegriffener den Fehdehandschuh auf und zog gegen den Dänen zu Felde, der Cramers Nation als solche so sehr geschmäht hatte. Mit seiner Überreaktion jedoch machte er nichts gut - die Zwistigkeiten blieben ungelöst in der Schwebe. Cramer erwies sich in dieser Fehde implizit als Verfechter des multinationalen „Helstat", in der alle beteiligten Nationen gleichberechtigt miteinander leben sollten und keine Ausgrenzung eines Bevölkerungselements stattfinden durfte.

Zur offenen Konfrontation kam es anläßlich der Opernpremiere des „Holger Danske", zu der Friedrich Aemilius Ludewig Kunzen die Musik und Jens Baggesen das Libretto geschrieben hatten, inspiriert von der „Oberon"-Dichtung Christoph Martin Wielands.[849] Statt der Figur des „Huon" jedoch tritt in der Oper der christliche

---

[846] Zur folgenden Darstellung vgl. Ole Feldbæk og Vibeke Winge: Tyskerfejden 1789 - 1790. Den første nationale konfrontation. In: Dansk identitetshistorie 2: Et yndigt land 1789 - 1848. Redaktion: Ole Feldbæk. København 1991, S. 9 - 109. Hier: S. 17 - 53

[847] Vgl. dazu Kapitel 3 dieser Arbeit.

[848] Feldbæk/Winge, S. 17f.

[849] Wielands Verserzählung „Oberon" erschien 1780 erstmals, 1784 publizierte der Dichter eine gekürzte Fassung des Werks. Im „Oberon" finden sich verschiedene Stofftraditionen verbunden, unter anderem greift die Dichtung auf Shakespeares „A Midsummer Night's Dream" und seinen Personenstamm zurück. In unserem Zusammenhang ist die Figur des „Holger Danske" wichtig. Sie entstammt der französischen Sagentradition und ist aus dem 12. Jahrhundert stammenden Sage des „Ogier de Danemarcke" erstmals belegt. Besonders in Dänemark lebte die Sage fort, wo unter anderem im 16. Jahrhundert „Kong Olger Danskes Krønike" entstand, die Christiern Pedersen zugeschrieben wird. In der nordischen „Karlamagnussaga", die in der Mitte des 13. Jahrhunderts schriftlich niedergelegt wurde, findet sich die stoffliche Grundlage für dänische Volksballaden des 15. und 16. Jahrhunderts über „Holger Danske", der darin zum Nationalhelden erhoben erscheint. Vgl. Elisabeth Frenzel: Stoffe der Weltliteratur. Siebente Auflage, Suttgart 1988, S. 399 und S. 402

Ritter „Holger Danske" auf. Die Polemik, die sich nach der Uraufführung des Werks entfalten sollte, drehte sich zunächst lediglich um ästhetische Fragen, aus denen sich aber bald schon eine erbitterte deutsch-dänische Nationalfehde entspann. Der Streit rankte sich um die Stoffwahl so gut als um die Figur des Titelhelden: Ein scheinbar deutsches Sujet wurde einem dänischen Publikum zugemutet, und die einzige Identifikationsfigur, die eben dieses Publikum darin zu erblicken vermochte, konnte keinerlei dänische Nationaleigenschaften aufweisen, weil sie Bestandteil eines im Ursprung deutschen Werks war.[850] Neben Diskussionspunkten, welche die Form der Oper betrafen, mochte auch dieser Einwand noch als ästhetische Kritik zu werten sein, aber mit dem Eingreifen Cramers in den Konflikt gewann dieser - in Anbetracht seines Streits mit A. C. Hvid - eindeutig nationalpolitisches Gewicht. Die Auseinandersetzung entzündete sich an dem Vorwort anläßlich seiner Übersetzung des Librettos, worin der Kieler Professor den Dichter Baggesen auf Kosten Johannes Ewalds als größtes Talent der dänischen literarischen Szene hervorstellt.[851] In bürgerlichen dänischen Intellektuellenkreisen jedoch besaß Baggesen den Ruf, deutsch- und adelsfreundlich zu sein, weshalb man ihm reserviert gegenüberstand - in dieses Feuer goß Cramer Öl.

Cramers 1789 publizierte Schrift „Baggesen" lenkte den Konflikt in persönliche Bahnen, indem sie die scharfe Reaktion des Deutsch-Dänen Werner Abrahamson provozierte, welcher der Oper „Holger Danske" mitsamt ihren Verfassern als Climax seiner Anschuldigungen und Abqualifizierungen „Tydskhed i en høj grad" vorwarf.[852] Überhaupt wurde die Nationalität Cramers von Abrahamson immer neu problematisiert, obwohl sich Cramer dagegen heftig verwahrte. Die nationale Konfrontation jedoch war zur Realität geworden, und nur scheinbar harmlos findet sich die „Holger-Fehde" niedergeschlagen in der Opernparodie P. A. Heibergs mit dem Titel „Holger Tydske";[853] in dieser Figur wird Cramer persifliert, seine dänischem Verständnis nach antidänischen und prodeutschen Aussagen, die er während der Fehde offenbar über dieselbe verbreitete, sind in den Text als Parodie eingefügt, ebenso wie die Auszüge aus der deutschen Librettoübersetzung des „Holger Danske" durch Cramer gleichfalls in parodierter Form.

Reflexe dieser Fehde, die für Cramers Stellung im dänischen „Helstat" nicht gerade positive Folgen mit sich brachte, finden sich noch in der Übersetzung der Reisebeschreibung Baggesens „Labyrinthen" (Das Labyrinth) aus dem Jahr 1792/93. Baggesen, der Autor selbst, stand Cramers Übertragung, die eher den Namen einer

---

[850] Das dänische Publikum sah seinen Volkshelden Holger Danske zum deutschen Ritter umgewandelt, und sein Widerstand gegen diese Auslegung der alten Holger-Tradition ging eins mit seinem Widerstand gegen die deutsche Dominanz in Regierung und Kultur, wie sie in Dänemark schon seit Jahrhunderten existierte.

[851] Cramer schreibt: „Die grosse Correctheit und Präcision seines Stils, unterscheidet ihn merklich, und hebt ihn in meinen Augen sehr weit über den von Menschen der Nation zu sehr vergötterten Ewald, der viel, aber oft wilden Genius hatte, nicht genugsam durch Studium und Kenntnisse gezüchtigten Geistes war, und aufsprühende Feuerflammen oft in verdunkelnde Dampfwolken hüllte." Zit. nach Feldbæk/Winge, S. 46

[852] Ebd., S. 48; „hochgradige Deutschheit" lautete der Vorwurf.

[853] Vgl. ebd., S. 49ff.

Nachschöpfung verdient, sehr skeptisch gegenüber,[854] denn Werktreue und Bescheidenheit sind Tugenden, die Cramer eher verschmäht als respektiert. Zahllose Kommentare, Nachworte, Anmerkungen und Ergänzungen finden sich in Cramers Übersetzung eingestreut; Baggesens eigene Texte sind voneinander abgetrennt und dazwischen geschoben. Die ersten beiden Bände der Übersetzung zeigen eine mißglückte Proportion von Text und Kommentar, denn der letztere überwiegt bei weitem, und der Leser muß sich mühsam zum eigentlichen Objekt der Übersetzung vorarbeiten. Im Mittelpunkt des ersten Bandes, der die ausführlichsten Kommentarteile präsentiert, steht deshalb eher die Person Cramers denn Baggesen als Autor des Reiseberichts: Der Umstand, daß Baggesen und Cramer die besprochene Reise gemeinsam antraten und bis nach Kiel gemeinsam fortsetzten, ruft bei Cramer das Bedürfnis hervor, Baggesens Texte nach eigenem Gutdünken zu ergänzen oder zu revidieren, den eigenen Erfahrungen und Eindrücken entsprechend.[855] Tagebuchartig, wie auch im „Menschlichen Leben" üblich, dessen Zwölftes Stück wir bereits zitierten, wo die Übersetzung im übrigen zuerst veröffentlicht wurde, datiert Cramer zwar den Zeitpunkt des eigenen Übersetzens und Kommentierens genau, übergeht dabei jedoch zumeist völlig, Baggesens Datierung im Reisebericht zu folgen - was sich gleichfalls als für Cramer typischer Umgang mit dem fremden dichterischen Werk erweist.[856]

Doch hat es Cramer - zum letzten Mal in seinem publizistischen Schaffen, soweit wir es kennen - mit einem nordischen Sujet zu tun, nachdem er 1773 bereits Johannes Ewalds Drama „Rolf Krage" und 1780 dessen Singspiel „Fiskerne - Die Fischer" übersetzt hatte. Parallel dazu machte sich bereits in den achtziger Jahren in seiner Übersetzertätigkeit und in seiner schriftstellerischen Arbeit das Interesse an Frankreich immer stärker bemerkbar.

Die Übertragung des „Labyrinths" schien für Cramer von außerordentlichem persönlichem Wert zu sein, denn nochmals wird die „Holger-Fehde" kommentiert und dabei sein Zerwürfnis mit Baggesen, das einseitig war, nachvollzogen,[857] wobei wiederum der Vorwurf des „udansk", des Undänischen,[858] von Cramer besonders

---

[854] Nur knapp geht Baggesen auf Cramers „Labyrinten"-Übersetzung ein: Er erwähnt sie in einem Brief an Reinhold vom 13. November 1792. Eher verhalten lautet dessen Kommentar zu dem vollendeten Opus. So heißt es über Cramer: „Der *Mensch* Cramer mag so brav sein als Du willst; den Schriftsteller kann ich so wenig als Wieland, Schiller und jeder meiner Bekannten goutieren." (An Baggesen, 6. Dezember 1792) Baggesen dagegen geht weniger hart mit Cramer ins Gericht - umgekehrt verhält es sich etwas anders, wie wir noch sehen können. Baggesen schreibt am 4. September 1794 an Reinhold, der in Kiel Cramers Kollege gewesen war: „Was macht Cramer? Nicht wahr, mein Urtheil über dieses Original ist das Deinige geworden? Der Mensch, Hausvater, Gesellschafter, Freund ist ebenso herrlich, als der Schriftsteller sonderbar ist; und wenn man auch den Ismael nicht immer mag, muß man doch den Karl Friedrich ewig lieben." Aus Jens Baggesens Briefwechsel mit Karl Leonhard Reinhold und Friedrich Heinrich Jacobi. In zwei Theilen. Hrsg. von Karl und August Baggesen. Leipzig 1831, 1. Theil, S. 238, S. 240 und S. 369

[855] Vgl. Baggesens Professors in Kopenhagen Humoristische Reisen durch Dännemark, Deutschland und die Schweiz in fünf Bänden. Hamburg und Maynz, Altona und Leipzig 1793, 1. Band, S. 11

[856] Vgl. diesbezüglich auch die Kommentare zu den „Messias"-Gesängen Klopstocks, deren Verbindung mit dem Text oftmals nur rudimentär vorhanden sind. Vgl. etwa Klopstock. Er; und über ihn. Vierter Theil 1755. Leipzig und Altona 1790, S. 107ff. und S. 191ff. u. ö.

[857] Humoristische Reisen, 1. Band, S. 38ff.

[858] Ebd., S. 49

Abbildung 11: Jens Baggesen (1764-1826)

heftig abgewiesen wird. Auch die Auseinandersetzung mit Abrahamson lebt wieder auf, und erneut bleibt ihm Cramer kein Wort schuldig.[859]

Die Widmung, die Baggesen der Reisebeschreibung voranstellte und die dem „Prinzen" Friedrich Christian von Augustenborg, seinem Gönner, gilt,[860] wird als herzlich und glaubwürdig gelobt. Auch reflektiert Cramer in einer Anmerkung über Holberg, dem er als Dichter und Aufklärer nach wie vor großen Wert für das dänische

---

[859] Ebd., S. 70ff.

[860] Ebd., S. 74ff. Friedrich Christian (1765 - 1814), Herzog von Schleswig-Holstein-Sonderburg-Augustenburg, entstammte dem herzoglichen Nebenzweig des Königsgeschlechts Dänemarks, dem oldenburgischen Haus, das sich in beiden Linien auf König Friedrich I., der 1523 den dänischen Thron bestieg, direkt zurückführen läßt. Er war mit Louise Augusta (1771 - 1843), der Tochter König Christians VII., verheiratet. Herzog Friedrich Christian galt als Kunstfreund und Mäzen. Er wurde von den bürgerlichen Intellektuellen seiner Umgebung, zu denen auch Cramer und Baggesen zählten, als Prinz tituliert. Für die deutsche Literaturwissenschaft ist er als Gönner Schillers von besonderer Bedeutung.

Kulturleben beimißt.[861] Ewald, Schüler und Verehrer Klopstocks und Cramers erstes Objekt für Übersetzungen aus dem Dänischen, findet Eingang in das Kapitel über „Das baltische Meer", das durch eine Strophe aus dem Singspiel „Die Fischer" eingeleitet und abgeschlossen wird.[862] Es geht Cramer somit nicht allein um Baggesen bei seiner Übersetzungsarbeit.

Auch Bemerkungen über die dänische Sprache sind in Cramers Kommentaren zahlreich vorhanden: So vergleicht er die Semantik des deutschen Verbs „essen" mit seinem dänischen Pendant „at spise", reflektiert das Wort „pige" (Mädchen) mit seinem Adjektiv „kiøn" (schön) und vergleicht ihren Bedeutungswert mit den deutschen Begriffen und er referiert den Gebrauch der dänischen Anrede „Jomfrue".[863] Die Erklärung und Relativierung aller Widersprüche und Widerstände zwischen Deutschen und Dänen strebt Cramer an, und wie schon in seiner Auseinandersetzung mit Abrahamson ist Cramer als dänischer Staatsbürger deutscher Herkunft nicht bereit, sich unter dänischer Dominanz zu beugen. So schreibt Cramer in einer Ergänzung zu Baggesens Darstellung im Text:

> Ich weiß nicht, warum ich die Vorzüge meines Nächsten verschweigen; aber wohl, warum ich seine Fehler zudecken sollte - und was Holstein betrifft, so muß ich gestehn, daß ich meinen Bruder, ob er gleich gesünder ist, als ich, ebensowohl für den Sohn meines Vaters halte, als mich selbst.[864]

Cramer folgt an dieser Stelle der traditionellen dänischen Staatsideologie von dem König als Landesvater, dem es durch seine Liebe und Autorität gelingt, die Gegensätze im Lande zu harmonisieren. In einer Fußnote äußert sich Cramer lobend über dieses Vorbild:

> Hass zwischen Dänen und Holsteinern ist um so viel schädlicher, da Eine Regierung sie zu Einer Nation vereint. Warum können sie sich nicht gegenseitig lieben, wie Baggesen und ich?[865]

Wiederum tritt an dieser Stelle Cramers Bestreben hervor, den „Helstat" in seiner Funktion nicht nur erhalten zu wissen, sondern vielmehr sein ideologisches Prinzip der nationalen Gleichberechtigung verwirklicht zu sehen. Dabei wird jedoch deutlich, daß die Regierung, in ihrer Personifikation durch den König, die Nation „von oben" erschafft, woraus sich eine ungelöste Spannung zum französischen Nationbegriff bildet, nach dem das Volk die Nation aus sich heraus bildet.

Exkurs: Jens Baggesen und sein kosmopolitisches Verständnis

Wenn sich Jens Baggesen in seinem uns überlieferten Werk auch nicht dezidiert zum dänischen „Helstat" äußert, finden wir doch in seiner Reisebeschreibung „Labyrinthen"[866] das emphatische Bekenntnis zum Weltbürgertum. Der Hermannsberg

---

[861] Ebd., S. 80ff.
[862] Ebd., 2. Band, S. 32 und 37ff.
[863] Ebd., S. 16, S. 17 und S. 49
[864] Ebd., S. 41
[865] Ebd., S. 41
[866] Jens Baggesen: Labyrinthen eller Reisen giennem Tydskland, Schweitz og Frankrig. Danske Værker i tolv Bind. Udgivne af Forfatterens Sønner og C. J. Boye. København 1827 - 1832. 8. Band

wird besucht,[867] wo Baggesen eine *Feier des deutschen Geistes* durch die Evokation seiner verdienstvollsten Repräsentanten,[868] wie sie die subjektive Auswahl des Dichters bietet, vollzieht. Die Anrufung Hermanns bildet den Höhepunkt der Lobeshymne auf die Deutschen, und an dieser Stelle wird der enge nationale Horizont überschritten, denn Hermann wird nicht nur als vorbildlicher Deutscher bzw. Germane, sondern als der Vorkämpfer für die Freiheit der Menschen schlechthin dargestellt,[869] so daß der Reigen deutscher Geister und Helden Männer aufzählt, deren Verdienste der Gesamtheit der Menschen zugute kommen und nicht allein der deutschen Nation. Auch der Däne will an dieser Kultur partizipieren.

> Tydske! ædle Tydske!
> Her, paa Toppen af Hermanns Bierg,
> I Skyggen af Hermanns Eeg,
> Modtager min Lov! min Beundring! min signende Tak!
> (Deutsche! edle Deutsche!
> Hier, auf der Spitze von Hermanns Berg,
> Im Schatten der Eiche Hermanns,
> Nehmt entgegen mein Lob! meine Bewunderung! meinen segnenden Dank!)[870]

Der Däne selbst scheint an dieser Freiheit teilzuhaben, die „Deutschland" errungen hat. Nur so läßt sich das emphatische Lob erklären, das Hermann durch Baggesen erfährt. Des Dichters Lob gipfelt in einer Hommage an Montesquieus berühmte Worte, worin er die aus den Wäldern *Germaniens* stammende Freiheit beschwört und auch die Aufklärung als mit dieser verbunden dem gesamten Nordeuropa einschließlich Skandinavien entsprungen sein läßt: „Fra Germaniens Skove gik Friheden ud."[871] Die Aufklärung beruht somit auf der Freiheit, die ursprünglich *gesamtgermanisch* ist - so versteht es Baggesen - und in den einstmals germanischen Gebieten - „Deutschland" und Skandinavien - entstand. Vernunft und Aufklärung erscheinen an dieser Stelle eingekleidet in die Metaphern des Lichts und der Morgenröte.

Vernunftgeprägte Überlegungen regieren den nächsten Abschnitt dieser Textpassage. Von dem humanistischen Ideal ausgehend, das den Menschen und seine Bedürfnisse in den Mittelpunkt jedes Gedankens stellt, wird der negative Patriotismus in seiner Erscheinung als „Nationalhad" und „National-Foragt" kritisiert und als Gotteslästerung verurteilt,[872] denn dieser negative Patriotismus ist durchgängig destruktiv; er schadet einer Nation sowohl nach außen als auch nach innen.

---

[867] Ebd., S. 356 - 378

[868] Ebd., S. 362f.

[869] Ebd., S. 360f. Hermann wird von Baggesen weder explizit als Deutscher noch als Germane bezeichnet. Der Dichter wählt für ihn die Beinamen „Jorddespotens Trodser", „Romanens Skræk", „Tydsklands Befrier" (Ebd.). Die folgende Ode, nicht zufällig wohl in Klopstocks bevorzugtem Versmaß gehalten, nennt zunächst nur „Tydskland" als Heimat Hermanns. In der Folge jedoch geht Baggesen weiter: Germanien wird erwähnt, und es scheint zulässig, darunter sowohl „Deutschland" als auch die skandinavischen Länder zu verstehen.

[870] Ebd., S. 363

[871] Ebd., S. 363

[872] Ebd., S. 367

Wir sehen Baggesen mit Cramer vereint in seiner Ablehnung nationaler Vorurteile und in seiner Kritik an der Überbewertung der eigenen Nation. Jede Nation soll ihren eigenen Platz im Weltgefüge finden, ohne sich selbst untreu werden zu müssen und ohne zu vergessen, daß die Wurzeln der Nationen sehr oft gemeinsame sind. Allerdings vermissen wir bei Baggesen konkrete Beispiele aus dem historischen oder politischen Bereich, wie sie Cramer in bezug auf den dänischen „Helstat" in seiner „Übersetzung" der Reisebeschreibung Baggesens einfließen läßt.

Die Verschiedenheit des anderen anzuerkennen und als Bereicherung zu empfinden ist in den Augen Cramers die Alternative zum Konfrontationskurs der dänischen Nationalisten, über den er an anderer Stelle kritisch formuliert:

> Baggesen ward nämlich damals (i. e. zur Zeit der „Holger-Fehde", d. Verf.) von allen poetischen Collegen unter seiner Nation, wegen seines Umganges mit mir, und der Gunst, in der er bey den Deutschen in der dänischen Regierung stand, als ein Vaterlands*verräther* betrachtet; und der Ausdruck *Tyskhed* war das allgemeine *Feldgeschrey*, das gegen ihn erscholl. Es war freilich ein sehr unangenehmer Nationalhass, den ich wenigstens nicht verdiente.[873]

Auch über Schweden reflektiert die Bearbeitung des Reiseberichts, obwohl Baggesen Schweden nicht einmal streifte. Der „Freiheitsmarsch" - die Marseillaise - findet sich ohne textlichen Zusammenhang und mit der Begründung, daß sie auf deutsch bereits bekannt sei, in schwedischer Sprache abgedruckt.[874] Im dritten Band stellt Cramer ebenso unvermittelt Thomas Thorild vor, den schwedischen Dichter und Lehrer an der Greifswalder Universität,[875] mit dem er in einem Briefwechsel über Hexameter in der schwedischen Dichtung stand.[876] Im fünften Teil der Reisebeschreibung ist dementsprechend unter dem 18. November 1792 ein Abschnitt abgedruckt, „Schwedische Hexameter" betitelt, in dem Cramer plötzlich seiner Vorliebe für Schweden Ausdruck verleiht.[877] Als Vorbilder dieser Nation führt Cramer Gustav II. Adolf und Karl XII. an,[878] und er erwähnt ausdrücklich, daß ihm der schwedische Fürst von Hessenstein, den er als Muster an Menschlichkeit und Gerechtigkeit preist, Aufenthalt und Unterhalt angeboten habe - während seine Stellung in Dänemark allmählich unsicher und wankend zu werden beginnt. Das Lob Schwedens läßt sich somit implizit als Anklage Dänemarks verstehen.

Doch auch Cramer ist nicht frei davon, in Skandinavien, das er durch eigenen, langen Aufenthalt in Kopenhagen gut genug kennt, diejenigen Eigenschaften des Nordens zu kolportieren, wie sie die Nordland-Rezeption der Zeit als Klichées überlieferte. So heißt es über die in Lübeck lange übliche Form der Hinrichtung, die Cramer nach „Johann Carl Heinrich Dreyers antiquarischen Anmerkungen" zitiert:

> Der Henker hatte auch die Gewohnheit, das Gesicht des Gehängten nicht nach der südlichen Gegend, sondern nach Norden zu drehen, welche die

---

[873] Ebd., 3. Band, S. 210

[874] Ebd., 2. Band, S. 145ff.

[875] Humoristische Reisen, 3. Band, S. 115f. Zu Thomas Thorild vgl. auch Kapitel 9 dieser Arbeit.

[876] Ebd., 5. Band, S. 57ff.

[877] Dänemark mochte ihm damals bereits wegen seiner eigenen politisch radikalen Ansichten mißliebig geworden sein. In der Folge findet sich in dem Reisebericht kein Verweis mehr auf das einstige Heimatland Cramers.

[878] Humoristische Reisen, 5. Band, S. 48

Alten als die schreckliche und grimmige Ecke (grym Hörne) bezeichneten. Vielleicht ist es auf die Rechnung des Überbleibfelsens jenes alten, aus der Edda schon bekannten heidnischen Wahnes zu sehen, welcher die so fürchterlich abgebildete Hölle (Nagstrand, Nilfheim, Hærguni), oder die *traurige Ecke*, in die kalten nordischen Gegenden setzte, wo selbst die durch Laster und Verbrechen unglücklich Gewordenen von dem *Nidhagger* und Consorten mit Schmach und Schande, und insbesonderheit mit dem, einem Deutschen und Normann unausstehlichen Durste geplagt werden.[879]

Kiel ist ein Zielpunkt der Reise, und Cramer setzt sich mit dieser Stadt, die auch ihm Heimat und Brot bot, intensiv auseinander; hat sich doch gerade dort offenbar eine reaktionäre Front gegen die Errungenschaften des revolutionären Zeitalters gebildet. In dem Kapitel „Civism in Kiel"[880] wird zunächst mit polemischem Unterton die Fortschrittlichkeit und Humanität gelobt, die in dem zu Dänemark gehörigen Kiel herrschen,[881] aber auch die Grenzen der Wohlfahrt aufgezeigt: „Man hat sich ... auf die Grundsätze eingeschränkt, ohne ihre Anwendung da machen zu wollen, wo sie nicht anwendbar sind."[882] - woraus sicherlich Cramers ureigenste Erfahrung mit dem Gemeinwesen in Kiel spricht. Die Abhängigkeit des sich loyal gebärdenden Kiel von Kopenhagen wird kritisiert; dennoch hebt Cramer auch die „grosse Humanität" und die „freye Wohltätigkeit"[883] der Kieler hervor und schließt das Kapitel in hoffnungsvoller Vorschau ab: „Deshalb, wenn man diese Trauben und Feigen nur recht bedenkt - fürchten wir auch in Allem, was wir denken, reden, schreiben, in einem gut regierten Lande uns nicht."[884] In diesem kurzen Kapitel vereint Cramer Kritik und Lob gleichermaßen: Es zeigt sich zwar die politische Rückständigkeit und Inflexibilität des Landes, aber wenigstens auch die Humanität, die zwangsläufig einen Kontrapunkt setzt zu allen regressiven Maßnahmen und eine Aussicht auf einen Wandel birgt. Letztlich besteht Dänemark aus mehreren formal gleichberechtigten Landesteilen, und so ist es wohl die Hoffnung Cramers, daß das gerechtigkeitsorientierte, aber loyale Kiel in Holstein im absolutistisch regierten Kopenhagen Veränderungen bewirken könne durch ein eigenes positives und progressives Beispiel.

In Cramers Schrift „Über mein Schicksal" (1794) schreibt er über seine vollzogene Entlassung, auch bringt er darin sein eigenes Verhältnis zu Dänemark, dem Land seiner Jugendzeit und seines beruflichen Wirkens, zum Ausdruck - es entsteht vor den Augen des Lesers die Rechtfertigung des Vorwurfs, er habe das Land, dem er als Bürger zugehört, schmählich verraten.

Cramer gibt als Grund für seine Entlassung den Vorwurf seiner „demokratischen und revolutionslustigen Schreybereien" an, der ihm von offizieller Seite her gemacht

---

[879] Ebd., 2. Band, S. 118

[880] Ebd., S. 70ff.

[881] Ebd., S. 71

[882] Ebd., S. 73f.

[883] Ebd., S. 75

[884] Ebd., S. 84

wurde.[885] Cramer differenziert sein Engagement für die Französische Revolution in dieser Schrift insofern, als er zwar nach wie vor das Bestreben vertritt, Dänen und Deutsche mit den Schriften Petions bekannt machen zu wollen, jedoch erhofft er sich dadurch keine revolutionäre Wirkung auf Dänemark – er strebt sie auch nicht an.[886] Zwischen Monarchie und Demokratie weiß Cramer auf seine Art zu unterscheiden: Die Demokratie erscheint in vielen Ländern nicht so ausgeführt, daß man sie vollkommen nennen könnte.[887] Andererseits ist die dänische Monarchie „durch den Willen des Volkes rechtmäßig und nicht gemißbraucht".[888] Cramer sieht in ihr die nationale Ausprägung einer Staatsform, „die ihre Unterthanen beglückt; und besonders in den letzten Jahren durch Schutz so vielen Menschenrechten verliehn, sich die Bewunderung der Republiken und Monarchien in Europa erwarb".[889] Die Unterscheidung zwischen Republik und Monarchie ist für Cramer eine relative, und da er in Dänemark eine Einherrschaft erkennt, die zweifelsohne demokratische und fortschrittliche Züge trägt, kann es – so sieht es Cramer – nicht verwerflich sein, sich im Rahmen dieses Herrschaftssystems als Anhänger der Republik zu offenbaren, zumal der Hoffnungsträger dieses Systems, Kronprinz Friedrich, einen vorbildlichen Charakter besitzt: Der gute Sohn, zärtliche Vater, Bruder und Freund „strebt, eben sowohl zu den Ersten an Moralität zu gehören, als Er der Erste an Rang unter uns ist".[890] Der zukünftige König erhält den Katalog bürgerlicher Tugenden zugeschrieben, zu denen auch die Bescheidenheit, die Sparsamkeit sowie Genauigkeit und Pflichtbewußtsein zählen, und wieder vermischt sich an dieser Stelle die Idee der Monarchie mit der der Republik: Wenn selbst der künftige Herrscher des Landes sich als *erster Bürger* erweist, so müssen seine Untertanen erst recht dem bürgerlichen Prinzip Folge leisten und die bürgerliche Erneuerung, wie sie durch die Französische Revolution angeregt sein könnte, durch eigenes Engagement vorantreiben. Dieses sei wirkungsvoller als jede Revolution auf dänischem Boden.[891]

Um sein eigenes Interesse und Engagement für Dänemark zu beweisen, führt Cramer in der Folge diverse Artikel aus dem „Menschlichen Leben" ins Feld, in denen er sich nachdrücklich mit Dänemark, seiner Nation, seiner Regierung und ihren Mitgliedern und anderen Aspekten des dänischen Gemeinwesens auseinandersetzt. Im einzelnen handelt es sich dabei um eine „Geschichte der Reformierten unter Christian V.", um eine Abhandlung über dänische Staatsmänner und Könige, über Holstein und den seeländischen Adel, den er zu loben weiß aufgrund seiner „Milde, Feinheit, Liberalität, Urbanität, Politesse und Politur der

---

[885] Über mein Schicksal, S. XII. Die Entlassung ist laut Resolution wie folgt formuliert: „Es ist Unser Wille und Befehl, daß Unsere Deutsche Kanzley den Professor Cramer in Unserem Namen anweisen solle, sein bisher bekleidetes Lehramt bey der Universität zu Kiel gleich niederzulegen, und sich daselbst nicht weiter aufzuhalten. Wobey ihm zugleich zu eröffnen ist, daß Wir ihm aus besonderer Milde die Hälfte seiner bisherigen Besoldung, also Drey Hundert und Funfzig Reichsthaler jährlich als Pension beygelegt haben und so lange auszahlen lassen werden, als er sich aller Verbreitung seiner der Staatsverfassung des Landes zuwiderlaufenden Grundsätze enthält." Ebd., S. 141

[886] Ebd., S. XIII und S. 103

[887] Ebd., S. 78

[888] Ebd., S. 76

[889] Ebd., S. III

[890] Ebd., S. 33

[891] Ebd., S. 103

Sitten"⁸⁹² sowie seiner „freundschaftliche(n) und freygiebige(n) Laune".⁸⁹³ Der seeländische Adel war besonders deutschfreundlich und nach „Deutschland" hin orientiert, und Cramers Lob eben dieser gesellschaftlichen Gruppierung mochte wiederum eine Provokation des dänischen Bürgertums bedeuten, das damals sein eigenes Selbstbewußtsein zu entdecken begann und deshalb sicherlich wenig Verständnis dafür besaß, daß Cramer dem dänischen Adel Elogen machte. Auf dieses Kapitel folgen in Cramers Schrift ein Artikel über den holsteinischen Adel, der gegenüber den seeländischen Aristokraten nur wenige Privilegien besaß - Cramer mochte an dieser Stelle implizit Einspruch erhoben haben gegen die gängige Behauptung, daß der deutsche Volksteil in Dänemark in allen Bereichen des gesellschaftlichen Lebens dominant sei -, und ein Abschnitt „Über den Geist der dänischen Criminaljustiz". Ein weiteres erwähnenswertes Kapitel befaßt sich mit einem wichtigen Aspekt dänischer Sozialgeschichte, indem es eine kurzgefaßte „Geschichte der Aufhebung der Leibeigenschaft" in Dänemark liefert, worin besonders „die menschliche Regierung Friedrichs des Vten"⁸⁹⁴ hervorgehoben wird. Ein gleichfalls positives Dänemarkbild entsteht in Cramers Vergleich des nördlichen Staats mit den brandenburgischen Ländern,⁸⁹⁵ worin wiederum die Fortschrittlichkeit und Aufgeschlossenheit Dänemarks betont wird. Nur mäßigen Tadel erfährt Dänemark auch in bezug auf sein politisches Verhalten dem nachrevolutionären Frankreich gegenüber,⁸⁹⁶ und der letzte zitierte Abschnitt schließlich spricht den Dänen Ruhm dafür zu, daß sie vor den Engländern bereits für die „Aufhebung der Negersklaverey"⁸⁹⁷ gestritten hätten. Ein moderates, aber nicht unkritisches Dänemarkbild zeichnet Cramer in den zitierten Artikeln aus dem Periodikum „Menschliches Leben" - er verschweigt nichts von dem, was er zu loben und zu tadeln hat, angeregt dazu von seiner persönlichen Erfahrung und Einstellung den Themen gegenüber.

Wir hatten bereits festgestellt, daß Cramer an dem dänischen Helstat besonders dessen Zerfall in Nationen kritisiert, wie er gegen Ende des 18. Jahrhunderts bereits festzustellen war. Cramer weiß sehr wohl zu unterscheiden zwischen *Staat* und *Nation*,⁸⁹⁸ will aber jeder einzelnen Volksindividualität, die innerhalb des Staats existiert, die gleichen Rechte zugestanden wissen. An dieser Stelle läßt sich eine Wechselwirkung des Gleichheitsprinzips mit der eigenen Erfahrung des dänischen

---

⁸⁹² Ebd., S. 120

⁸⁹³ Ebd., S. 121

⁸⁹⁴ Ebd., S. 125

⁸⁹⁵ Ebd., S. 130ff.

⁸⁹⁶ Ebd., S. 132

⁸⁹⁷ Ebd., S. 132ff.

⁸⁹⁸ In Cramers Werk finden wir den Begriff des „Staats" nicht gebraucht. In einer politisch gärenden Zeit wie der seinen mochte er diesen Ausdruck, der festgefügte Tatsachen beschreibt, als nicht passend angesehen haben. Dagegen differenziert er nach staatsrechtlichen Begriffen wie „Monarchie" und „Republik", wodurch sein Staatsverständnis, wenn man dennoch davon sprechen will, eine wertende Qualität erhält (vgl. Über mein Schicksal, S. III, S. 34f., S. 76, S. 78). Cramer benutzt jedoch häufig den Ausdruck „Nation" im Sinne der Französischen Revolution: Die Nation ist das bewußt einheitliche, bewußt gemeinsam wirkende, im Inneren gleichberechtigte Volksganze (Menschliches Leben, S. 54, S. 57f., S. 71, S. 106). Stark emotional geprägt ist Cramers Verwendung des Begriffs des „Vaterlands": Das Streben der Bürger gilt dem Vaterland als übergeordnetem Ziel, ihm dienen sie durch ihre Taten. Im Vaterland identifiziert sich der Bürger mit seinem Staat (Ebd., S. 10, S. 57).

„Helstat" entdecken, in dem noch vor dem Ausbruch der Umwälzungen in Amerika und Frankreich die Idee der - nationalen - Egalität geradezu staatsideologisches Prinzip geworden war, das sich in der Person des Königs verwirklicht sehen sollte. Orientiert am Vorbild der politischen „Nation", mochte sich bei Cramer nach der Rezeption französischer Denker seine Begeisterung auch für die Idee der gesellschaftlichen Gleichheit entzündet haben, wie er sie als Ziel der Französischen Revolution aufscheinen sah. Dem negativ-diskriminierenden status quo Dänemarks, das seine ideologischen Vorgaben nicht in die Praxis umzusetzen vermochte, stand Cramer somit in Frankreich ein scheinbar Wirklichkeit gewordenes Ideal gegenüber, das die Gleichheit *aller* Bürger *eines* Staats proklamierte und zu realisieren bestrebt erschien, „dem großen Grundsatze der wohlverstandenen Gleichheit"[899] und vor allem der „richtig verstandenen Gleichheitsliebe"[900] entsprechend.

Im Zwölften Stück der periodischen Schriftenreihe „Menschliches Leben" erläutert Cramer seine Vorstellung von Gleichheit, die er fest mit seiner Idee der Nation und des Vaterlandes verbunden sieht. Sie soll an dieser Stelle kurz referiert werden, um die oben angestellten Überlegungen zu stützen. „Nation", ein von Cramer häufig verwendeter Begriff, beschreibt in seinen Schriften das Volksganze, das ist die Gesamtheit der Bürger nach der Auflösung der künstlich trennenden Stände, entsprechend den Darlegungen, wie sie Sièyes in seiner Publikation „Qu'est-ce que le Tiers-Etat?" öffentlich machte, die bei Cramer in einer zustimmend kommentierten Übersetzung erscheint.[901] Cramer zieht daraus die für ihn wichtigste Aussage: „Jedes Verhältniß von Bürger zu Bürger ist ein freyes Verhältniß."[902] Diesem Prinzip widerspricht die „Bevorrechtung"[903] einzelner Menschen: Sie engt das Nationalgefühl auf das Zugehörigkeitsrecht zu einer einzigen Kaste ein, widerspricht somit dem Grundsatz, daß eine Nation das Zusammenwirken aller Kräfte für ein Ziel erfordert. Die Bevorrechtung wird als das veraltete Prinzip dargestellt, die Bürgerlichkeit dagegen ist gegenwartsorientiert.[904] Organisches Denken wird proklamiert,[905] das jedoch zutiefst im Gefühl wurzelt, welches wiederum mit dem emotional stark befrachteten Begriff des „Vaterlandes" verbunden ist. So leben auch die „Märtyrer" der Französischen Revolution in „der heiligen Liebe des Vaterlandes",[906] für das sie sich verdient gemacht haben durch ihre Opfer. Cramer schreibt:

> Laßt Bürger Bürger durch ihre Empfindungen ehren; und sich selbst diesem so schmeichelhaften, so ermunternden Ausdruck derselben überlassen, den sie gleichsam aus einer Art von höherer Eingebung auszuspenden verstehn! Alsdann werdet Ihr; bey freygelassener Bewerbung darum, die Seelen erkennen, in denen Kraft wohnt; Ihr werdet an den vielfältigsten Bestrebungen für jede Art des Guten, einsehn, was zur Vervollkommung des gesellschaftlichen Zustands, die große Triebfeder der öffentlichen Hochachtung hervorbringen muß.[907]

---

[899] Menschliches Leben, a. a. O., S. 5
[900] Ebd., S. 6
[901] Ebd., S. 104ff.
[902] Ebd., S. 79
[903] Ebd., S. 57
[904] Ebd., S. 67
[905] Ebd., S. 58
[906] Ebd., S. 10
[907] Ebd., S. 54

Die Egalität bringt in Wirklichkeit das Gute hervor; sie ist Cramers größtes Ideal, das zu vertreten ihm in Dänemark/Holstein untersagt wurde. Lange sehen wir Cramer hin und her gerissen zwischen seiner Heimat Dänemark, um die er kämpft und deren vollgültiger, nützlicher Bürger er sich gemäß seinen Vorstellungen eines gleichgestellten Bürgertums nennen will, und seiner geistigen Heimat Frankreich, in die er 1795 zieht und die die besten Grundvoraussetzungen für die Verwirklichung dieses Ideals zu bieten scheint. Die Unbeweglichkeit und Angst vor Veränderungen, die in Dänemark im Zuge der allgemeineuropäischen Unruhe vorherrschend war, welche die Französische Revolution geschaffen hatte, standen im deutlichen Gegensatz zu den grundsätzlichen Änderungswünschen,[908] die Cramers Politikverständnis bestimmten. Es ist somit zulässig zu schließen, daß Cramer seine wesentlichen Anregungen in politisch-sozialer Hinsicht seit den achtziger Jahren von Frankreich empfangen hat, daß aber sein Lebenshintergrund in Holstein, das damals zu Dänemark gehörte und von dort aus maßgeblich reglementiert wurde, ein Wesentliches dazu beitrug, seine gewonnenen Ideen zu schärfen und konkret zu entwickeln, da Cramer eine ähnliche Unterprivilegiertheit als Deutscher im dänischen Staat subjektiv empfunden haben mochte, wie sie der Dritte Stand in Frankreich hatte erleiden müssen.

---

[908] Cramer schreibt: „Das allgemeine Recht jedes Bürgers, sich repräsentieren zu lassen, und solche Principien mehr, haben dem Verfasser den Namen eines metaphysischen Kopfes verschafft." A. a. O., S. 21

9
„Bei den Schweden war einst die Macht und die Gewalt des Nordens, sie wird künftig bei ihnen sein."[909]

Ernst Moritz Arndt und sein Verhältnis zu Schweden

Der Schriftsteller und Publizist Ernst Moritz Arndt (1769 - 1860) war wie kaum ein anderer der von uns behandelten Dichter und Autoren prädestiniert dafür, sich mit den Gemeinsamkeiten und Unterschieden deutschen und skandinavischen geistigen und politischen Lebens zu befassen, denn er wurde auf der zum damaligen Schwedisch-Pommern gehörigen Insel Rügen geboren. Schwedisch-Pommern unterstand seit dem Westfälischen Frieden von 1648 der schwedischen Krone,[910] jedoch war und blieb das Territorium bis 1806 Bestandteil des Heiligen Römischen Reichs deutscher Nation, und der schwedische König hatte im Hinblick auf Schwedisch-Pommern auch die Stellung eines Reichsfürsten inne. In Schwedisch-Pommern galten die Territorial- und Reichsgesetze, woraus sich eine besondere Stellung des Landes gegenüber Schweden ergab und seine Zugehörigkeit zu „Deutschland" - als geistigem und als politischem Faktor - deutlich hervortrat. Als Regent fungierte in Schwedisch-Pommern ein vom schwedischen König eingesetzter Generalgouverneur, der Schwede sein mußte, und die pommerischen Stände bildeten die Territorialregierung. Die Vorherrschaft des Adels sowie die dem 17. Jahrhundert entstammende Landesverfassung, die durch Städteverfassungen ergänzt wurde, prägten die politische Realität Schwedisch-Pommerns bis zum Ende des 18. Jahrhunderts und wurden unter dem Druck vereinzelter örtlicher Erhebungen von Bürgern, die ihre unzulängliche politische Vertretung anprangerten, nur oberflächlich relativiert. Als das Heilige Römische Reich deutscher Nation 1806 aufgelöst wurde, übernahm Schweden die Regierungsgewalt über Schwedisch-Pommern und leitete die Eingliederung des Territoriums in seinen Reichsverband ein. Gesetze und Verordnungen wurden auf schwedischen Befehl hin eingeführt, und an ihrer Übersetzung und Bearbeitung für die (nieder-) deutschsprachige Bevölkerung des Landes war auch Ernst Moritz Arndt beteiligt.

Bis zum Jahr 1812 trugen sich die wesentlichen Ereignisse aus Arndts „äußerem Leben"[911] im pommerischen und schwedischen Einflußbereich zu, will man von

---

[909] Ernst Moritz Arndt: Geist der Zeit I. In: Sämtliche Werke. Achter Band. Leipzig o. J., S. 191

[910] Zur folgenden Darstellung vgl. Manfred Herling/Horst-Diether Schröder: Ernst Moritz Arndt 1769 - 1969. Katalog der Ausstellung der Ernst-Moritz-Arndt-Universität Greifswald zum 200. Geburtstag Ernst Moritz Arndts. Greifswald 1969, S. 10ff. Sowie Jan Peters: Schwedisch-Pommern - Problemfall provinzieller Patrioten? In: Ernst Moritz Arndt 1769 - 1860. Konferenz über Werk und Wirken Greifswalder Wissenschaftler zu Beginn der bürgerlichen Umwälzung. Wissenschaftliche Zeitschrift der Ernst-Moritz-Arndt-Universität Greifswald. Gesellschaftswissenschaftliche Reihe. XXXIV, 1985, 3 - 4, S. 21 - 23

[911] „Erinnerungen aus dem äußeren Leben" lautet der Titel der von Arndt 1840 verfaßten Lebenserinnerungen der Zeit von 1769 bis 1815. Zu Arndts Biographie vgl. vor allem Paul Meinhold: Arndt. Berlin 1910; Ernst Müsebeck: Ernst Moritz Arndt. Ein Lebensbild. 1. Buch: Der junge Arndt 1769 - 1815. Gotha 1914; Hans Polag: Ernst Moritz Arndts Weg zum Deutschen. Studien zur Entwicklung des

einem knapp eineinhalbjährigen Studienaufenthalt in Jena absehen. Seine Jugend verbrachte der Sohn eines ehemals leibeigenen Pächterehepaars, dem der soziale Aufstieg vor allem aufgrund seiner hervorragenden Ausbildung gelungen war, auf Rügen und ab 1787 in Löbnitz auf dem pommerischen Festland. Von 1787 bis 1789 besuchte Arndt das Gymnasium in Stralsund und studierte von Mai 1791 bis zu seinem Wechsel nach Jena 1793 Theologie an der Universität von Greifswald. 1796 nahm er eine Hauslehrerstelle in Altenkirchen auf Rügen an, und von Mai 1798 bis Oktober 1799 unternahm Arndt eine erste Bildungsreise, die ihn durch „Deutschland", Ungarn, Italien, Frankreich und Belgien führte und die er in einem vierbändigen Reisebericht reflektierte.[912]

Von 1800 bis 1811 war Arndt in wechselnden Positionen und mit Unterbrechungen der Universität in Greifswald verbunden: Nachdem er 1800 sein Magisterexamen abgelegt und sich 1801 habilitiert hatte, wirkte er ab Dezember 1801 als Adjunkt der Philosophischen Fakultät, um 1806 sowie zwischen 1809 und 1811 als Dozent zu lehren.

Die Universität Greifswald war eine der kleineren und daher auf den ersten Blick weniger bedeutsamen Lehranstalten des Heiligen Römischen Reichs deutscher Nation.[913] Sie wurde 1456 gegründet und erwarb sich einen soliden Ruf im Hinblick auf mathematisch-naturwissenschaftliche Fächer. Unter Hans Henrik Graf von Essen, der als schwedischer Generalgouverneur auch die Kanzlerschaft der Universität Greifswald inne hatte,[914] waren maßgebliche Fortschritte auf dem Gebiet der Medizin zu verzeichnen. Am Ende des 18. Jahrhunderts zählte die Universität fünfzehn Professoren und etwa hundert Studenten, worunter sich viele junge Schweden befanden. In den „Erinnerungen aus dem äußeren Leben" bezeichnet Arndt die Universität Greifswald als Versorgungsanstalt für eben diese Schweden sowie für Söhne und Töchter der Professoren und der angesehenen Familien der Stadt.[915] Es muß jedoch ein Umstand dagegen gehalten werden, welcher der Universität Greifswald, die im übrigen heute Arndts Namen trägt, ihren eigenen Wert verleiht: Deutsches und schwedisches wissenschaftliches Leben waren in ihrem Lehrbetrieb gleichermaßen berücksichtigt, und ein Austausch zwischen deutscher und schwedischer Kultur wurde aktiv ausgeübt. Es wurden schwedische Professoren - Philosophen, Philologen und Mediziner, darunter auch der Dichter Thomas Thorild,

---

frühen Arndt 1769 - 1812. Leipzig 1936; Herling/Schröder: Ernst Moritz Arndt 1769 - 1969, a. a. O.; Heinz von Arndt: Das Abenteuer der Befreiung. Ernst Moritz Arndt und die Forderung seiner Zeit. Leoni am Starnberger See 1960; Gustav Erdmann: Ernst Moritz Arndt: Freiheitssänger und Patriot. Vaterstetten 1970 und Johannes Paul: Ernst Moritz Arndt. „Das ganze Teutschland soll es sein!" Göttingen, Zürich, Frankfurt/Main 1971

[912] „Bruchstücke aus einer Reise von Baireuth bis Wien im Sommer 1798", „Bruchstücke aus einer Reise durch einen Theil Italiens im Herbst und Winter 1798 und 1799", Teil 1.2 (beide Leipzig 1801), „Bruchstücke aus einer Reise durch Frankreich im Frühling und Sommer" Teil 1.2 (Leipzig 1802), Teil 3 (ebd. 1803). Dieser Reise verdankt Arndt seine Kenntnis des Lebens im nachrevolutionären Frankreich.

[913] Zum folgenden vgl. Herbert Langer: Die Universität Greifswald als Mittler zwischen Schweden und deutschen Territorien (16. - 18. Jahrhundert). In: Kulturelle Beziehungen zwischen Schweden und Deutschland im 17. und 18. Jahrhundert. 3. Arbeitsgespräch schwedischer und deutscher Historiker in Stade am 6. und 7. Oktober 1989. Stade 1990, S. 27 - 34

[914] Essen übte beide Ämter von 1800 bis 1815 aus, unterbrochen von der französischen Besetzung Schwedisch-Pommerns vom September 1807 bis Januar 1810.

[915] Sämtliche Werke. Erster Band. Leipzig 1892, S. 74

Abbildung 12: Ernst Moritz Arndt (1769-1860), um 1813

der Arndt nicht unwesentlich beeindrucken sollte[916] - nach Greifswald berufen; auch wurde das Schwedische zur Unterrichtssprache in Greifswald bestimmt, und die deutschen Lehrkräfte orientierten sich zunehmend auch an den Forschungsergebnissen der schwedischen Wissenschaft, die im gustavianischen Zeitalter eine wahre Blüte erlebte, wobei anzumerken ist, daß eine *Suedisierung* niemals das Ziel der schwedischen Einflußnahme war; vielmehr mochte der Universität Greifswald eine Funktion als Mittlerin zwischen Nord und Süd zugedacht worden sein, denn es war die Intention der leitenden Köpfe und der schwedischen Reichspolitik am Ende des 18. Jahrhunderts, Schweden wie in Großmachtzeiten einen Platz in Europas Mitte zu verschaffen, von dem aus es einflußreich politisch wirken konnte.[917]

---

[916] Vgl. dazu Stellan Arvidson: Thomas Thorild - der Dichter als Wissenschaftler und Fritz Grothe: Thorilds sozialphilosophische Auffassungen nach 1793. In: Ernst Moritz Arndt. Konferenz in Greifswald, a. a. O., S. 17 - 20 bzw. S. 79f.

[917] Vgl. Kapitel 3 dieser Arbeit.

Eingedenk dieser Umstände fällt es nicht schwer anzunehmen, daß Arndt von beiden Kulturen, der deutschen so gut wie der schwedischen, umfassende Kenntnisse besaß, und es ist schon für seine Jugendzeit die Lektüre von schwedischen und deutschen Geschichtswerken belegt.[918] So war es Arndt gegeben, schon früh zwischen beiden Nationen zu vergleichen und ihre Vorzüge und negative Eigenschaften zu erkennen.

Ernst Moritz Arndt hielt sich zweimal in seinem Leben für längere Zeit in Schweden auf. Den Winter 1803/04 verbrachte er in Stockholm, woran sich im Frühjahr und im Sommer 1804 eine Reise durch das Land anschloß. Diese Reise mag unterschiedlichen Motivationen entsprungen sein; Arndt schweigt sich in seinen „Erinnerungen" über diesen Punkt aus. Zum einen mochte schlicht eine Neugier auf das Land dahinterstecken, das mit Arndts Heimat Pommern so eng verbunden war und in das Arndt, wie wir noch sehen werden, so große Hoffnungen investierte, zum anderen mochte sie aus dem Bestreben heraus geplant und durchgeführt worden sein, über Schweden so viel als möglich aus Bibliotheks- und Quellenstudien zu erfahren, wie er sie in Stockholm intensiv betrieb,[919] und er aus persönlichen Kontakten mit den Einwohnern mehr über Land und Leute zu lernen und Kontakte zu knüpfen versuchte, um sich zusätzlich für eine Anstellung in schwedischen Diensten zu empfehlen. So ließe sich auch das Schweigen des 1840 längst zum deutschen Patrioten konvertierten Arndt über die Gründe seiner Reise in seiner Biographie erklären. Von dieser ersten Schwedenreise geben die Briefe an den Freiherrn Christian Ehrenfried Weigel sowie ein Reisebericht umfassend Zeugnis. Den Reisebericht hat die Forschung bisher nur am Rande zur Kenntnis genommen; er verdient jedoch eingehendere Würdigung, weil er, zusammen mit den erwähnten Briefen, auch über die weltanschauliche Entwicklung des jungen Arndt Auskunft erteilt.

Wenn sich die politischen Ereignisse im zeitgenössischen Schweden auch nicht unmittelbar in Arndts Reisebericht niederschlagen,[920] so zeigen die Briefe an Weigel, daß er sich mit den aktuellen sozialen und politischen Zuständen Schwedens befaßt hatte. Schon vor seinem ersten Schwedenaufenthalt hatte er beide politische Ordnungen - die schwedische und die deutsch-pommerische - vergleichend nebeneinander gestellt und in seiner Schrift „Versuch einer Geschichte der Leibeigenschaft in Pommern und Rügen", die 1803 publiziert wurde, am Beispiel der Lebensumstände der einheimischen Bauern implizit für die Übernahme der schwedischen Rechtslage plädiert, welche die bäuerliche Leibeigenschaft nicht kannte.[921] Diese Schrift umschreibt die besondere Bedeutung, die Arndt der Freiheit

---

[918] Müsebeck, S. 19

[919] Vgl. Arndts Brief an Christian Ehrenfried Freiherrn von Weigel vom 10. Januar 1804. In: Ernst Moritz Arndt: Briefe. Hrsg. von Albrecht Dühr. 3 Bände. Darmstadt 1972, 1. Band, S. 49

[920] Uno Willers macht in seinem Vorwort zu Arndts Reisebericht deutlich, daß dieses Werk gerade wegen seiner politischen Abstinenz von offiziellen schwedischen Kreisen besonders wohlwollend betrachtet wurde - waren doch 1802 in London Joseph Acerbis und 1805 in Tübingen Johann Georg Kerners kritische, wenig positive Reiseschilderungen erschienen, die bei den schwedischen Behörden großen Zorn hervorriefen. Arndts Schrift dagegen fand große Zustimmung und wurde 1807 in schwedischer Übersetzung einer breiten Öffentlichkeit zugänglich gemacht. Vgl. Ernst Moritz Arndt: Reise durch Schweden im Jahr 1804. Neu herausgegeben und eingeleitet von Heinz von Arndt. Mit einem Vorwort von Uno Willers und 30 zeitgenössischen Abbildungen und Faksimiles. Tübingen und Basel 1976, S. 7f.

[921] Der Bauer war nach schwedischem Recht festes, gleichberechtigtes Mitglied des Ständegefüges. Als „bondeståndet" seit dem Mittelalter organisiert, nahmen die Bauern ab dem 16. Jahrhundert als vierter Stand an den Versammlungen des schwedischen Reichstags teil. In kaum einem anderen Land

für den modernen Menschen zumißt[922] und für die ihm auch in diesem Fall das schwedische Beispiel zur Illustration dient: Die dem schwedischen Volk und seinem Selbstbewußtsein entwachsene Freiheit, die Arndt - Montesquieu nachfolgend - als typisch germanische Eigenschaft definierte, führte Arndt nach den Freiheitskriegen zu der Forderung, das Volk in das neu zu schaffende „Deutschland" politisch stärker einzubinden[923] - diese Forderung lieferte mit einen Grund dafür, Arndt ab 1819 im Zuge der Demagogenverfolgungen politisch mundtot machen zu wollen. Die Idee der Freiheit als Erbe eines jeden einzelnen Volks bildet jedenfalls das Fundament - wie noch genauer zu zeigen sein wird - von Arndts Schwedenideologie und wird später von ihm auf „Deutschland" und das deutsche Volk übertragen.[924]

Arndts zweiter Schwedenaufenthalt war nicht von freiwilliger Art: Er entschloß sich im Dezember 1807 zur Flucht nach Stockholm, weil er wegen seiner napoleonfeindlichen Publikationen die Verfolgung und Bestrafung durch die Franzosen fürchtete, die im gleichen Jahr Schwedisch-Pommern besetzt hatten.[925] In Stockholm fand er eine Anstellung als Übersetzer schwedischer Gesetze und Verordnungen ins Deutsche, eine Arbeit, die König Gustav IV. Adolf auch dann noch durchführen ließ, als Schwedisch-Pommern längst von französischen Truppen eingenommen und besetzt war. Außerdem verfaßte und publizierte Arndt Propagandaschriften gegen Napoleon und den Zaren Alexander, wobei er gleichfalls in königlichem Auftrag wirkte. Das Organ, in dem er 1808/09 diese Aufsätze veröffentlichte und das vom König finanziert wurde, nannte Arndt „Der nordische Kontrolleur"; einige dieser Aufsätze faßte Arndt zum zweiten Teil der Schrift „Geist der Zeit"[926] zusammen, der 1808 anonym und ohne die Angabe des Druckorts erschien; wieder wurde die Finanzierung durch den König besorgt.[927] Es muß aber angeführt werden, daß diese Publikationen keine weite Verbreitung finden konnten, denn sie wurden auf deutsch verfaßt und als Propagandaschriften für Pommern konzipiert, wohin sie jedoch in nur wenigen Exemplaren gelangen konnten.[928] Arndts Wirkung als Verfasser königstreuer propagandistischer Gebrauchsliteratur in Diensten des schwedischen Königs Gustav IV. Adolf darf somit nicht mit dem

---

waren die Bauern von alters her so mächtig wie in Schweden. Diese politische Situation ist ein Spiegel der starken sozialen Stellung der schwedischen Bauern, die sich gleichfalls schon im frühen Mittelalter ausgebildet und seither erhalten hatte. Arndt mußte bei seinen Studien zur schwedischen Geschichte, die er von Jugend an betrieb, auf diesen Umstand aufmerksam geworden sein.

[922] Versuch einer Geschichte der Leibeigenschaft, Berlin 1803, S. 239

[923] Vgl. u. a. Entwurf einer teutschen Gesellschaft. Frankfurt/Main 1816, S. 29 und S. 31.

[924] Ihre Wurzeln hat diese Idee vorzüglich in der „Germania" des Tacitus, der letztlich auch Montesquieus Freiheitsideologie entspringt.

[925] Arndt stand bei seiner Emigration das Schicksal des Buchhändlers Johann Philipp Palm (1768 - 1806) vor Augen, der 1806 die antifranzösische, anonyme Schrift „Deutschland in seiner tiefen Erniedrigung" publiziert hatte. Palm wurde auf Anordnung Napoleons verhaftet und verhört. Da er keine Aussage zum Verfasser der Schrift machen wollte, stellte man ihn in Braunau vor ein Kriegsgericht und verurteilte ihn zur standrechtlichen Erschießung.

[926] Die vier Teile des „Geist(s) der Zeit" wurden 1806, 1808, 1813 und 1818 publiziert. Sie umfassen eine Sammlung von Aufsätzen, die sich mit der zeitgenössischen politischen Situation befassen und auf propagandistische Wirkung hin ausgerichtet sind.

[927] Paul, S. 45

[928] Vgl. Richard Wolfram: Ernst Moritz Arndt und Schweden. Zur Geschichte der deutschen Nordsehnsucht. Weimar 1933, S. 111

Verbreitungsgrad verglichen werden, den er seit 1812, nunmehr in preußischem Auftrag schreibend, erzielen konnte.

Überhaupt war dieser zweite Schwedenaufenthalt von ernüchternder Wirkung auf Arndt. Schon 1804 hatte er feststellen müssen, daß König Gustav IV. Adolf und das schwedische Volk keine Einheit mehr bildeten, sondern an der französischen Frage zur politischen Haltung gegenüber Napoleon in zwei Fraktionen zu zerbrechen drohten.[929] 1807 hatte sich der Dissenz zwischen beiden Parteien merklich verstärkt, und Arndt erkannte, daß der König daran zwangsläufig scheitern mußte - seine „Schwedischen Geschichten unter Gustav dem Dritten, vorzüglich aber unter Gustav dem Vierten Adolf" zeichnet den Lauf der Dinge nach.[930]

Die Bedeutung, welche die Person Gustavs IV. Adolf für Arndt und seine politische Ideenbildung hatte, ist bisher nicht in ihrer ganzen Tragkraft gewürdigt worden. Es soll im folgenden verdeutlicht werden, daß Arndt Gustav IV. Adolf in Verbindung mit seinem schwedischen Volk als Hoffnungsträger für die deutsche Sache betrachtete und welche Gründe er dafür hatte.

Gustav IV. Adolf (1778 - 1837) war der Sohn und Erbe König Gustavs III. und der Enkel der Königin Ulrike Luise, der Schwester Friedrichs II. von Preußen. Seine Gemahlin Friederike Dorothea war die Tochter des Markgrafen Friedrich von Baden, dem Klopstock das Bardiet „Hermann und die Fürsten" gewidmet hatte. Von daher erscheint es wenig verwunderlich, daß Gustav IV. Adolf zeit seines Lebens großes Interesse für die deutsche Frage zeigte. Als Arndt sich erstmals in Schweden aufhielt, weilte König Gustav IV. Adolf am Hof seines Schwiegervaters in Karlsruhe, und diese zweijährige Abwesenheit des Königs trug maßgeblich zur Entfremdung zwischen ihm und seinem Volk bei.[931] Sein Engagement als Territorialfürst des dem Untergang geweihten Heiligen Römischen Reichs deutscher Nation erwies sich in dem Versuch, den Staatsverband doch noch zu erhalten und ihm neues Leben einzuhauchen. Arndt schreibt dazu in seinen „Schwedischen Geschichten":

> Die Erklärung gab er als Herzog von Pommern und Fürst von Rügen und als Bürge der deutschen Reichsverfassung zu Regensburg für das zerrissene deutsche Reich, und rief im Namen der alten Ordnung und des alten Rechts zur Verteidigung und gemeinsamen Waffenrüstung gegen welschen Frevel und demagogischen Übermut mit so hohen Worten auf, daß jedermann sah, diesem werde man, wie seinem Oheim dem Herzog (Karl von Södermanland, von 1792 bis 1795 Regent für den unmündigen Thronfolger und nach dessen Absetzung als König Karl XIII. Interimskönig Schwedens. Anm. d. Verf.) geschehen, nimmer Vorliebe für die Franzosen vorwerfen können.[932]

Heinz von Arndt weist darauf hin, daß Gustav IV. Adolf fast der einzige Fürst des Heiligen Römischen Reichs deutscher Nation war, der gegen die Ablegung der Reichskrone protestierte, die der österreichische Kaiser 1806 vollzog. Im gleichen

---

[929] Vgl. den Brief an Weigel vom 23. März 1804, a. a. O., S. 59

[930] Schwedische Geschichten unter Gustav dem Dritten, vorzüglich aber unter Gustav dem Vierten Adolf, verfaßt 1809/10, publiziert Leipzig 1839, S. 251ff.

[931] Ebd., S. 201

[932] Ebd., S. 186

Jahr richtete der schwedische König einen Aufruf an die Einwohner Schwedisch-Pommerns, den Heinz von Arndt wie folgt zitiert:

> Wenn die heiligsten Verbindungen, welche mehr als tausend Jahre hindurch das Deutsche Reich zusammenhielten, jetzt aufgelöst werden, so kann doch niemals die deutsche Nation vernichtet werden, und durch die Gnade des Allerhöchsten wird Deutschland dereinst aufs neue ... vereinigt werden.[933]

Mit Gustav IV. Adolf ging Arndt also konform in seiner Vorstellung eines neuen, starken „Deutschland", aber auch in seiner Ablehnung Napoleons, die sich bei beiden nach 1806 zu tiefgreifendem Haß zu steigern begann und in dem König den Wunsch erweckte, dem Korsen kriegerisch zu begegnen, um ihn endgültig zu vernichten.[934] In seiner antifranzösischen Haltung jedoch überforderte er das schwedische Volk grundlegend, denn noch unter seinem Vater Gustav III., der von 1772 bis 1792 regierte, und unter der Vormundschaftsregierung Herzog Karls von Södermanland zwischen 1792 und 1795 war die französische Nation hoch angesehen, und es gab vielfältige Wechselbeziehungen in Handel und Kultur zwischen Frankreich und Schweden bis ins Zeitalter Napoleons hinein - diese Tradition ließ sich nicht einfach auslöschen.

In seinen deutsch- und vor allem reichsfreundlichen Bestrebungen versuchte Gustav IV. Adolf, in die Fußstapfen seines großen Vorfahren Gustav II. Adolf zu treten, wie überhaupt ein stark rückwärtsgewandter Zug die Politik dieses Schwedenkönigs prägte: Nicht etwa die Zweckmäßigkeit, sondern vielmehr ein diffus *romantisches* Streben nach der alten Größe des Deutschen Reichs, dessen Ordnung ein womöglich mächtigeres Schweden garantierte, bestimmte sein politisches Handeln.[935] Sein Plan einer durchgreifenden Suedisierung Pommerns nach dem Zerfall des Heiligen Römischen Reichs deutscher Nation 1806[936] gab seiner besonderen Vorliebe für dieses Territorium Ausdruck, die sich aus dem Umstand heraus erklären läßt, daß Gustav II. Adolf, des Königs ruhmreicher Ahn, und sein Heer gerade in diesem Teil des Deutschen Reichs blutig gestritten hatten - Schwedisch-Pommern besaß also für den Schwedenkönig einen großen ideellen Wert, und der Besitz dieses Gebiets wurde von ihm ebenso verteidigt wie die Idee des Reichs. So ließ König Gustav IV. Adolf noch dann Gesetze und Verordnungen für Schwedisch-Pommern ausarbeiten und übersetzen, als das Territorium längst von den Franzosen besetzt war.

Auf diese Weise läßt sich erklären, weshalb der deutsche Patriot Ernst Moritz Arndt sich derartig mit dem Schwedenkönig und seinen Ansichten identifizierte, wenn er auch mit dem Suedisierungsversuch durch Gustav IV. Adolf nicht einverstanden sein konnte.[937] Aufgrund seiner Abneigung Preußen gegenüber, das

---

[933] Heinz von Arndt, a. a. O., S. 81

[934] Gustav IV. Adolf erwies sich als religiöser Eiferer gegen Napoleon, in dem er „Apokalypsens vilddyr" (das Untier der Apokalypse) verkörpert sah. Vgl. Ingvar Andersson: Sveriges Historia. Sjutende utvidgade upplagan. Stockholm 1969, S. 320 und Martin Gerhardt/Walther Hubatsch: Deutschland und Skandinavien im Wandel der Jahrhunderte. Zweite, verbesserte und bis an die Gegenwart geführte Auflage. Bonn 1977, S. 288f.

[935] Vgl. Sten Carlsson/Jerker Rosén: Svensk Historia 2. Tiden efter 1718. Stockholm 1961, S. 222 und Andersson, S. 317f.

[936] Carlsson/Rosén, S. 216

[937] Vgl. Wolfram, S. 104; Herling/Schröder, S. 45; Paul, S. 44f.

er vor 1807 stark mit der selbstherrlichen Regierung Friedrichs II. verband,[938] die das Ideal der Freiheit missen ließ, war er gezwungen, einen Vertreter der deutschen Sache zu suchen, der in seinem Herrschaftsbereich Freiheit und Humanität walten ließ. Schweden entwickelte sich für Arndt zu einem solchen Vorbild, zunächst augenscheinlich unter dem Einfluß Montesquieus und seiner Klimatheorie, aber auch seiner Rezeption der schwedischen Geschichte und des Tacitus; diese theoretischen Ansätze konnte er nach der ersten Schwedenreise durch seine eigenen Anschauungen konkretisieren und ausweiten. Vor allem hoffte Arndt darauf, daß das starke Volk der Schweden, das schon unter Gustav II. Adolf den Deutschen beim Kampf um den rechten Glauben beigestanden hatte, auch in den Kampf gegen Napoleon eintreten würde.

Während seines zweiten Aufenthalts in Schweden lernte Arndt den König persönlich kennen und empfing von ihm, wie bereits erwähnt, vielfältige finanzielle und ideelle Unterstützung. Bis zu seiner Absetzung und darüber hinaus rechnete sich Arndt zu des Königs antifranzösischer Partei[939] und mochte ihm die Treue auch dann nicht verweigern, als die Zukunft Gustavs IV. Adolf bereits entschieden war: Aus Rücksicht auf ihn publizierte Arndt seine „Schwedischen Geschichten" erst im Jahr 1839, als der vorletzte schwedische König der Vasa-Dynastie seit zwei Jahren tot war. Die Absetzung Gustavs IV. Adolf und die Hinwendung Schwedens zur französischen Seite trieb Arndt 1809 aus dem Land, und mit dieser Flucht begrub er seine Hoffnungen auf ein schwedisches Volk, das Hand in Hand mit seinen deutschen Brüdern die französischen Eindringlinge aus „Deutschland" vertreiben und dem Gebiet die Freiheit bringen würde. Auf seiner Reise nach England schrieb Arndt am 7. Oktober 1809 an den befreundeten Friedrich Bogislaw Graf von Schwerin einen Abschiedsbrief, in dem es heißt:

> Die Schweden waren gut, als steinerne Faustkraft die Welt noch regierte. Sie sind zu schwer, als daß der leichte Geist, wodurch diese Zeit alleinig gehalten werden kann, sie emporheben könnte: ich kann voraus sagen, sie werden wie Steine im Druck ver- (fehlt, d. Verf.) müssen.[940]

Diese Worte spiegeln Arndts Resignation gegenüber dem schwedischen Volk, dem Träger seiner Hoffnungen, dessen Zeit nicht gekommen ist. Es ist der leichte französische, nicht der erdschwere nordische Geist, der die Gegenwart bestimmt.

Doch wenden wir uns zurück zur Reise Arndts durch Schweden in den Jahren 1803/04. Sie trug nicht zuletzt dem Bestreben Arndts Rechnung, das in seinen Überlegungen im Ansatz bereits vorhandene ideale Nordlandbild vorzufinden.[941]

---

[938] Im ersten Teil der Schrift „Geist der Zeit" (1806) äußert er sich kritisch über „Friedrich den Einzigen" (S. 201ff., vgl. auch S. 134ff., S. 192ff.), obwohl er ihm auch die Anerkennung für seine Leistung zukommen läßt (S. 205). In dem Aufruf „Letztes Wort an die Deutschen, gesprochen im Herbst 1808", der im zweiten Teil des „Geist(s) der Zeit" abgedruckt ist, ist es Österreich, das nach Arndts Ansicht „Deutschland" als Kaisermacht vertreten soll, nicht etwa Preußen (S. 258).

[939] So heißt es in den „Wanderungen und Wandelungen mit dem Reichsfreiherrn von (sic!) Stein", die 1811 in der Biographie Arndts einsetzten, in bezug auf das schwedische Armee- und Offizierskorps, das mit Russen und Deutschen gegen die Franzosen zu kämpfen gedachte: „sie kannten mich als einen Franzosenfeind und als einen alten Gustavianer." Sämtliche Werke. Zweiter Band. Leipzig 1893, S. 26

[940] Briefe, 1. Band, S. 154

[941] Vgl. dazu Germanien und Europa. Altona 1803, S. 50 - 61

Seiner ersten emphatischen Gefühlsregung über den Aufenthalt an sich gibt er in seinem ersten Reisebrief an Weigel vom 10. Januar 1804 Ausdruck:

> Die Zeit des ersten schwedischen Rausches, des ersten Einblicks ins Eisenland und Eisenvolk, die Zeit der Verwunderungen, Bewunderungen und Aufwallungen ist vorbei, alle Herzenswallungen ... sind zu einem glücklichen Niederschlag zusammengesunken.[942]

Es ist der Unterschied zwischen den gebildeten „Français du Nord" der Hauptstadt,[943] die ihm zutiefst mißfallen, und den einfachen, unverbildeten Landbewohnern, der ihn stark beschäftigt,[944] der aber auffälligerweise in der offiziellen Reiseschilderung, die ganz auf die Harmonisierung der Gegensätze aus ist und politische Aussagen vermeidet, inhaltlich keinen Raum findet. Arndt beschäftigte sich eingehend mit Art und Aussehen der Bewohner in den verschiedenen schwedischen Provinzen;[945] er beschreibt ihre Kleidung und ihren Charakter, wobei immer wieder hervorsticht, wie stark Arndt diese Eigenschaften von den klimatischen und geologischen Bedingungen des äußeren Lebens abhängig macht.[946] Seine Beschreibung des lappischen Volksstamms macht das besonders deutlich:[947] Schon das harte Leben in den nördlichen schwedischen Regionen, wo fast acht Monate lang der Winter regiert,[948] läßt die Lappen als einen zähen, aber wendigen, den äußeren Unbilden gewachsenen, aber unschönen, schwachen Volksstamm erscheinen.[949] Die Schweden jedoch, die das Kernland bewohnen, werden im äußerlichen Bild durchaus untereinander differenziert betrachtet; daß sie zumeist schön sind, hebt Arndt mehrfach hervor.[950] Als wesentliche Charaktereigenschaften der Landbevölkerung nennt Arndt immer wieder ihren Ernst und ihre ruhige Art, ihre Gesetzestreue und ihren Gehorsam, ihr Zutrauen, ihre Ehrlichkeit und ihren Freiheitssinn.[951] Dieser Freiheitssinn, den Arndt aus ihrer uralten demokratischen Tradition herleitet, bildet den eigentlichen Kern schwedischen Wesens.[952] Die Västmanländer finden ihr Abbild

---

[942] Briefe, 1. Band, S. 48. Die Vorstellung vom „Eisen" als Stärke und Macht verleihendes Element im Menschen reflektiert Arndt in den Gedichten „Vaterlandslied" („Der Gott, der Eisen wachsen ließ", 1812) und vorher bereits, als Emigrant in Schweden unter direktem schwedischen Einfluß stehend, und „Lob des Eisens" (Geist der Zeit II, um 1807/08 entstanden).

[943] Vgl. den Brief vom 10. Januar 1804 an Weigel, S. 49

[944] Vgl. den Brief vom 23. März 1804 an Weigel, S. 58 und S. 61

[945] Reise durch Schweden im Jahr 1804, a. a. O., S. 60, S. 76, S. 108, S. 115, S. 118f., S. 171f., S. 182f., S. 205, S. 213, S. 248, S. 267 u. ö.

[946] Ebd., S. 186, S. 208, S. 211, S. 263, S. 269, S. 295, S. 320, S. 331f.

[947] Ebd., S. 260ff.

[948] Ebd., S. 266

[949] Vgl. dazu auch den Brief vom 13. Juli 1804 an Weigel, S. 113.

[950] Reise durch Schweden, S. 76, S. 108, S. 119, S. 205, S. 213, S. 248 u. ö.

[951] Ebd., S. 32, S. 36, S. 60, S. 74, S. 88, S. 115, S. 119, S. 168, S. 169, S. 183, S. 189, S. 191, S. 204, S. 239, S. 296ff., S. 338f. u. ö.

[952] Ebd., S. 124: „Nie hat hier die Luft leibeigen gemacht, nie ist das Kind dem Zustand der schlechtern Hand gefolgt, nie ist ein Bastard hier als Sklave angesehen."

in der sie umgebenden Natur; beides beurteilt Arndt unter dem Einfluß des damaligen Nordlandbildes:[953]

> Es liegt unter der hohen Stirn und in den tiefen Augen hier meistens etwas Schwärmerisches und Melancholisches, ein gewisser düsterer Schein, der nicht unangenehm ist, auch zeigt sich das Volk fast immer ernst und still.[954]

Die Würde und Erhabenheit des Nordens sowie seine Kälte und Düsternis spiegeln sich in den Einwohnern Schwedens wieder. Auch die Dalkarle sind Abbilder ihrer Umgebung; sie finden Arndts besonders Aufmerksamkeit, da sie durch die tiefe Treue zu Gustav I. Vasa, der von Dalarna aus Schweden zu erobern begann, und durch ihre ausgezeichnete physische Beschaffenheit hervorgehoben sind. Arndt beschreibt den Dalkarl wie folgt:

> Frei, ohne Neugier und Eitelkeit schaut er um sich und spricht zu jedem. Doch liegt auf vielen Gesichtern das Kolossalischideale und Ungeheure des Nordens, das unentwickelt in sich selbst erstarrt und als ein Koloß der Zeit auf die Ewigkeit hinweist. Der freie Sinn, der offene Mut, das volle Tragen des Lebens verkündigen sich einem jeden aus diesen Giganten.[955]

Das Ewige und Petrefakte des Dalkarls verweist auf eine glorreiche Vergangenheit ebenso wie auf eine große Zukunft; Treue und Kraft zeichnen ihn aus, die geeignet erscheinen, die große Aufgabe der Welterlösung aus sich heraus - sollten die guten Eigenschaften weiter durch einen geschickten Führer entwickelt werden - erfolgreich in die Bahnen zu leiten.

Was immer Arndt an der Bevölkerung Stockholms auszusetzen hatte[956] - die Provinz- und Landbevölkerung Schwedens sprach ihn durch ihre Schlichtheit und Freundlichkeit an. Die von entlehnter französischer Manier überdeckte schwedische Kultur und Geschichte, so nahm es Arndt in Stockholm wahr, wurde durch das ursprüngliche Geschichtsbewußtsein ausgeglichen, mit dem die Bevölkerung der Provinzen zu leben schien. Bei seiner Wanderung durch Dalarna passierte Arndt immer wieder historische Stätten, welche die tradierte enge Verbindung Gustavs I. Vasa mit seinem Volk dokumentierten, die bewahrt wird und die für die Bewohner der Provinz wie selbstverständlich gegenwärtig ist.[957] Immer wieder berichtet Arndt in seinem Reisebericht über Orte, die von der schwedischen Geschichte Zeugnis geben,[958] und immer wieder findet er historische Gegebenheiten und Personen fest in das kollektive Gedächtnis des schwedischen Volkes eingegraben. Besonders die

---

[953] Vgl. Karl-Heinz Bohrer: Der Mythos vom Norden. Studien zur romantischen Geschichtsphilosophie. Köln 1961, S. 14 und S. 107 - 120

[954] Reise durch Schweden, S. 60

[955] Ebd., S. 169

[956] Vgl. den Brief vom 10. Januar 1804 an Weigel, S. 49

[957] Ebd., Brief vom 18. Juni 1804 an Weigel; Reise durch Schweden, S. 157 und S. 159

[958] So besucht Arndt das Gewölbe nahe Uppsalas, in dem Nils und Svante Sture sowie Gustavson Stenbock durch Mörderhand umkamen (S. 41), begibt sich nach Tuna, den Ort bedeutsamer Schlachten (S. 158), Säteri Ornäs, wo sich Gustav I. Vasa auf der Flucht vor seinen Feinden versteckte (S. 159), und Mora, wo Gustav I. Vasa zum Volk sprach, um es von seinem gerechten Streben nach Herrschaft zu überzeugen, und wo Gustav III. am 14. September 1788 dem Volk eben jenen alten Enthusiasmus und Kampfeswillen für die gemeinsame politische Sache vermitteln wollte (S. 182).

Person und die Taten Karls XII. - des schwedischen Achill, wie ihn Arndt mehrfach nennt[959] - erweisen sich als gut erinnert; es entfaltet sich ein Enthusiasmus für den König, den Arndt teilt.[960]

Nicht nur mit dem Klima, sondern auch mit der Natur sieht Arndt das schwedische Volk zutiefst verbunden. Über Ornäs und seine Umgebung schreibt er:

> Es kann unmöglich fettere Wiesen geben. Es muß hier, wie um Falun, etwas Metallisches aus dem Erdboden treiben; sonst ist es unerklärlich, wie an den dürren Bergen alles so üppig hervorsprießt. Überall muß der Stahl und das Metall sich hier den Nahrungsmitteln und der Luft mitteilen und in die Knochen der Menschen und Pferde mit übergeben. Woher sonst bei oft magerer Kost so herrliche Leiber und ein so ungeheurer Atem der Ausdauer? Kann ein Skjutsbonde seine zwei Meilen hinter dem Wagen hertraben und fast zugleich mit dem Reisenden an der Stelle sein, oft ein winziger, dürrer Knabe, woher kommt ihm anders diese Kraft?[961]

Es ist eben diese Kraft und Ausdauer, die Arndt besonders an den Schweden fasziniert, und immer wieder reflektiert er ihre metallische, stählerne oder eisenartige Erscheinung, wovon besonders die Briefe Zeugnis geben, die aus dem unmittelbaren, ersten Eindruck heraus entstanden sind.[962] Auch die Stockholmer nennt Arndt „ein wie blitzender Stahl abgeschliffenes Volk".[963] Im Hinblick auf diese gestählten Menschen kommt Arndt so recht zu Bewußtsein, wie er sich als Deutscher selbst angesichts eines derartig kolossalen und eisernen Volks definieren muß:

> Ja ich bin mir unserer weichen und bröckelichen Deutschheit in diesem Norden schon oft mit Schamröthe bewußt geworden, und habe mir fest vorgenommen dieser meiner Deutschheit von diesen Eisernen nichts bieten zu lassen und auch mit Eisen und Stahl ins Zeug zu gehen. Denn ich fühle es von Tag zu Tag mehr, es ist nichts kümmerlicheres in der Welt als dieses elende deutsche Ding was wir Gutmüthigkeit, auch wohl Milde und Menschlichkeit nennen, was im Grunde aber weder Ja noch Nein zu seyn wagt und eitel Schwächlichkeit ist. ... Wir können von diesem Stahlvolk viel lernen; und haben wir nichts von ihnen gelernt?[964]

Es ist die durch Natur und klimatische Einflüsse gewonnene Stärke, die Arndt fasziniert und welche die Schweden für ihn zu einem für die Deutschen vorbildhaften Volk werden läßt, die aber auch die eigene Schwäche, die politische Ursachen hat, deutlich macht.

Doch nicht allein die Menschen sind es, die Ernst Moritz Arndt faszinieren. Vielmehr erliegt er auch dem Zauber eines *romantischen*, gefühlsintensiven Nordlandeindrucks, den Schweden ihm vermittelt. Die Naturnähe und die im Land

---

[959] Vgl. den Brief an Weigel vom 18. Juni 1804, S. 93 und den dritten Teil der Schrift „Geist der Zeit". Sämtliche Werke. Zehnter Band. Magdeburg 1909, S. 188

[960] Reise durch Schweden, S. 53, S. 182 und S. 320

[961] Ebd., S. 186

[962] Vgl. die Briefe an Weigel vom 10. Januar 1804, S. 48 und vom 7. Juni 1804, S. 80

[963] Brief vom 10. Januar 1804, S. 49

[964] Brief vom 7. Juni 1804, S. 81f.

gegenwärtige Geschichte lassen seinen Geist tiefer eindringen, auch in die Sagen- und Märchenwelt Schwedens, die ihn an die pommerische Heimat erinnert,[965] und geschichtliche Qualität verbindet sich mit dem mythisch-mystischen Naturerlebnis:

> ich rudbeckisierte so sehr daß ich mich oft im vollen Ernst auslachen muß, finde es aber doch hübsch daß ein Volk so viel Uraltes, Geschichtliches und Poetisches aufweisen kann, daß es diese Geschlechtsstütze, diese Höhen und Hügel, worunter die Götter, Helden und Riesen seiner Vorwelt schlafen, diese Runenfelder wo Schlachten gehalten seyn und Zauberer und Hexenmeister begraben liegen sollen, von ganzem Herzen glaubt.[966]

Es ist dieser zaubervolle und mystische Norden,[967] der Arndt in seinen Bann zieht. Die Gegenwart von irrealen, mythischen Elementen erscheint Arndt in Schweden ebenso selbstverständlich wie die Realität der historischen Überlieferung, und der romantischen Mythosanschauung entsprechend verschmelzen Geschichte und Sage ineins:

> was ist die ältere Geschichte jedes Volkes als ein gut erzähltes Märchen? Aber der entfernte historische Wert desselben ist unendlich größer als alles Faktische und Bestimmte, weil der Geist des Volkes und, was mehr ist, der innere Geist der Natur und das Klima, worin es lebt, sich darin abdrückt. Warum verstehen so wenig Geschichtsschreiber diese tiefe Historik? Warum tappen die meisten blind in den Staub der Begebenheiten hinein, ohne vorher den Lichtweg des notwendigen Charakters des Volkes und Landes gesucht zu haben? Ich tue nur eine Frage, die bedeutend ist, weil sie trifft: War König Artus mit seiner Tafelrunde, waren Amadis von Gallien und der Zauberer Merlin in Spanien und Frankreich je allgemeine Volkshelden und Volksmärchen? Lebten sie bei anderen, als bei Poeten und Gelehrten? Aber wo nennt und erzählt man in Schweden nicht alte Namen und Abenteuer? Wo leben die Geister und Gespenster nicht in der Natur, welche man im 12. und 13. Jahrhundert so gern aus der Fremde kennen und ein Volk annehmen läßt, das keine Fantasie haben soll? Man kann so klug sein, daß man dumm wird.[968]

Geschichte und Poesie finden ihre Schöpfer und Bewahrer im Volk - eine Wertigkeit, welche die Wissenschaft unterschätzt. Arndts Gedanken kreisen um das Volk als eigentlichem Träger jeglicher Kultur, und in Schweden findet er diese Funktion lebendig.

Besondere Faszination übt das Licht des schwedischen Sommers auf Arndt aus. Die Begriffe *Licht* und *Schweden* verschmelzen für ihn zu Synonymen; auch im späteren Werk finden sich noch Spuren davon.[969] Die starke Irrationalität und Gefühlsregung, welche die schwedische Mittsommernacht in Arndt auslöst, illustrieren folgende Zeilen:

> Was diese schwedischen Sommerlichter, diese mit leichten Schatten und Dämmerungen hinspielenden Sommernächte für Geschichte und Gestalten

---

[965] Vgl. Reise durch Schweden, S. 196ff.

[966] Brief vom 7. Juni 1804, S. 74

[967] So drückt es Arndt ebd., S. 75 aus.

[968] Reise durch Schweden, S. 198

[969] Erinnerungen aus Schweden. Eine Weihnachtsgabe. Berlin 1818. S. 337 und S. 345. Schweden gilt Arndt als „das glänzendste und hellste Land Europas".

schaffen, das habe ich erst im Norden gelernt, und kann mir die schwedischen Confusionen und Verwirrungen und phantastischen Träume, diesen ungeheuren Realismus ihrer Anschauungen, der oft mit dem Ungestüm und der Last von Lawinen über einen Deutschen hinrollen will, allmählich immer mehr daraus erklären. Denn Licht, wunderbares mystisches Licht, was bist du? was bist du nicht? du allerlebendigstes, allerbelebendstes, alle Weltenden unbegreiflich und unberechenlich durchlebendes und durchzuckendes Licht, du als Gottes erhabendste Kraft, ja als Gott selbst von vielen Völkern angebetetes?

Die Schweden

sind ein metallisches Volk, welches Licht und Glanz haben will, welches nicht als graues Erz liegen bleiben will.[970]

Das Licht ist es, dessen mystische Kraft göttlich ist, und das auf unerklärliche Weise wirkt, das schwedische Volk zu veredeln und reizvoll werden zu lassen - eine Erkenntnis, welche die Schweden in Arndts Augen noch faszinierender erscheinen läßt. Nicht zuletzt verweist dieser Prozeß der Veredelung von Erz zu Metall auf die besondere Kultur, Kraft und Fähigkeit, die dem schwedischen Volk innewohnen. Seine schwärmerische Schwedenerfahrung, ausgelöst durch den „magischen Zauber der Beleuchtung"[971], veranlaßt Arndt zu dem emphatischen Ausbruch:

O Schweden, wäre dein Sommer länger und hättest du mehr Vogelsang, wie viele Paradiese, wo man wohnen und das wilde Strudeln des Lebens still und fromm neben sich hinbrausen lassen könnte.[972]

Schweden erscheint Arndt als Refugium, als unschuldiges Paradies fernab von den Turbulenzen der Zeitgeschichte.

Wie bereits erwähnt, wird über aktuelle politische Ereignisse oder Stimmungen im Reisebericht nichts gesagt. Dagegen erfährt der Leser gelegentlich etwas über den Ruhm und das technische und wirtschaftliche Talent der früheren schwedischen Könige, die für die Wohlfahrt und Glückseligkeit ihres Volkes sorgten, etwa beim Bau von Dämmen oder der Förderung von Naturschätzen.[973] Dennoch gibt Arndt zumindest ein Zeugnis für die Aufgeschlossenheit selbst noch der abgelegen wohnenden Schweden in politischen Dingen:

Das schwedische Volk, das seine eigenen Landesgrenzen meistens gut kennt, hat gewöhnlich politisches Interesse, und die Namen Pitt und Bu'onaparte laufen selbst in diesen entlegenen Tälern über die Lippen.[974]

In den Briefen an Weigel spricht sich Arndt freier über politische Fragen und Ansichten aus, und wir erfahren aus Arndts Ausführungen, daß er für die politischen

---

[970] Brief vom 18. Juni 1804, S. 90

[971] Reise durch Schweden, S. 175

[972] Ebd., S. 176

[973] Es sind diesbezüglich immer wieder Gustav I. Vasa und vor allem Karl XI., die Arndt lobend hervorhebt. Vgl. a. a. O., S. 55, S. 93, S. 163 u. ö.

[974] Ebd., S. 171f.

Entwicklungen in Schweden ein gutes Gespür hatte. Deutlich erkennt Arndt, in welches Dilemma Gustav IV. Adolf zwangsläufig geraten mußte, weil die Anforderungen der Zeit für ihn zu groß waren und die Spaltung zwischen König und Volk sich an der französischen Frage zu vollziehen drohte. Wiederum wird als Gegenbild Karl XII., idealer König und Krieger, aufgebaut:

> der König und das Französische? Ja, allerdings; er treibt durch sein Zuviel nach der entgegengesetzten Seite hin seinen Schweden die Franzosen und den Napoleon recht ins Blut. Der arme Mann, der mit Karls XII Handschuhen und verrostetem Degen spielt! Ja wäre er der Karl, seine Offiziere, wie französisch sie auch tanzen und plappern, würden sich schon wieder als Karoliner zeigen. Es ist unglaublich wie die Stimmung hier jetzt gegen ihn ist und was man über ihn in seiner Hauptstadt anhören muß.[975]

Vor allen Dingen jedoch machte Arndt in Schweden die nähere Bekanntschaft des Volks, das unter einer absolutistischen, aber geeinten Monarchie lebt, und er bemerkt, daß die Schweden davon eher Vorteil als Nachteile haben, was ihn zu dem Schluß führt:

> Hier bin ich nun recht in meiner politischen Ansicht bestärkt worden - was mir bei den großen schwedischen Verschiedenheiten schon früher aufgefallen ist - daß der Einwurf gegen eine deutsche Monarchie welche ich bei unserer elenden und hülflosen Zersplitterung schon früh zu träumen gewagt habe – nämlich daß sie nur Knechtschaft und Dummheit mit sich bringen, daß sie alle lieblichen und erquicklichen Verschiedenheiten der deutschen Landschaften und Stämme ausschleifen und eine starre, todte und langweilige Einerleiheit erzeugen würde - nicht stichhaltig ist und hier auf das glänzendste durch die Erfahrung wiederlegt wird. ... Diese Einherrschaft hat vor unsern Augen als christliche Monarchie hier schon ihr Jahrtausend durchlebt - und doch wie verschieden ist der Westgothe von dem Upländer, der Schoning von dem Thalmann! wie hat hier alles bis in diesen Tag seine eigne Art und seine eignen Triebe, Neigungen und Nücken und Tücken bewahrt! Also lasset Euch nicht irren durch thörichte Geschwätze durch Klügeleien von Stuben- und Lampengelehrten! Gott und Natur in ihren großen Eigenthümlichkeiten sind mächtiger als alle Gewalt der Menschen.[976]

Logisch und polemisch zieht Arndt hier gegen alle diejenigen Gelehrten ins Feld, die den Territorial- dem Reichspatriotismus vorziehen[977] - das Vorbild Schwedens macht deutlich, daß alle Argumente gegen eine nationale Einheit in der Wirklichkeit volklichen Zusammenlebens in sich zusammenfallen: Weder sind die Schweden unter der Einherrschaft unfrei und unmündig geworden, noch wurde die regionale Eigentümlichkeit der Provinzen dadurch zerstört; „Deutschland" kann sich somit an Schweden ein Beispiel nehmen, so meint Arndt, der somit trotz der Einbindung von

---

[975] Brief vom 23. März 1804, S. 59
[976] Brief an Weigel vom 18. Juni 1804, S. 86
[977] Vgl. zu dieser Problematik Kapitel 4 dieser Arbeit. Bei Arndt ist in seiner Argumentation des Jahres 1804 bereits eine Hinwendung zum Sprachvolkpatriotismus zu erkennen, wie sie 1812 das früher erwähnte „Vaterlandslied" auf eine knappe Formel bringt: des Deutschen Vaterland ist dort, wo die deutsche Sprache erklingt.

Pommern, Finnland und Lappland in den schwedischen Reichsverband das Land als ein sprachlich einheitliches Gebilde beschreibt. Die Einheitlichkeit, die sich Arndt für „Deutschland" wünscht, legt auch nahe, daß der Begriff des Heiligen Römischen Reichs deutscher Nation für Arndt noch wichtig war, wenn er auch akzeptieren mußte, daß die Reichsidee an sich längst von der politischen Realität überholt worden war.

Arndt zieht Vergleiche zwischen den in Stockholm lebenden Deutschen und den schwedischen Einwohnern der Hauptstadt,[978] und er erkennt dabei, daß es zwar profunde Unterschiede, aber auch grundsätzliche Gemeinsamkeiten zwischen beiden Nationen gibt, die Arndt zur oben zitierten Bewertung der schwedischen Monarchie führten. Wir nehmen daher an, daß Arndts große Idee von einer geeinten deutschen (Sprach-) Nation,[979] die in einer Monarchie und unter Einschluß der Volksbeteiligung an Verfassung und Gesetzen friedlich und frei zusammenlebt, im schwedischen Vorbild wurzelt, das als historische Größe bereits aufgrund seiner tausendjährigen Dauer einen empirischen Wert darstellt, und daß auch Arndts pangermanische Vorstellungen, auf die wir noch zu sprechen kommen, sich auf diese positive Erfahrung deutsch-schwedischen Zusammenlebens in Stockholm grundsätzlich beziehen.

Arndt nimmt vielfältige Eindrücke aus Schweden mit zurück nach Schwedisch-Pommern, wohin er im Herbst 1804 zurückkehrt: Er lernte Sitten und Bräuche des Landes kennen und erwarb sich weitgehende Kenntnisse der schwedischen Sprache und Kultur und erweiterte sein Wissen über Gesetze und Staatswesen Schwedens, wie es für einen Bewerber um ein Amt in schwedischen Staatsdiensten notwendig sein mußte.[980] Nicht zuletzt erwies sich die Faszination, die Land und Leute auf ihn ausübten, als ausgesprochen stark. Wie weit der Identifizierungsprozeß mit dem schwedischen Gemüt, den er gegenüber Weigel andeutet,[981] fortgeschritten ist, als sich Arndts Reise dem Ende zuneigt, beweisen die Andeutungen, die er über „mein nordisch gestähltes Gemüt und meine tapfern und stählernen nordischen Vorsätze und Entschlüsse" macht; welchen Inhalts diese sind, erfährt der Adressat Weigel jedoch nicht.[982] Fazitär läßt sich feststellen, daß Arndts Schwedenreise seine vorher bereits in Entwicklung begriffenen Anschauungen über Schweden, die nicht unwesentlich auch von der Frühromantik geprägt waren,[983] weiterführte und intensivierte.

---

[978] Vgl. dazu den Brief vom 23. März 1804, S. 59f., wo es auf S. 60 in bezug auf die Deutschen heißt: „Ich finde die Deutschen hier im Ganzen derber, grader, einfacher, klarer in Haltung, Rede und That, und nicht mit so vielen unnützen Verzierungen und kleinlichen und kümmerlichen Kräuseleien, ja Verkräuselungen und Verkettungen des Lebens und der Gesellschaft behaftet, als mich hin und wieder bei den Gebildeten der Heimath so häufig verdrießen." Der wohltuende Einfluß der schwedischen Volksmentalität scheint sich darin zu offenbaren.

[979] Vgl. dazu die Schriften Arndts „Friedensrede eines Deutschen, gesprochen am 13. Juli 1807" (Werke, 9. Band, S. 127ff.), „Was müssen die Deutschen jetzt tun" (Ebd., 10. Band, S. 287ff.), „Entwurf einer teutschen Gesellschaft", a. a. O., S. 20, S. 26, S. 29 und S. 33f.) sowie das Gedicht „Vaterlandslied", (Werke, 4. Band, S. 18ff.), worin es heißt: „Das ganze Deutschland soll es sein!" (S. 20f.). Arndt geht in seiner Einschätzung der Sprache als wichtigstes einigendes Band konform mit Jacob Grimm, der jedoch später wirkt und seine Ideen ausgereifter präsentiert.

[980] Vgl. den Brief vom 4. November 1804 an den Kanzler der Universität Greifswald Graf Essen, worin sich Arndt um die Stelle eines außerordentlichen Professors bewirbt und dabei nachdrücklich auf seinen Schwedenaufenthalt verweist. Briefe, 1. Band, S. 135f.

[981] Vg. den Brief vom 7. Juni 1804, S. 80

[982] Brief vom 29. August 1804, S. 120

[983] Vgl. dazu Bohrer, S. 11ff.

„*Es hängt von euch ab, ob ihr das Ende sein wollt und die letzten eines nicht achtungswürdigen und bei der Nachwelt gewiß sogar über die Gebühr verachteten Geschlechts oder ob ihr Anfang sein wollt und der Entwicklungspunkt einer neuen, über alle eure Verstellungen herrliche Zeit...*"

Aus Fichte, „Reden an die deutsche Nation"

„*Alle Kraft, die in Taten und Werken, in Worten und Gedanken, alle Gewalt, die in männlichen Grundsätzen und kühnen Ideen liegt, wirke zusammen wie in einem heiligen Bunde der besseren und freieren Männer, damit das Wort und der Sinn Deutschlands bleibe, damit der Gedanke der Einheit des großen Volkes lebendig werde. Dahin strebe das Leben, dahin die Erziehung, damit unsere Söhne die Freiheit tapfer wiedergewinnen, die wir dumm hingegeben haben.*"

(Arndt, Geist der Zeit, II. Teil)

Abbildung 13: Ernst Moritz Arndt, Geist der Zeit. Buchseite aus dem II. Teil

Schon in der 1803 publizierten Schrift „Germanien und Europa" hatte sich Arndt zu den deutsch-schwedischen Beziehungen geäußert. Europa zerfällt dabei, der Klimatheorie entsprechend, in Norden und Süden, wobei der Norden als kalt und besonnen erscheint und als Träger der heilbringenden Reformation benannt wird.[984] In seiner Kritik der Übernahme des französischen „Esprit" in den Norden bedauert er die damit einhergehende Verfremdung gerade in bezug auf die Deutschen und

---

[984] Germanien und Europa. Altona 1803, S. 50

die Schweden, „weil sie die Edelsten sind".[985] Das Klima läßt die Aufnahme des artfremden „Esprit" im Norden eigentlich nicht zu; die aus dem „Esprit" dort resultierende Verfremdung führt - nach Arndt - zu starker Zwietracht und zur Spaltung der nördlichen Nationen in zwei Parteien, die für oder gegen den „Esprit" kämpfen[986] - die Aufnahme fremden Kulturguts wirkt somit zerstörerisch auf den Norden ein, so sieht es Arndt. In derselben Schrift kritisiert Arndt auch den Zerfall Skandinaviens in drei verschiedene Staaten:

> Die drei skandinavischen Reiche hatten schon im 14. Jahrhundert ihre Naturgränzen bestimmt; sie sollten gegen das Ende jenes Jahrhunderts Ein Staat werden; sie hätten es der geographischen Lage, der Sprache und den Sitten nach bleiben können; allein sie sind es nicht geblieben.[987]

In anderen Schriften verweist Arndt auf die aus der Spaltung Skandinaviens in drei Reiche entstandenen verschiedenen charakterlichen und entwicklungsmäßigen Eigenschaften der skandinavischen Völker. So zeigt es beispielsweise deutlich der Abschnitt im ersten Teil der Schrift „Geist der Zeit", der sich mit den Skandinaviern befaßt.[988] Dieser Abschnitt beginnt mit den programmatisch anmutenden Worten: „Die Skandinavier sind unsere Brüder."[989] Sie können auch im Hinblick auf die Geschichtsrezeption als Vorbilder für die Deutschen verstanden werden, denn in Schweden ist die Volksgeschichte tief verwurzelt: Es herrscht ein ursprünglicher, traditionsverbundener historischer Geist vor.

> Es ist ein Unterschied zwischen Volks- und Reichsgeschichte, von den ersten haben jetzt (in „Deutschland", d. Verf.) wenige eine Vorstellung. Fabel kann auch Geschichte sein und eine Geschichte mit Urkunden und Denkmälern ausstaffiert ist oft nichts: es kommt auf den Geist an, mit welchem es verstanden wird.[990]

Den Volksgeist, der Geschichte und Poesie gleichermaßen bewahrt, findet Arndt bei den skandinavischen Völkern lebendig; so hat er selbst es erlebt. Die Überlieferungen des Nordens sind durch Traditionen überkommen, und die Nationen des Nordens haben somit einen unschätzbaren Vorteil vor den Deutschen, denn sie können Zeiten der Größe und der Macht bereits für ihre früheste Geschichte nachweisen. Die positive Haltung der Vorzeit gegenüber begegnet einem Skeptizismus im Hinblick auf das deutsche Mittelalter, wo sich der Begriff der nationalen Größe nur in eingeschränkter Form anwenden läßt.

> Wenn die Deutschen über die traurige Gegenwart klagen, so nehmen sie den Mund so gern voll von der Allmacht und der unüberwindlichen Fruchtbarkeit und Stärke ihrer Altvorderen im Mittelalter. Ich habe mich danach umgesehen, sie aber nirgends so gefunden.[991]

---

[985] Ebd., S. 64
[986] Ebd., S. 64, S. 68 und S. 70
[987] Ebd., S. 328f.
[988] Geist der Zeit I, Sämtliche Werke. 8. Band, Leipzig o. J., S. 186ff.
[989] Ebd., S. 186
[990] Ebd., S. 187
[991] Ebd., S. 123

Den Deutschen bleibt somit scheinbar nur der Rückzug auf ein für den Protestanten Arndt wohl suspektes katholisches Mittelalter, um auf einstige Größe und Einheit „Deutschlands" zu verweisen. Der Volksgeist der Skandinavier dagegen geht tiefer in die kollektive Vergangenheit zurück; er umfaßt auch die Überlieferung der alten Sagen, die von Generation zu Generation lebendig gehalten wurden und auf diese Weise den Wert geschichtlicher Traditionen angenommen haben.[992] Arndt konstatiert, es sei ein „hoher und klassischer Geist ... in der ältesten Geschichte des westlichen Nordens"[993] vorhanden, der in den Skandinaviern die für die Kämpfe der gegenwärtigen Zeit so entscheidenden Tugenden des überragenden Freiheitssinns, der Lebensverachtung und des Trotzes hervorgebracht habe[994] - Eigenschaften, die den Deutschen fehlten. Als Beispiel für diese Vorzüge nennt Arndt lobend König Gustav II. Adolf, der das strahlende Vorbild Gustavs IV. Adolf war:

> Was Europa an Freiheit, Bildung und Licht hat, dankt es diesem Befreier und Mussageten der Menschheit, dem edelsten Mann der letzten Jahrhunderte.[995]

Wiederum stellt es Arndt als wünschenswert dar, die skandinavischen Reiche zu vereinigen,[996] wohl vor allem, damit die kraftraubenden Kämpfe der Schweden und Dänen untereinander ein Ende fänden und die gesamte nordische Stärke sich auf größere und wichtigere Ziele konzentrieren könnte, wie etwa die Zerstörung der französischen Vormacht in Europa. Die Schweden überragen die Norweger und Dänen gleichermaßen an physischer Stärke und Schönheit und auch von der Charakterbildung her. Während ihnen die „Nordmänner" in bezug auf ihre Schönheit, Stärke, Tapferkeit und Biederkeit nahe kommen, sind die Dänen der eigenen Art durch deutsche Überfremdung entwöhnt worden; auch fehlt ihnen die Kraft der Schweden und „Nordmänner", und ihre geringe Zahl verhindert den Durchbruch ihrer Nationalkraft und ihres Freiheitssinns.[997] Die Schweden dagegen, so leitet es Arndt wohl aus ihrer Geschichte und persönlicher Anschauung ab - sind ein Abbild der Natur, die sie umgibt, und sind als solches stark, stolz und mutig; ihre Tapferkeit, Redlichkeit und ihr Freiheitssinn sind noch dazu unsterblich.[998] Das schwedische Land sei somit nicht nur durch seine Lage, sondern auch durch die Tapferkeit und den Patriotismus seiner Bewohner geschützt:

> Dieser Stamm kann nicht vergehen und darf nicht vergehen. Von jeher kamen von Süden die Weltbildner, aber auch die Weltverderber, der Norden schickte Rächer und Befreier aus.[999]

Der Nord-Süd-Gegensatz wird an dieser Stelle manifestiert, und es wird dabei deutlich, daß der letzte Schritt der historischen Entwicklung bei den nordischen Kämpen liegt, und so erscheint Arndts Schlußfolgerung sinnvoll, daß in den skandinavischen Wäldern auch dann noch ein freies Geschlecht leben werde, wenn das übrige

---

[992] Ebd., S. 187
[993] Ebd., S. 189
[994] Ebd., S. 189
[995] Ebd., S. 190
[996] Ebd., S. 190f.
[997] Ebd., S. 191
[998] Ebd., S. 191
[999] Ebd., S. 192

Europa unterjocht sein wird,[1000] worin wir eine Potenzierung des Montesquieuschen Gedankens erkennen.

Im zweiten Teil des „Geist(s) der Zeit" nimmt Arndt in seiner „Friedensrede eines Deutschen, gesprochen am 13. Juli 1807" geschichtliche Ausführungen zum Anlaß, auf die Gemeinsamkeit zwischen „Deutschland" und Skandinavien implizit hinzuweisen, indem er auf die frühere kulturelle und sprachliche Einheit der germanischen Völker und ihre Darstellung bei Tacitus rekurriert.[1001] „Deutschland" muß stets im europäischen Kontext gesehen werden.[1002] Dabei haben die Grenzen nur relativen Wert: Sie sind politisch und tragen oft den kulturellen Traditionen keinerlei Rechnung. Wie komplex nun Arndt das geistige „Deutschland" begreift, macht seine Aufzählung deutscher und dem deutschen geistigen Raum zugerechneter Gelehrter deutlich, die fast ausschließlich Protestanten sind: Darunter befinden sich Luther, Kepler und Herder, aber auch der Niederländer Erasmus von Rotterdam und die Schweizer Zwingli und Johannes Müller.[1003]

Auf Gustav II. Adolf wird des öfteren als Vorbild und Wegweiser auch für das deutsche Volk verwiesen.[1004] Hierin findet sich nicht allein eine Reverenz an dessen Nachfolger auf dem Thron Schwedens Gustav IV. Adolf, sondern auch eine ideologisch geprägte Ideenbildung im Ansatz gegeben, mit der Arndt die Gemeinsamkeiten der Interessen „Deutschlands" und Schwedens sowie die Möglichkeit und Notwendigkeit eines gemeinsamen Handelns gegen Napoleon unterstreichen will. Zunächst schildert Arndt den zeitgenössischen Zustand des deutschen Volks äußerst negativ:

> was bist du und wo bist du? Ich suche, und finde dich nicht. ... Bist du Hermanns, bist du Luthers Volk, und Gustav Adolfs, der auch dein Mann und dein Held war? ... Sie sind Kosmopoliten geworden, und verachten die elende Eitelkeit, ein Volk zu sein; feine, leichte und aufgeklärte Gesellen sind es, ohne Vaterland, Religion und Zorn, die nur von Barbaren für etwas Großes gehalten werden.[1005]

um anschließend eine grundlegende schwedische Eigenschaft auf das deutsche Volk zu übertragen: Das Volk nämlich erscheint als traditioneller Garant der Freiheit[1006] und wird somit von Arndt, der das völlige Versagen der deutschen Fürsten feststellen muß,[1007] als Hoffnungsträger für die deutsche Zukunft glorifiziert, was auch die im Anschluß an seine Ausführungen abgedruckten Kriegslieder unterstreichen.[1008]

[1000] Ebd., S. 192

[1001] Sämtliche Werke, Neunter Band. Magdeburg 1909, S. 135ff.

[1002] „Unser größtes Vaterland ist Himmel und Erde, unser großes Europa, unser kleines Deutschland. Wer sein Kleines nicht liebt und verteidigt, ist des Großen und Größeren nicht wert und wird es nimmer gewinnen." Ebd., S. 127. Die Vaterlandsliebe wird als Keimzelle eines vernunftbezogenen Bewußtseinsprozesses gegenüber anderen nationalen Einheiten im europäischen und kosmopolitischen Zusammenhang gesehen.

[1003] Ebd., S. 144f.

[1004] Ebd., S. 4, S. 28 und S. 151

[1005] Ebd., S. 27ff. Aus diesem Zitat spricht sich nicht nur die Bewunderung aus, die Arndt für Gustav II. Adolf hegte, sondern auch seine Wertschätzung der deutschen Vorzeit, die sich an dieser Stelle erneut in Hermann manifestiert, dem er bereits 1787 das Gedicht „Hermanns Siegeslied" gewidmet hatte. Vgl. Werke, 3. Band, S. 17f.

[1006] Ebd., S. 30f.

[1007] Ebd., S. 31

[1008] Ebd., S. 45ff.

Dieser zweite Teil der Zeitgeistschrift Arndts entstand in Schweden, wohin sich Arndt vor der französischen Besetzung Pommerns geflüchtet hatte. Begreiflicherweise besitzen wir aus dieser Zeit nur wenige briefliche Zeugnisse, die uns den Umschwung in Arndts Haltung bezüglich Schwedens näher erklären könnten. 1809 mußte Arndt erkennen, daß die Schweden an ihrer historischen Aufgabe, die er ihnen zugedacht hatte, gescheitert waren, allen vorneweg König Gustav IV. Adolf. Die Intrigen des Adels und die Feindschaft des Volks verbanden sich mit des Königs unglücklichem Agieren als Feldherr; auch war er nicht gerade zu den willensstarken Persönlichkeiten zu rechnen, er war vielmehr träge und noch dazu durch den Unverstand seiner Minister schlecht beraten - so resümiert es Arndt in seinen „Schwedischen Geschichten", als wolle er seinen langjährigen Gönner verteidigen.[1009] Mit dessen Absetzung im Jahr 1809 infolge des militärischen Debakels, das zum Verlust Finnlands führte, und der Hinwendung der Schweden zur französischen Seite hielt Arndt nichts mehr in Schweden; illegal begab er sich zurück nach Pommern. Im Verlauf der folgenden beiden Jahre sollte ihn nicht zuletzt durch den Einfluß des Freiherrn vom Stein Preußen zu dem werden, was er an Schweden verloren hatte: Eine Zukunftshoffnung für die Schaffung eines neuen, freien, vereinten „Deutschlands", für die er sich mit dem und im Namen des deutschen Volkes einsetzen wollte.[1010]

Doch mit diesem Abschied sollte Arndts geistige Auseinandersetzung mit Schweden noch nicht beendet sein. Noch immer bot Schweden historische Vorbilder, und noch immer mochte das Land ein Ort der Zuflucht für ihn sein: Zur Zeit der Demagogenverfolgungen ab 1819 erwog Arndt vorübergehend, ins schwedische oder amerikanische Exil zu gehen[1011] - Orte der Freiheit nach wie vor. Aus der Retrospektive hatte sich Arndt ein stark romantisch geprägtes Schwedenbild zu eigen gemacht, das sich an verschiedenen Stellen in seinen späteren Werken reflektiert findet und im folgenden anhand einiger Beispiele angeführt werden soll. So heißt es etwa in den „Wanderungen und Wandelungen mit dem Reichsfreiherrn Heinrich Karl von (sic!) Stein":

> Bei dieser Fahrt und Rückfahrt von meiner Insel (d. i. Rügen, d. Verf.) bin ich wieder einmal in echt schwedischer Weise erinnert und gerührt worden. Als ich von Rügen einen schönen Frühlingsabend im Mondschein über die Wogen zurückfuhr, lagen eben sechs schwedische Schiffe auf der Rhede, welche mit einigen Regimentern eben angekommen waren. Als nun von den Türmen der Stadt die achte Stunde eingeläutet ward, wirbelten mit einem Male auf allen Schiffen die Trommeln und über der Tiefe ward nach schwedischer Sitte Paul Gerhards schönes Abendlied: Nun ruhen alle Wälder (= Nu hvilar hela verden) abgesungen. Wohl ein stiller, menschlicher Ausdruck und Eindruck mitten im Wogengesause und Kriegslärm.[1012]

In dieser 1858 wiedergegebenen Erinnerung schimmert an der oben zitierten Stelle ein romantisiertes, religiös geprägtes Schwedenbild durch. Vergessen scheinen die politischen Gegensätze, die Arndt zu gänzlicher Abkehr von Schweden veranlaßten.

[1009] Schwedische Geschichten, a. a. O., S. 254ff.

[1010] Vgl. Wanderungen und Wandelungen, a. a. O., S. 3ff. und S. 15

[1011] Vgl. Wolfgang von Eichborn: Ernst Moritz Arndt und das deutsche Nationalbewußtsein. Heidelberg 1932, S. 48; Gustav Sichelschmidt: Ernst Moritz Arndt. Berlin 1981, S. 86

[1012] Sämtliche Werke. Zweiter Band. Leipzig 1893, S. 126f.

Mitten im Kriegsgetümmel der Freiheitskriege entsteht ein idyllischer Ort, ein locus amoenus, und Schweden erscheint in diesem Zusammenhang als stimmungsvolle Kulisse für einen romantischen Roman, als bessere und friedvolle Welt, als Tagtraum angesichts der unschönen Realität.

Auch die „Erinnerungen aus Schweden. Eine Weihnachtsgabe", die 1817/18 in Pommern aufgeschrieben wurden, führen streckenweise ein idealisiertes Schwedenbild vor, das völlig frei ist von politischen Revanchismen oder nachtragender Kritik. Diese „Erinnerungen" widmete Arndt Otto Magnus Munk, in dessen Haus er während seines zweiten Schwedenaufenthalts ein regelmäßiger Gast war und mit dessen Ehefrau ihn damals eine schwärmerische Freundschaft verband. In seinem Vorwort reflektiert Arndt seine in Schweden verbrachten Tage abgeklärt als ein „Leben im Elend" bei dem „biederen und tapferen Brudervolk", das ihm „ewig teuer" sein werde.[1013] Die Werke, die das Buch vereint, entstanden zum Teil in Schweden - so etwa das an Shakespeares „A Midsummer Night's Dream" erinnernde Drama „Die Geister im Walde" aus dem Jahre 1808 - und haben entweder das Land selbst und seine Kultur zum Thema oder gehen auf im Land empfangene Anregungen zurück, wie es der Aufsatz „Das Julfest" tut, dessen zentrale Stellen auf den Reisebericht des Jahres 1804/06 rekurrieren.[1014]

Während der in Schweden verlebten Jahre konnte Arndt beobachten, wie Deutsche und Schweden in Stockholm zusammen lebten, und wenn auch im Zuge der politischen Entwicklung Arndt nicht mehr das schwedische Volk als Träger seiner Befreiungsideologie erkannte, so bemerkte er wohl doch in dieser späteren Zeit die Möglichkeit einer Annäherung zwischen Deutschen und Schweden über die politischen Grenzen hinaus. Nach der Abwendung Schwedens von Frankreich, die sich zwischen 1810 und 1812 unter dem ehemals französischen General Jean Baptiste Bernadotte vollzog, der als Karl Johann 1810 zum schwedischen Thronfolger gewählt worden war, erwachte offenbar in Arndt eine versöhnlichere Haltung gegenüber Schweden, als sie seine Flucht aus dem Land 1809 angezeigt hatte, zumal Bernadotte durch die Übernahme Norwegens aus dänischer Hand im Jahre 1814 die beschädigte innen- und außenpolitische Position wieder in Richtung auf ein solides Regierungskonzept absichern konnte; die schwedisch-norwegische Union war ein Zeichen politischer Konsolidierung, das sicherlich auch Arndt in seiner ganzen Tragweite erfassen konnte. In dieser Hinsicht erweist sich der in den „Erinnerungen" erschienene Aufsatz „Schwedische Dichter in deutscher Sprache"[1015] als besonders bedeutsam, denn er zielt darauf ab, die enge Verbindung beider Kulturen deutlich zu machen.

In dem oben genannten Aufsatz werden die deutsch-schwedischen Beziehungen seit dem Mittelalter betrachtet, und schon für diese Epoche bezieht Arndt Schweden ganz in den mitteleuropäischen Kontext mit ein - argumentierend, daß schon damals auch im Norden Volksdichter tätig gewesen seien, die im Volk fortleben, so wie es

---

[1013] Erinnerungen aus Schweden. Eine Weihnachtsgabe. Berlin 1818, o. S.

[1014] Vgl. Reise durch Schweden, S. 218ff.; Erinnerungen, S. 338ff.

[1015] Erinnerungen, S. 303 - 312. Dabei sind nicht unbedingt Dichter erwähnt, welche die deutsche Sprache als Medium erwählten, sondern Dichter, die das Deutsche als Einfluß für ihr Schaffen aufnahmen. Unter ihnen benennt Arndt Olaf und Lorenz Petri, Rudbeck, Lagelöf, die Grafen de la Gardie, Lindsköld, Flemming „und noch Bellmann" (Ebd., S. 307). Arndt beschwört in diesem Aufsatz die zwanglose Symbiose der germanischen Völker untereinander.

im übrigen Europa ebenfalls der Fall gewesen sei.[1016] In der Reformationszeit und danach intensivierte sich die deutsch-schwedische kulturelle Bindung noch stärker: Der neue Glaube und die Wirkung religiöser Dichtung im Volk lassen die Kirchenlieddichtung - auch in deutscher Sprache - in Schweden populär werden.[1017] Es ist für Arndt wichtig hervorzuheben, daß der deutsche Einfluß in den schwedischen Städten seit der Zeit der Hanse stets stark war, stärker jedenfalls als die französische Tradition, wofür schon die sprachliche neben der geographischen Nähe verantwortlich gemacht werden kann; Arndt spricht von der „uralte(n) Verwandtschaft der Sprachen".[1018] Weiter heißt es:

> Freie und ungehemmte Entwickelung und Bildung aus sich selbst heraus, ist freilich das schönste Loos, das dem Einzelnen und dem Volke fallen kann; aber den reineren germanischen Völkern Europas wird es immer wohltätig seyn, wenn sie in mannigfaltiger Berührung und Verbindung miteinander bleiben.[1019]

Es ist der gemeinsame germanische Ursprung, der die nordischen Völker zusammenhält.[1020] Zum Ende des Aufsatzes schlägt Arndt eine wechselseitige Anregung zwischen „Deutschland" und Schweden vor und mißt Schweden damit nach wie vor eine kulturelle Bedeutung für den südlichen Nachbarn zu, wie es auch vice versa der Fall ist. Wiederum also ist Schweden als Vorbild „Deutschlands" dargestellt.

Wenden wir uns nun Teil III und IV der umfangreichen Schrift „Geist der Zeit" zu, die 1813 und 1818 erschienen, denn auch darin finden sich vielfältige Verweise auf Schweden, die als Vorbilder für die deutsche Entwicklung gedacht sind.

Im III. Teil der Zeitgeistschrift ist es wiederum König Karl XII. von Schweden,[1021] der als Held und Ideal vorgeführt wird, ein Charakter, an dem es der Gegenwart mangelt - so impliziert es Arndt -, ein Mann aber auch, der bis dahin nicht die rechte Würdigung erfahren habe. Die Verbindung von Religion und dem Beruf der Menschlichkeit tritt im Zuge der Befreiungskriege in den Schriften Arndts immer stärker hervor;[1022] verbinden lassen sich diese Ziele mit den Eigenschaften des Stolzes und der Freiheit, die Arndt in Karl XII. vorbildlich vertreten sieht.

[1016] Ebd., S. 305

[1017] Ebd., S. 306f.

[1018] Ebd., S. 311

[1019] Ebd., S. 312. Hier wird die Idee der Sprachverwandtschaft zur politischen Konzeption. Vgl. Jacob Grimm: Vorrede zur deutschen Sprachegeschichte (1848), die an diese Idee anschließt.

[1020] Arndt sieht das Dänische, Norwegische, Schwedische, Englische, Holländische und Deutsche bis in das 16./17. Jahrhundert eng verbunden; erst die europäische Dominanz der Franzosen habe diese Einheit zerstört. Vgl. Brief vom 12. April 1811 an W. H. O. Robinson. Briefe, 3. Band, S. 613 sowie „Geist der Zeit IV". Sämtliche Werke. Elfter Band. Magdeburg o. J., S. 235f. Ebd. heißt es auf S. 233 über die Bedeutung der Sprachen: „Jede Sprache ist das geheimnisvolle Urbild zuerst einer weit zurück liegenden Vorzeit, wovon wir uns höchstens noch einen Traum machen können, zweitens ist sie das Urbild eines in einer großen Genossenschaft abgeschlossenen eigentümlichen Seins und Lebens, sie ist ein tief verhülltes Bild eines ganzen Volkes, welches jedoch in Klängen und Farben und Scheinen täglich klare Zeichen seiner Bedeutung geben muß." Die Sprache ist somit die Grundlage einer jeden Volksindividualität.

[1021] Sämtliche Werke. Zehnter Band. Magdeburg 1909, S. 188f.

[1022] Vgl. Geist der Zeit III, S. 302; Entwurf einer teutschen Gesellschaft. S. 26f.; Geist der Zeit IV, S. 37. Vgl. auch Eichborn, S. 38 und Günther Ott: Ernst Moritz Arndt. Religion, Christentum und Kirche in der Entwicklung des deutschen Publizisten und Patrioten. Düsseldorf 1966, S. 173f.

Auch der Vater dieses Helden, Karl XI. von Schweden - in dem Reisebericht von 1804/06 als zuverlässiger, strebsamer und reformfreudiger König gelobt -[1023], findet sich in der Zeitgeistschrift erwähnt.

Im IV. Teil wird darüber berichtet, er sei in seinen frühen Jahren gänzlich sich selbst überlassen geblieben, habe sich in Freiheit bewegt, anstatt eine standesgemäße Erziehung zu erfahren.[1024] Dieses, so Arndt, hätten seine Erzieher durchgehen lassen, um sich einen starken Einfluß auf den jungen Herrscher zu sichern, dem sie allmählich die Regierungsgewalt entziehen wollten. Statt dessen jedoch bildete sich der junge König zu einem vorbildlichen und starken Herrscher aus:

> Durch das natürliche Leben, in welchem man ihn hatte aufwachsen lassen, hatte er das rechte Gefühl, das rechte volle Verständnis seines Volkes und Landes gewonnen, er war ein Schwede geworden. Nie hat ein König wie dieser mit allen Klassen des Volks leben, umgehen und sich freuen können; ... Dieser war ein König und ein Mensch.[1025]

Arndt kritisiert am Beispiel dieser Anekdote nicht allein eine weichliche, „welsche Erziehung",[1026] wie er es formuliert, sondern macht damit auch deutlich, daß ein König nur dann *für* ein Volk leben kann, wenn er *mit* ihm lebt. Das Vorbild Karls XI. gibt er in seinen Ausführungen den deutschen Fürsten, von denen er trotz seiner Kritik eine Veränderung der aktuellen Zustände erhoffte, implizit mit auf den Weg; es illustriert sein ureigenes Verständnis des Verhältnisses von Fürsten und Volk, das er aus dem skandinavischen Beispiel heraus entwickelt hatte.

Ein konkretes Beispiel dafür, daß die Übernahme einer schwedischen Einrichtung für die deutsche, noch zu bildende Nation hilfreich sein könnte, gibt Arndt im IV. Teil des „Geist(s) der Zeit". Es handelt sich hierbei um die Wehrmannschaft,[1027] eine Institution, mit der er während seines zweiten Schwedenaufenthalts mutmaßlich auch dienstlich Bekanntschaft gemacht hatte, als er mit der Aufgabe der Suedisierung Pommerns betraut war. Die Wehrmannschaft soll - so legt es Arndt nahe - stehende Heere ersetzen, deren hohe Kosten und Inflexibilität sie eher zu einer Belastung als zu einer effektiven Einrichtung machten. Arndt referiert, daß Wehrmannschaften (indelnignar) seit damals hundertvierzig Jahren in Schweden existierten, allerdings sieht Arndt auch ihren Verbesserungsbedarf: So sollte das Volk stärker aktiv einbezogen werden.[1028] Deshalb urteilt Arndt über die Wehrmannschaften:

> Dieses schwedische Mittelding zwischen Landwehr und stehendem Heer, dieses eingeteilte Heer hat bei aller seiner Unvollkommenheit und wenigen Übung solches (d. h. den Schutz von Land und Leuten, d. Verf.) immer geleistet; wieviel mehr wird das unsrige es tun, ein echtes ganzes Ding und kein Mittelding, wenn wir alle jugendlichsten, fröhlichsten und lebendigsten Geister, von ernster Gesinnung und männlichem Willen zusammengehalten und gezügelt, dabei in Bewegung setzen und in Anspruch nehmen.[1029]

[1023] A. a. O., S. 55, S. 93, S. 163 u. ö.
[1024] Sämtliche Werke. Elfter Band. Magdeburg o. J., S. 202
[1025] Ebd., S. 202
[1026] Ebd., S. 202
[1027] Ebd., S. 154ff.
[1028] Ebd., S. 154
[1029] Ebd., S. 155

Schweden dient einmal mehr als Vorbild, dem „Deutschland" entsprechen soll, um es zu übertreffen.

Als Abschluß seiner Betrachtungen zum Zeitgeist kommt Arndt wiederum auf ein Thema zurück, das ihn offenbar tief bewegte, schon aus seiner deutsch-schwedischen Vergangenheit heraus, die er nicht beiseite schieben konnte und wollte. Aus der Nähe, die Arndt schon unter den germanischen Sprachen untereinander feststellt, leitet der die Notwendigkeit des Zusammenwirkens der nordischen Völker ab, zu denen auch Deutsche und Holländer gehören:[1030] Nicht nur die kulturellen Parallelen seien hervorzuheben - Arndt verweist auf die Edda und die Siegfriedsage, die gemeingermanisches Traditionsgut vermittelten -, sondern vielmehr der Vergleich der einzelnen nordischen Völker untereinander sei dienlich, um im eigenen Vaterland Verbesserungen durchzuführen:

> Da würden wir über unser eigenes und manches zu denken bekommen, was uns daheim im Vaterlande nicht einfällt, und manche Sehnsuchten, Gefühle und Anschauungen würden wieder jung in uns werden, welche gerade zu dem tiefsten, germanischen Leben und Streben zurückwinken und zurückmahnen.[1031]

Arndt begreift das verwandte Fremde als Bereicherung der volklichen Identität des Eigenen, und von daher fällt es ihm nicht schwer, die verschiedenen Entwicklungsgänge zu tolerieren, welche die einstmals vereinten Nationen durchlaufen haben. Um aber seinem Fernziel, einer pangermanischen Vereinigung, die im folgenden als Utopie formuliert ist, näher zu kommen, müssen diese eigenständigen Entwicklungen durch wechselseitiges Kennenlernen und durch Studium der Bräuche und Gewohnheiten kompensiert werden, aber der gemeinsame Ursprung sowie die Reformation bilden das Band, welches Deutsche und Skandinavier unauflöslich aneinander knüpft. Arndts Schlußfolgerung lautet deshalb:

> Der germanische Norden und Süden werden wieder zu einander kommen, nicht durch das Schwert, wodurch ihrer beider Schäden nicht geheilt werden können, nein, durch den seligen Lichtreiz der Wissenschaft und Dichtkunst. ... Die erhabene Schwärmerei, die von Norden weht, die unendliche Sehnsucht nach einem ewigen Frühling und einer ewigen Liebe, die aus den Herzen und Augen nordischer Menschen funkelt, das lebensverachtende und mit kühner Unschuld allen Gefahren entgegenbrausende nordische Ungestüm, der noch immer bis zur Zauberei lebendige Fabel- und Natursinn, dann die Einfalt, Treue, Gastlichkeit, Biederkeit und der stille Menschen- und Freiheitssinn, der dort in jeder Bauernhütte blüht - o deutsche Jünglinge, ihr könnet da wohl mehr holen und lernen, als ihr oft von den Gassen Roms und Paris nach Hause bringt. - Und sie bei uns? Wir sind ihr Süden; bei uns sollten sie zuerst ein Maß des südlichen Lebens kennen, ehe sie nach Frankreich und Italien reisen.[1032]

Wiederum finden wir in diesem Textauszug Arndts die Darstellung stark idealisiert - die Erfahrung seiner ersten schwedischen Reise sind darin eingefangen. Der

---

[1030] Ebd., S. 260ff.

[1031] Ebd., S. 261

[1032] Ebd., S. 262f.

nordische Charakter, den Arndt hier mit den gleichen Worten beschreibt wie bereits zwölf Jahre zuvor, bildet nach wie vor, wie Arndt an sich selbst erfahren hat und an dieser Stelle verklärt wiedergibt, einen wohltuenden und stärkenden Einfluß auf junge Menschen, auch die Naturnähe und Volksverbundenheit und die Präsenz mythischer Überlieferung können ihnen zum Vorbild dienen. Längst jedoch ist dieses in Arndts Reisebeschreibung frisch und unverblümt vorgetragene Lob des schwedischen Volks zu einem Stereotyp erstarrt, das sich auf willkürliche Weise mit der Idee einer Wiedervereinigung der Gegensätze mischt. Die Spontaneität der frühen Darstellung und ihre Überzeugungskraft lassen sich an dieser Stelle nicht finden.

Ein letztes, sehr wichtiges Dokument der Verbindung Arndts mit Schweden sind die „Schwedischen Geschichten", aus denen bereits zitiert wurde. Zwar erschien diese Schrift erst 1839, aus Rücksicht auf den abgesetzten Gustav IV. Adolf, jedoch entstand sie bereits 1809/10 in königlichem Auftrag. Wolfram hält dieses historische Werk für diejenige Schrift, in der sich Arndt am intensivsten mit Schweden befaßt,[1033] und deshalb soll es an dieser Stelle ausführlich besprochen werden, wenn auch die Einleitung aus den dreißiger Jahren des 19. Jahrhunderts stammt und somit den Zeitrahmen dieser Arbeit sprengt.

Wiederum ist es das Klima, welches als den Charakter und die Lebensumstände der Menschen maßgeblich dominierende Gewalt angesehen wird.[1034] Dem Klima und der aus ihm entstandenen Natur entspricht der Menschenschlag, der im Norden lebt.[1035] Arndt bezeichnet Schweden als „Germania secunda", als „kleineres Deutschland", als Spiegelbild des südlichen Nachbarn,[1036] zu dem von allen nordischen Völkern die deutlichste innere Verbindung besteht. Trotz seiner klimatischen Härte wird Schweden als „das Land der Sonne und des Lichts" definiert,[1037] und dieser Beschreibung entsprechen die freundlichen Seiten des schwedischen Charakters. Aus dem ständigen Streben nach Freiheit und Selbständigkeit entwickelte sich die unruhige, wechselvolle schwedische Geschichte voller Königsmorde, Entthronungen und Umwälzungen.[1038] Diese politische Instabilität jedoch bedeutet an sich keine große Gefahr für den Bestand schwedischer Souveränität - die einzige Bedrohung, der sie sich ausgesetzt sehen muß, ist die Überfremdung, die aus den „unklimatischen aristokratischen Bestrebungen"[1039] erwuchs, welche nur wenigen dienen und sich gegen das Volk wenden. Regeln und Gesetze nämlich sollten tatsächlich vom Volk ausgehen,[1040] das sich als der eigentliche Kern Schwedens betrachten läßt.

Eben an dieser Stelle setzt Arndts 1839 geäußerte Kritik an, die hier kurz referiert werden soll. Arndt betrachtet Schweden als noch im kolonialen Zustand befindlich, denn das Land wird nicht optimal nach allen existierenden Möglichkeiten

---

[1033] A. a. O., S. 186ff.

[1034] Arndt bezeichnet das Klima als die „erste der bestimmenden Gewalten." A. a. O., S. 2

[1035] Ebd., S. 17f.

[1036] Ebd., S. 19

[1037] Ebd., S. 23

[1038] Ebd., S. 2

[1039] Ebd., S. 32

[1040] Ebd., S. 14f.

Abbildung 14: Ernst Moritz Arndt (um 1830)

ausgenutzt.[1041] Den Grund dafür sieht Arndt darin, daß das Land nur gering besiedelt und somit die Bevölkerungsmenge zu wenig dicht sei.[1042] Arndt folgert daraus: „Schweden ist immer noch in dem Zustande einer Kolonie, es steht immer noch in den Anfängen seiner Kultur."[1043] Er verneint infolgedessen die Frage, ob die Schweden eine Nation seien. Es fehlen ihnen dazu „die unaufhörlich in Wechselwirkung sich aneinander reibenden anziehenden und belebenden leiblichen und geistigen Kräfte der Masse."[1044] Das Land ist zu groß für die damaligen Bevölkerungszahl von dreieinhalb Millionen Menschen, als daß sich in ihm ein „Gemeingeist" ausbilden könnte.[1045] Deshalb ist es nicht möglich, eine dem Volkswillen entsprechende

---

[1041] Ebd., S. 3
[1042] Ebd., S. 6f.
[1043] Ebd., S. 4
[1044] Ebd., S. 5
[1045] Ebd., S. 5

Verfassung zu entwickeln, und daher rührt nach Arndts Ansicht die ständige Neigung der Schweden zu inneren Veränderungen und Umbrüchen.[1046]

In dem Vorwort, das aus den dreißiger Jahren des 19. Jahrhunderts stammt, müssen wir also abermals einen Wandel in Arndts Schwedenbild konstatieren. Seine Kritik an Schweden war niemals zuvor derartig harsch gewesen, und auch von einer Vereinigung ehemals im Ursprung vereinter Völker ist an dieser Stelle keine Rede mehr, dagegen von einer „Germania secunda", die als dem deutschen Volk untergeordnet gedacht wird. Zwar sind die Grundlagen für eine vorbildhafte Regierung in der Zukunft unter Beteiligung auch des Volks nach wie vor gegeben - so deutet es die Beschreibung des Volks an, wenn sich auch an dieser Stelle diesmal leichte Kritik spüren läßt[1047] -, aber das Volk bedarf einer geeigneten Führung, um aus seinen guten Anlagen etwas entstehen zu lassen.[1048]

Kritik bestimmt auch den Abschnitt, in dem Arndt die Volksvertretung behandelt. Arndt konstatiert darin eine Unterrepräsentation der Bürger und ein politisches Übergewicht des Adels.[1049] Bauern und Priestern will er dagegen kein Recht auf eine politische Repräsentanz im Rahmen der Volksvertretung eingeräumt wissen.[1050] Das Volk soll stärker am Schicksal des Vaterlands beteiligt werden; er fordert dem schwedischen Volk explizit eine demokratischere Gesinnung ab, als er sie zu dieser Zeit in ihm erkennt.[1051] Das Alte müsse endlich abgeschüttelt werden, um dem Neuen Platz zu machen.[1052]

Aus diesen Ausführungen geht hervor, daß Schweden nach Arndts Ansicht immer noch nicht dazu in der Lage ist, sich von einer Nation der Zukunft zu einer Nation der Gegenwart weiter zu entwickeln.

Noch 1803 und 1806 hatte Arndt sowohl die Positionen des Bauern im staatlichen Gefüge als auch den Wert der schwedischen Verfassung - am Beispiel der Provinzialverfassung - völlig anders gezeichnet. In seiner Frühschrift „Versuch einer Geschichte der Leibeigenschaft in Pommern und Rügen" stellte sich der Bauer für Arndt noch als „der größte und ehrwürdigste Theil einer Nation" dar.[1053] In der Reisebeschreibung heißt es zur Provinzialverfassung: „Man sieht aus dieser ganzen Verfassung wenigstens an der Form nach, daß sie aus dem Volke ausging und für das Volk war."[1054] Das Engagement der zu Zwölfmännern Gewählten ist ein patriotisches:

> Sie müssen ... durchaus mehr Kenntnis von den Gesetzen und der Verfassung des Vaterlandes erhalten als andre; es muß sich gerade durch die Meinung, daß sie Mitrichter und Mithelfer des Vaterlandes sind, ein edlerer Ehrgeiz für Vaterland und Gesetzlichkeit festsetzen bei ihnen, der durch sie und ihre Kenntnisse wieder auf andere Mitglieder des Bauernstandes übergeht.[1055]

[1046] Ebd., S. 15ff.
[1047] Arndt kritisiert besonders der Schweden Neigung zu Leichtsinn und Eitelkeit. Ebd., S. 33ff.
[1048] Ebd., S. 32
[1049] Ebd., S. 50ff.
[1050] Ebd., S. 44 und S. 47
[1051] Ebd., S. 60
[1052] Ebd., S. 63
[1053] A. a. O., S. 258
[1054] Reise durch Schweden, S. 123
[1055] Ebd., S. 123

Ebenso das der Jury:

> Sie verbindet das Volk grade durch das Heiligste durch die Verwaltung der Gesetze und Polizei mit dem innersten Getriebe des Staates und hält oft einen Patrozismus der Ehre und der Meinung aufrecht, der sich von ihr bis in die innersten Adern des Staatslebens verbreitern kann.[1056]

In solchem Engagement des Einzelnen liegt die Zelle eines intakten Staatswesens. Wenn Arndt - ausgehend von seiner nunmehr resignativen Anschauung des schwedischen Volks, wie er sie in der Einleitung zu den „Schwedischen Geschichten" vorträgt - die Volksvertretung und die Staatsverfassung Schwedens in summa ablehnt, so ist für ihn auch der oben benannte Unterbau der Provinzialverfassung zwangsläufig in Frage gestellt, der allein ein gesundes Staatswesen garantieren kann. Diese Resignation gegenüber Schweden und Skandinavien allgemein mochte sich bis zum Ende seines Lebens erhalten haben. Nur so erklärt sich die lakonische Nachschrift zu Arndts 1858 publiziertem Werk „Pro populo germanico", in dem es als Summe seiner skandinavischen Erfahrungen heißt:

> Willst du denn von deinem Scythiod hin lilla des alten Olof Rudbeck, dem Bruderlande, dem Lande deiner Väter, nicht auch etwas weisen und weissagen? Ich kann nicht und mag nicht, kann ihnen auch jetzt keine Bruderhand geben. Ich habe so oft und so viel beide in Lob und Tadel von diesen Kleinscythen erzählt und geredet, daß ich heute nichts weiß. Darum ein letzter langer — Strich.[1057]

Es bleibt somit festzustellen, daß Arndts Verhältnis zu Schweden sich nicht einheitlich gestaltet, sondern vielmehr von diversen Brüchen durchzogen ist. Im Gegensatz zu manchen anderen Zeitgenossen nimmt Arndt Schweden als politisches Gefüge wahr, wenn auch das vorromantische und romantische Nordlandklischée ebenso seinen Platz in seinem Werk findet.[1058] Es muß danach unterschieden werden zwischen der politischen und quasi mechanischen, sprachorientierten Zukunftshoffnung, die Arndt auf Schweden projiziert und die in die Zeit vor 1809 gehört, und dem unpolitischen, emotionsreichen Schwedenbild Arndts, das zeittypisch war und die gängigen Versatzstücke aneinander reihen konnte, wenngleich Arndt seine Nordlandsehnsucht subjektivieren konnte, denn im Gegensatz zu den meisten seiner Zeitgenossen hatte er durch das Studium der Sprache und der Kultur sowie durch die Bildungsreise 1803/04 eigene, persönliche Erfahrungen aufzuweisen, die ihn - im Vergleich mit seinen Reiseeindrücken der Jahre 1798/99 - letztlich zu dem Schluß führten, daß sich das deutsche Volk und die skandinavischen Völker, die ein Ursprung eint und deren kulturelle Traditionen so nah verwandt sind, in Zukunft wieder zu einer Einheit zusammenschließen sollten. Dabei differenziert Arndt jedoch zwischen anfänglicher Gleichberechtigung von „Deutschland" und Skandinavien - stets am Beispiel Schwedens vorgeführt - zu einer Zeit, da der Norden Europas für ihn noch als der Hoffnungsträger politischer Erneuerung in Europa galt, und späterer Resignation und Enttäuschung über das „restaurierte" Schweden, das keinen Krieg

---

[1056] Ebd., S. 123f.

[1057] Sämtliche Werke. Vierzehnter Band. Magdeburg 1909, S. 262

[1058] Besonders der Stellenwert, den das Licht in Arndts kleineren Schriften einnimmt, sei an diesem Ort u nennen, worin sich eine ossianische Komponente feststellen läßt.

gegen Napoleon gewagt hatte und deshalb nur als „Germania secunda" eingestuft wurde.

Es soll nun der Stellenwert erörtert werden, den Schweden im persönlichen Leben Arndts einnahm. Bis 1815 - dem Jahr der offiziellen Übergabe Pommerns an Preußen - konnte Arndt einen schwedischen Paß beanspruchen, der ihm jedoch nicht automatisch eine Identität verleihen mußte. Es kann somit nicht primär die Frage der Staatsangehörigkeit gewesen sein, die ihn in seinen jungen Jahren umtrieb, sondern vielmehr die Frage der Identität.

An dieser Stelle muß wiederum unterschieden werden zwischen dem politischen und dem geistesgeschichtlichen Umfeld, welches Arndt umgab. Seine Heimat Schwedisch-Pommern war nur ein Bestandteil des Heiligen Römischen Reichs deutscher Nation, seine Muttersprache war niederdeutsch ebenso wie seine kulturelle Sozialisation. Die politische Zugehörigkeit zu Schweden brachte Pommern bis 1806 nur Vorteile, denn das schwedische Regiment beschränkte sich darauf, die Oberhoheit über Land und Leute zu bewahren, und es griff in den wenigsten Fällen aktiv, höchstens schlichtend, in die Ständeherrschaft ein. Wenn auch der schwedische Adel Güter in Schwedisch-Pommern besaß, so wurde doch nach Territorialgesetzen regiert, wie der von Arndt oft angeprangerte Fall der Leibeigenschaft bewies. Jedoch bestand nicht nur eine starke politische, sondern auch eine intensive kulturelle Verbindung zu Schweden, die sich mit dem Ruhm des Namens Gustav II. Adolf so gut verband wie mit der Universität Greifswald, aber auch Bräuche, Märchen und Mythen einbezog, wie es Arndt auf seiner Reise durch Schweden erfuhr.

Es erscheint jedoch unwahrscheinlich, daß Arndt Schweden jemals als sein eigentliches Vaterland betrachtet haben könnte oder in seinem Fall von zwei gleichberechtigt nebeneinander existierenden Vaterländern zu sprechen sei. Dafür gibt es verschiedene Hinweise im Werk Arndts.

Schon in der Schrift „Germanien und Europa" (1803) hebt Arndt die Bedeutung der Sprache und die Wichtigkeit des Zugangs zum Meer für Identität und Wehrfähigkeit einer Nation hervor.[1059] Diese beiden Kriterien lassen Schwedisch-Pommern eindeutig zu „Deutschland" gehören, da die Schweden auch ohne dem Besitz Pommerns bereits einen ausreichend großen Anteil des Meers für sich beanspruchen konnten. Auch bezeichnet Arndt schon in seinen frühen Schriften „Deutschland" als sein Vaterland,[1060] und deutlich hebt Arndt in bezug auf seine Bemühungen um Abschaffung der Leibeigenschaft in Schwedisch-Pommern hervor, daß er zum Besten seines Vaterlandes, eben „Deutschlands", sich bemühe.[1061] Auch im „Geist der Zeit" tritt deutlich das Engagement für sein Vaterland hervor, stets jedoch im Kontrast zu Schweden bzw. Skandinavien gesehen, und wie wir bereits feststellten, befaßt sich Arndt noch nach 1809 immer wieder mit den nördlichen Nachbarn und ihrer Bedeutung für ein zukünftiges „Deutschland". Arndt ist somit unbestritten ein bewußt deutscher Patriot, aber er trägt dem Vorbild Schwedens bzw. Skandinaviens Rechnung und spricht ihm in seinem Werk nicht unwesentlichen Einfluß auf die Entwicklung „Deutschlands" zu und wünscht sich in stärkerem Maß die Beachtung seines skandinavischen Vorbilds.

[1059] A. a. O., S. 329, S. 327 sowie S. 336 und S. 356

[1060] Ebd., S. 409f. Vgl. auch Versuch einer Geschichte der Leibeigenschaft, worin „Deutschland" als das größere Vaterland im Gegensatz zu dem kleineren Vaterland Pommern erscheint. A. a. O., S. 237ff.

[1061] Versuch einer Geschichte, S. VII. S. 239 und S. 269

Das Studium der Geschichte Schwedens und die Beschäftigung mit dem schwedischen Leben während seiner langen Reise 1804 vermittelten Arndt manchen Eindruck von Schweden, der Eingang auch in sein Werk finden sollte. Vor allem ist an dieser Stelle die Bedeutung des schwedischen Volks in politischer und ideengeschichtlicher Hinsicht bedeutsam, die Arndt direkt auf deutsche Verhältnisse zu übertragen suchte, denn die in Arndts Denken zentrale Idee, daß Verfassung und Regierungsform eines Staats genuin aus dem Volk zu entspringen und von ihm getragen zu sein haben, entstammt seiner Reflexion über schwedische Geschichte und Gegenwart, zu der intensive Lektüre und persönliche Kontakte den Grundstein gelegt hatten. Der lobenden Hervorhebung nordischer volklicher Eigenschaften steht Arndts Kritik an deutschen Fürsten gegenüber; einen positiven Gegensatz zu den Fürsten „Deutschlands" bilden auch die schwedischen Herrscher, die gerade in den Reisebildern durch ihren praktischen und volksnahen Sinn charakterisiert sind. Die Eigenschaften der Natürlichkeit und des Freiheitssinns lobt Arndt besonders in bezug auf die Bewohner der schwedischen Provinzen; sie stünden auch den Deutschen gut an, denen als Verwandte der schwedischen Stämme eine Annäherung an das schwedische Vorbild in Art und Charakter nicht schwer fallen dürfte - wiederum spricht Arndt den Schweden somit zu, daß die aufgrund ihrer wertvollen Eigenschaften als Vorbilder für die Deutschen wirken könnten.

Arndts Schwedenbegeisterung personifiziert sich auch in seiner Verehrung Gustavs IV. Adolf, mit dem er sich in seiner bis zum Haß gesteigerten Abneigung gegenüber Napoleon vereint weiß. Aus der Verbindung des Nordens mit dem südlicheren *Germanien*[1062] ließe sich im übrigen eine ideologisch zu verstehende Antithese konstruieren: Der junge, stählerne *Norden*, das ist Germanien, das durch den Norden repräsentiert wird, steht vereint gegen den degenerierten, illegal und expansiv agierenden Süden, der in dem Korsen Napoleon und seinem Heer verkörpert ist. Außerdem stellt Gustav IV. Adolf in den Augen Arndts denjenigen Herrscher dar, der seine von König Gustav II. Adolf her überkommene Verpflichtung gegenüber „Deutschland" ernst nimmt und sich noch für das Reich engagiert, als die meisten Reichsfürsten dazu nicht mehr willens und in der Lage sind. Aus diesem Umstand wird erneut ersichtlich, daß Arndts Engagement einzig „Deutschland" gilt; stets fühlt er sich als Deutscher, und keine Äußerung findet sich in seinen Werken, welche der Verbesserung des schwedischen Staatswesens oder in bezug auf eine neu zu schaffende Verfassung dienlich sei, als Schweden 1809 seinerseits eine Staatskrise erlebte. Die Aufsätze, die Arndt im Auftrag König Gustavs IV. Adolf im „Nordischen Kontrolleur" publizierte, betreffen einzig und allein die Außenpolitik und behandeln die politischen Zustände und Strukturen in Rußland und in „Deutschland". Die politischen und soziokulturellen Gegebenheiten Schwedens sind für Arndt immer nur im Zusammenhang mit einer Veränderung oder Verbesserung deutscher Zustände interessant - allerdings geht aus dem Frühwerk Arndts hervor, daß er sich durch die geistige Annäherung an Schweden, die er den Deutschen empfiehlt, eine Veredelung deutschen Charakters und deutscher Sitten - seiner eigenen Reiseerfahrung entsprechend - erwartet.

Arndts öffentliches Eintreten für Preußen veränderte seine Beziehung zu Schweden maßgeblich, denn ein neues und nunmehr auf deutschem Boden verwurzeltes

---

[1062] Arndt versteht darunter „Deutschland" und Holland. England dagegen ist in diesem Denkschema nicht berücksichtigt.

politisches Idealbild entstand in seinem Denken, und sein aufgestauter Patriotismus, der stets deutsch war, fand ein entsprechendes Ventil: Die direkte Einflußnahme auf das Werden einer deutschen Nation und eines deutschen Staats schienen ihm möglich.[1063] Dennoch bleibt Arndt lange Zeit einem pangermanischen Ideal verhaftet; bis 1818 konnten wir es verfolgen und entdecken sein eigentliches Entstehen in seinem Schwedenerlebnis des Jahres 1804. Auch wenn sich Arndts Schwedenbild im Laufe der dreißiger Jahre des 19. Jahrhunderts zu einem kritischen Skeptizismus hin entwickelte, bleiben „Deutschland" und Schweden als verwandt gedacht und werden nach wie vor in Beziehung zueinander gesetzt, wozu auch Arndts emotionale Bindung an Schweden beiträgt, die er allen Wandlungen in seinem Innern zum Trotz sein Lebtag bewahrte.

[1063] Auf die Änderung der politischen Verhältnisse in Pommern, das 1815 preußisch wurde, haben wir keine direkte Reaktion Arndts überliefert. Es ist zu vermuten, daß ihm diese neuen Umständes selbstverständlich und zwangsläufig erschienen, als einen Schritt mehr in die Richtung auf einen deutschen Nationalstaat hin, den es zu verwirklichen galt.

10
„Das Ungetheilte, Ewige, Ganze"[1064]

Henrich Steffens und seine Idee eines organischen Kosmos

Wenn wir Henrich Steffens (1773 - 1845) als *Helstatsborger* bezeichnen, beschreiben wir dadurch seine Herkunft, die sich, wie noch zu zeigen sein wird, maßgeblich auf seine Denkweise auswirken sollte: Steffens' Vater nämlich stammte aus Holstein, seine Mutter war Dänin,[1065] er selbst wurde in Stavanger/Norwegen geboren. Seine Muttersprache war dänisch; zeit seines Lebens sollte Steffens die deutsche Sprache nie völlig beherrschen lernen. Der Aufenthalt der Familie Steffens in Norwegen währte jedoch nicht lange, denn der Beruf des Vaters - er war Chirurg in Diensten des dänischen Heers - machte häufige Umzüge nötig. Schon 1779 siedelte die Familie Steffens nach Helsingør um, 1785 verzog sie nach Roskilde, und 1787 schließlich wurde sie in Kopenhagen seßhaft.

Beide Eltern wirkten - jeder auf seine Weise - prägend auf den Sohn ein: Der Vater läßt sich als Repräsentant des aufgeklärten, aufstiegswilligen Bürgertums beschreiben.[1066] Ohne eine Universität besucht oder eine Protektion genossen zu haben, hatte er sich durch eigene Fähigkeit und Leistung eine berufliche Position geschaffen.[1067] Seine Bildungsbestrebungen, die sich fast gänzlich auf das deutsche Geistesleben bezogen, sind belegt,[1068] ebenso seine Begeisterung für die amerikanische Unabhängigkeitsbewegung und die Französische Revolution,[1069] die seinen Sinn für die bürgerliche Freiheit beweist - unbegrenzte Möglichkeiten für die Zukunft aller Menschen schienen ihm in greifbare Nähe gerückt zu sein.[1070] Deshalb versuchte er seinen Kindern zu vermitteln, daß allein Qualifikation durch Bildung der Schlüssel zu ihrer Freiheit und bürgerlichen Emanzipation sei.[1071] Die Unabhängigkeit und Unantastbarkeit der Universitäten, in denen sich Bildung organisierte, sollten für den Sohn ein wichtiger Bestandteil seines Denkens und Strebens werden.[1072]

[1064] Henrich Steffens: Die gegenwärtige Zeit und wie sie geworden mit besonderer Rücksicht auf Deutschland. In zwei Theilen. Berlin 1817, S. 319

[1065] Sie entstammte der Familie Bang, und durch sie ist Steffens mit Grundtvig verwandt.

[1066] Vgl. Werner Abelein: Henrik Steffens' politische Schriften. Zum politischen Denken in Deutschland in den Jahren um die Befreiungskriege. Tübingen 1977, S. 23

[1067] Børge Ørsted: J. P. Mynster og Henrich Steffens. En studie i dansk kirke- og åndshistorie omkring år 1800. I. Text. København 1965, S. 24f.

[1068] Ebd., S. 25

[1069] Henrich Steffens: Was ich erlebte. Aus der Erinnerung niedergeschrieben. Zehn Bände. Breslau 1840 - 1844. Erster Band, S. 80f. und S. 362

[1070] Ebd., S. 363f.

[1071] Abelein, S. 24

[1072] Vgl. etwa die Schrift „Über die Idee der Universitäten" (1809). In: Die Idee der deutschen Universität. Die fünf Grundschriften aus der Zeit ihrer Neugründung durch klassischen Idealismus und romantischen Realismus. Darmstadt 1956, S. 307 - 374

Abbildung 15: Heinrich Steffens (1773-1845)

Die Mutter, die bereits 1788 starb, wirkte dagegen stark auf das Gefühlsleben des Kindes ein und weckte seinen religiösen Sinn. Ihre strenge, pietistisch orientierte Glaubensauffassung führte jedoch dazu, daß der Sohn zunächst von der Religion als geistigem Wirkungsfeld zurückwich und dem Wunsch der Mutter, er möge Geistlicher werden, nicht nachkam,[1073] sondern vielmehr seinem Interesse für die Naturwissenschaft nachging, der er sich schließlich auch beruflich widmen wollte.

[1073] Fritz Paul: Henrich Steffens. Naturphilosophie und Universalromantik. München 1973, S. 39f.

Die Religion spielte allerdings im Hinblick auf seine philosophisch-historischen und naturwissenschaftlichen Theorien eine wesentliche Rolle und wurde im Laufe seines Lebens immer wichtiger für ihn, gerade in der Zeit, als sein politisches Engagement zwangsweise nachzulassen begann.[1074]

Steffens wuchs in einer Epoche der dänischen Geschichte auf, in der das deutsche Volkselement zugunsten des dänischen zurückgedrängt wurde; in seiner Biographie charakterisiert Steffens die Zeit nach dem Sturz Struensees als vom „Haß gegen Deutsche"[1075] geprägt. Sein Vater mußte, um dem 1776 erlassenen Indigenatsgesetz zu genügen, dänischer Staatsbürger werden, um seine berufliche Stellung nicht zu gefährden.[1076] Diese schien jedoch die einzige Repression gewesen zu sein, der sich die Familie Steffens ausgesetzt sah. Henrich Steffens lebte wegen seiner Abstammung nicht isoliert oder geschmäht; vielmehr sind zahlreiche soziale Kontakte für seine in Kopenhagen verlebte Jugendzeit belegt.[1077] Seine Isolation, der er sich schon als Kind phasenweise unterzogen hatte, muß als selbstgewählt betrachtet werden.

War seine Entwicklung als Schüler und Student der Naturwissenschaft vom strengen Rationalismus der Aufklärung geprägt, so waren die geistigen Einflüsse, denen er sich aussetzte, eher sentimentalischer Natur, wie es der zeitgenössischen Literaturmode entsprach: Goethe gehörte zu seinen stärksten Bildungserlebnissen,[1078] doch nicht allein das „Faust"-Drama - welches das Hin- und Hergerissensein des jungen Mannes zwischen Ratio und Emotion spiegeln mochte -, sondern vor allem der „Werther"-Roman prägten ihn zu dieser Zeit,[1079] und er versuchte sich später, während seiner beiden kurzen Studienreisen nach Norwegen im Jahr 1794, als Übersetzer der ossianischen Gedichte des Romans.[1080] Die Polarität zwischen Gefühl und Verstand, die sich bei dem jungen Steffens abzeichnete, soll an dieser Stelle betont werden, ohne jedoch eine latente romantische Haltung oder gar Veranlagung behaupten zu wollen. Vielmehr wird ersichtlich, daß der junge Steffens sich als offen für die Bildungseindrücke erwies, die sich ihm boten, ohne sie gezielt zu wählen oder methodisch zu verarbeiten.

Sein Aufenthalt in Norwegen war gekennzeichnet von einer tiefen existentiellen Krise: Weder in seinen naturwissenschaftlichen noch in seinen schöngeistigen und philosophischen Studien machte er Fortschritte. Dagegen öffnete sich für ihn eine Welt, als er 1796 - inzwischen Lehrender an der Kieler Universität - mit der Lehre Spinozas und 1798 mit Friedrich Schellings (1775 - 1854) Schrift „Ideen zu einer Philosophie der Natur" (1798) bekannt wurde,[1081] ein Werk, das er selbst als Initialzündung für seine weitere wissenschaftliche Arbeit begriff.[1082]

Der Wunsch, seine Einsichten an Ort und Stelle zu vertiefen, wuchs in Steffens, doch das Reisestipendium, das ihm Graf Schimmelmann verschaffte, diente nur vordergründig dem weiteren naturwissenschaftlichen Studium. Vor allem war Steffens

---

[1074] Aufschluß darüber gibt die Schrift „Wie ich wieder Lutheraner wurde und was mir das Luthertum ist", die in Breslau im Jahr 1831 erschien.

[1075] Was ich erlebte, Erster Band, S. 181

[1076] Viktor Waschnitius: Henrich Steffens. Ein Beitrag zur nordischen und deutschen Geistesgeschichte. I. Band: Erbe und Anfänge. Neumünster 1939, S. 42

[1077] Abelein, S. 30ff.; Helge Hultberg: Den unge Henrich Steffens 1773 - 1811. København 1973, S. 19

[1078] Paul, S. 44f.

[1079] Waschnitius, S. 77

[1080] Paul, S. 71; Waschnitius, S. 111

[1081] Hultberg, S. 34; Paul, S. 95f,; Waschnitius, S. 270

[1082] Was ich erlebte, Dritter Band, S. 338

Abbildung 16: Professor Steffens in Breslau (1813)

bemüht, mit den Romantikern in Jena in Kontakt zu treten, wo er tatsächlich schon bald zum engeren Kreis gehörte[1083] und seinen geistigen Horizont in eine Richtung hin erweiterte, die ihn - gerade in der Zusammenarbeit mit Schelling - befähigte, eigene naturphilosophische Ideen zu formulieren. Die geistige Enge und Rückständigkeit seines nordischen Vaterlands mußte ihm damals besonders deutlich werden; er selbst war überzeugter Anhänger der Jenaer Romantik, und „Deutschland" war ihm zur geistigen Heimat geworden.

Steffens' bezeugte Extrovertiertheit als Redner[1084] und seine messianische Wissenschaftsvermittlung ließen ihn bestrebt sein, seine in „Deutschland" gewonnenen Erfahrungen und Erkenntnisse nach seiner Rückkehr nach Kopenhagen 1801 zu vermitteln. Der Erfolg seiner diesbezüglichen Bemühungen - ihr Ergebnis findet sich in einer Einleitung zu den philosophischen Vorlesungen aus dem Jahr 1803 niedergelegt - in bezug auf die dänische Romantik ist umstritten - wir kommen darauf zurück; für die dänische Regierung jedoch waren Steffens' Vorlesungen und die Reaktionen der Studenten darauf besorgniserregende Anzeichen entstehender Unruhe,[1085] ein Effekt, der von Steffens durchaus beabsichtigt war.[1086] Zu einer

---

[1083] Hultberg, S. 39

[1084] Eichendorff schildert diese nervige, temperamentvolle und leidenschaftliche Rednergestalt in „Halle und Heidelberg". Werke, hrsg. von W. Resch. Zweite Auflage, München 1959, S. 1522

[1085] Was ich erlebte, Fünfter Band, S. 56ff.

[1086] Schon im Atheismusstreit um Fichte erwog Steffens, ob er dem Verfolgten nicht eine Stelle in Kopenhagen vermitteln sollte, damit jener dort die bürgerliche Ruhe störe. Vgl. Was ich erlebte, Vierter Band, S. 152ff.

Anstellung im dänischen Helstat kam es also nicht, auch nicht im Jahr 1806, als Steffens erneut darum nachsuchte:[1087] Der innere Frieden des Landes, den er zu stören drohte, schien im Zeitalter Napoleons wichtiger als der umwälzende geistes- und naturwissenschaftliche Fortschritt.

Im Verlauf seines weiteren Lebens lehrte Steffens an drei deutschen Universitäten: Von 1804 bis zur Auflösung der Universität durch Napoleon im Jahr 1806 und von 1808 bis 1811 in Halle, wo ihn unter anderen Eichendorff hörte, von 1811 bis 1832 in Breslau, wo er als Redner aktiv gegen Napoleon zu wirken suchte,[1088] und von 1832 bis 1844 schließlich in Berlin. Der erste hallensische Aufenthalt ist besonders durch die Begegnung mit Friedrich Daniel Schleiermacher (1768 - 1834) gekennzeichnet, der in Steffens ein neues, starkes religiöses Gefühl erweckte,[1089] das seinen Niederschlag in Steffens' Schriften dieser Zeit finden sollte.[1090] Im übrigen wurde Steffens' Aufmerksamkeit immer stärker von der europäischen Politik in Anspruch genommen. Die äußere Folge, welche die napoleonischen Kriege für Steffens nach sich zogen, bestand darin, daß er seine Wirkungsstätte verlassen mußte. Schon in Halle, vor allem aber später in Breslau, versuchte er, das allgemein zurückgehende Interesse an der Naturphilosophie, der er sich ganz verschrieben hatte, durch sein politisches Engagement auszugleichen, das er mit der gleichen messianisch-politischen Emphase betrieb wie zuvor die Naturwissenschaft. Seine Fähigkeiten als Redner dienten ihm dabei, und berühmt ist die Episode um seine Vorlesung in Breslau Anfang 1813, die sich im Verlauf der freien Rede in eine an Napoleon gerichtete Kriegserklärung wandelte.[1091] Wenig später meldete er sich als „erster Freiwilliger",[1092] wobei seine Kriegsdienste eher im propagandistischen als im kampftechnischen Bereich zu suchen sind.[1093]

Die Zeit nach den Befreiungskriegen ließ einen scheinbar völlig gewandelten Henrich Steffens hervortreten. Zurückgekehrt nach Breslau, verwickelte er sich zunehmend in Auseinandersetzungen mit Kollegen, Publizisten und anderen Persönlichkeiten des öffentlichen Lebens. Seine Anschauungen über die Struktur des Gemeinwesens und die Aufgaben der Deutschen im historischen Kontext wichen gänzlich von der zeitgenössischen progressiven Haltung ab. Vertieft in seine Überzeugung von der alleingültigen Wahrheit bemerkte Steffens kaum, auf welche Gratwanderung ihn seine streng konservative Haltung führte;[1094] der Gefahr, zum

---

[1087] Ebd., Fünfter Band, S. 243ff.

[1088] Eine Frucht dieser Wirksamkeit stellt der „Aufruf an mein Volk" des preußischen Königs dar, dem Steffens durch eine öffentliche Vorlesung, die zu einem antinapoleonischen Forum mutierte, wesentlich vorgriff. Vgl. Henrich Steffens: Breslau 1813. Leipzig 1913

[1089] Ebd., S. 141ff.

[1090] Vgl. u. a. Über die Idee der deutschen Universitäten, a. a. O., S. 368ff.

[1091] Was ich erlebte, Siebenter Band, S. 73ff. Steffens politisches Engagement für „Deutschland" erstaunt: War der Feind der napoleonischen Besatzungsmacht und Fürsprecher eines freien „Deutschland" doch eigentlich Norweger. Längst jedoch war Steffens 1813 in „Deutschland" heimisch geworden, und seine gesamten Bildungserlebnisse waren deutschen Ursprungs. Sein Eintreten für seine Wahlheimat als freier Akt aus tiefster Überzeugung heraus mochte deshalb sein Eintreten für ein freies, der eigenen Kultur verpflichtetes „Deutschland" besonders glaubhaft machen.

[1092] Reinhard Bruck: Henrich Steffens. Ein Beitrag zur Philosophie der Romantik. Leipzig 1906, S. 5

[1093] Helge Hultberg: Den ældre Henrich Steffens 1811 - 1845. København 1981, S. 3

[1094] Ebd., S. 20

Denunzianten an seinen einstigen Gesinnungsfreunden zu werden, entging er knapp,[1095] aber er blieb in seiner Haltung konsequent. Auf diese Weise geriet er jedoch zwischen alle Fronten, und die Erkenntnis, daß sich nach und nach alle Freunde, selbst Schleiermacher und die Brüder Grimm, von ihm abwandten und daß seine Überzeugung von allen Seiten falsch gedeutet wurde sowie der wachsende Druck der Restaurationspolitik auf kritisches publizistisches Wirken ließen ihn verstummen.[1096] Sein Lehramt wurde durch diese Vorgänge aber nicht in Zweifel gestellt, und das Engagement Steffens' galt in der Folgezeit religiösen Fragen.[1097]

Diese weitgefaßte Darstellung des Lebenslaufs Henrich Steffens' gibt Anlaß zu einigen Überlegungen, die im folgenden behandelt werden sollen. Zunächst soll nachgefragt werden, welche Beziehungen zwischen Henrich Steffens und seinen beiden Heimatländern - dem Helstat Dänemark und „Deutschland" - bestanden. Dieser Komplex führt direkt hin zu dem politischen Engagement des Dänen, dessen Haltung und Aktivitäten wir bezüglich der Ereignisse seiner Zeit beschreiben wollen. Danach wenden wir uns den wissenschaftlichen und philosophischen Ideen Steffens' zu, um daraus sein Mythos- und Geschichtsverständnis zu erläutern, das zu seiner kosmisch-organologischen Einordnung aller Erscheinungen der organischen und der anorganischen Lebensbereiche führt, woraus sich wiederum sein Begriffsverständnis des Komplexes „Staat", „Nation" und „Vaterland" ableiten läßt. Zum Abschluß soll hinterfragt werden, welches Selbstverständnis den Dänen Steffens zu seinen geschichtsmythischen Konstruktionen bewog und wie sein „organologischer Kosmos" wirkungsgeschichtlich einzuschätzen ist.

Die Darstellung in seinem biographischen Werk „Was ich erlebte", das Steffens aus der Rückschau von 1840 bis 1844 verfaßte, ist sicherlich nicht in jeder Hinsicht zuverlässig, häufig sogar geschönt,[1098] aber es fällt auf, daß Dänemark, in Personalunion mit Norwegen zu denken, und „Deutschland" niemals direkt verglichen werden und folglich auch keines der beiden Länder zugunsten des anderen ab- oder aufgewertet wird. Im Weltbild des Henrich Steffens sind sehr wohl *zwei* Vaterländer möglich, und gerade die Krisensituation, wie sie das napoleonische Zeitalter für beide Reiche gleichermaßen verursachte, machte eine hingebungsvolle Identifikation mit dem „Vaterland" nicht nur nötig, sondern sogar unerläßlich, wie im folgenden gezeigt werden soll. Die französische Besetzung „Deutschlands", die Steffens in Halle erlebte und die ihn und seine Familie existentiell bedrohte, ließ zunehmend einen politischen Sinn in ihm reifen, und sicherlich ist gerade dieser Sinn dafür verantwortlich zu machen, daß seine organologische Staatsvorstellung und seine Ablehnung der Revolution - beides hängt in der Ideenwelt Steffens' kausal zusammen - überhaupt ihren Niederschlag in seiner Gedankenwelt fanden, wie sie sich nach den Befreiungskriegen umfassend darstellte - es wird darauf zurückzukommen sein. Zunächst jedoch beschloß er, dazu beizutragen, daß die akute Bedrohung der Existenz und Souveränität seines zweiten Heimatlands[1099]

[1095] Ebd., S. 33

[1096] Ebd., S. 36

[1097] Ebd., S. 45

[1098] Paul, S. 34f.

[1099] So betrachtet Steffens seine freiwillige Meldung zu Teilnahme an den Befreiungskriegen als „That fürs Vaterland" und als „Sturm einer mächtigen nationalen Gesinnung". Was ich erlebte, Siebenter Band, S. 110. Steffens' Engagement gilt somit nicht nur Preußen, sondern dem ganzen „Deutschland", das er

abgewendet würde. „Deutschland" nämlich hatte in Henrich Steffens eine geistige Befreiung ausgelöst; dem progressiven Denken der Romantik, das er sich zu eigen gemacht hatte, verdankte er es, daß es ihm selbst möglich geworden war, seine Forschungen und Studien weiterzuführen und schließlich einen Weltbegriff zu finden, der seinen wissenschaftlichen Erkenntnissen entsprach, was ihm in Dänemark, das er in seiner Jugend als wesentlich von der - französischen - Aufklärung geprägt sah,[1100] nicht gelungen war, so sehr er auch danach gestrebt hatte. Seine Bildungserlebnisse waren bereits in seiner Jugend im wesentlichen deutsch beeinflußt. Die französische Besetzung „Deutschlands" mochte somit für Steffens die Gefahr in sich tragen, jeden bis dahin erzielten geistigen Fortschritt zu zerstören und unter das Diktat der repressiven und geistig engen Aufklärung zurückzuführen. Sein Werk verzeichnet deshalb Frankreich als die regressive, nur auf den Moment bedachte Macht, während „Deutschland" als zukunftsweisende, beständige europäische Kraft beschrieben ist.[1101] „Deutschland" aufrichtig zu dienen heißt somit für Steffens auch, die Sache des freien Geistes, der freien Wissenschaften zu vertreten.

An Dänemark konnte Steffens - angesichts der fortschreitenden Entfremdung, die sich zwischen ihm und seinen dänischen Jugendfreunden ab 1796 abzuzeichnen begann[1102] - nur eine starke Emotionalität binden. Immer wieder beschwor er Dänemark als Stätte seiner Kindheit und Jugend, der er sich verbunden sah, weil sie sein Geburtsland war.[1103] Auch Dänemark wurde das Opfer der Politik Napoleons, der durch seine ganz Europa mit Krieg überziehenden Eroberungsbestrebungen auch die dänische Friedenszeit beendet und das außenpolitische Gefüge des Staats ins Wanken gebracht hatte. Laut Steffens begann das Unglück im Jahr 1794 Dänemark heimzusuchen, als das Stadtschloß in Kopenhagen niederbrannte[1104] - es ist auch das Jahr, in dem Steffens Dänemark verließ und sich dem deutschen Geistesleben zuwandte. Steffens beklagt den Untergang des alten Dänemark, das unwiederbringlich verloren war, denn in seiner staatlich-politischen Vorbildhaftigkeit hätte es - so ist es zu vermuten - „Deutschland" als Beispiel dienen können. Wenn das zerrissene „Deutschland" unter dem Druck Napoleons unterging, mochte es nicht verwundern, aber der Angriff auf das souveräne, zentralistische dänische Reich rief einen Schock in Steffens hervor. So bedeutete ihm der Verlust der Flotte, welche die Engländer 1807 vernichtet hatten, daß Dänemark künftig „das große nationale Heiligthum, das

---

jedoch an keiner Stelle in seinem Werk räumlich umreißt oder eingrenzt. Steffens' Einsatz für „Deutschland" und seine Liebe zu seiner zweiten Heimat bringt er auf folgende Formel: „Ein Vaterland muß ein jeder sich selbst erwerben, und es ist für ihn, in so fern er es erworben hat." (Turnziel, Breslau 1818, S. 139). Somit zählt nicht allein das Geburtsrecht, sondern auch persönliches Engagement läßt Ansprüche entstehen, ein zweites Land „Vaterland" nennen zu dürfen.

[1100] Steffens' Angriffe auf die Rationalität der Aufklärung verbinden sich in seinen Schriften mit einer starken antifranzösischen und antikatholischen Tendenz. Vgl. Die gegenwärtige Zeit, S. 190ff., S. 274, S. 432ff., S. 478ff. u. ö.

[1101] Ebd., S. 121 sowie S. 485 und S. 498

[1102] Was ich erlebte, Dritter Band, S. 242ff. Vgl. auch ebd., Fünfter Band, S. 56ff., S. 62, S. 100f., S. 110 und S. 238

[1103] Henrich Steffens: Über Sagen und Mährchen aus Dänemark. In: Der Deutschen Leben, Kunst und Wissen im Mittelalter. Eine Sammlung einzelner Aufsätze, hrsg. von Johann Gustav Büsching. Zweiter Band. Breslau 1819, S. 183 - 191. Hier: S. 183 und S. 186. Was ich erlebte, Fünfter Band, S. 2ff., Sechster Band, S. 212

[1104] Die gegenwärtige Zeit, S. 407ff.

Symbol der volksthümlichen Selbständigkeit"[1105] entbehren mußte - der wirtschaftliche Ruin und der politische Niedergang der souveränen Nation schienen unausweichlich zu sein. Der englische Vorstoß ließ in Steffens ein vaterländisches Gefühl wachsen, das sich aus seinem historischen Bewußtsein heraus entwickelte. An anderer Stelle heißt es: „Der alte dänische Ruhm ergriff mich, und ich pries mich glücklich, ein Däne zu sein."[1106]

Steffens' gefühlsmäßige Verbundenheit und Treue galt jedoch nicht allein Dänemark, sondern auch seinem Geburtsland Norwegen.[1107] Zwar wird die Auflösung der dänisch-norwegischen Union zugunsten eines schwedisch-norwegischen Bundes als freiwillige Entscheidung verteidigt,[1108] dennoch betrachtet der dänische Norweger die Abspaltung mit Wehmut:[1109] Das „Vaterland" Norwegen und das „Mutterland" Dänemark getrennt zu sehen, fiel Steffens schwer.

Somit muß es nicht verwundern, daß der mit zwei „Vaterländern" versehene Steffens immer wieder den Versuch unternahm, die wechselseitige Durchdringung Dänemarks und „Deutschlands" voranzutreiben,[1110] nicht nur um des politischen und geistigen Fortschritts willen, sondern auch um sich selbst eine echte Heimat zu schaffen und das ursprünglich Vereinte erneut verbunden zu sehen. Aus der Erfahrung heraus, die Steffens beispielsweise bezüglich der Pressefreiheit weitergeben konnte, empfahl er der deutschen Öffentlichkeit die freie Meinungsäußerung.[1111] Andererseits erkannte Steffens im deutschen Bereich große Möglichkeiten für das individuelle Wirken, das im Gegensatz zur Starre des dänischen Staatsgefüges und der beschränkten Wirkungsfreiheit darin positiv bewertet wird:

> Ich dachte an das Verhältniß, in welchem *Göthe* zu dem Herzog von Weimar lebte, und pries das Reich glücklich, in dem eine reiche Mannigfaltigkeit kleiner Staaten bedeutenden Geistern freie Stellungen zubereitete, die bei dem schärfern Formalismus großer Staaten kaum möglich wären.[1112]

[1105] Was ich erlebte, Fünfter Band, S. 292f.

[1106] Ebd., S. 4

[1107] Vgl. Die gegenwärtige Zeit, S. 419ff.

[1108] Ebd., S. 426ff.

[1109] Hultberg schreibt dazu (In: Den ældre Steffens, a. a. O., S. 11): „Kunne han sige til Danmark ‚Ulykkeliges mütterliches Land', så får Norge tiltalen ‚Theures Land', og efter at have nævnet, at han selv som norsk har fået et nyt fædreland i Tyskland, kommer den bitre klage: ‚Du aber hast das alte Vaterhaus verlassen', og Steffens må tilråbe nordmændene et ‚Gott sey mit euch!'" (Konnte er über Dänemark sagen ‚Unglückliches mütterliches Land', so erhält Norwegen die Anrede ‚Theures Land', und nachdem er erwähnte, daß er selbst als Norweger in Deutschland ein neues Vaterland erhalten haben, kommt die bittere Klage ‚Du aber hast das alte Vaterhaus verlassen', und Steffens muß den Nordmännern ein, Gott sey mit euch' zurufen.) Daraus wird deutlich, wie stark Steffens sein eigenes Schicksal mit dem seiner Nation verbindet und wie er seine Hinwendung zu „Deutschland" als bewußten, freiwilligen und politischen Akt versteht.

[1110] Die gegenwärtige Zeit, S. 11, S. 127, S. 400ff. Wie so häufig begründet sich die Ansicht Steffens' auch hier durch die Geschichte, diesmal zitieren wir Steffens' Einschätzung der Sprachgeschichte (ebd., S. 401f.): „Die Richtung der Deutschen gegen ihre uralte Vergangenheit, die in den neuern Zeiten so bedeutend hervortrat, fordert besonders zum Studium der skandinavischen Sprachen auf, weil die deutsche Sprache, die skandinavischen und die isländische, die der gemeinschaftlichen Wurzel so nahe liegt, nur in der genauesten Beziehung auf einander geschichtlich verstanden werden können."

[1111] Caricaturen des Heiligsten. 2 Bände. Leipzig 1819 und 1821, I. Band, S. 395. Vgl. auch Hultberg, a. a. O., S. 29

[1112] Was ich erlebte, Vierter Band, S. 33

Auch später, als Steffens sich aus der politischen Publizistik bereits zurückgezogen hatte, versuchte er immer wieder, Eindrücke aus seiner Heimat Norwegen zu vermitteln: Er veröffentlichte einen Bericht über das norwegische Storthing[1113] sowie einige im norwegischen Milieu angesiedelte Novellen,[1114] die im längst obsoleten, erstarrten Stil eines Friedrich de la Motte Fouqué gehalten waren[1115] und die bereits stereotyp gewordene Bilder des Nordlands vermittelten, denn die norwegische Landschaft als romantisches Versatzstück hatte bereits der von Steffens beeinflußte Ludwig Tieck (1773 - 1853) mit seiner Erzählung „Der Runenberg" (1802) eingeführt und wesentlich geprägt.[1116] Dadurch trug lange vor Fouqués Romanschaffen bereits Steffens vermittelnd zur Verbreitung eines klischierten Nordlandbilds bei, das der Rezeption des Südens diametral entgegengesetzt war,[1117] denn wir werden sehen, daß im Fall des Dänen Steffens ein historisches Rezeptionsmuster hinter seiner Vermittlung nordischer Geschichte, Mythologie und Sprachgeschichte nach „Deutschland" festzumachen ist.

Zuvor jedoch versuchte Steffens, seine eigenen geistigen Fortschritte, die er bei seinen Studien in „Deutschland" erzielt hatte, in Dänemark einzubringen. Der vielbesprochene erste Versuch eines „modernen Durchbruchs" ist jedoch in der dänischen Forschung seit Hultberg differenziert betrachtet worden,[1118] nicht zuletzt bedingt durch ein Abrücken von dem Bild Henrich Steffens', wie es in der Autobiographie erscheint. Es ist so deutlich geworden, daß die dänische Romantik, die sehr früh schon einen biedermeierlichen Akzent erhielt,[1119] sich in ihren Grundzügen und in ihrem Verlauf wesentlich von der deutschen Entwicklung unterschied, und bald nach Steffens Abreise aus Kopenhagen 1804 bewegte sich die dänische Romantik in eine durchaus eigene, vom deutschen Vorbild unabhängige Richtung.[1120] Für die durchgreifende, aber innerlich weniger zerrissene dänische Romantik lassen sich wesentliche Unterscheidungen im Vergleich zu der deutschen Bewegung ausmachen: In Dänemark gab es bereits lange vor der Jahrhundertwende eine tiefgreifende Auseinandersetzung mit der nationalen Vorgeschichte, auf die sich, wie wir sehen werden, auch Steffens immer wieder ausdrücklich beruft. Nationalgeschichte wird darin überkonfessionell geschildert, und im übrigen ließ die sich vollziehende bewußte nationalstaatliche Entwicklung Dänemarks eine Unterscheidung zwischen National- und Universalromantik nicht zu. Darüber hinaus

---

[1113] Der norwegische Storthing im Jahre 1824. Geschichtliche Darstellung und Aktenstücke. Berlin 1825

[1114] Vgl. u. a. Die vier Norweger. Ein Zyklus von sechs Novellen. Sechs Bände. Breslau 1828 und Malkolm. Eine norwegische Novelle. Zwei Bände. Breslau 1831

[1115] Vgl. Kapitel 11 dieser Arbeit.

[1116] Waschnitius, S. 97; Paul, S. 64

[1117] Die gegenwärtige Zeit, S. 9

[1118] Helge Hultberg: Den unge Steffens, S. 8. Vgl. auch Helge Hultberg: Henrich Steffens. In: Dänische „Guldalder"-Literatur und Goethezeit. Vorträge des Kolloquiums am 29. und 30. 4. 1982, hrsg. von Klaus Bohnen, Sven-Aage Jørgensen, Friedrich Schmöe. Kopenhagen, München 1982, S. 15 - 27. Hier: S. 15

[1119] Ernst Erich Metzner: Die dänische Literatur. In: Neues Handbuch der Literaturwissenschaft. Band 16: Europäische Romantik III. Restauration und Revolution. Hrsg. von Norbert Altenhofer und Alfred Estermann, Wiesbaden 1985, S. 371 - 385. Hier: S. 374

[1120] Hultberg: Henrich Steffens, a. a. O., S. 18 und S. 23. Hierin läßt sich auch ein Vergleich zwischen den kulturellen Zuständen in Dänemark und in den politisch domestizierten Randgebieten „Deutschlands", wie beispielsweise Österreich, anstellen. Der Entwicklungsverlauf ist in beiden Gebieten in ihrer Relation zu „Deutschland" ähnlich.

verwandelte sich die Aufregung über den Angriff auf das dänische Staatsgefüge schon um 1810 in eine vorsichtige, restaurative Haltung, die Friedenszeit Dänemarks bis 1801 fand ihre Glorifizierung, und Dichtung mit politischem Hintergrund verstummte; eine Aufbruchsstimmung war nicht spürbar, denn das erste Ziel war die Wiederherstellung von Frieden und Ordnung nach innen.[1121] Die geistigen Umbrüche, die sich seinerzeit in „Deutschland" vollzogen, erklären sich vor allem aus der vorgegebenen politischen Situation, die mit dem dänischen status quo keine Ähnlichkeit hatte. Ruhe als *erste Bürgerpflicht*, wie sie Steffens später karikieren sollte,[1122] schien die einzige Möglichkeit für das kleine Land zu sein, die eigene Identität zu wahren.

Deshalb ist es nicht verwunderlich, daß der *Eindringling* aus „Deutschland" Henrich Steffens im dänischen Gemeinwesen nicht Fuß fassen konnte. Zwar läßt sich ein maßgeblicher Einfluß auf Adam Oehlenschläger für die Zeit seines Aufenthalts in Kopenhagen von 1802 bis 1804 belegen,[1123] doch schon bald nach seiner Abreise schlug der dänische Dichter einen anderen Weg ein, als es Steffens' geistige Leitung vorgesehen hätte, und es ist der ältere Baggesen, der Oehlenschläger unter seine Fittiche zu ziehen versucht.[1124]

Wir werden weiter unten bei Betrachtung der Schrift „Die gegenwärtige Zeit und wie sie geworden" noch genauer feststellen können, daß Steffens zwischen dem politischen Gemeinwesen Dänemark, dem „Helstat", und der geistigen Heimat „Deutschland" engagiert zu vermitteln versuchte, wobei es ihm zunächst naheliegender scheinen mochte, den geistigen Horizont seines dänischen Geburtslandes zu erweitern, damit eine harmonische Verbindung zwischen äußerer politischer und innerer geistiger Vorbildhaftigkeit entstehen könnte, als auf das zerrissene „Deutschland" im Sinne einer eventuellen Anregung durch politische Errungenschaften des dänischen „Helstat" einzuwirken, zumal er immer nur in einem Teil des Heiligen Römischen Reichs deutscher Nation wirken konnte. Dennoch durchzieht die positive Erfahrung, die er mit dem System des dänischen „Helstat" und seiner Friedenspolitik gemacht hatte, seine politischen Vorstellungen, und immer wieder zeigt sich darin das Trauma des plötzlichen Endes dieser Epoche dänischer Geschichte, das auch in bezug auf die deutsche politische Szene wirksam werden sollte.

Steffens' Engagement in der Politik seiner Zeit bildete sich quasi ex negativo aus: Stets bezog er Stellung *gegen*, nie *für* eine konkrete Entwicklung oder Erscheinung. Es sind diejenigen Kräfte, gegen die er sich wendete, die er selbst als zerstörerisch verstand, Kräfte, die historische Zäsuren markierten und die bisher geachtete Ordnung des Gemeinwesens umzustürzen drohten. Die Französische Revolution erfüllte zwar nach Steffens ihre geschichtliche Aufgabe, indem sie die Krise offen legte, auf die das aufklärerisch geprägte europäische Staatswesen notwendig zusteuern mußte,[1125] jedoch bezeichnet Steffens das Prinzip der Revolution

---

[1121] Vgl. dazu Hultberg, S. 17

[1122] Caricaturen des Heiligsten, I. Band, S. 185

[1123] Hultberg, S. 22

[1124] Ernst Erich Metzner: Steffens, Baggesen og A. W. Schlegel: Uopdagede satiriske Steffens-potrætter i Baggesens „Der vollendete Faust" og i A. W. Schlegels „Literarische Scherze". In: Convivium 76, S. 48 - 65. Hier: S. 57

[1125] In seinen Erinnerungen bezeichnet Steffens die Französische Revolution als „Strafgesetz der alten Zeit". Was ich erlebte, Erster Band, S. 364. Vgl. auch Die gegenwärtige Zeit, S. 498

als an sich verwerflich,[1126] denn es bedroht geistig-ideell das aus sich heraus entstandene und gewachsene, organische nationale und staatliche Gefüge. Die Darstellung der drei Gesellschaftsgruppen, der Stände, wie sie Steffens in den „Caricaturen des Heiligsten" gibt,[1127] macht deutlich, daß er auf der Erhaltung der überkommenen festgefügten Ordnung beharrt und keinen Zweifel daran zuläßt, daß jede mögliche Veränderung aus dem Staatsorganismus selbst zu erfolgen habe.[1128] Äußere Eingriffe widersprechen dem System des natürlichen Wachsens und Vergehens, wie es in Natur und Geschichte gleichermaßen vorgegeben ist.

Vor dem gleichen Hintergrund läßt sich Steffens' Einsatz für die Befreiung „Deutschlands" von der napoleonischen Herrschaft bewerten: Zwar konnte sich auch Steffens der Anziehungskraft des Korsen kaum entziehen,[1129] allein sein wissenschaftliches und ideologisches Sendungsbewußtsein als der Prophet einer Führungsrolle „Deutschlands" im europäischen Kontext[1130] mußte sich schließlich gegen die Franzosen wenden: „Tüchtig waren beide, denn es waren Germanen, aber der Franke mehr auf die Gegenwart, der Deutsche mehr auf die Zukunft gerichtet",[1131] lautet die historische Begründung deutscher Überlegenheit, die in der Folgerung kulminiert: „Wir behaupten, daß alle Hoffnung einer, wenn auch nicht durchaus friedlichen, dennoch geordneten und heitern Zukunft, auf Deutschland beruht."[1132] Die Schrift, welche sich mit „Deutschlands" Vergangenheit, Gegenwart und Zukunft befaßt und zu den umfangreichsten Werken Steffens' zählt, erschien jedoch erst 1817, nach der Gründung des Deutschen Bundes 1815 also, als die drängendsten politischen Fragen, etwa der Staatsbildung oder der Verfassungsgebung, bereits entschieden waren, ohne daß Ideen Steffens', wie er sie in „Die gegenwärtige Zeit und wie sie geworden" ausführte, die sich allerdings nie zu einer Staatstheorie im klassischen Sinn bündeln ließen, darin Eingang gefunden hätten, wenn auch für Steffens, wie es das oben angeführte Zitat deutlich macht, „Deutschland" eine politische Realität darstellte - doch auch diesbezüglich wurde Steffens nicht konkret: Der Begriff „Deutschland" findet sich in seinem Werk geographisch nicht fixiert. Die politische Evidenz wird dem geistigen Prinzip untergeordnet.

Europäische Gleichgewichte stellen sich in der Auffassung Steffens' ohnehin wechselhaft dar; sie verschiebt der Krieg, den Steffens als Notwendigkeit betrachtet.[1133] Im Gegensatz zur Revolution entspricht der Krieg als Prinzip dem organologischen Denkschema, weil sich darin zwei Staaten, als Individuen handelnd,[1134]

[1126] Ebd., S. 509

[1127] A. a. O., I. Band, S. 68ff.

[1128] Der Staat ist im Verständnis Steffens' als Individuum zu betrachten, und jede Veränderung, die mit ihm vorgeht, muß seiner eigentümlichen Natur entsprechen, die ihn von allen anderen Staaten abhebt.

[1129] Was ich erlebte, Vierter Band, S. 57

[1130] Walter Hof: Der Gedanke der politischen Sendung in der deutschen Literatur. Gießen 1937, S. 82ff. Hof verweist ebd. auf die Bedeutung des absoluten Gottesbildes, das auf Steffens' Idee einer deutschen Sendung großen Einfluß hatte.

[1131] Die gegenwärtige Zeit, S. 121

[1132] Ebd., S. 6

[1133] Ebd., S. 5. In den „Caricaturen des Heiligsten" heißt es: „Wo Leben ist, ist Krieg." und weiter: „Je herrlicher und tüchtiger ein Volk in sich gebildet ist, desto lebendiger ist nothwendig der kriegerische Sinn." I. Band, S. 160 und S. 161. Vgl. auch Was ich erlebte, Siebenter Band, S. 116 und S. 119

[1134] Die gegenwärtige Zeit, S. 4

gegenüberstehen und die historische Entwicklung durch den Krieg vorangetrieben wird, während die Revolution innerhalb der Nation und des Staats selbst destruktiv einwirkt und das organische Gefüge auszuhöhlen droht.

Ähnliches befürchtet Steffens von der Turnerbewegung, die für ihn, ebenso wie die Französische Revolution, ein Prinzip darstellte, das es zu bekämpfen galt.[1135] Auch die Turnerbewegung bezeugte, wie die Französische Revolution, ihre falsche Gesinnung, die darin bestand, nur das Äußere - das „Deutschthum"[1136] -, nicht aber das verwurzelte Immanente als Basis der allgemeinen Ordnung zu propagieren. Steffens wirft den Führern der Turnerbewegung vor, die bestehende Staatsordnung zu untergraben und den Geist der besonders auf Anleitung angewiesenen Jugend zu verwirren.[1137] Im Sinne eines entwicklungsorientierten politischen Fortschritts schlägt Steffens den Turnern vor - und er hat dabei natürlich auch den *Turnvater* Friedrich Ludwig Jahn, nicht nur den angegriffenen „Herrn Professor Kayßler" im Sinn -, nach einem gemeinsamen Zusammenwirken zu streben,[1138] damit die progressive Richtung ihre Basis in der staatlichen Ordnung fände. Als emotional befrachteten und altbekannten Begriff führt er den des „Vaterlandes" ein,[1139] der ihm dienlich scheint, persönliches Interesse mit dem Dienst am Staat untrennbar zu verbinden. Um diesen Begriff zu transzendieren, bedarf es einer völligen, fast schon mystisch zu nennenden Durchdringung seiner Bedeutung, denn sonst bleibt alles patriotische Streben leer und äußerlich.[1140] Die Vaterlandsliebe und ihre Manifestationen erhalten auf diese Weise eine höhere Bedeutung. Primär wirft also Steffens den Turnführern vor, daß sie ihren Schützlingen nichts weiter als blinden Gehorsam beibrächten und somit der Gefahr der Veräußerlichung und Vereinzelung aussetzten, wodurch ihnen der Blick auf das Ganze verwehrt werde.

In diesen kurzen Anmerkungen findet sich bereits angedeutet, welchen Auftrag Steffens der Wissenschaft zuweist:[1141] Die Wissenschaft ist vor dem Staat absolut frei. Keine Gesetze sollen diese Freiheit einschränken.[1142] Vice versa sollen die ihr entspringenden Erkenntnisse dem Staat nutzbar gemacht werden, denn jeder Bürger - auch der Wissenschaftler - hat die Pflicht, seine Talente und Fähigkeiten in den Dienst des Staats zu stellen,[1143] damit er dem allgemeinen Fortschritt nütze, dem Ruhm des Staats diene und zugleich seine eigene Position als Bürger eben dieses

---

[1135] „Meine Ansicht wich im Princip von der herrschenden ab; es war nicht dieses oder jenes, was ich bekämpfte, sondern eben das Princip." Was ich erlebte, Achter Band, S. 119

[1136] Ebd., S. 199: „Das Deutschthum war mir verhaßt." Steffens beschreibt damit die Deutschtümelei, wie sie die Turner betrieben und die er als aufgesetzt und unseriös versteht. Vgl. auch Turnziel, S. 61ff.; Die gute Sache. Eine Aufforderung zu sagen, was sie sei, an alle, die es zu wissen meinen, veranlaßt durch des Verfassers letzte Begegnisse in Berlin. Leipzig 1819, S. 13, worin Steffens das von Jahn gepredigte Deutschtum als bloße „Folklore" abtut und die republikanische, *altfränkische* Einstellung der Turner kritisiert.

[1137] Steffens spricht von dem „gewaltsamen Aufregen der Jugend". Turnziel, S. 87. Vgl. auch S. 54 und S. 121

[1138] Ebd., S. 54

[1139] Ebd., S. 92

[1140] Ebd., S. 96

[1141] Vgl. hierzu die Schrift: Über die Idee der Universitäten, a. a. O.

[1142] Ebd., S. 323f. und S. 343

[1143] Ebd., S. 339

Staats festige.[1144] Somit spielt die Wissenschaft im Staat eine wichtige, auch politisch zu nennende Rolle, ebenso wie die Geschichte. Es ist die Aufgabe der Wissenschaft, Einzelphänomene zu erkennen, zu erklären und zu durchdringen, um sie wiederum in den allgemeinen Zusammenhang einordnen zu können.[1145] Das Unbekannte und das bisher Unerforschte soll auf diese Weise seinen Platz im Kosmos erhalten; der Forscher selbst soll durch seine Tätigkeit seine eigene Vernunft und Freiheit ausbilden.[1146] Wissenschaftliche Ausbildung ist diesem Verständnis nach auch politische Bildung.

Es soll nun gezeigt werden, wie sich Steffens' Geschichtsvorstellung aus seiner Naturphilosophie heraus entwickelte.

Der Ursprung des menschlichen Lebens sieht Steffens durch die Natur „wundersam vorgebildet",[1147] und er verdankt es der Naturphilosophie Schellings, daß er sich ein organologisches Bild ihres Seins und ihrer Funktion zu entwerfen anschicken konnte: Jede Erscheinung erhielt auf diese Weise ihren Platz in der Natur, nichts wurde als entbehrlich begriffen.[1148] Die Organismusmetapher, die dabei Anwendung findet, ist der Biologie des Menschen entnommen, und Natur und Mensch werden auch weiterhin aufeinander bezogen: So findet sich einerseits das menschliche Leben durch die Natur vorgebildet, andererseits ist der Natur Sittlichkeit und Freiheit immanent.[1149]

Das Individuelle steht sowohl in seiner Einzigartigkeit für sich selbst als auch als unverzichtbarer Teil der Ganzheit: Das Einzelne existiert nur in Verbindung mit dem Ganzen, aber auf die unendliche Mannigfaltigkeit der Erscheinungen kann ebenfalls nicht verzichtet werden.[1150]

In den schriftlich fixierten Vorlesungen, die in Kopenhagen 1803 gehalten und als „Indledning til philosophiske Forelæsinger" publiziert wurden, weist Steffens ausführlich nach, wie die anorganischen und die organischen Lebensbereiche organisiert sind.[1151] Die Einbindung des Menschen in die Natur wirft jedoch Fragen auf, welche die Naturwissenschaften nicht allein zu lösen imstande sind. Diesbezüglich verweist Steffens auf die Philosophie, die seiner Ansicht nach eng mit der Religion verbunden ist.[1152] Die Philosophie bringt den Zeitbegriff in die Naturanschauung ein; die Geschichte, eben jene chronologische Bemessung innerhalb der Natur, setzt mit dem Eintritt der Götter, Vorläufer und Schöpfer des Menschen, in die Natur ein.[1153] Die Ebene des Bewußtseins wird beschritten. Es ist somit die Aufgabe der Philosophie, Naturwissenschaft und Geschichte miteinander in Beziehung zu setzen und sie wechselseitig zu beleuchten.[1154]

[1144] Ebd., S. 333

[1145] Ebd., S. 363ff.

[1146] Ebd., S. 346ff.

[1147] Caricaturen des Heiligsten, I. Band, S. 2

[1148] Vgl. Indledning til philosophiske Forelæsinger, S. 5ff.

[1149] Ebd., S. 10ff.

[1150] Ebd., S. 5, S. 9 und S. 11

[1151] Ebd., 4. und 5. Vorlesung

[1152] Ebd., S. 32 und S. 145f.

[1153] Ebd., S. 114

[1154] Ebd., S. 32

Die Suche nach der absoluten, ewigen Wahrheit beherrscht auch die Naturphilosophie.[1155] Die äußeren Umstände, historische Position und nationale Eigentümlichkeit also, bestimmen das Wirken des Menschen in der Geschichte.[1156]

Wie die Natur nach dem Plan der Schöpfung gebildet ist, so bleibt auch in der Geschichte nichts dem Zufall überlassen, denn in ihr offenbart sich die göttliche Vernunft;[1157] in ihr ist Anfang und Ziel gleichermaßen vorbestimmt, und es ist die Aufgabe der Philosophie, die Unendlichkeit der Geschichte aufzuzeigen.[1158] Der Widerspruch zwischen unendlicher und endlicher Welt bleibt jedoch bestehen, ebenso wie Individuum und Allgemeinheit in einem Spannungsverhältnis verhaftet bleiben.[1159] Es bedarf der unmittelbaren Anschauung beider Welten, um sie ganz verstehen und durchdringen zu können.[1160] Dazu verhelfen gleichermaßen die Naturphilosophie und die Religion, die sich um die Erklärung äußerer und innerer Erscheinungen bemühen.[1161]

Gott ist der Schöpfer der Geschichte, und es sind die Götter, mit denen die Geschichte anhebt.[1162] Das daraus sich ableitende mythische Prinzip spielt eine wichtige Rolle im historischen Denken Steffens', denn es führt in die Urgründe allen Seins, ist Vorbild und Erklärung zugleich. Die Dreiteilung der Geschichte in Vergangenheit, Gegenwart und Zukunft[1163] ist wichtiger als eine Einteilung in Epochen, und sie folgt im wesentlichen der Vorstellung vom *Goldenen Zeitalter.*[1164] Der idealen Zeit entspricht bei Steffens die Vorzeit; eine Periode des Übergangs markiert das Mittelalter; der Verfall, der in Steffens' Gegenwart auf seinen Höhepunkt zusteuert, findet sich bereits in der Reformationszeit deutlich angekündigt, doch diese Gegenwart ist es auch, die bereits auf eine hoffnungsvolle Zukunft vorausdeutet. Der Weg in die Zukunft jedoch ist nur dann beschreitbar, wenn die in der Geschichte liegende Erkenntnis nachvollzogen wird: Nur die Verbindung von Vergangenheit und Gegenwart läßt die Zukunft gestaltbar machen.[1165]

Immer wieder wird die Unsicherheit, Gespaltenheit und Gärung der Gegenwart mit der geordneten Vergangenheit konfrontiert.[1166] In seinem kleinen Aufsatz „Über Sagen und Mährchen aus Dänemark" gewinnt die Vergangenheit idyllische Qualität; sie findet Ausdruck in der Beschwörung der „Kindheit",[1167] die zwar nicht frei war von beunruhigenden Rätseln der Natur, die dem mythischen Prinzip von Terror und

---

[1155] Ebd., S. 26

[1156] Ebd., S. 32f.

[1157] Ebd., S. 113f. und S. 148

[1158] Ebd., S. 109

[1159] Grundzüge der philosophischen Naturwissenschaft. Zum Behuf seiner Vorlesungen. Berlin 1806, S. 87

[1160] Ebd., S. 2

[1161] Idee der Universitäten, S. 358ff. und S. 369ff.

[1162] Indledning, S. 114: „Med Guderne begynder al Historie. Bag al Historie ligger Mythologie." (Mit den Göttern beginnt alle Geschichte. Hinter aller Geschichte liegt Mythologie.)

[1163] Idee der Universitäten, S. 341; Caricaturen des Heiligsten, I. Band, S. 5f.

[1164] Die Darstellung folgt dem Aufbau der Schrift „Die gegenwärtige Zeit und wie sie geworden".

[1165] Die Idee der Universitäten, S. 341

[1166] Caricaturen des Heiligsten, I. Band, S. 8f.

[1167] A. a. O., S. 183ff. Vgl. auch Caricaturen des Heiligsten, I. Band, S. 40

Schrecken entsprechen mögen. Anderseits lebte der Mensch in und mit der Natur, erlebte in ihr Freude und Gefahr, woraus sich seine Kraft und Gesinnung bildete. Nicht zuletzt verdanken die Menschen dieser Zeit auch die Ausbildung der schöpferischen Phantasie, die eine „Blüthe der Natur, Poesie, Liebe und Glaube"[1168] hervorbrachte. Im Kontrast dazu steht die nüchtern-einförmige Gegenwart mit ihren künstlichen Bedürfnissen.[1169]

Schlichtheit und Naturverbundenheit sind Eigenschaften, die Steffens der vorzeitigen, mythischen Epoche gerne und in positiver Wertung zuschreibt, denn der Sündenfall der naturfernen Reflexion findet sich dort noch nicht vollzogen. Deutlich tritt dieses Prinzip der heiligen Einfalt bei der Darstellung des Bauernstandes in den „Caricaturen des Heiligsten" hervor, worin Steffens behauptet: „So ist der Ackerbau der übrig gebliebene, nie ganz zu verdrängende Mythus, in welchem menschliche That und Naturthat in eines verschmelzen."[1170] Im Bauernstand findet sich die Einheit von Natur und Geschichte als mythischer Urgrund bewahrt. Das Leben des Bauern ist deshalb vom Mythus geprägt, weil es vom zyklischen Lauf der Jahreszeiten regiert wird.[1171] Sein Natursinn mag als Vorbild und Heilmittel der Zeit dienen,[1172] ist zugleich aber auch im Kontrast Sinnbild für den Verfall der Zeiten,[1173] der sich mythisch als Klage über den Verlust der Unschuld und des *Goldenen Zeitalters* verstehen läßt.

Auch auf die Erschaffung des Menschen kommt Steffens zu sprechen, und hierbei finden wir Anklänge an die romantische Mythostheorie: Asien - die Affinität zu den *Asen*, den aus Asien eingewanderten Göttern, sei bedacht - sei der Ursprung des Menschengeschlechts, und der von Steffens beklagte Sündenfall führte die Menschen vom Gipfel der Berge ins Tal - eine Rückkehr scheint verwehrt.[1174] Die Erlösung jedoch mag sich finden, denn „Alles Leben der Erde drängt sich nach Norden hinauf."[1175] Darin ist die Aufwärtsbewegung ebenso angedeutet wie der Verweis auf den Norden als Ort der Zukunft und der Erlösung.

Der Mangel einer „deutschen" Mythologie läßt die Illustrierung der mythischen Vorzeit in der skandinavischen Kultur suchen. Entsprechend entwickelt Steffens seine Vorstellungen einer germanisch-skandinavischen Vorzeit in seinem Bericht über „Die alten Germanen" in seiner Geschichtsdarstellung „Die gegenwärtigen Zeit und wie sie geworden", worin er den Germanen wichtige Eigenschaften beimißt:[1176] Er definiert die Germanen als einheitlichen Stamm, dem das Übel der Teilung noch fremd war, und sieht ihre Nähe zu Mythen als einen Beweis für ihre immanente Religiosität an. Die frühe Antithese zwischen dem Süden und dem Norden ist auf dieser historischen Stufe bereits existent.[1177] Die mangelnden Zeugnisse einer

---

[1168] Über Sagen und Mährchen, S. 184
[1169] Ebd., S. 183
[1170] A. a. O., S. 70
[1171] Ebd., S. 74
[1172] Ebd., S. 77
[1173] Ebd., S. 69
[1174] Ebd., S. 71
[1175] Ebd., S. 72
[1176] A. a. O., S. 7.
[1177] Ebd., S. 9

germanischen Vorzeit lassen Steffens auf die skandinavischen Verwandten[1178] als Lieferanten einer kulturellen und historischen Identität zurückgreifen. Auch die altnordische Sprache mit ihren reichen Literaturzeugnissen stellt Steffens als urtümlichen Beweis einer untergegangenen germanisch-skandinavischen Vorzeitkultur dar. Überhaupt könne man sich anhand des isländischen Vorbilds noch in der Gegenwart die mythische Vorvergangenheit mit allen ihren bereits beschriebenen Eigenschaften vor Augen halten, die Steffens anschaulich und mit typischen Versatzstücken des Nordlandbilds versehen zeichnet:[1179]

> Diese erwürdige Ruine findet man im äußersten Norden auf einer einsamen, wie verzauberten Insel. Dort, wo das Leben nur kümmerlich gedeiht, während die wilde Naturkraft unter den brennenden Gebirgen noch verwüstend hervortritt, wo die Abgründe sich gähnend eröffnen, Fels und Gebirg zerschmetternd zusammenstürzen, in den dunklen Nebel der kalten Zone ist die alte Erinnerung an die vorchristliche Zeit hingebannt, und während aus dem alten Hecla der vergrabne Riese der Natur seine furchtbaren Seufzer vernehmen läßt, treten uns hier, wie aus einem fernen Gewölk, die halbverwischten Gestalten der alten Götter entgegen, deren wunderbare, fremde, tiefe Töne eine ahnungsvolle Erinnerung an die frühesten Träume des germanischen Stammes erweckt. Hierher wurden die alten Götter gedrängt, als das Christentum mächtig ward, und ihre verblichenen Schatten schweben noch über dem unruhigen, kalten, kahlen, zerrissenen Gebirge.

Island dient Steffens als Beleg für die bis in die Gegenwart reichende Kraft der altnordischen Überlieferung, die sich dort fast unverändert erhalten hat und die deshalb den Deutschen, den Nachfolgern der Germanen, als Bestandteil ihres *eigenen* Kulturerbes nahegebracht werden soll.

Die Vorzeit ist gegenwärtig, und die Geschichte ist das Mittel, sie herauf zu beschwören. Gleich der Naturwissenschaft ist es ihr aufgetragen, Phänomene des Lebens zu erkennen und in den großen Zusammenhang einzuordnen. Das *geistige Schauen*, das zur umfassenden Erkenntnis führen soll, schließt Geist und Gemüt gleichberechtigt ein: Indem alle Rezeptionsmechanismen des Menschen aktiviert werden, wird es ihm erst möglich, die „Ordnung der Natur und die Bedeutung der Geschichte"[1180] gleichermaßen zu durchdringen und auf diese Weise die Schicksale seiner eigenen Nation nachzuvollziehen.

Der Mensch ist ein Produkt der Natur und der Geschichte, und wie der Jahreszeitenzyklus die Natur und der mythische Zyklus die Geschichte bestimmt, so ist auch der Mensch selbst beiden unterworfen; er stellt den „Endpunkt einer unendlichen Entwickelung der Natur, als Mittelpunkt ihrer unendlichen Zukunft *zugleich*" dar.[1181] Es läßt sich deshalb aus den Ansichten Steffens' ableiten, daß der Zielpunkt der Schöpfung und zugleich seine Ursache der Mensch ist, in dessen Gestalt das ordnende und das erlösende Prinzip seine Gestaltung findet.[1182] Nur

---

[1178] Ebd., S. 10

[1179] Ebd., S. 10f. Zur Präsenz des Mythos in der Geschichte und somit auch in der Gegenwart vgl. Indledning, S. 28

[1180] Caricaturen des Heiligsten, II. Band, S. 16

[1181] Ebd., II. Band, S. 14; vgl. auch I. Band, S. 39

[1182] Vgl. Grundzüge, S. 133; Caricaturen, II. Band, S. 120

durch die Existenz des Menschen ist die „göttliche Tiefe"[1183] in die Welt getreten, denn im Menschen erhebt sich das Bild Gottes.[1184] Durch die Vernunft und die Erkenntnisfähigkeit, die dem Menschen beigegeben wurden, muß die Welt eine neue Qualität des *Goldenen Zeitalters* erreichen - diese Folgerung seiner Geschichtsforschungen ist für Steffens unbezweifelbar.[1185]

In seinem Bestreben, die Menschheit von der Notwendigkeit einer - göttlichen - Ordnung der äußeren und inneren Dinge zu überzeugen, sind die natur- und geschichtsphilosophischen Ideen Steffens' nur als Vorstufen einzuordnen. Sie finden ihre Fortsetzung in den staatstheoretischen Überlegungen des Wissenschaftlers, denen gleichfalls die bereits beschriebene organologische Struktur zugrunde gelegt ist.

Ein Staatsprinzip, das sich rein ideologisch als organische Einheit definierte, hatte Steffens schon in seinem Heimatland Dänemark als Gegebenheit erleben können: In dem Begriff „Helstat" war die Ideologie der Ganzheit des Vielvölkerstaats exponiert dargestellt; es läßt sich darin das Bestreben nach der Integration aller Gegensätze unter dem Dach des dänischen Reichs erkennen, wie sie wenigstens das Kind und der heranwachsende Steffens selbst erfahren haben dürften, der latenten Deutschfeindlichkeit zum Trotz. Die Begründung für die dänische Staatsbezeichnung und ihre organische Implikation mochte sich in der politischen Vorstellung Steffens' festgesetzt haben, die pazifistisch-humanistisch geprägte Regierungspolitik des Staats als Ideal vor sein geistiges Auge getreten sein, die philiströse Enge jedoch, die ihm in seinem Heimatland als hervortretender Zug des öffentlichen Lebens im Gegensatz zu dem fortschrittlicheren „Deutschland" erschien, veranlaßte ihn zu einer offenen Klage über den „einseitigen dänischen Patriotismus".[1186] Als Schüler, Student und junger Wissenschaftler, der über die Grenzen des eigenen Fachs hinausstrebte, mußten ihm die geistige Freiheit und die Unabhängigkeit der Forschung als unabdingbar erscheinen, und deshalb formulierte er in seinen späteren politischen Schriften immer wieder die Forderung an den Staat, daß Lehre und Forschung gleichermaßen frei - also unbehindert durch Gesetze - möglich sein müßten.[1187]

Das durch die Lektüre Jacobis ausgelöste „Spinoza-Erlebnis"[1188] rief in Steffens unter anderem auch das Bestreben hervor, erklären zu wollen, was der Kern der Freiheit sein und wie sie realisiert werden könne, worin sich leicht der Versuch einer Aufarbeitung der Ereignisse um die Französische Revolution erkennen läßt:[1189]

> „Es wurde mir klar, daß das Geschrei nach Freiheit, welches um mich herum alle Zungen in Bewegung setzte, so wie es inmitten der nie aufzulösenden Widersprüche der erscheinenden Geschichte laut ward und eine Lösung suchte, sinnlos, ja albern zu nennen wäre. Nur derjenige, der sich selbst auf ewige Weise Genüge leistet, ist frei.[1190]

[1183] Caricaturen des Heiligsten, II. Band, S. 120

[1184] Grundzüge, S. 87

[1185] Die Idee der Universitäten, S. 368ff.; Die gegenwärtige Zeit, S. 788f.

[1186] Was ich erlebte, Fünfter Band, S. 110

[1187] Indledning, S. 140ff.; Die Idee der Universitäten, S. 343 und S. 346ff.

[1188] Vgl. Was ich erlebte, Dritter Band, S. 260ff.

[1189] Steffens' Verdikt der Revolutionäre lautet: „ das unselige Streben nach Freiheit verwandelt sie erst in Knechte". Caricaturen des Heiligsten, I. Band, S. 30

[1190] Was ich erlebte, Dritter Band, S. 283

Um diesen Zustand der Erkenntnis des Ewigen zu erreichen, bedarf es jedoch entsprechender Erziehung und Ausbildung.

Das Ewige ist jedoch nicht in dem zwangsläufig endlichen Streben des Einzelnen vorhanden, und dem Kampf der Menschen untereinander liegt keine Freiheit zugrunde; er ist widernatürlich. Die Freiheit, die in jedem Menschen angelegt ist und ihm zusteht, findet sich in der Institution des Staats gewährleistet, den Steffens als „gemeinsame Organisation der Vernunft aller Bürger"[1191] verstanden wissen will.

Im Zuge seines „Spinoza-Erlebnisses" entsteht bei Steffens, will man der Autobiographie folgen, folgendes Staatsverständnis:

> der Staat, als solcher, ist zugleich ein Volk, eine Nation: es bildet sich ein Nationalgefühl, welches alle Bürger durchdringt, ein gemeinschaftlicher Lebenshauch, der sie leitet, formirt, so daß eine jede Persönlichkeit sich durch ihn befreit, nicht gehemmt fühlt.[1192]

Der gemeinschaftliche, Vereinzelung bekämpfende Staat[1193] ist somit per definitionem eine nach außen hin fest abgegrenzte Einheit, wobei die Art der Abgrenzung nicht benannt wird. Das „Volk" stellt im Verständnis Steffens' nicht etwa die *breite Masse* dar, sondern vielmehr die „lebendige Einheit eigenthümlicher Naturen",[1194] und die Natur wird durch das einer genau bestimmten Kultur angehörige Volksganze definiert.[1195] Es ist allerdings ein Widerspruch in der Argumentation Steffens' bezüglich der Sprache als abgrenzendem Faktor aufzudecken: Einerseits besteht er darauf, daß die Sprache „das erhabene Sondernde der Nationen"[1196] ausmache, andererseits konstruiert er gerade durch die Sprachgeschichte eine Verbindung zwischen der alten nordischen und der germanischen Kultur, die ihren Übertrag auf beide Völkerschaften findet, und auch das multinationale Preußen dient ihm dazu, seine Zukunftshoffnung auf einen Wiederaufstieg „Deutschlands" zu Macht und Ruhm an dem Beispiel eines Staats festzumachen.[1197]

Der Mensch ist der Grund für das Bestehen des Staats.[1198] Da die Nationen von Steffens den Individuen gleichgesetzt werden,[1199] kann es nur einen Volkswillen geben, wenn die Nation sich als solche beweisen will. Das Individuum im Staat steht folglich in einer großen Verantwortung; zum einen darf sein eigener Trieb

---

[1191] Die Idee der Universitäten, S. 338

[1192] Was ich erlebte, Dritter Band, S. 324

[1193] Die Vereinzelung macht des Individuum staatsuntauglich und wird von Steffens als Gefahr für das Funktionieren des Gemeinwesens angeklagt. Vgl. Turnziel, S. 99; Die gute Sache, S. 25

[1194] Die gute Sache, S. 40. Die Eigentümlichkeit unterscheidet eine Nation von der anderen und ist festgelegt auf Kultur und Wissenschaft des Landes. Vgl. Die gegenwärtige Zeit, S. 292ff.

[1195] Die Idee der Universitäten, S. 314

[1196] Ebd., S. 329

[1197] Preußen stellt für Steffens zum einen die einzige europäische und protestantische Macht dar, die Frankreich erfolgreich in die Schranken weisen könnte - so sieht es Steffens noch nach dem Untergang Preußens - und einen Staat, der durch eine strikte innere Organisation des Staatswesens unter Friedrich II. und seine innere Stabilität beweisen konnte, daß er besonders leistungsfähig und der Zukunft zugewandt sei. Vgl. Was ich erlebte, Sechster Band, S. 127 - 134. Nur Preußen sei deshalb die Einigung „Deutschlands" zuzutrauen. Ebd., S. 136

[1198] Die Idee der Universitäten, S. 331

[1199] Indledning, S. 16

nach freier Entfaltung nicht mit den Interessen des Staats, die stets Vorrang haben, in Konflikt kommen, zum anderen soll aber jeder Mensch seine Fähigkeiten voll einsetzen, um seinem Staat zu dienen und die in ihm liegende Freiheit zu entwickeln und zu leben.[1200] Es ist die Aufgabe des Menschen, dem Staat und seinen Anforderungen Raum zu bieten, sowohl im eigenen Leben als auch im eigenen Denken.[1201]

Jeder Mensch trägt das Schicksal des Staats in sich, behauptet Steffens,[1202] und er verweist darauf, daß der Einzelne die Vollkommenheit des Ganzen spiegeln müsse, indem er die ihm gewährten Freiräume nutze, aber nicht über Gebühr strapaziere, um die Harmonie nach innen nicht zu gefährden.[1203] Der allgemeine Wille muß identisch sein mit dem Besonderen,[1204] nur dann „stellt er den höchsten Verein und die innigste Durchdringung des innern und äußern Daseins aller zu einem höhern Leben dar".[1205] Die Nähe zu einer mystischen Religionsauffassung wird an dieser Stelle deutlich, und es verwundert daher auch nicht, wenn Steffens den idealen Staat, den es in „Deutschland" zu schaffen gelte, als „Gemeinschaft der Heiligen"[1206] bezeichnet wissen will. Diese pseudoreligiöse Vision schwindet Steffens auch nach den Befreiungskriegen nicht aus dem Sinn, als die Restauration sich durchzusetzen beginnt und keinen Raum läßt für utopische Staatsvorstellungen.

Ab 1819, manifestiert in seinen letzten publizierten politischen Schriften, erhält Steffens' Staatsbegriff eine eindeutig restriktive Note: Die Geschlossenheit der staatlichen Organisation wird besonders hervorgehoben und dem Individuum eine nun auch sozial fixierte, unveränderliche Stellung zugeschrieben.[1207] Dabei wird gerade auf die Naturgegebenheit der staatlichen Organisation hingewiesen;[1208] die Stände erhalten nahezu staatstragende Bedeutung zugesprochen,[1209] und die Monarchie wird als der organologischen Auffassung entsprechend eingestuft;[1210] der Monarch selbst steht als Repräsentant der göttlichen Gnade in ihrem Mittelpunkt.[1211] Der Vereinzelung und Verwirrung der Zeit muß Einhalt geboten werden, so fordert es Steffens,[1212] und die Ordnung wiedererstehen. Die Forderung nach Einheit umfaßt die Religion so gut wie das Staatsgefüge.[1213] Die mystische Idee des Staats, welche Steffens geschaut haben will,[1214] findet darin ihren Zielpunkt. Seine späteren politischen Ansätze leiten somit im Ansatz auf einen Weg, den vor

---

[1200] Die Idee der Universitäten, S. 327ff., S. 339 und Was ich erlebte, Achter Band, S. 227ff.

[1201] Die Idee der Universitäten, S. 328

[1202] Ebd., S. 334

[1203] Ebd., S. 333

[1204] Caricaturen des Heiligsten, I. Band, S. 25

[1205] Die Idee der Universitäten, S. 328

[1206] Caricaturen des Heiligsten, I. Band, S. 25

[1207] Was ich erlebte, Achter Band, S, 241f.

[1208] Ebd., S. 241 und S. 262

[1209] Ebd., S. 242ff.

[1210] Ebd., S. 251

[1211] Ebd., S. 259

[1212] Die gute Sache, S. 265f.; Caricaturen des Heiligsten, I. Band, S. 8f.

[1213] Die gute Sache, S. 42f.

[1214] Ebd., S. 63

allem Politiker wie Adam Müller und Friedrich Schlegel[1215] etwa zur gleichen Zeit, wenn auch in einem anderen Lebensraum - dem Österreich Metternichs - beschritten hatten.

Steffens' Versuche, seine Identität als Skandinavier in seinen deutschen Lebensbereichen einzubringen, sind nur selten direkt und speisen sich aus dem Umstand, daß er sehr wohl Stärken und Schwächen beider Kulturbereiche durch persönliche Erfahrung gut kannte und sie reflektierte. Dennoch tritt an einigen Stellen seines Werks deutlich das Bestreben hervor, skandinavische und deutsche Intelligenz zum Nutzen beider verbunden zu sehen. Wir haben bereits darauf verwiesen, daß die Skandinavier sich - so Steffens - selbstbewußt auf ein Gut berufen können, das den Deutschen fehle: Es ist die alte, tradierte Sprache und Kultur, die beweist, daß Skandinavien seine Überlieferung nicht nur pflegte, sondern sie auch rein erhielt, während „Deutschland" seine Ursprünge zugunsten einer fremden Kultur aufgab - ein Mangel, der mit für den desolaten Zustand verantwortlich zu machen sei, in dem sich das Land damals befand - so stellt es Steffens dar:[1216]

> Die skandinavischen Sprachen sind Ursprachen, wie die deutsche, ja die Erinnerung derselben reicht viel weiter zurück als die der deutschen Sprache. Was die Indier und Aegypter den Griechen, das ist Scandinavien den Deutschen; die mythische Urzeit der alten Gothen lebt noch im hohen Norden, bildet noch den frischen Kern einer eigenthümlichen scandinavischen Dichtkunst. Es ist ein Unglück für Deutschland, daß diese reiche mythologische Welt verschwunden, und nur dürftig ersetzt ist durch eine römische Überlieferung, deren prosaisch-doctrinäre und sittlich belehrende Absicht nur zu klar vorliegt. Die Zeit nähert sich, in welcher der tiefforschende Deutsche die wunderbar reiche Urzeit seines eigenen Volkes, den Schatz seiner tiefsten Vergangenheit, in den scandinavischen Sprachen bewahrt, entdecken wird; es wird ihm eine bedeutende geistige Aufgabe sein, im hohen Norden sein Urheimat zu erkennen, und er wird die Gegend, in welcher die Sprache die Urklänge seines eigenen Daseins bewahrt, ehren und schätzen, keineswegs verdrängen wollen. Die Dänen haben in jenen Grenzprovinzen nicht bloß ein äußeres, mit den geschichtlichen Veränderungen wechselndes Recht zu verfechten, vielmehr ein geistiges, dessen Angriff zugleich den innersten Kern des nationalen Daseins verletzend trifft.

Noch näher als jede andere Kultur steht den Deutschen das Erbe ihrer skandinavischen Nachbarn; die Beschäftigung mit dieser Überlieferung kann die Deutschen dazu anleiten, eine Verjüngung der eigenen Kultur anzustreben, wie es zur Errichtung eines neuen *Goldenen Zeitalters* Grundbedingung wäre. Dabei fällt es Steffens leicht, Vorstufen zu behaupten, die für Skandinavien und „Deutschland" gleichermaßen prägend sind, weil es in seiner Geschichtsvorstellung keine Entwicklung, nur Stufen gibt.

Doch auch für Dänemark könnte eine engere Anbindung an „Deutschland" nur von Vorteil sein. Für Steffens selbst stand jedoch niemals eine Form von Kulturimperialismus zur Debatte, vielmehr sollte jede der verwandten Nationen von der anderen lernen und profitieren, um die trennenden Grenzen, welche die

---

[1215] Vgl. Kapitel 4
[1216] Was ich erlebte, Fünfter Band, S. 240ff.

Geschichte gezogen hatte, zugunsten einer neuen Gemeinschaft, die sich an der idealen Urzeit orientieren mochte, welche Deutsche und Skandinavier geeint gesehen hatte, zu überwinden.[1217] Dabei ergibt sich offenbar kein Widerspruch zu der Forderung nach Abgrenzung der Staaten und ihrer Sonderung voneinander, denn Steffens hat an dieser Stelle schon die ideale Nation vor Augen, die ihrer selbst und ihrer Geschichte so bewußt ist, daß es ihrer Identität nicht schadet, wenn sie sich verwandten Einflüssen öffnet. Die *äußere*, also politische Selbständigkeit beider Partner in diesem Prozeß sollte jedoch nicht ausgelöscht werden.[1218]

In seiner Schrift „Die gegenwärtige Zeit und wie sie geworden" finden diese Gedanken breiten Raum.[1219] Die Dänen werden darin als geistige Verbündete der Deutschen dargestellt, und Steffens behauptet demzufolge, daß jeder dänische Autor zugleich auch deutscher Schriftsteller sein sollte, wofür er wiederum die Nähe beider Sprachen als Argument heranzieht. Die Dichter Ewald, Baggesen und Oehlenschläger, die sowohl deutsch als auch dänisch dichteten, dienen ihm zur Untermauerung seiner These, und in der Wechselwirkung wird auch an dieser Stelle den Deutschen ein Studium der skandinavischen Sprachen als hilfreich empfohlen:

> Die Richtung der Deutschen gegen ihre uralte Vergangenheit, die in den neuern Zeiten so bedeutend hervortrat, fordert besonders zum Studium der skandinavischen Sprachen auf, weil die deutsche Sprache, die skandinavischen und isländische, die der gemeinschaftlichen Wurzel so nahe liegt, nur in der genauesten Beziehung auf einander geschichtlich verstanden werden können.[1220]

Die geistige Verbundenheit ist es, die Steffens fordert, vor allem, um der eigenen dänischen Literatur ein breiteres Feld zu eröffnen. Als Ideal steht Steffens vor Augen, daß sich innerhalb „Deutschlands" ebenso eine dänische Literatur herausbilden könnte, wie es umgekehrt tatsächlich der Fall war.[1221] Die Konzentration des nördlichen Nachbarlandes allein auf Kopenhagen als geistigem Zentrum wäre somit gebrochen,[1222] wobei deutlich wird, wie schwer Steffens immer noch an der eigenen Vergangenheit trägt, denn die Klage über die Provinzialität Kopenhagens, dessen Enge und Konservativität den Fortschritt hindere, reflektiert die frühen Erfahrungen Steffens'. Bei den Deutschen, an die er sich mit der Schrift „Die gegenwärtige Zeit und wie sie geworden" nachdrücklich wendet, fordert Steffens auch Teilnahme am Schicksal Dänemarks ein,[1223] andererseits erwartet Steffens von den Dänen, sollte es zu einer geistigen Union mit „Deutschland" kommen, daß sie von einigen nationalen „Eigenthümlichkeiten" Abstand nehmen sollen - wir vermuten, daß sich diese Anspielung wie in Steffens' eigenem Fall und in dem der von ihm erwähnten

---

[1217] Victor A. Schmitz: Dänische Dichter in ihrer Begegnung mit deutscher Klassik und Romantik. Frankfurt 1974, S. 44f.

[1218] Ebd., S. 45

[1219] A. a. O., S. 400 - 417

[1220] Ebd., S. 401f.

[1221] Ebd., S. 404

[1222] Ebd., S. 405f.

[1223] „Dänemarks Schicksal muß allgemeine Teilnahme erregen." Ebd., S. 407

Dichter auf die Sprache bezieht. Genaueres erfahren wir nicht.[1224] Steffens deutet an, daß das kleinere Land, wenn es sich an „Deutschland" aufrichten will, größere eigene Opfer bringen muß als der trotz fehlender nationaler Vorvergangenheit doch geistig bedeutendere Partner der Vereinigung.

Wie deutlich wurde, flackert die - ohne das Wort explizit anzuführen - *pangermanische* Idee in den theoretischen Schriften Steffens' und in seinen Reflexionen, die in der Autobiographie niedergelegt sind, immer wieder auf. In den Schriften jedoch, die sich mit den realen politischen Verhältnissen in „Deutschland" oder der Zukunft des Landes befassen, finden wir keine derartigen Überlegungen, die das direkte Interesse des Dänen an einer Zweckunion beider Völker argumentativ darlegen. In seiner politischen Einstellung jedoch tritt markant immer wieder die Existenz zweier Bewußtseinsstränge hervor, die stark von seinen eigenen Erfahrungen geprägt sind.[1225]

Steffens' Entwicklungszeit in Dänemark ist vor dem Hintergrund der Erfahrung des „Helstat" und seiner Wirksamkeit nach innen und außen zu sehen, aber auch in bezug auf die wachsenden Spannungen zwischen Dänen und Deutschen in Dänemarks Hauptstadt, wobei die Differenz zwischen der Staatsideologie und der Wirklichkeit noch nicht als eklatant empfunden wurde. Etwa gleichzeitig wird Dänemark als politisch intakt, als geistig jedoch zurückgeblieben eingestuft - genau umgekehrt verhält es sich in bezug auf „Deutschland". Eine Bestätigung dieser Eindrücke bringt der Aufenthalt Steffens' in Kopenhagen von 1802 - 1804, der auf seine persönliche Erfahrung „Deutschlands" als geistig progressiv und politisch debil folgte, in dessen Verlauf er selbst zum Opfer seiner Stellung zwischen beiden Ländern wird: Da er unfähig ist, sich dem herrschenden Geistesleben anzupassen, verwehrt ihm das konservative Gemeinwesen eine Wirkungsmöglichkeit in seinen Grenzen.

Während seines Aufenthalts in „Deutschland" nach 1804 ist Steffens' Anliegen die Einbindung nordischer Kultur ins deutsche Geistesleben, ein Mittel dazu die Unterstützung der frühen *Germanisten* in ihrer Forschertätigkeit.[1226] Steffens' Ziel

---

[1224] Vgl. ebd., S. 404f.: „In einer jeden Sprache liegt etwas Unergründliches, sie setzt sich, wie alles Leben, selbst voraus und ihre Erstehung, ihre Fortbildung verbirgt sich, wie die alles Lebens, in der rätselhaften Tiefe anfangsloser Geburt. Die dänische ist uralt, wie die deutsche, rein, wie sie, voller Erinnerung noch lebendiger Vergangenheit, wie sie. Wenn Deutschland und Skandinavien in lebendige, nicht bloß, wie bis jetzt, in einseitige Berührung kommen, so daß der Däne, als solcher von Deutschlands vornehmen Geistern vernommen wird, dann könnte in der Mitte von Deutschland eine ächt dänische Literatur entstehen und blühen, da jetzt vielmehr die Dänen durch Widerstreben, die Deutschen durch gleichgültiges Verkennen die innere unnatürliche Trennung und mit dieser die äußere Verschmelzung befördern. Diesen schädlichen Einfluß hat die deutsche Sprache schon seit langer Zeit auf die dänische geäußert. Sie ist in der neuen Zeit immer mehr und mehr germanisirt worden. Der Däne muß jetzt oft der eigenthümlichen, reichen Nationalität mehr oder weniger entsagen, um alles zu werden, was er geistig vermag; es wird ihm zwar leicht, weil er innerlich dem Deutschen verwandt ist; aber dieses Opfer erstickt die tiefen Keime des möglichen individuellen Daseins." Dänemark wird aufgefordert, seine Vergangenheit als Pfand für eine bedeutungsvollere Gegenwart einzutauschen, die dem krisengeschüttelten und kulturell brachliegenden skandinavischen Land eine allgemeine - kulturelle und politische - Aufwertung bringen soll.

[1225] Hultberg: Henrich Steffens, S. 23

[1226] So half Steffens Wilhelm Grimm sachkundig bei „manchen zweifelhaften Stellen" in der Übersetzung der dänischen „Kiämpe-Viiser", die 1811 in der Sammlung „Altdänische Heldenlieder, Balladen und Heldenlieder" veröffentlicht wurde. Diese Übersetzung, die Grimm unter Mitwirkung des Dänen Steffens erstellte, war von nicht zu unterschätzender Bedeutung für die deutsche Kunstballadik der kommenden Zeit. Vgl. Was ich erlebte, Sechster Band, S. 117; Otto Springer: Die Nordische Renaissance in Skandinavien. Stuttgart, Berlin 1936, S. 6f.

Henrich Steffens und seine Idee eines organischen Kosmos 225

war dabei, die skandinavische Überlieferung als stoffliche und formale Parallele zur vorzeitlichen deutschen Tradition anzubieten und auf diese Weise eine ursprüngliche Verbindung „Deutschlands" und Skandinaviens zu postulieren, die für die Gegenwart und die Vergangenheit - im wissenschaftlichen und im politischen Leben zugleich - gleiche Relevanz finden könne. Die Erinnerung an den dänischen „Helstat" bleibt präsent, und mit dem politischen Niedergang Dänemarks verklärt sich das Bild des Heimatlands zunehmend: Es wandelt sich zum idealen Ort der Kindheit, der Unschuld, der inneren Sicherheit und wird als solcher implizit zum Topos des *Goldenen Zeitalters* erhoben. Die Gefahr der Vereinzelung, des Subjektivismus Fichtescher Prägung, den er als Hinderungsgrund für alle Einigungsbestrebungen zu erkennen vermeint,[1227] prangert er an, sein dänisches Erbe nicht verleugnend. Doch seine diesbezüglichen Warnungen, die er in den umfassenden Geschichtswerken und politischen Schriften breit ausmalte, treffen nicht auf den nötigen Verständnishintergrund bei seinen Lesern; es fehlt den Deutschen der Erfahrungshorizont des Dänen, um eine Kommunikationsbasis herzustellen. Sein Scheitern in seinen politischen Bemühungen und sein Rückzug aus der politischen Publizistik ließen ihn Skandinavien auf einen rein literarischen Topos reduzieren, den er als bekannt und erfolgträchtig einstufen konnte und der ein bereits gefestigtes Bild seines Geburtslandes Norwegen übermittelte, an dessen Entstehung Steffens selbst nicht unwesentlich beteiligt war - zum einen durch seinen Einfluß auf Ludwig Tieck, zum anderen durch eigene Werke. In der Vermittlung seiner politischen Erfahrungen, wie er es zuletzt noch in seiner Autobiographie versuchte, scheiterte Steffens jedoch nicht nur aufgrund fehlenden Verständnisses bei den Rezipienten oder mangelhafter Vermittlung seinerseits, sondern auch an den äußeren Umständen: Steffens pries noch nach 1815, zur Zeit der Restauration also, ein System - dem dänischen „Helstat" nachempfunden -, das stark absolutistisch geprägt war. In Dänemark jedoch hatte der „Helstat" die Attacken des französischen Heers auf die alte Ordnung nicht überlebt. Dieses System eventuell auf das deutsche Gemeinwesen anwenden zu wollen, schien aufgrund der Bewußtseinserweiterung durch politische und geistige Umwälzungen - etwa die Französische Revolution und die philosophische Lehre Fichtes - anachronistisch.[1228] Steffens, der dem dänischen Idyll stets verbunden blieb,[1229] mußte somit zwangsläufig auf verlorenem Posten stehen und erkennen, daß er in seinen Versuchen, eine *pangermanische* Verständigung auf geistiger Basis bei äußerer

---

[1227] Hultberg, S. 20

[1228] Eine nationale Einheit im Sinne des multikulturellen und multinationalen „Helstat" könnte in der Tat Steffens' Vorstellung eines künftigen „Deutschlands" gewesen sein. Jedoch macht der Däne es seinen Rezipienten auch diesbezüglich nicht leicht. Zwar spricht er in seinen Schriften stets von „Deutschland" (Vgl. den Untertitel der Schrift „Die gegenwärtige Zeit und wie sie geworden mit besonderer Rücksicht auf Deutschland".), geht somit vom nationalstaatlichen Gedanken aus, über eine zu schaffende Staatsform oder ein alternatives oder reformiertes Regierungssystem für „Deutschland" verbreitet er sich nicht. Erneut müssen wir feststellen, daß Steffens zwar engagiert *gegen* Entwicklungen spricht, die seinem ab 1815 konservativ zu nennenden Zeitverständnis entgegenlaufen, nie jedoch äußert er sich hinsichtlich einer zu schaffenden positiven Ordnung. Sein Vertrauen auf das Prinzip der Evolution, das er dem Prinzip der Revolution entgegenhält, scheint derart stark zu sein, daß er dem Menschen nicht anheimstellen zu müssen meint, sich um seine Zukunft aktiv zu sorgen. Dieses läßt sich als eine Haltung bezeichnen, die alle soziokulturellen Faktoren als Einflüsse auf den historischen Verlauf gänzlich negiert und die daher im Grunde unpolitisch ist.

[1229] Hultberg, S. 18

Sonderung herbeizuführen, allein stand.[1230] Es bleibt Steffens der Nachruhm, einer der ersten Verfechter einer deutsch-skandinavischen Allianz zu sein, wie sie im Rahmen eines enger zusammenrückenden Europas nach dem Wiener Kongreß vor allem durch den sich entwickelnden Volkstumsgedanken immer häufiger thematisiert wurde,[1231] der sich jedoch gegen das Übergewicht westeuropäischer Denkmuster nie durchsetzen konnte.[1232]

[1230] „Es ist erstaunlich, wie von diesem bedeutenden Geist hier schon Gedankengut ausgesprochen wird, das hundert Jahre später, seiner Reinheit und Zucht entkleidet und zu massendemagogischen Tagesschlagworten entwürdigt, nicht verbindend, sondern verhängnisvoll zerstörend gewirkt hat. Aber - man mag heute als Mensch der Moderne dazu stehen wie man will - jene Gedanken waren für die romantische Epoche durchaus typisch und haben ihre nachhaltigen ideellen Folgen gehabt, weshalb wir noch etwas bei ihnen, soweit sie das deutsch-skandinavische Verhältnis betreffen, verweilen müssen." Martin Gerhardt und Walther Hubatsch: Deutschland und Skandinavien im Wandel der Jahrhunderte. Zweite, verbesserte und bis an die Gegenwart geführte Ausgabe. Bonn 1977, S. 316

[1231] Ebd., S. 327; vgl. auch Wolfgang Emmerich: Zur Kritik der Volkstumsideologie. Frankfurt/Main 1971, S. 40ff., Klaus von See: Die Ideen von 1789 und die Ideen von 1914. Völkisches Denken in Deutschland zwischen Französischer Revolution und Erstem Weltkrieg. Frankfurt/Main 1975

[1232] Gerhardt/Hubatsch, S. 329

11
„Ein Nordlicht, rätselhaft, hoch, deutsam, fern"[1233]

Das Bild des Nordens in Werk und Weltanschauung Friedrich de la Motte Fouqués

Der letzte der von uns zu behandelnden Autoren und Dichter, Friedrich de la Motte Fouqué (1777 - 1843), repräsentiert wohl mit am reinsten den Geist der Romantik, der vor allem in der Hinwendung zum Urgeschichtlichen, also der Konzentration auf den Ursprung, in dem letztlich alles Bestehende wurzelt, Ausdruck findet. Dieses Merkmal der romantischen Bewegung wird uns in Werk und Wirken des Dichters oft begegnen. Im übrigen sei deutlich gemacht, daß Fouqués literarische Artikulation extremer als bei den meisten anderen Romantikern von seinem biographischen Hintergrund geprägt ist, der in mehrfacher Hinsicht ein Stück Zeitgeschichte spiegelt - beachtet man die Einbindung der Familie Fouqué in die Interessen und Geschicke des preußischen Staats oder das Engagement des Dichters für seine Heimat zu Zeiten der Koalitions- und Befreiungskriege.[1234]

Die hugenottische Familie Fouqué stammte ursprünglich aus der Normandie, worauf Fouqué selbst großen Wert legte und was seine Spuren beispielsweise in dem Roman „Der Zauberring" hinterließ - es wird darauf zurückzukommen sein. Seine Herkunft und sein *germanischer* Name waren deshalb so bedeutsam für den Dichter, weil er, wie im folgenden gezeigt werden soll, sich seinem französischen Namen zum Trotz sowohl als treuer preußischer Bürger als auch als guter Deutscher legitimieren wollte und darum gerne auf seine nor(d)männische, das heißt letztlich germanisch-deutsche Abstammung verwies. So schreibt er in einem Brief an Ludwig Uhland vom 21. Juni 1812:

> Unbeschreiblich freut es mich, daß Manches, was mir a priori möglich und notwendig erschien, mir nun durch Ihre geistvollen Forschungen zur Gewißheit wird; so z. B. der innige Zusammenhang der Normanns ... mit den Normannen, auch noch lange nach der Einwandrung fort.[1235]

[1233] Fouqués Werke. Auswahl in drei Theilen. Hrsg., mit Einleitung und Anmerkungen versehen von Walther Ziesemer. Berlin, Leipzig, Wien, Stuttgart o. J. Zweiter Teil: Der Held des Nordens, S. 14

[1234] In diesem Zusammenhang sei auf die Biographie Fouqués verwiesen, die Arno Schmidt verfaßte und die auch Gewicht legt auf das historische und soziale Umfeld des Dichters. Die wesentlichen Eckpunkte der Lebensschilderung Fouqués in diesem Kapitel sind dieser Biographie entnommen, wenn auch ergänzend angefügt werden muß, daß Schmidts Werk die in es zu setzenden Erwartungen im großen und ganzen nicht erfüllt: Zu wenig tiefgreifend wird auf Werk und Wirken des Dichters eingegangen, dagegen gibt Schmidt umfassend Hinweise auf Fouqués Umfeld, jedoch gleichfalls nur in oberflächlicher, lexikalischer Form, so daß sich zwar eine große Materialfülle bearbeitet findet, der Leser aber relativ wenig Neues über Fouqué erfährt. Darin jedoch spiegelt sich das allgemeine Dilemma der Sekundärliteratur über Fouqué. Die Verfasserin bleibt deshalb die in den anderen Kapitel gepflegte, umfassende Forschungskritik an dieser Stelle aus Mangel an tauglichem Material sowie weitgehende Verweise in Form von Fußnoten schuldig.

[1235] Zit. nach Frank Rainer Max: Der „Wald der Welt". Das Werk Fouqués. Bonn 1980, S. 300

Abbildung 17: Friedrich Heinrich Karl Freiherr de la Motte Fouqué (1777-1843)

Obwohl die Familie Fouqué sich in Frankreich eine bedeutende Stellung unter den Adelsgeschlechtern des Landes erworben hatte, mußte sie doch im Zuge des 1684 erlassenen Edikts von Nantes ihre Heimat verlassen, da sie sich zum protestantischen Glauben bekannte. Die verschiedenen Zweige der Hugenottenfamilie Fouqué trieb es quer durch Europa, bis sie sich in protestantischen Ländern niederließen. Ein Teil der Fouqués gelangte auf diese Weise über die Schweiz und Holland nach Preußen,[1236] wo ihre Nachkömmlinge erneut eine sozial und auch politisch gefestigte Existenz aufbauten. Der Großvater des Dichters, um ihn als Beispiel zu wählen, diente als General unter Friedrich dem Großen, der bei dem Enkel Pate stand.[1237] Friedrich de la Motte Fouqué wurde somit in eine Familie hineingeboren, deren Beziehungen zu Preußen nicht nur dem Staat gegenüber von großer Loyalität geprägt, sondern auch von dem persönlichen Verhältnis zu dessen oberstem Repräsentanten bestimmt waren.

[1236] Schmidt, S. 16ff.
[1237] Vgl. ebd., S. 20ff.

Diese Einflüsse trugen dazu bei, in dem Kind bereits ein Gesellschaftsbild zu entwickeln, das Königtum und Adel in den Vordergrund rückte und das der Dichter später konservierte. Das Volk erscheint zwar in seinen Werken, aber:

> Für ihn ist das Volk endlich das, was treu für *den Herrn* lebt und stirbt; seine *einfachen Leute* sind zum Schreien komisch, wenn man vergißt, daß Fouqué im geistigen Raume von 1177 - 1243 lebt: da gehört er hin, dort ist er eine ewige rein poetische Gestalt; aber ansonsten natürlich vollkommen unvernünftig.[1238]

Fouqué folgte der Familientradition und schlug - wenn auch nur vorübergehend - eine militärische Laufbahn ein.[1239] Am 17. Februar 1794 trat er in das Regiment der Weimar-Kürassiere ein, ein Schritt, der seiner Zerrissenheit zwischen Pflicht gegenüber dem Vaterland und Vorliebe für die Literatur zunächst ein Ende setzte, und wurde infolgedessen in die Koalitionskriege gegen die Franzosen unter Napoleon verwickelt, für dessen Persönlichkeit er sich - so Schmidt - damals begeisterte.[1240] Der Friedensvertrag von Basel, der am 5. April 1795 geschlossen wurde, führte Preußen in die militärische und politische Neutralität und die Soldaten zurück in ihre Kasernen. In der Folgezeit wurde sich Fouqué zunehmend der Leere und Halbheit des Offiziersstandes bewußt, weshalb er sich mehr der Literatur zuwandte. Zu seiner Lektüre gehörten neben einigen Militärschriftstellern Kant, Herder und Jean Paul. Eine große Hilfestellung bei seinen Bemühungen um Fortbildung bot ihm sein ehemaliger Hofmeister August Ludwig Hülsen, zu dem er im Jahr 1799 wieder Kontakt aufnahm und der ihm die neue, romantische Bewegung nahebrachte. Fouqué beschäftigte sich besonders intensiv mit den Schriften der Brüder Schlegel und Tiecks, auch begann er, an eine Lieblingsbeschäftigung seiner Jugend anknüpfend, erneut zu dichten.

Im Jahr 1802 suchte Fouqué die Bekanntschaft Goethes, dem er bei seinem Weimaraufenthalt im Januar zwar begegnete, aber keine eigenen Werke vorlegen konnte. Erfolgreicher verlief dagegen seine Reise nach Berlin im gleichen Jahr, wo er von den Brüdern Schlegel freundlich und interessiert aufgenommen wurde, denn sie erkannten in ihm ein hoffnungsvolles Talent. Die Konsequenz aus Fouqués veränderten Ambitionen war unter anderem, daß er am 18. November 1802 seinen Abschied vom Regiment einreichte, um sein weiteres Leben der Dichtung zu widmen. Dem Lehrling in Sachen Dichtkunst und Philologie stand August Wilhelm Schlegel, der Entdecker des Talents, hilfreich zur Seite:

> er erweitert sein Sprachvermögen, seine Wortfindigkeit; bringt ihm ein untrügliches Gefühl für Vers- und Satzrhythmus bei; macht ihn mit den großen Formkünsteleien Südeuropas ebenso bekannt, wie mit der älteren deutschen Literatur; er läßt ihn solange systematisch nachahmen und übersetzen, bis die Hand die Schwere des Werkzeugs nicht mehr fühlt - die meisten „Dichter" mögen aufmerken, welche strenge Schule Fouqué durchlaufen hat; wie er übte und arbeitete, lernte und feilte, ehe er seine bleibenden Werke schuf, und das bis ins späte Alter hinein.[1241]

[1238] Ebd., S. 79

[1239] Diese reflektiert ausführlich Schmidt auf S. 110ff. seiner Fouqué-Biographie.

[1240] Fouqués Begeisterung für den französischen Kaiser war damals so stark, daß er sogar ernsthaft erwog, im französischen Heer zu dienen und Franzose zu werden. Vgl. Schmidt, S. 141f.

[1241] Ebd., S. 174

Schlegel unterwies den Jüngeren nicht nur in der Poetik, sondern regte ihn auch zum Studium verschiedener Sprachen an; darunter befanden sich die modernen skandinavischen Sprachen so gut wie das Altnordische, was ihn zur Rezeption nordischer Quellen hinführte, die er bis dahin nur durch das Studium der Werke Klopstocks und seiner Nachfolger gekannt hatte. Es war gerade der Norden und sein düsterer und melancholischer Charakter, der Fouqué in besonderer Weise anzog,[1242] und August Wilhelm Schlegel identifizierte ihn oftmals mit dieser Landschaft.[1243] Des weiteren verdankte Fouqué Schlegel die Aufnahme in dessen Kreis, die sogenannte *Romantische Schule*,[1244] und die Möglichkeit zur Veröffentlichung erster kleinerer Werke - so wurde beispielsweise 1803 in Friedrich Schlegels Zeitschrift „Europa" die auf altdeutscher Tradition basierende Szene vom „Gehörnten Siegfried in der Schmiede" publiziert, welche die Urzelle des Dramas „Sigurd, der Schlangentödter" darstellt. Vorerst publizierte Fouqué seine Werke unter dem für ihn bezeichnenden Pseudonym „Pellegrin".[1245]

August Wilhelm Schlegel erwartete von Fouqué nicht zuletzt die Schaffung einer „wachen, unmittelbaren, energischen und besonders einer patriotischen Poesie",[1246] und Fouqués Biographie sowie sein familiärer Hintergrund machen deutlich, daß er dazu wie kein anderer prädestiniert erscheinen mußte.[1247] Dazu gesellten sich seine Bevorzugung der germanischen vor der griechischen Mythologie, wie sie sich aus seinen Studien bereits ergab, und sein Weltbild, das im wesentlichen dem Heroenkult und der archaischen Vorzeit huldigte,[1248] denen der Dichter romantisch verklärt in seinem Werk Ausdruck verschaffte. Fouqué selbst fühlte sich zum *deutsch-nationalen* Dichter berufen, wofür der Umstand spricht, daß einige seiner Dramen zum Druck in Sammlungen zusammengefaßt wurden, welche Titel trugen wie „Vaterländische Schauspiele" (1811; darin finden sich unter anderem die Dramen „Waldemar der Pilger" und „Der Ritter und die Bauern") oder „Dramatische Dichtungen für Deutsche" (1813; die Sammlung beinhaltet die Dramen „Alf und Yngwi", „Irmensäule" und „Runenschrift"), deren Helden der *deutschen* oder aber speziell der preußischen Vergangenheit angehören. Auch die Stoffwahl seiner Dramen stützt diese Behauptung: So verfaßte Fouqué in den Jahren 1816/17 ein „Hermann"-Drama. In die deutschen

---

[1242] „Natur und Atmosphäre des Nordens gewährten ihm den idealen Transzendierungsmodus für seine melancholische Gestimmtheit, welche ihm die Erde so oft zum Schatten- und Trauerhaus entstellte. Das Nordlicht, ‚rätselhaft, hoch, deutsam, fern', blieb das angemessene Symbol Fouquéscher Sehnsucht." Max, S. 304

[1243] „ - so sagt Jener ihm doch oftmals ganz ruhig und bestimmt: daß der Norden es sei, dem Fouqué angehöre!' Schmidt, S. 175

[1244] Vgl. dazu die gleichnamige Schrift Heinrich Heines, die 1835 in ihrer endgültigen Form erschien.

[1245] Dieses Pseudonym sollte Fouqué bereits 1806 wieder ablegen. Hatte das Pseudonym die durch August Wilhelm Schlegel vertretene romantisch-christliche Mittelaltertradition beschworen, so macht Fouqué, indem er es ablegt, einen Schritt auf die Nationalromantik zu, die religiös-konfessionelle Schranken nicht anerkennt.

[1246] Brief Schlegels an Fouqué vom 12. März 1806, zit. nach Lerke von Saalfeld: Die ideologische Funktion des Nibelungenliedes in der preußisch-deutschen Geschichte von seiner Wiederentdeckung bis zum Nationalsozialismus. Berlin 1977, S. 37

[1247] Als Gründe dafür lassen sich besonders das Bestreben des Dichters hugenottischer Abstammung nennen, sich in seiner (Wahl-) Heimat als vollwertiger Staatsbürger zu beweisen, sowie die enge Verknüpfung mit dem preußischen Staat durch die Familie des Dichters, die wir beispielhaft in der Person seines Großvaters verdeutlicht haben.

[1248] Max, S. 80f.

Das Bild des Nordens in Werk und Weltanschauung Friedrich de la Motte Fouqués

patriotischen Dichtungen Fouqués waren auch nordische Stoffe leicht zu integrieren, wußte man doch damals in Gelehrtenkreisen noch nichts Genaueres über die speziellen Differenzierungen der germanischen Kulturen, die er, wie andere, unter dem Begriff *nordisch* zusammenfaßte.

Mit seinem nationalen Engagement, das sich in seinen Dichtungen ausdrückte, und seinem populären Schreibstil erwarb sich Fouqué in der Zeit zwischen 1810 - dem Erscheinungsjahr der Dramentrilogie „Der Held des Nordens" - und 1820 große Popularität;[1249] er wurde häufig gelesen und publizierte eine entsprechende Menge an Literatur. Danach jedoch sank sein Stern ebenso schnell wie er aufgestiegen war. Die politisch gärende Restaurationsepoche verlangte nach anderen Themen, als sie Fouqué geben konnte und wollte.[1250] Der Dichter war seiner Gegenwart abhanden gekommen; er hatte sich in seine Sagen- und Legendenwelt verstrickt und besaß für die Bedürfnisse der Zeit kein Verständnis.[1251] Dazu kam ein Festhalten an der königlichen Autorität und die Ablehnung aller demokratischen Bestrebungen, die nicht in sein Weltbild paßten.[1252] Mit zunehmendem Alter konzentrierte sich Fouqué immer stärker auf den Bereich der religiösen Dichtung, und allmählich geriet er in Vergessenheit. Von seinen zahlreichen Werken blieb nur die „Undine" (1811) populär - eine kritische Ausgabe seiner Schriften und Dichtungen liegt bis auf den heutigen Tag nicht vor.

Um das Nordlandbild und das national-literarische Bestreben Fouqués so umfassend wie in diesem Rahmen möglich darzustellen, sollen vier seiner Werke beispielgebend untersucht werden, wobei das Schwergewicht auf den Dramen

---

[1249] Max schreibt diesbezüglich: „Der Fouquésche Ruhm wurde durch ein glückliches Ineinandergreifen mehrerer Faktoren begünstigt. Romantisch-mittelalterliche Renaissance-Ideen im Verein mit der vielfältigen Rezeption kultureller Tradition harmonieren auf politischer Ebene mit einem erwachenden Nationalbewußtsein. Fouqué, durch seine psychische und biographische Prädisposition für solches Amt bestens geeignet, wurde in der erhebenden Atmosphäre dieser Nationalbegeisterung zum Ritter- und Heldensänger, der seine Zeitgenossen mit den heroisch-grandiosen oder feierlich-altdeutschen Bildern und Geschichten versorgte, nach denen sie sich, aus den Wirren jahrzehntelanger Kriegszeiten heraus, sehnten. Fouqué lieferte, weitgehend unwissentlich, literarische Identifikationsfiguren für die verführerischen Vorstellungen vergangener Größe, die der preußische Militarismus, sozusagen als legitimer Erbe einstigen Rittertums, zu restaurieren entschlossen war." A. a. O., S. X

[1250] Vgl. dazu Heinrich Heine: Die romantische Schule. Mit einem Nachwort von Norbert Altenhofer. Frankfurt/Main 1987, S. 180: „Die Werke, die er in dieser späteren Zeit schrieb, sind ungenießbar. Die Gebrechen seiner früheren Schriften sind hier aufs höchste gesteigert. Seine Rittergestalten bestehen nur aus Eisen und Gemüt; sie haben weder Fleisch noch Vernunft. Seine Frauenbilder sind nur Bilder, oder vielmehr nur Puppen, deren goldne Locken gar zierlich herabwallen, über die anmutigen Blumengesichter. Wie die Werke von Walter Scott mahnen auch die Fouquéschen Ritterromane an die gewirkten Tapeten, die wir Gobelins nennen, und die durch reiche Gestaltung und Farbenpracht mehr unser Auge als unsere Seele ergötzten. Das sind Ritterfeste, Schäferspiele, Zweikämpfe, alte Tachten, alles recht hübsch neben einander, abenteuerlich ohne tieferen Sinn, bunte Oberflächlichkeit."

[1251] Nochmals sei Heinrich Heine zitiert (S. 180): „Die retrograde Richtung, das beständige Loblied auf den Geburtsadel, die unaufhörliche Verherrlichung des alten Feudalwesens, die ewige Rittertümelei, mißbehagte am Ende den bürgerlich Gebildeten im deutschen Publikum, und man wandte sich ab von dem unzeitgemäßen Sänger. In der Tat, dieser beständige Singsang von Harnischen, Turnierrossen, Burgfrauen, ehrsamen Zunftmeistern, Zwergen, Knappen, Schloßkapellen, Minne und Glaube, und wie der mittelalterliche Trödel sonst heißt, wurde uns endlich lästig; und als der ingeniose Hidalgo Friedrich de la Motte Fouqué sich immer tiefer in seine Ritterbücher versenkte, und im Traume der Vergangenheit das Verständnis der Gegenwart einbüßte: da mußten sogar seine besten Freunde sich kopfschüttelnd von ihm abwenden."

[1252] Schmidt, S. 406

"Sigurd, der Schlangentödter" und "Sigurds Rache" aus der Trilogie „Der Held des Nordens" (1810) liegen soll. Ergänzend dazu sollen die Romane „Der Zauberring" (1812) und „Die Fahrten Thiodolfs des Isländers" (1815) herangezogen werden. Dabei interessiert die Fragestellung, inwiefern die Darstellung des Nordens mit Fouqués Weltbild und seinem nationalen Engagement korreliert und ob sich in Fouqués Rezeption des Nordens verbindende Elemente zwischen nordischer Ur- und deutscher Zeitgeschichte finden, etwa im Sinne der in Kapitel 5 diskutierten Mythostheorie. Auch die öffentliche Wirkung der nordischen Dichtungen Fouqués soll anhand der beiden Dramen hinterfragt werden.

Wenden wir uns zunächst den „Sigurd"-Dramen zu.[1253] Schon die Vorrede zu dem ersten Drama ist aufschlußreich, denn darin nennt der Dichter die politischen und persönlichen Motive, die ihn zur Bearbeitung gerade dieses Themenkomplexes veranlaßten.

Zunächst beklagt Fouqué, daß die alten Sagen so lange Zeit über vergessen waren, die „fremden Worte" (I/23) dagegen Gehör fanden, so daß die Erforschung deutscher Kultur neu beginnen müsse. Die Bergbaumetapher (I/28 - 38) beschreibt den Prozeß der Wiederentdeckung alter Literatur; ein Wortspiel verweist auf Friedrich Heinrich von der Hagen (I/35ff.), der das Nibelungenlied populär gemacht hatte.[1254]

Fouqué unterscheidet die verschiedenen Traditionen der Rezeption des Nibelungenstoffs: Er erwähnt der „frommen Nibelungen Lied" (I/50), das Volkslied vom „hörnern Seifried" (I/52) und die nordische Tradition, der er selbst folgt:

> Ein Nordlicht, rätselhaft, hoch, deutsam, fern
> Stahlt sie durch Nächte des norweg'schen Himmels.
> So fand sie der, der dies Gedicht begann,
> Und von dem mächt'gen Zauberstrahl durchblitzt,
> Sang er der Sage Runenworte nach. (I/53 - 57)

Der Dichter versteht sich selbst als Reiniger des Liedes und bedenkt das Nibelungenlied mit Attributen wie „undeutsch, flach, krankhaft, lebenslos" (I/70). Sein Ideal liegt in der ursprünglichen Form, wie sie die nordische Sage vermeintlich bietet. In ihr findet er Wahrheit und geheimnisvolle Darstellung urtümlicher Geschichte zugleich, was sich in dem Begriff „Runenworte" manifestiert. Seine Funktion als Dichter definiert Fouqué an oben zitierter Stelle als skaldisches Originalgenie.

Der verehrte Philosoph wird direkt angesprochen:

> Wem böt' ich lieber das Gedicht als dem,
> Der in der tapfern Brust die goldne Zeit,
> Die fernersehnte Deutschlands, wahrt und reift,
> Und gern die Wurzel schaut des edlen Baums,
> Des Frucht er mit gewalt'ger Rede treibt. (I/87 - 91)

Fouqué verstand sein Werk als Ausdruck seines nationalen Denkens und Fühlens und verband sich dem Philosophen in seinem Bestreben, ein patriotisches Empfinden

---

[1253] Ich zitiere nach folgender Ausgabe: Friedrich de la Motte Fouqué: Werke. Auswahl in drei Teilen. Hrsg., mit Einleitung und Anmerkungen versehen von Walter Ziesemer. Berlin, Leipzig, Wien, Stuttgart o. J. Die römischen Zahlen nach den Zitaten beziehen sich auf das jeweilige Drama: I steht für „Sigurd, der Schlangentödter", II für „Sigurds Rache". Die arabischen Zahlen geben die jeweiligen Verse an.

[1254] Vgl. Kapitel 5 dieser Arbeit.

im deutschen Volk hervorzurufen, wie es in den „Reden an die deutsche Nation" Fichtes[1255] zum Ausdruck kam. Fouqué sah sein Trachten - wie die auf das obige Zitat folgenden Verse zeigen - den Ansichten und Bestrebungen Fichtes verbunden und berief sich auf ihn als sein Vorbild und seinen Lehrer, der ihm zu dichterischer Inspiration auf der Grundlage nationalen Denkens verhalf. Er stand damit im Gegensatz zu den Vertretern der am katholischen Mittelalter orientierten Universalromantik wie etwa Novalis. Als Nachkomme französischer Hugenotten konnte ihm die vereinheitlichende Tendenz des katholischen Glaubens, wie sie in Novalis „Europa"-Aufsatz programmatisch ist, nichts bedeuten. Der verschollene deutsche Mythos regte dagegen seine patriotisch gefärbte Phantasie an.

Die Trilogie „Der Held des Nordens" ist das erste Werk Fouqués, das er unter seinem eigenen Namen veröffentlichte, sein Pseudonym aufgebend. Dieses Vorgehen entsprach dem Ernst, den die nationale Sache erforderte, und zugleich gab es Fouqué Gelegenheit, sich als würdiges Mitglied der Volksgemeinschaft auszuweisen. Vielleicht auch war der Name „Pellegrin" zu fromm für die germanisch-deutschen Stoffe, die Fouqué künftig bearbeiten wollte. Wieder wird Fichte einbezogen, den der Dichter diesmal direkt anspricht und sich so durch ihn legitimiert:

> Du kanntest mich im bunt phantast'schen Mantel.
> Nun jenes heitern Spieles sei genug.
> Ernst zeig' ich mich vor dir, als der ich bin,
> Auch mit dem Namen, dem ausländ'schen zwar,
> Jedoch, der sich ein Bürgerrecht errang
> Im deutschen Volk seit dreier Menschen Leben
> Durch treuen Sinn und ehrbarn Kriegesmut. (I/116 - 122)

Mit diesen Worten stellt sich Fouqué als legitimer Streiter der nationalen Sache dar.

Die beiden zu besprechenden Dramen der Trilogie gleichen einander in der Anlage: Beide bestehen aus sechs „Abenteuern", wie sie in der direkten Anlehnung an die *Aventiuren* des mittelalterlichen Nibelungenlieds benannt sind; sie folgen auf ein Vorspiel.

Es war Fouqués Vorhaben, ein an der griechischen Tragödie orientiertes Werk zu schaffen; als Vorbild stand ihm - nach Ziesemer - Aischylos vor Augen, dessen Tragödien er 1807 gelesen hatte.[1256] Formal kommt die Anleihe bei dem antiken Dichter durch den Einbezug des *Chors* in die Handlung zum Ausdruck: Fouqué zog die allwissenden Nornen für diese Funktionen heran, da sie dem antiken Chor durch ihren Wissensvorsprung vor den Personen der Handlung und ihren Abstand zu den Ereignissen gleichen. Jedoch finden sie weniger Raum in der Trilogie, als dem Chor in der griechischen Tragödie zukommt, der regelmäßig auftritt, um die Geschehnisse zu kommentieren.

Von der Struktur her betrachtet, trägt die Trilogie romantische Züge, die sich in der Vermischung der dramatischen mit lyrischen Elementen zeigen. Häufig werden Gedichte oder Lieder in die Handlung eingeschoben, die Fouqué dem altnordischen

---

[1255] Vgl. dazu Kapitel 5 dieser Arbeit.

[1256] Vgl. die Einleitung Walter Ziesemers zu der oben genannten Ausgabe der Dramentrilogie, a. a O., S. 7ff. Schmidt weiß nichts über eine Aischylos-Lektüre Fouqués in dieser Zeit zu berichten. Aischylos könnte ihm jedoch insofern Anregung gewesen sein, als er mit „Sigurd" nach antiker Sitte einen *nationalen*, einen weihevoll-mythischen Stoff wählte, der in die Urgründe der heimischen Volksgeschichte führt.

Dichtschema der Stabreimtechnik anzupassen strebte; auch finden sich einige längere monologische Teile, die in der dramatischen Tradition des Botenberichts stehen.[1257]

Die verhältnismäßige Länge der Dramen, die häufigen Schauplatzwechsel und die zahlreichen retardierenden Momente, die durch die lyrischen Einschübe entstehen, kennzeichnen die Teile der Trilogie als Lesedramen, und so wurden sie bisher nicht aufgeführt.

Geprägt wird das Dramengefüge in seiner nordisch-düsteren Atmosphäre durch die Übermacht des Geschicks, des Schicksals, einer übermächtigen und unwägbaren Macht, welcher der Mensch hilflos ausgeliefert ist. Alles Wollen und Streben ist vergeblich, wenn es dem Schicksalsplan widerspricht.[1258] Ihm eine andere Wendung zu geben, also auszubrechen aus der Fügung des Geschicks, ist unmöglich. Wird es dennoch versucht, so nur deshalb, um die eigenen Grenzen zu erfassen:

> Sigurd: Ich hol' des edlen Erzes Lust herauf,
> Vor allem Andwars Ring. Wär's auch nur deshalb,
> Zu sehn, was Unheil über Heldenkraft
> Und Heldenlust vermag. (I/928 - 931)

Brynhildur faßt den in den Dramen vorherrschenden Schicksalsbegriff in die Worte:

> Brynhildur: Das Geschick gebeut.
> Wir Erdbewohner haben keine Stimme
> Für solchen Rat, nur höchstens spähnden Blick. (I/1122 - 1124)

Selbst Brynhildur, die Zauberin und der Runenkunst mächtig ist, vermag es nicht, durch ihre mahnenden Worte, die sie zu Sigurd vor dessen Ausfahrt spricht, sein Denken und damit sein Schicksal zu beeinflussen. Im zweiten Drama der Trilogie, das der altnordischen Vorlage - der Edda - entsprechend den Untergang der Niflungen in Atlis Reich zum Inhalt hat, gibt es eine dazu parallel geführte Szene, in der Gudruna versucht, ihre Brüder durch die warnenden Runentafeln und ein an einen Ring geknüpftes Wolfshaar - Symbol der Gefahr - an der Reise in König Atlis Reich zu hindern. Wieder werden die Warnungen in den Wind geschlagen, das drohende Geschick erfüllt sich und die Betroffenen - Sigurd so gut wie Högne und Gunnar - wissen darum. Fatalistisch wird es ertragen:

> Högne: Was einmal nicht zu ändern ist, gescheh'
> Und werde nicht im voraus schon beklagt. (II/1111f.)

Unter der von Fouqué konstruierten Härte des Geschicks bilden sich im ersten Drama gewisse Handlungsmechanismen aus, die im zweiten Drama wiederholt werden; sie werfen ein dunkles Bild auf den geschichtlichen Zusammenhang, mit dem der Leser in der Trilogie konfrontiert wird: Es herrscht Besitzgier, die zu Verrat führt, woraus sich ein Verbrechen ergibt, das mit aller Konsequenz gerächt wird.

Das Schicksal wird vertreten durch die Götter; sie sind diejenigen Mächte, welche die Geschicke der Menschen lenken. Besonders herausgehoben wird Odin, der Göttervater und Stammherr der Wolsungen, Sigurds Geschlecht, und er erscheint seinem Abkömmling Sigurd zweimal in wichtigen Situationen: Das erste Mal erhält

---

[1257] Vgl. II/2557 - 2578

[1258] Max spricht in diesem Zusammenhang vom „romantischen Fatalismus" Fouqués. A. a. O., S. 12

Sigurd mit Odins Hilfe das ihm zugedachte Pferd. Beschrieben wird das Auftreten des Gottes, der nordischen Mythologie folgend, als die Erscheinung des Totengottes, denn Odin ist beschrieben als

> der hohe Greis, der unbekannte,
> Seltsam geschmückt, einäugig, ernst. (I/106f.)

Zum zweiten Mal erscheint Odin, wieder als Greis auftretend, vor Sigurds Drachenkampf, um ihn zu beraten. Im Gespräch erweist sich, daß er den Abkömmling auf seiner soeben unternommenen Seefahrt beschützt hatte.[1259] Gerade in diesen Passagen wird die Schicksalsabhängigkeit der Menschen von den Göttern deutlich, denn Odin greift nur deshalb schützend ein, weil das Geschick, das die Figuren des Dramas als göttliche Fügung identifizieren, Sigurd einen anderen Tod bestimmte als den des Ertrinkens oder des Erschlagenwerdens durch den Drachen Faffner.[1260]

Der Schicksalsstrang Sigurds ist mit seinem Tod jedoch nicht abgerissen, denn die Rache steht noch aus. Doch auch die Vergeltung ist in ihrer ganzen Unerbittlichkeit Sache der Götter; die Rächerin Gudruna mitsamt ihren Helfern wird zu ihrer Marionette, was sie zu spät erkennt:

> Gudruna (zu Niflung): Aus jener Feste Scheiterhaufenglut
> Schoß mir's erst wie ein Blitz durch das Gemüt,
> Das nun, des wilden Rachetreibens ledig,
> Geöffnet ward für inniges Erleuchten.
> Horch zu, wenn du die Wahrheit hören willst.
> Wir alle trieben sinnverworrnes Spiel:
> Dein Ohm, dein Vater, und auch ich zugleich.
> Wir warn die Opfer, und wir wußten's nicht. (II/2591 - 2598)

Das Schicksal fordert konsequent sein Recht: Alle Mitglieder der Sippe, der Sigurds Mörder entstammte, müssen - einschließlich seiner Gattin Gudruna - für den Mord büßen. Auf dieses Ziel steuern beide Dramen, die in ihrer Anlage ähnliche Züge aufweisen, unerbittlich hin, nur erfährt die Handlungsstruktur durch die Vervielfachung einiger Elemente eine Steigerung. So finden beispielsweise im zweiten Drama einige Racheakte statt: Atli rächt sich an den Schwägern, weil sie ihm den Hort nicht ausliefern wollen; Gudruna dagegen rächt ihre Sippe an ihren Kindern und Atli, dem sie die Leichen der Kinder als Speise vorsetzt, was nochmals eine Steigerung des tragischen Verlaufs mit sich bringt.

Da das Schicksal in den beiden Dramen einen derart erdrückenden Umfang entwickelt, bleibt den Figuren selbst wenig Gelegenheit zur differenzierten Darlegung ihrer Persönlichkeit.

[1259] Vgl. I/583 - 599

[1260] Die gleiche Funktion der Verkörperung eines übermächtigen Schicksalsbegriffs kommt dem Gott Odin auch in dem 1813 publizierten Trauerspiel „Alf und Yngwi" zu. In Odins Gestalt vereinigt sich das personifizierte Göttliche mit dem mythologischen Wissen um das Schicksal. Eben diese offensichtliche Allmacht des Gottes wird im Trauerspiel konnotiert mit dem Grausen und der Angst; symbolisch gesprochen erkennen wir in Odin den „Herrscher über die Schwelle (des Todes)". Obwohl Odin die Helden liebt, strebt er danach, sie ums Leben zu bringen, um sie an seiner Tafel zu begrüßen. Odin ist Alfs und Yngwis Ursprung, und er regiert ihr Innerstes, macht sie aus Zweckdenken blind für die ihnen drohende Gefahr. Vgl. Margarethe Schuchbauer: Fouqués Trauerspiel Alf und Yngwi. Würzburg 1936, S. 9ff.

Zeit ist kein greifbarer Begriff in den beiden Dramen. Im gesamten Dramenkomplex gibt es keinerlei Hinweis auf Zeitabstände zwischen den Szenen oder gar eine konkrete Angabe, wann die Dramen zeitlich anzusiedeln sind. Wie bereits gezeigt wurde, finden sich Hinweise auf die archaische, nordisch-germanische Vorzeit ebenso wie auf das christliche Mittelalter. Auch ein Begriff wie der des Alters spielt keine Rolle, denn der Gedanke an den sicheren frühen und gewaltsamen Tod läßt jede Überlegung darüber in den Hintergrund treten.

Diese Haltung gegenüber der Zeit dient dazu, mythische Überzeitlichkeit zu erzeugen. Die Sage wird als derart alt und vorzeitlich bewertet, daß es auf die genaue Einteilung in Tage, Wochen und Monate nicht mehr ankommt. Das Wissen um die Vorzeitlichkeit des Geschehens macht jede Fixierung unmöglich, aber auch unnötig.

Die Zeitferne drückt eine gewisse Überlegenheit über die kleinlich die Zeit fixierende Gegenwart aus; darin findet sich das Erhabene und Allgemeingültig-Menschliche, zu dem sich die Überzeitlichkeit der Handlung aufwirft, gespiegelt. Sie trägt nicht dazu bei, die „Enigmatik"[1261] dieser düsteren Welt besser zu verstehen, dagegen vergrößert sie den Abstand zu der in den Dramen verborgenen Wirklichkeit etwa des Krieges. Es steckt ein beruhigendes Moment in dieser Außerzeitlichkeit, denn sie berührt durch ihre Ferne nicht die Gegenwart. Diese Transpositionsleistung des Mythos jedoch birgt gerade die Gefahr in sich, das Wiedererkennen der aktuellen Bezüge in Frage zu stellen.

Die strenge Zweiteilung der Welt in den herrschenden göttlichen und den beherrschten menschlichen Bereich führt zu einer Erstarrung jeglicher Handlungsfreiheit der Figuren. Die Ferne der Götter, die den Menschen ihr unausweichliches Schicksal auferlegen, macht sie scheinbar unüberwindlich, *entpersönlicht* sie zum abstrakten Begriff des Fatums, so daß sie nicht direkt bekämpft werden können und jeder Widerstand gegen sie zwecklos wird.

Der Dichter Fouqué, dessen Loyalität seinem König und dem Vaterland gegenüber bereits angesprochen wurde, war nicht willig und fähig, das Prinzip der *Revolution* zu verfechten; seinem Verständnis entsprach eher die Haltung des seiner Nationalität bewußten Menschen, wie sie im Werk Fichtes beispielgebend vorgezeichnet ist: Nicht destruktiv wollte er wirken, sondern vielmehr im idealistischen Sinn - im Sinn Fichtes - produktiv und bildend, indem er Dichtungen zu verfassen suchte, die nationale Werte propagierten, somit *belehrend* wirken konnten, und im Dienste der Nation, wie er sie verstand, standen. Dabei erwies sich jedoch Fouqués mangelnde philosophische Schulung als Problem, denn es gelang ihm nicht, Ideen in allgemeinverständliche Bilder umzusetzen, wie es das Strukturprinzip des Mythos verlangt. Seine dramatischen Bilder gleichen dagegen oftmals Alpträumen; philosophische Botschaften verbergen sich jedoch nicht darin.

Aus der mangelnden philosophischen Durchdringung des Stoffs ergibt sich auch die Flachheit der Charaktere, denen weder Vorbildhaftigkeit noch Transzendenz, etwa im Sinn der Lehre Fichtes, zugeschrieben werden kann. Die Figur Sigurd zum Beispiel könnte von der Anlage her aus dem Fichteschen Ideal des freien und seiner Abstammung bewußten Helden nachgebildet gedacht werden, wenn nicht seine Naivität ihn und die Sippe der Niflungen ins Verderben stürzte. So erweist sich selbst der strahlende Held Sigurd als welttauglich, weil er ihre ureigensten Gesetze nicht versteht oder mißachtet. Von Verantwortung dem eigenen *Volk*

[1261] Max, S. 12

gegenüber und dem Dienst am *Vaterland*, wie sie Fichte fordert, kann in bezug auf Sigurd folglich nicht die Rede sein. Auch die gepriesene Heldenhaftigkeit der männlichen Protagonisten wird in den beiden Dramen - zumeist wohl ungewollt - in Frage gestellt; ganz offen kritisiert sie König Giuke, dessen Ansichten sich am Ende der Dramen bestätigt finden.

Es wurde festgestellt, daß der Mythos frei gestaltbar ist und auch Einflüssen der Geschichte offensteht. Sucht man nach aktuellen Anspielungen in der Trilogie „Der Held des Nordens" oder gar nach einer verschlüsselten Darstellung der Zeitgeschichte, so wird man im großen und ganzen enttäuscht werden. Über die Zeichnung des *Adelsstands* kommt die Darstellung sozialer Gefüge nicht hinaus, Untergebene treten kaum in eigenständigen Rollen auf und sprechen nur wenig Text. Wenn ihnen jedoch eine umfangreichere Rolle zugesprochen wird, wie etwa dem Schmied Reigen, wird ihnen die Unterlegenheit und Minderwertigkeit gegenüber ihrer Herrschaft deutlich vor Augen gehalten. Zwei seiner persönlichen Erfahrungen brachte Fouqué dennoch in das Drama ein: Zum einen manifestiert sich ein Stück Realität in dem dargestellten Königsbild, zum anderen in der für die Zeitgenossen aktuellen Darstellung des Kriegs.

Die beiden Antipoden Friedrich Wilhelm III. von Preußen und Napoleon Bonaparte prägten - jeder auf seine Weise - Gedanken und Gefühle der Zeitgenossen des Dichters, und einige ihrer Charaktereigenschaften finden sich in Giuke und Atli angedeutet. Es ist deshalb bezeichnend, daß gerade der als Friedensfürst gezeichnete Giuke keine Ruhe für sein von Kriegen gebeuteltes Land erringen kann; verdeckt meint man darin eine Anspielung auf Preußen zu finden, das gerade in dem Jahr vernichtend von Napoleons Heer geschlagen wurde, als Fouqué das erste Drama der Trilogie, „Sigurd, der Schlangentödter", vollendet hatte.[1262]

Auch der Krieg, der in den Dramen, besonders in „Sigurds Rache", eine große Rolle spielt, wirkte auf die Zeitgenossen Fouqués als nachvollziehbare Tatsache genügend ein, so daß es sich erübrigen mochte, Schlachtgeschehen konkret zu beschreiben. Dem Leser wird lediglich mitgeteilt, daß der Krieg aus Habsucht begonnen und aus Rache fortgeführt wird, daß er die Niflungen und ihr Gefolge das Leben kostet und auch vor der Zivilbevölkerung nicht halt macht.[1263] Ein direkter Hinweis auf die Gegenwart des Dichters liefert Vers II/1592, worin Högne sich selbst als „Feldhauptmann" bezeichnet.

Indirekte Anspielungen auf gerade Geschehenes existieren somit tatsächlich in dem Werk des ansonsten zumeist der realen Welt abgewandten Dichters Fouqué. Wahrscheinlich war ein großer Teil seiner Leserschaft sich dieser latenten Aktualität der Dramen um „Sigurd" bewußt, denn allein auf diese Weise läßt sich Friedrich Leopold von Stolbergs emphatische Äußerung über die Trilogie erklären, wie sie in einem Brief an den Dichter niedergelegt ist:

> Ich weiß nicht, ob Sie mir das Geständniß ganz verzeihen werden, daß mir Hagens Nibelungen nicht die mindeste Liebe abgewonnen haben. Ich finde das Ding weder poetisch, noch moralisch, noch vaterländisch. Ihren Held des Nordens aber finde ich in hohem Grade poetisch u: moralisch und vaterländisch.[1264]

[1262] Vgl. Kapitel 3 dieser Arbeit.

[1263] Vgl. Niflungs Botenbericht II/2556 - 2578

[1264] Zit. nach Max, S. 77, Anm. 3

Der Begriff des Moralischen bezieht sich in diesem Zusammenhang auf die sogenannten *heroischen Tugenden*, wie sie damals häufig beschworen wurden:[1265] Nationaler Stolz, Beständigkeit, Stärke und Mut - ein Reigen, der sich fortsetzt und von der Bedeutung her auflädt bis hin zur menschenverachtenden Propaganda des Dritten Reichs.

Stolberg setzt Fouqués Trilogie von der Ausgabe des Nibelungenlieds ab, die Friedrich Heinrich von der Hagen zur gleichen Zeit besorgt hatte.[1266] Von der Hagen verfolgte das gleiche Ziel wie Fouqué - die nationale Erneuerung und Stärkung -, nur war der Weg, den er beschritt, ein anderer: Er kontrastierte nördliches mit südlichem Wesen.

Exkurs

Friedrich Heinrich von der Hagen dagegen hatte nicht den Anspruch, nationale Dichtung zu schaffen, wohl aber wollte er die vergessenen Kulturmanifestationen der nationalen Vergangenheit wiedererwecken und erneuern.[1267] Dabei hatte von der Hagen kein eigentlich wissenschaftliches Interesse, vielmehr wollte er nationale Begeisterung entfachen, was ihm gelang, zumal er zu einem idealen Zeitpunkt publizierte, als bei den Deutschen gerade das Interesse für die eigene Geschichte und Kultur erwachte.

In seinem Vorwort zum Nibelungenlied findet sich wenig Unterschied zu Fouqués Bestrebungen, aus denen heraus er *nationale* Dichtung schuf: Auch von der Hagen wünschte Erneuerung und Belehrung der Nation und entwickelte aus seinen altdeutsch-germanischen Vorstellungen heraus einen Tugendkatalog, an dem sich alle Deutschen orientieren sollten.[1268]

Die Sprachforscher und Gelehrten unter von der Hagens Leserschaft waren weniger zufrieden mit seinem Schaffen als er selbst, denn ihre Ansprüche unterschieden sich stark von den seinen. Die schlechte Qualität seiner Übersetzung wurde gerügt;[1269] und so blieb von der Hagen in den Augen der Nachwelt lediglich der Ruhm, der Vorgänger der Brüder Grimm und Lachmanns in altdeutschen Studien gewesen zu sein.[1270]

Vergleicht man die Rezeptionsweisen Fouqués und von der Hagens muß man feststellen, daß Stolbergs Bewertung im wesentlichen zutrifft; von der Hagen nämlich beschritt den fatalen Weg, dem Text des Nibelungenlieds eine nationale Hülle umzulegen, was durch keinen Hinweis im Nibelungenlied selbst gerechtfertigt ist.[1271]

[1265] Vgl. dazu Kapitel 5 dieser Arbeit.

[1266] Vgl. dazu Kapitel 5 dieser Arbeit.

[1267] Der Begriff der Erneuerung war zentral für von der Hagen. Damit spielte er nicht nur auf die Verjüngung der eigenen Literatur an, sondern propagierte auch die Neuschaffung einer neuen, patriotischen Sprache. Vgl. Otfrid Ehrismann: Das Nibelungenlied in Deutschland. Studien zur Rezeption des Nibelungenlieds von der Mitte des 18. Jahrhunderts bis zum Ersten Weltkrieg. München 1975, S. 68f.

[1268] Ehrismann, S. 70ff.

[1269] Saalfeld, S. 48ff.

[1270] Joseph Körner: Nibelungenforschungen der deutschen Romantik. Reprographischer Nachdruck der 1. Auflage Leipzig 1911. Darmstadt 1968, S. 60

[1271] Vgl. wiederum Kapitel 5 dieser Arbeit, worin u. a. die Rezeptionsweise des Nibelungenlieds durch von der Hagen thematisiert ist.

Fouqué erkannte diesen Umstand sehr wohl selbst und bediente sich deshalb der mythisierten Vorlage, um seine Vorstellungen von zeitbezogener, *deutscher* Literatur zu verwirklichen.[1272] Dazu gesellen sich die - wenn auch wenigen - aktuellen Bezüge, durch deren Einbezug eine Durchdringung von mythischer Urzeit und Zeitgeschichte angestrebt wird. Die Aussagekraft wird jedoch in Hinblick auf das mythische Geschehen letztlich wieder eingeschränkt; problematisch wirkt sich diesbezüglich der Aufbau der beiden Dramen aus. Wir hatten festgestellt, daß mythisches Geschehen zyklisch abläuft, wobei jede Wiederholung auf einer anderen, höheren Ebene stattfindet, wie es beispielsweise das Geschichtsmodell Schellings deutlich macht. Charakteristisch für das mythische Verfahren ist, daß es niemals gänzlich abgeschlossen ist, sondern dem Prinzip der Wiederholung folgt. Die Handlung der „Sigurd"-Dramen läßt sich nun grob folgendermaßen schematisieren:

> Protagonist/Protagonistin zieht in die Fremde.
> Er/Sie beweist sich vor der Welt.
> Das Verhängnis wird eingeleitet.
> Keine Übereinstimmung.
> Er/Sie vollbringt eine neue große Tat.
> Protagonist wird des „Verbrechens" überführt./Protagonistin wird zur Verbrecherin.
> Er/Sie stirbt.

Im großen und ganzen betrachtet liegt ein zyklisches Schema vor: Es wiederholt sich, was schon einmal geschah, wenn auch nicht auf einer höheren Ebene, wie es zum Beispiel in Richard Wagners „Ring des Nibelungen" der Fall ist, worin sich Siegmunds und Sieglindes Liebesbeziehung in dem ihnen funktionell und von der Bedeutung her höher einzuordnenden Paar Siegfried und Brünnhilde spiegelt und Hagen als *Fortentwicklung* der Gestalt Alberich erscheint, um nur zwei Beispiele zu nennen. Eine Entwicklung auf höherer Ebene würde somit bedingen, daß in der Zwischenzeit ein dramaturgisch festgelegtes Ziel ausgemacht werden könnte, etwa der Weg in die Geschichte, doch wie bereits dargelegt wurde, sind die Umstände für eine stringente Entwicklungsstruktur in den „Sigurd"-Dramen nicht günstig.

Auch von der Handlung her gesehen ist die mythische Struktur nicht erfüllt, was nicht nur an der Starre der Personenführung liegt, sondern auch im Verlauf der Handlung seine Begründung findet, denn das Ende, das Fouqué dem Niflungengeschlecht angedeihen läßt, ist ein absolutes, und es weist keine Möglichkeit einer Kontinuität, Wende oder Versöhnung auf, wie es beispielsweise in Wagners Nibelungenbearbeitung der Fall ist. Das mythische Geschehen wird somit, der Tradition entgegen, abgebrochen, wenn auch dieses konsequente Ende im Hinblick auf die Düsternis und Fatalität der Handlung nur zwangsläufig ist, wenn es auch entgegen den Absichten Fouqués eine unerwartete Annäherung an das mittelalterliche Epos bringt.

[1272] Fouqué unterscheidet nicht per definitionem zwischen *deutscher* oder *nordischer* Kultur. Vielmehr läßt er die Begriffe miteinander verschmelzen. Auch der Begriff des *Germanischen* bietet diesbezüglich keine Ausweichmöglichkeit für den Rezipienten; Fouqué läßt alle Unterschiede zwischen nord- und südgermanischer Kultur unbeachtet, so daß sich am ehesten von einem unbeabsichtigt entstandenen *Pangermanismus* sprechen läßt, der jedoch seine latent rassistischen Züge nicht verbergen kann.

In den beiden Dramen finden sich einige wenige Verweise auf das Verhältnis von Mythos und Geschichte:

> Gudruna: Wovon noch spät, nach vieler hundert Jahre
> Verdunkelndem Hinrollen sprechen wird,
> Wer deutsche Zunge spricht: - den Heldenfall
> Der rühmlichen Niflungen im Verrat. (II/2054 - 2057)

In diesen Worten äußert sich der Dichter, der eine Kulturtradition herstellen will, indem er Vergangenes in die Kontinuität stellt. Der Ton, der diese Äußerungen prägt, ist der gleiche, der auch in der Vorrede an Fichte anklingt.

Konkret jedoch wird nicht über historische Zusammenhänge gesprochen, wie ja überhaupt die Zeit in den Dramen ein gänzlich abstrakter Begriff bleibt. Dieser Umgang mit der Zeit hat zur Folge, daß das Geschehen in weite Ferne rückt und nicht mehr greifbar ist für das menschliche Fassungsvermögen - für das diese Vorstellung angesichts der geschilderten Greueltaten natürlich beruhigend ist. Der Begriff der Geschichte, deren Wesensmerkmale gerade Faßbarkeit und Nachprüfbarkeit sind, wird deshalb vom Dichter vermieden. Alles sich Ereignende ist nur poetische Wirklichkeit, als Teil des kulturellen Erbes ist es jedoch des Tradierens wert, denn es verbindet sich damit die durchaus auf die Realität bezogene Warnung an die Nachgeborenen, des Möglichen stets gewärtig zu sein, eine Mahnung, die uns, die wir im Bewußtsein der Greueltaten des Dritten Reichs leben, keineswegs abwegig erscheint:

> Dietereich (zum Knecht): Drum eben, weil wir heute oben stehn,
> Laß uns bedenken, was wohl nah mag sein,
> Und was wir gern im schlimmsten Absturz auch
> Von andern Recken möchten, um mit Ehren
> Vor künft'gen Zeiten rühmlich zu bestehn,
> Und nicht wie Nebeldünste zu verrolln.
> Schaff' mir Werkmeister zu dem Totenmal
> Des Königs, auch zu einem hier am Strand,
> Wo sich der Kön'gin tiefverwirrter Mut
> Ins grimm'ge Wolkenbrausen hat gestürzt.
> Auch dem Niflungenschlachtfeld gleiche Ehr',
> Und jenen Trümmern der verbrannten Burg;
> Vor allem aber such mir solche auf,
> Die mit der Runenschrift ernsthaften Zügen
> Aufzeichnen künft'gen Menschen diese Mär. (II/2765 - 2779)

Dietereich gibt durch sein Tun ein Vorbild des rechten Umgangs mit Kultur und Geschichte:[1273] Alles soll niedergeschrieben und bewahrt werden, damit folgende Generationen um ihre Abstammung und Tradition wissen. Fouqué formulierte in diesen Worten eine Wechselwirkung zwischen sagenhaftem Geschehen, der

---

[1273] Diese Position Dietereichs als *moralisches Gewissen*, wie sie auch in der Nibelungentrilogie Friedrich Hebbels Ausdruck finden sollte (1860), rührt schon von der frühesten, historischen Kenntnis Dietrichs von Bern als Christ her, wie sie auch das Nibelungenlied besitzt und weitergibt.

Das Bild des Nordens in Werk und Weltanschauung Friedrich de la Motte Fouqués

Überlieferung und dem Dichter, der - einem Chronisten gleich - zum Bewahrer wird, indem er die Vorkommnisse aufarbeitet, wie es in der nordischen Kulturtradition die Skalden taten.

Es wurde festgestellt, daß der nordische Mythos Fouqué dazu diente, düstere Bilder einer archaischen Vergangenheit zu entwickeln, die frei sind von allen philosophischen Zusätzen. Auch fehlt jeder Ansatz zu einer Zeitkritik unter dem Mantel des Mythos, auf aktuelles Zeitgeschehen wird nur angespielt. Von der Vorführung *deutscher* Tugenden abgesehen, handelt es sich bei der Trilogie „Der Held des Nordens" lediglich um eine dramatische Gestaltung um ihrer selbst willen, versehen mit Anspielungen auf Zeitgenössisches. Utopische Vorstellungen werden nicht entwickelt. Selbst der Auftritt des als Herrscher seines Landes wieder eingesetzten Königs Dietereich eröffnet keine auf die Zukunft hin ausgerichtete Perspektive, denn er wird dem Leser weder als Erbe des hunnischen Reichs noch als Repräsentant des Christentums vorgestellt, das die erwiesenermaßen heillose Regentschaft der heidnischen Götter über das menschliche Schicksal beenden und statt dessen die gnadenreiche Alternative einer Erlösung aus allen schuldreichen Verstrickungen hätte bringen können, woraus sich ein wesentlicher Unterschied zum Nibelungenlied ergibt - wir hatten dieses im Hinblick auf die Figur Dietereichs bereits erwähnt. Dietereich und sein Gefolge müssen allerdings im Drama Fouqués deshalb auftreten, um das Sterben Gudrunas berichtend vor dem Leser auszubreiten - hierin findet sich eine interessante Parallele zur Liederstruktur der Edda, welcher der Stoff entnommen ist - weil sowohl die Hunnen als auch die Niflungen untergegangen sind und somit niemand mehr übrig ist, der die Sachlage bewerten könnte.

Dietereichs Position gegenüber den Ereignissen ist nicht von eigener Betroffenheit geprägt, denn er selbst hat keinen Anteil an der Handlung. Er vertritt vielmehr die urmythische Haltung des „Terror und Schrecken", wie sie Hans Blumenberg beschreibt.[1274] Der archaische Mensch steht dem Walten der Götter und des Schicksals rat- und hilflos gegenüber - er ist ihnen ausgeliefert. Gleichzeitig bedeutet diese Auffassung des Mythos auch den Rückzug des Menschen auf sich selbst, denn Ereignisse und Erscheinungen, für die es psychologische oder naturwissenschaftliche Erklärungen gäbe, werden in den Bestimmungsbereich der Götter überführt, und derartig wird von eigener Verantwortung oder Handlungsmöglichkeit abgelenkt, was auf eine ursprüngliche Form der Welterklärung rekurriert. Doch für Fouqué, der in einer Zeit großer Unsicherheit lebte, wurde diese archaische Sicht des Mythos hilfreich, denn sie bot ihm die Möglichkeit, nicht leicht faßbare, wirre zwischenmenschliche und soziale Probleme zu simplifizieren und dadurch verständlich zu machen, wodurch er selbst sie in einem zweiten Schritt für sich zu bewältigen lernte. Der Mythos wurde ihm auf diese Weise zu einer Notwendigkeit, nicht um Erkenntnisse im philosophischen Sinn zu gewinnen, sondern um die unbegreiflichen Schrecknisse verständlich zu machen, die Teil der menschlichen Natur sind.[1275]

[1274] Hans Blumenberg: Wirklichkeitsbegriff und Wirkungspotential des Mythos. In: Manfred Fuhrmann (Hrsg.): Terror und Spiel. Probleme der Mythenrezeption. München 1971, S. 11 - 66. Hier: S. 13. Ausgehend von dem Schrecknis dämonisch wirkender Gewalt sucht der Mensch sein Heil darin, nach einer Aneignung der Welt und ihrer Erscheinungen zu suchen, worin Blumenberg eine „theomorphe Steigerung des Menschen" erkennt. Vgl. zu diesem Komplex auch Kapitel 5 dieser Arbeit.

[1275] Max, S. 76

Ein Rekurs auf die Trilogie „Der Held des Nordens" findet sich auch in einem späteren Werk Fouqués, in dem Roman „Die Fahrten Thiodolfs des Isländers" (1815): Nach überstandenen Abenteuern und Gefahren, welche die Helden von Island nach Italien, Frankreich und schließlich bis nach Ostrom führten, wird das Drama um den nordischen Helden Sigurd zu Ehren seines Nachkommen, des Isländers Thiodolf, in einem Amphitheater nach dem Vorbild der Griechen als Weihespiel aufgeführt. Das Erlebnis der Aufführung wird gänzlich aus der Perspektive des Thiodolf heraus geschildert, dem sich Sage und Wirklichkeit, Theaterspiel und Ernst des Lebens bald vermengen:

> da hörte man unter dem Amphitheater das Tosen des nahen Drachen, daß die mehrsten Zuschauer vor den furchtbar dröhnenden Klängen zitterten; Sigurd und Reigen verbargen sich; Fafner wandelte unter tiefen, gehaltenen Posaunentönen aus der charonischen Pforte hervor. Aber noch war er die Treppe aus der Orchestra nach der Bühne kaum in seltsam schauerlichen Bewegungen hinangekommen, da flog Thiodolf gewaltgen Schwunges, die blitzende Klinge Rottenbeißer in seiner Rechten, ihm nach, und mitten auf der Bühne holte er ihn ein, und traf ihn, daß zerspalten und krachend das Medusenhaupt von einander brach, und ein schneller Blutstrom daraus hervor rieselte. Ein wunderschönes Knäblein richtete sich, halb erschrocken, halb drohenden Blickes aus der zerstörten Larve in die Höhe, noch zum Teil gedeckt durch den schirmenden Arm eines Mannes, welchen der mächtige Hieb getroffen hatte; und wie das herrliche Kind zürnte und schalt, das Blut über das seltsame Zaubergebilde herabquoll, Thiodolf aber mit gesenktem Schwerdte, nach und nach zur Besinnung kommend, daneben stand, blieb das Volk eine lange Zeit hindurch staunend und stumm, wie vor einer neuen, schönern Erscheinung, welche die Kunst des Meisters Romanus unerwartet hervorgerufen habe.[1276]

Die Realität identifiziert sich mit der Sage, und die Kontinuität der Geschichte, hier gespiegelt im Heldentum Sigurds und Thiodolfs, wird so auf etwas unvermittelte Weise hergestellt.

Es läßt sich allgemein von den zahlreichen Romanen und Novellen Fouqués behaupten, daß in ihnen zwar viele verschiedene Erscheinungen verarbeitet wurden, die Fouqué bei seinem Studium der Sprachen und Kulturen begegneten - anhand des nordischen Komplexes wird darauf zurückzukommen sein -, daß jedoch die Oberflächlichkeit und Sprunghaftigkeit seines Erzählens keinen Raum für sie läßt, sie sogar des öfteren in ihrer Funktion ad absurdum führt.[1277] Deshalb kann sich auch das Nordland in den Romanen Fouqués nur stereotyp behandelt finden, denn nur eine rasche, griffige Charakterisierung sorgt dafür, daß die Stoffülle bewältigt werden kann.

Die beiden Romane „Der Zauberring" und „Die Fahrten Thiodolfs des Isländers" konzentrieren sich nicht allein auf die Darstellung des Nordens, vielmehr spiegeln sie mehrere Kulturen, wobei jedoch jeder dieser Kulturen - im Sinne von Stereotypen und Klischées - spezielle Eigenschaften beigegeben sind, die sich in ihren Vertretern

---

[1276] Friedrich de la Motte Fouqué: Sämtliche Romane und Novellenbücher. Hrsg. von Wolfgang Möhring. Band 5.2: Die Fahrten Thiodolf des Isländers. Nachdruck der Ausgabe Hamburg 1815. Hildesheim, Zürich, New York 1989, Teil II, S. 265f.

[1277] Vgl. die Althing-Episode am Gerichtsfelsen, die für den Handlungsverlauf durchaus entbehrlich ist und deren Einbindung in den Roman eher kulturhistorisch begründet zu sein scheint. Thiodolf, Teil I, S. 95ff.

Das Bild des Nordens in Werk und Weltanschauung Friedrich de la Motte Fouqués

manifestieren. So kommt eine Art Natursymbolik ins Spiel, die auch auf den Menschen übertragbar ist; sie orientiert sich an August Wilhelm Schlegels Vorstellung von der moralischen Bestimmung der vier Windrichtungen.[1278] Auch sollte Schellings Naturphilosophie nicht außer acht gelassen werden, in der gleichfalls der Gegensatz der Himmelsrichtungen bedeutsam ist; so kann beispielsweise die vom Süden ausgehende „Gefährdung" nur durch den Norden ausgeglichen werden.[1279] Charakterisiert ist der Norden in der Zeit der Romantik vor allem durch den Verweis auf seine *Ferne*, räumlich so gut als zeitlich.[1280] Dennoch macht die oben zitierte Stelle aus dem „Thiodolf"-Roman deutlich, daß Vergangenheit und Gegenwart eine Beziehung zueinander finden können, wenn die Gegebenheiten und Wesensmerkmale, die sie auszeichnen, sich überschneiden und zugleich eine zukunftsweisende oder gar utopische Funktion erfüllen, wie sie der letzte Satz des Zitats aus dem „Thiodolf"-Roman andeutet.[1281]

Das Nord-Süd-Gefälle findet sich thematisiert in dem Roman „Der Zauberring". Dabei wird nicht allein der Gegensatz zwischen christlich und heidnisch benannt; gerade die stark divergierende, verallgemeinernde Charakterzeichnung der jeweiligen Vertreter der Himmelsrichtungen schafft einen massiven Antagonismus.[1282] Jedoch lag es Fouqué fern, irgendein Element der Windrose eindeutig negativ oder positiv zu zeichnen - gute und schlechte Menschen finden sich gleichermaßen überall. Vielmehr arbeitet Fouqué darauf hin, alle divergierenden Elemente im universalromantischen Sinn miteinander zu versöhnen. Dies geschieht im Symbol des „Zauberrings", der durch seinen ersten Besitzer, den „Urvater" Hugh von Trautwangen, allen Bereichen mit gleichem Recht zugehört; Hugh nämlich durchstreifte während seiner Jugend rastlos die Welt und hinterließ Erben in allen Himmelsrichtungen, welche Ansprüche geltend machen konnten auf den Besitz des Rings - es liegt an dieser Stelle eine unübersehbare Anspielung auf die *Ringparabel* Lessings vor.[1283] In einer großen Schlußapotheose findet die multinationale Familie endlich zusammen und relativiert alle nationalen und kulturellen Unterschiede.[1284]

Schon die Vorgeschichte weist auf die Bezüge der Protagonisten untereinander hin, wobei besonders die gerne betonte Verbindung zwischen dem Nordland und

---

[1278] Bohrer spricht von einem „geometrischen Symbolismus". Karl Heinz Bohrer: Der Mythos vom Norden. Studien zur romantischen Geschichtsprophetie. Köln 1961, S. 26

[1279] Ebd., S. 27. Vgl. auch Fouqués ersten Roman „Alwin", in dem Rügen, der geographisch gesehen nördlichste Ort, der in der Handlung erreicht wird, als Ort des Friedens verstanden wird („das Eiland der Ruhe und des Friedens"). Sämtliche Romane und Novellenbücher, a. a. O., 1990 (1808), Band 1, Teil II, S. 293ff.

[1280] Bohrer, S. 34

[1281] Vgl. Bohrer, der auf die Bedeutung des „Helden" verweist. Dabei entsteht die Konzeption eines „Helden"-Bilds, „in dem der Gegensatz zum ‚Süden' Person geworden ist. Der Begriff des ‚Helden' steckt schon in der Theorie von der Erneuerung der Welt durch den Aufbruch der nordischen Völker". Zu Fouqués Vorstellung vom „Helden" schreibt Bohrer: „Sie ist orientiert an einem Ideal, das den Tugenden des christlich-mittelalterlichen Ritters (vgl. „Der Zauberring", Anm. d. Verf.) entspricht oder aber die der ‚Großheit' des Naturmenschen (vgl. „Die Fahrten Thiodolfs des Isländers", Anm. d. Verf.) meint." A. a. O., S. 112f.

[1282] Vgl. zum Beispiel „Der Zauberring", a. a. O., 1989 (1812), Band 4, Teil II, S. 163ff.

[1283] Vgl. das Vorwort Wolfgang Möhrings im ersten Band der a. a. O. genannten Ausgabe, S. 41

[1284] Vgl. Zauberring, Teil III, S. 155ff. Die enge Verknüpfung des europäischen Adels untereinander wird darin für Fouqué zum Vorwand genommen, ein germanozentrisches Europa zu proklamieren: Die Gemanen, in der Person des Stammvaters Hugh, waren überall dort, wo der Roman spielt, und folglich wird das europäische Rittertum als aus deutscher Wurzel entstanden betrachtet - eine nicht uninteressante Folgerung im Hinblick auf Fouqués eigene biographische Konstruktion, einem aus der Normandie stammenden, ursprünglich deutschen Geschlecht angehören zu wollen.

der Normandie hervorgehoben wird, worin sich klar ein autobiographischer Hinweis des Dichters erkennen läßt.[1285] Eine der Hauptpersonen des Romans nämlich trägt den Namen *Folko* von Montfaucon, und von dem Namen Folko leiten sich die Fouqués her. Das Geschlecht des Ritters Folko entstammt, einer Erzählung des Romans zufolge, dem Norden: Aus Norwegen zog es die Ahnen in die Normandie.[1286] Noch in der Gegenwart der Romanhandlung sind diese Verwurzelungen im Norden reflektiert in der Verwandtschaft Folkos mit Arinbiörn, dem *Normann*.[1287] Entstammt der Ring dem Norden,[1288] so trägt sich der Hauptteil der Romanhandlung in der Normandie zu.

Fouqués Bild vom Norden ist stets gekennzeichnet von einer Wechselbeziehung zwischen der äußeren Welt, der Natur zumeist, und der inneren Prädisposition der jeweiligen Romanfigur. So konnotiert etwa Bertha mit Schweden vor allem Felsen und eine alte moosige Warte, ihrer psychischen Gestimmtheit entsprechend: Die junge Frau erhofft sich von einem Leben in Einsamkeit und Ruhe ein stilles Glück.[1289] Die nordische Landschaft ist - so findet es sich häufig bei Fouqué[1290] - "die wilde, herbstlich wehmütige Gegend", in der "feuchte Nebel" wallen.[1291]

Die Bewohner des Nordens werden als "Seeritter", als Wikinger, gezeichnet, und ihr erstes Erscheinen im Roman weist starke Ähnlichkeit zum "Kudrun"-Epos auf: Bertha wird am Strand von den Nor(d)mannen unter Arinbiörn geraubt.[1292] In Arinbiörn zeigt sich die düstere, aber positiv heldisch gezeichnete Personifikation des Nordens. Der Nor(d)mann, "in ernster Silberschwärze"[1293] einherschreitend, trägt einen Helm mit Geierfittichen, ist also ähnlich gezeichnet wie Högne in den "Sigurd"-Dramen und somit der herkömmlichen Darstellung des Odin nachgebildet. Eine weitere Parallele zum Drama "Der Held des Nordens" bietet die Schmiedeepisode des Romans, die gleichfalls an die Völsungasaga anschließt.[1294] Die eingestreute Lyrik dieses Teil ist der Skaldendichtung nachempfunden.[1295]

Die gedachte Antithese zwischen Christentum und Heidentum macht Fouqué im Schwarz-Weiß-Schema deutlich: Gut und böse sind streng getrennt und moralisch bewertet. Im "Zauberring" ist diese Antithese verbunden mit dem Doppelgängermotiv und wird auf diese Weise mit der Frage nach der persönlichen Identität verknüpft: In der Nordmark, nahe der finnischen Grenze, wo das Reich des Heidentums beginnt, trifft der deutsche Christ Otto von Trautwangen, der Held des Romans, auf sein

---

[1285] Vgl. Schmidt, S. 15

[1286] A. a. O., Teil I, S. 144f.

[1287] Vgl. Teil I, S. 199. Im übrigen stammt auch Thiodolf aus der Familie der Montfaucons. Fahrten Thiodolfs, Teil I, S. 148

[1288] Zauberring, Teil I, S. 171ff.

[1289] Ebd., Teil I, S. 107

[1290] Vgl. Max, S. 296ff.

[1291] Zauberring, Teil II, S. 111

[1292] Ebd., Teil I, S. 122ff.

[1293] Ebd., Teil II, S. 15. Vgl. auch S. 11f.

[1294] Ebd., Teil II, S. 45ff.

[1295] Vgl. dazu Zauberring, Teil II, S. 29f. und Fahrten Thiodolfs, Teil I, S. 132. Auch im "Alwin" (1808) findet sich ein Kapitel, worin über die Dichtung generell, nicht nur die nordische, nachgedacht wird und worin sich ein Gedicht über den dänischen Helden Alf findet, das allerdings kein Reflex nordischer Dichtkunst ist, sondern im konventionellen Kreuzreim gehalten ist. A. a. O., Teil II, S. 74ff.

nordisches, heidnisches Ebenbild Ottur.[1296] Das plötzliche Aufeinandertreffen der beiden Brüder, denn als solche erweisen sie sich letztlich, zwingt sie in die existentielle Krise, und erst nach tiefen inneren Konflikten finden beide zu sich selbst.

Wesentlich unbeschwerter geht Fouqué im „Thiodolf"-Roman mit der nordischen Überlieferung um, was auch für das Verhältnis zwischen Christentum und Heidentum gilt. Das Heidentum des Helden Thiodolf nämlich wird weder dämonisiert noch überhaupt negativ beschrieben: Vielmehr ergibt sich daraus die Möglichkeit, Thiodolfs Entwicklung vom picardischen Taugenichts und Tunichtgut hin zum wahren Helden zu verdeutlichen, denn die Entscheidung für das Christentum trifft Thiodolf bewußt und im Hinblick auf seine Erfahrung, die er sich unterwegs erworben hat. Damit trifft Thiodolf auch eine Entscheidung zugunsten der jungen Welt, des Südens, der in der Christin und Südländerin Malgherita personifiziert erscheint, während der Norden in der alten, heidnischen Mutter Thiodolfs Gunild verkörpert ist.

Es wird deutlich, daß Fouqués Darstellung des Nordens in seiner Dichtung bis 1815, die zu untersuchen war, in weiten Teilen der romantischen Anschauung dieser *Windrichtung* entspricht. Fouqué trug durch seine Popularität mit dazu bei, bereits bestehende Klischées bezüglich des Nordens zu Stereotypen zu verfestigen: Nebelumwogte Düsternis, bedrohliches Heidentum, Heldentum bis zum Tod, Felsenlandschaften, Zauberkraft, Unbarmherzigkeit des Geschicks - Eigenschaften, die beweisen, daß zwischen Montesquieu und Mallet auf der einen und der Romantik auf der anderen Seite ein starker Bezug herrscht, und so ist für den Dichter Fouqué wie für viele andere der Norden noch immer „eine Welt, die der Erlösung durch christliche Gesittung bedarf".[1297] Dennoch lassen sich im Norden, der „Deutschland" einschließt, Eigenschaften auffinden, die dem deutschen Kämpfer um die nationale Sache Vorbild sein konnten: Der Mythos vom Norden entfaltet seine Wirksamkeit hinsichtlich der utopischen Vorgabe, wie der Mensch der Zukunft geschaffen sein müsse, um das Ziel, die Wiederbelebung der deutschen Nation, zu erreichen, wobei es offenbar gerade die klaglose Opferbereitschaft und der Einsatz bis zum bitteren Ende sind, die Begeisterung zu erwecken vermochten. Durch diese Mythisierungsbestrebungen der Romantik geriet die Rezeption des Nordens endgültig in ein Fahrwasser, das eine rationale, geschichts- und aktualitätsbezogene Auseinandersetzung mit Skandinavien nachhaltig erschweren und verschleppen sollte.[1298]

[1296] Zauberring, Teil II, S. 90ff.

[1297] Klaus von See: Deutsche Germanen-Ideologie. Frankfurt/Main 1970, S. 32. Vgl. auch Bohrer, S. 8

[1298] Vgl. dazu Bohrer, S. 123ff.

12
Vom kosmopolitischen Nebeneinander zum pangermanischen Miteinander

Zusammenfassung und Ausblick

Die vorliegenden Personenkapitel haben deutlich gemacht, daß der Einfluß skandinavischer Kultur und Politik auf deutsche (Vor-) Denker der nationalen Bewegung nicht zu unterschätzen und in seiner Wirkung ähnlich bedeutsam ist wie der nachhaltige Eindruck, den die Französische Revolution auf die nationale Entwicklung in „Deutschland" hatte. Einschränkend muß jedoch darauf verwiesen werden, daß die neuen Ideen, welche die zuvor besprochenen Dichter und Schriftsteller aus ihrer Nordlanderfahrung heraus entwickelten, im zeitgenössischen „Deutschland" nicht eindeutig als der schwedischen oder dänischen Tradition zugehörig interpretiert werden konnten, während man die Gedanken deutscher Dichter, die auf Ideen Voltaires oder Rousseaus fußten, leichter auf ihre Ursprünge zurückführen konnte. Das dänische und das schwedische Gemeinwesen waren den meisten Einwohnern „Deutschlands" viel zu unbekannt, als daß sie beispielsweise Schlegels auch in „Deutschland" bekanntes Drama „Canut" mit der dänischen „Helstat"-Theorie in Verbindung gebracht hätten. Ebenso wird den meisten Anhängern der nationalen Einigung „Deutschlands" verborgen geblieben sein, woher Ernst Moritz Arndts Freiheitsidee stammte und welche Bedeutung der oft von ihm gebrauchten Eisenmetapher zukam. Darüber hinaus wurden die aus dem Norden mitgebrachten Erfahrungen derartig verinnerlicht und der eigenen nationalen Situation angepaßt, daß sie vielfach nicht mehr in ihrem Ursprung zu erkennen sind. So verhält es sich beispielsweise mit Klopstocks auf Hermann bezogene Dichtung sowie mit seiner „Gelehrtenrepublik" oder mit Steffens' organologischer Idee.

Zu der Zeit, mit der unsere Betrachtungen einsetzen, befindet sich die europäische Bildung noch völlig im Zeichen nüchterner Aufklärung. Der aufgeklärte Geist fordert, daß in Politik und Kultur ein Gleichgewicht in Europa zu herrschen habe, das Frieden und nachbarliches Zusammenleben garantiert. In diesem Sinn ist die erste Phase der Skandinavienrezeption unserer Untersuchung zu bewerten. Wir finden die Forderung nach einem gleichberechtigten Miteinander der Staaten deutlich bei Schlegel und Cramer ausgedrückt, allerdings durchleben beide verschiedene Stadien des nationalen Bewußtseins in Dänemark. Als Schlegel publiziert, sind die Deutschen noch diejenige Volksgruppe, die die meiste Macht im dänischen „Helstat" auf sich vereint. Schlegel fühlt sich daher geradezu bemüßigt, die Deutschen dazu aufzurufen, die Dänen als gleichberechtigte Sozialpartner im dänischen Staat anzuerkennen. Cramer erlebt bereits das massive Erwachen des dänischen Nationalstolzes und seine offene Rebellion gegen deutsches Wirken im „Helstat". Wenn Schlegel zur wechselseitigen Toleranz aufruft, wobei er sich als Deutscher noch in relativ einflußreicher Position befindet, und Klopstock sich in Dänemark bereits als deutscher Dichter schmähen lassen muß, bleibt Cramer nur die Beschwörung der einstigen Verbundenheit dreier Nationen im schützenden Gefüge des dänischen „Helstat", dessen baldigen Untergang er jedoch bereits kommen sieht. Schlegel und Cramer fordern die grundsätzliche Gleichberechtigung der Nationen im Staat aus der Theorie heraus und der Maßgabe folgend, die vernünftigem Zusammenleben entspricht. Die Realität, die beide erleben, sieht jedoch weitaus anders aus, und beide wissen darum.

In dieser Epoche ist nichts anderes zu fordern, als ein kosmopolitisches Nebeneinander; die Zeit der erwachenden Romantik, in der wir deutlich nationale Tendenzen ausmachen können, geht in ihren Forderungen nach Gleichheit und Brüderlichkeit soweit, das Miteinander zu proklamieren. Nicht aus Vernunftgründen heraus wird argumentiert, Enthusiasmus führt die Feder. Jens Baggesen geht in seiner für ein dänisches Publikum gedachten, kurz nach der französischen Revolution entstandenen visionären Schilderung seines Besuchs des deutschen Hermannsbergs so weit, die Vereinigung aller Völker im Sinne der Ideale der Französischen Revolution zu fordern.

Verschiedene Gründe sind zu nennen, weshalb in der Folge zumindest die pangermanische Vereinigung „Deutschlands" mit Skandinavien gefordert wird, wobei die persönliche Disposition der jeweiligen Person eine nicht unwesentliche Rolle spielt. Am bedeutsamsten ist jedoch in diesem Zusammenhang der kulturelle Aspekt: Arndt und Steffens ist daran gelegen, die frühzeitliche Kultur der Skandinavier auch für die Deutschen in Anspruch nehmen zu können, und daher behaupten beide gerne den gemeinsamen Ursprung. Bei Baggesen finden wir in seinem Hermannsbergkapitel interessanterweise eine Vorwegnahme dieser Forderung: Er sieht in Hermann den Urvater der germanischen Freiheit und verquickt daher skandinavische und deutsche Kulturtradition, wobei jedoch dem deutschen Vorbild die stärkere Wirkung zugeschrieben wird.

Die Zeit um die Jahrhundertwende war von Umstürzen aller Art geprägt. Neue Denkmuster wurden gefunden, viele Ideen angedacht. Der Untergang des Heiligen Römischen Reiches deutscher Nation forderte jeden national denkenden Bürger „Deutschlands" auf, sich an der künftigen Gestaltung seines Heimatlandes zu beteiligen. Vielfältigste Ideologien wurden entwickelt; in diesen Bereich gehört auch die Forderung Arndts und Steffens' nach kultureller Vereinigung mit dem Norden, wenn auch beide nicht erwähnen, welche Funktion dem neuen Gemeinwesen daraus erwachsen solle, über die Erzeugung eines scheinbar nationalen Selbstwertgefühls hinaus, das nicht historisch gewachsen, sondern ideologisch lanciert wäre. In dieser Hinsicht wurde die Forderung nach einer *Neuen Mythologie* um 1800 zu einem wesentlichen methodischen Ansatzpunkt für viele Dichter und Schriftsteller, ihre Gedanken auf einer höheren Ebene auszudrücken. Maßstäbe setzte im Bereich der nationalen Bewegung Fichte mit den „Reden an die deutsche Nation", deren Grundkonzept an die Theorie des „Goldenen Zeitalters" angelehnt ist. Steffens folgt ihm in seiner mythisch-historischen Darstellung, bei der der Blick auf die glorreiche Vergangenheit, desolate Gegenwart und hoffnungsvolle Zukunft skandinavische und deutsche Kultur vereint.

Allerdings müssen wir die pangermanische Idee als rein deutsches Phänomen benennen. Im historischen Überblick sind wir immer wieder politischen und kulturellen Ereignissen begegnet, bei denen die skandinavischen Länder, ihnen voran Dänemark, ganz eindeutig auf Distanz zu „Deutschland" gingen. In Skandinavien treten dagegen seit der Kalmarer Union immer wieder deutlich Bestrebungen zutage, auf dem einen oder anderen Gebiet eine nordische Vereinigung herzustellen, niemals jedoch wurde angestrebt, sich mit dem dominierenden großen und volkreichen „Deutschland" zu verbinden, zu dem man, im Gegensatz zu dem

Zusammenfassung und Ausblick

in der Wikingerzeit politisch verbundenen und teilweise skandinavisch besiedelten England, nur entfernte Verwandtschaft erkennen mochte.

Die Verwendung des Mythos vom Norden in der deutschen Skandinavienrezeption führt auf einen fatalen Weg. Noch steht uns vor Augen, wie sorgfältig und ernsthaft Schlegel, Klopstock und Cramer die Realität des dänischen Gemeinwesens aufgenommen haben und darin wesentliche Erfahrungen für ihr eigenes Leben und ihre Dichtung fanden. Arndt zeichnet sich in seinem Verhältnis zu Schweden dadurch aus, daß er vor allem schwedische Geschichte, Gesetze und Politik studierte, bevor er seine erkenntnisreiche Reise antrat. Kurz nach der Jahrhundertwende wird die klare und realistische Sicht des Nordens bereits durch Scheinmythen getrübt: Idealisierte Bilder des nördlichen Landes entstehen, die nicht mehr voraussetzen, daß sich die schreibende Person mit den existierenden skandinavischen Gemeinwesen auseinandersetzt. Hier wird der Weg bereitet für die wirklichkeitsfremde Rezeption des Nordens, wie wir sie bei Arndt in seiner Beschwörung des nördlichen Lichtes vorgeprägt finden und wie sie Fouqué, der als einziger der behandelten Dichter und Schriftsteller keinen persönlichen Kontakt zu Skandinavien gefunden hat, versatzstückhaft ausbildet. Auch der späte Steffens ist nicht frei von der Beschwörung eines klischierten Nordlandbildes, wie es seine um 1820 entstandenen Romane beweisen. Fouqués Rezeption des Nibelungenmythos führt direkt auf die ideologisch befrachtete Aufnahme des Stoffs durch Wagner, die - stets in Verbindung mit parallel dazu laufenden gesellschaftlichen Entwicklungen - ein Germanenbild zu bieten scheint, das dem deutschen Wesen besonders entsprechen und es in seiner Größe zeigen soll.

Mehrfach wurde auf Montesquieus Äußerung Bezug genommen, daß die Freiheit in den Wäldern Germaniens zu Hause sei. Mit dieser Vorstellung sind sicherlich alle der behandelten Dichter und Schriftsteller in irgendeiner Weise in Berührung gekommen. Es fragt sich, ob und wie die Skandinavienerfahrung unserer Personen diese Äußerung spiegelt.

Die Freiheit und der Norden sind für Klopstock und Arndt in gewisser Weise synonym zu setzen. Dabei gehen beide von unterschiedlichen Voraussetzungen aus. Klopstocks Feier der freien und gleichberechtigten germanischen Stämme war sicherlich ebenso von seinen wenigen Studien altnordischer Geschichte und Kultur wie auch seiner Erfahrung des zeitgenössischen Dänemark geprägt, in dem er im „Helstat" zumindest theoretisch das gleichberechtigte Zusammenleben verschiedener Völker unter einer Oberhoheit gegeben sah. Für Arndt verbindet sich die Freiheit direkt mit der Stärke und Eisenhaftigkeit des schwedischen Volkes, das sich diese Freiheit im Laufe seiner Geschichte selbst erworben hat. Dadurch wird das schwedische Volk für Arndt zum Vorbild der Deutschen, die er auffordert, den gleichen Weg zur Freiheit zu gehen.

Im übrigen finden wir die Freiheit in einem mehr abstrakten Zusammenhang gespiegelt. Schlegel, Klopstock und noch Cramer feiern den dänischen „Helstat" als politisch vorbildlich, da er jeder Volksgruppe genügend Entfaltungsmöglichkeiten bietet und ihm ein vorbildlicher Herrscher vorsteht, der auch der Entfaltung des aufstrebenden Bürgertums keine Steine in den Weg legt. Staatliche Einheit und volkliche Vielfalt verbinden sich derartig auf ideale Weise.

Offenbar waren es jedoch nicht in erster Linie die bestehenden, realistischen Zustände, die deutsche Dichter und Schriftsteller dazu anregten, sich mit Skandinavien zu befassen, sondern die Suche nach einer eigenen, verschollenen Identität, die man bei den nördlichen Nachbarn entsprechend ausgebildet sah, und es bleibt diesbezüglich auch festzuhalten, daß die pangermanische Idee, wie sie sich allmählich zu Anfang des 19. Jahrhunderts ausbildete, im Einfluß Skandinaviens auf „Deutschland" wurzelt und ohne das intensive Studium von Kultur, Volksmentalität und Geschichtsmythologie, wie es die von uns untersuchten Dichter und Schriftsteller betrieben hatten, die zum größten Teil, wenn auch in jeweils verschiedener Weise, ihre persönliche Kenntnis Skandinaviens in ihre Werke einbringen konnten, kaum vorstellbar gewesen wäre.

Bibliographie

Primärliteratur

Arndt, Ernst Moritz: Briefe. Hrsg. von Albrecht Dühr. 3 Bände, Darmstadt 1972 (Texte zur Forschung, Band 8)
Ders.: Entwurf einer teutschen Gesellschaft. Frankfurt/Main 1814
Ders.: Erinnerungen aus Schweden. Eine Weihnachtsgabe. Berlin 1818
Ders.: Germanien und Europa. Altona 1803
Ders.: Reise durch Schweden im Jahr 1804. Neu herausgegeben und eingeleitet von Heinz von Arndt. Mit einem Nachwort von Uno Willers und 30 zeitgenössischen Abbildungen und Faksimilies. Tübingen und Basel 1976
Ders.: Sämtliche Werke in 14 Bänden. Leipzig und Madgeburg 1892 - 1909
Ders.: Versuch einer Geschichte der Leibeigenschaft in Pommern und Rügen. Nebst einer Einleitung in die alte teutsche Leibeigenschaft. Berlin 1803
Bachofen, Johann Jacob: Der Mythus von Orient und Okzident. Mit einer Einleitung von Alfred Bäumler hrsg. von Michael Schroeter. München 1926
Baggesen, Jens: Danske Værker i tolv Bind. Udgivne af Forfatterens Sønner og C. J. Boye. København 1827 - 1832
Ders. (Hrsg.): Der Karfunkel oder Klingklingel-Almanach. Ein Taschenbuch für vollendete Romantiker und angehende Mystiker. Auf das Jahr der Gnade 1810. Faksimiledruck nach der Ausgabe von 1809. Hrsg. und mit einer Einführung von Gerhard Schulz. Bern, Frankfurt/Main, Las Vegas 1978 (= Seltene Texte der deutschen Romantik, Band 4)
Ders.: Das Labyrinth oder Reise durch Deutschland in die Schweiz 1789. Übersetzt und mit einem Nachwort versehen von Gisela Perlet. Mit 17 zeitgenössischen Illustrationen. Leipzig und Weimar 1985
Ders.: Labyrinten eller Reisen giennem Tydskland, Schweitz og Frankrig. Med efterskrift af Torben Brostrøm. København 1986
Ders.: Labyrinthen. Med en efterskrift af Leif Ludwig Albertsen. København u. å.
Ders.: Poetische Werke in deutscher Sprache. Hrsg. von den Söhnen des Verfassers, Carl und August Baggesen. Fünf Theile. Leipzig 1836
Ders.: Poetiske Skrifter. Ved A. Arland. 5 Bände, Kjøbenhavn 1889 - 1903
Ders.: Udvalgte komiske og satiriske Poesier. Med Indledning og Anmærkninger af Kr. Arentzen. Kiöbenhavn 1878
Ders.: Der vollendete Faust oder Romanien in Jauer. Faksimiledruck nach der Ausgabe von 1836 (Poetische Werke in deutscher Sprache, 3. Theil). Hrsg. und mit einer Einführung von Leif Ludwig Albertsen. Bern, Frankfurt/Main, New York 1985 (= Seltene Texte aus der deutschen Romantik. Hrsg. von Gerhard Schulz, Band 7)
Baggesen, Karl und August (Hrsg.): Aus Jens Baggesens Briefwechsel mit Karl Leonhard Reinhold und Friedrich Heinrich Jacobi. In zwei Theilen. Leipzig 1831
Cramer, Carl Friedrich: Baggesens Professors in Kopenhagen Humoristische Reisen durch Dännemark, Deutschland und die Schweiz in fünf Bänden. Hamburg und Maynz, Altona und Leipzig 1793
Ders. (Hrsg.): Holger Danske oder Oberon. Eine Oper in drey Acten. Klavierauszug von Ludewig Aemilius Kunzen. Text von Jens Immanuel Baggesen. Copenhagen 1790

Ders.: Klopstock. Er; und über ihn. Sechs Teile. Band 1: Hamburg 1780; Band 2: Dessau 1782; Band 3: Leipzig und Altona 1790; Band 4: Leipzig und Altona 1792; Band 5: Leipzig und Altona 1795

Ders: Klopstock. In Fragmenten aus Briefen von Tellow an Elisa. Neudruck der Ausgabe Hamburg 1777. 2 Bände, Bern 1969/1971.

Ders.: Menschliches Leben. Zwölftes Stück: Gerechtigkeit und Freiheit. Altona und Leipzig 1794

Ders.: Über mein Schicksal. Kiel 1794

Eichendorff, Joseph von: Werke. Hrsg. von W. Resch. 2. Auflage, München 1959

Fichte, Johann Gottlieb: Der Patriotismus und sein Gegenteil. Patriotische Dialogen. Nach der Handschrift hrsg. von Hans Schulz. Leipzig 1918

Ders.: Reden an die deutsche Nation. Mit einer Einleitung von Alwin Diemer. Hamburg 1955

Fouqué, Friedrich de la Motte: Sämtliche Romane und Novellenbücher. Hrsg. von Wolfgang Möhring. Band 1: Alwin; Band 4: Der Zauberring; Band 5.2: Die Fahrten Thiodolfs des Isländers. Hildesheim, Zürich, New York 1989/90

Ders.: Werke. Auswahl in drei Teilen. Hrsg., mit Einleitung und Anmerkungen versehen von Walther Ziesemer. Berlin, Leipzig, Wien, Stuttgart o. J.

Goethe, Johann Wolfgang: Dichtung und Wahrheit. Mit zeitgenössischen Illustrationen, ausgewählt von Jörn Göres. 3 Bände. Frankfurt/Main 1975

Hagen, Friedrich Heinrich von der: Die Nibelungen: ihre Bedeutung für die Gegenwart und für immer. Breslau 1819

Ders.: Der Nibelungen Lied zum erstenmal in der ältesten Gestalt aus der St. Galler Urschrift mit Vergleichung aller übrigen Handschriften herausgegeben durch dens. ordentl. Professor an der Universität zu Breslau. Dritte berichtigte, mit Einleitung und Wörterbuch vermehrte Auflage. Breslau 1920

Heine, Heinrich: Die romantische Schule. Mit einem Nachwort von Norbert Altenhofer. Frankfurt/Main 1987

Herder, Johann Gottfried: Sämtliche Werke. Hrsg. von Bernd Suphan. 33 Bände, Berlin 1877 - 1913

Hölderlin, Friedrich: Sämtliche Gedichte. Studienausgabe in zwei Bänden. Hrsg. und kommentiert von Detlev Lüders. Bad Homburg v. d. H. 1970

Holberg, Ludvig: Samlede Skrifter i tolv Bind. København 1927

Klopstocks Abschiedsrede über die epische Poesie, cultur- und litteraturgeschichtlich beleuchtet, sowie mit einer Darlegung der Theorie Uhlands über das Nibelungenlied begleitet von Albert Freybe. Halle 1868

Briefe von und an Klopstock. Ein Beitrag zur Literaturgeschichte seiner Zeit. Hrsg. von J. M. Lappenberg. Braunschweig 1867

Klopstocks Briefwechsel. Mit Vorrede und Anmerkungen hrsg. von Klamer Schmidt. Hildburghausen 1850 (= Nationalbibliothek der Deutschen Klassiker, 51. Band)

Klopstock, Friedrich Gottlieb: Sämtliche Werke in zwölf Bänden. Leipzig 1798 - 1817

Ders.: Sämtliche Werke in zehn Bänden. Leipzig 1854/55

Ders: Werke und Briefe. Historisch-kritische Ausgabe. Begründet von Adolf Beck, Karl Ludwig Schneider und Hermann Tiemann. Hrsg. von Horst Gronemeyer, Elisabeth Höpker-Herberg, Klaus Hurlebusch und Rose-Maria Hurlebusch. Berlin und New York 1974 (wird noch fortgesetzt)

Molesworth, Robert: An Account of Denmark as it was in the Year 1692. Nachdruck der Ausgabe London 1694. Kopenhagen 1976

Das Nibelungenlied. Mittelhochdeutscher Text und Übertragung, hrsg., übersetzt und mit einem Anhang versehen von Helmut Brackert. Frankfurt/Main 1985

Schlegel, Friedrich: Gespräch über die Poesie. Mit einem Nachwort von Hans Eichner. Stuttgart 1968

Ders.: Literarische Notizen 1797 - 1800. Literary Notebooks, hrsg. von Hans Eichner. Frankfurt/Main, Berlin, Wien 1980

Schlegel, Johann Elias: Ästhetische und dramaturgische Schriften. Hrsg. von Johann von Antoniewicz. Nachdruck der Ausgabe Stuttgart 1887. Darmstadt 1970 (= Deutsche Literaturdenkmale des 18. und 19. Jahrhunderts, Band 26)

Ders.: Werke. Hrsg. von Johann Heinrich Schlegel. Nachdruck der Ausgabe Kopenhagen und Leipzig 1761 - 1770. 5 Bände, Frankfurt/Main 1971

Steffens, Henrich: Breslau 1813. Leipzig 1913

Ders.: Caricaturen des Heiligsten. Zwei Theile. Leipzig 1818/1821

Ders.: Die gegenwärtige Zeit und wie sie geworden mit besonderer Rücksicht auf Deutschland. in zwei Theilen. Berlin 1817

Ders.: Grundzüge der philosophischen Naturwissenschaft. Zum Behuf seiner Vorlesungen. Berlin 1806

Ders.: Die gute Sache. Eine Aufforderung zu sagen, was sie sei, an alle, die es zu wissen meinen, veranlaßt durch des Verfassers letzte Begegnisse in Berlin. Leipzig 1819

Ders.: Über die Idee der Universitäten. In: Die Idee der deutschen Universität. Die fünf Grundschriften aus der Zeit ihrer Neugründung durch klassischen Idealismus und romantischen Realismus. Darmstadt 1956, S. 307 - 374

Ders.: Indledning til philosophiske Forelæsninger i København 1803. København 1968

Ders.: Malkolm. Eine norwegische Novelle. Zwei Bände. Breslau 1831

Ders.: Nachgelassene Schriften. Mit einem Vorworte von Schelling. Berlin 1846

Ders.: Über Sagen und Mährchen aus Dänemark. In: Der Deutschen Leben, Kunst und Wissen im Mittelalter. Eine Sammlung einzelner Aufsätze, hrsg. von Johann Gustav Büsching. Zweiter Band. Breslau 1819, S. 183 - 191

Ders.: Turnziel. Sendschreiben an den Herrn Professor Kayßler und die Turnfreunde. Breslau 1818

Ders.: Was ich erlebte. Aus der Erinnerung niedergeschrieben. Zehn Bände. Breslau 1840 - 1844

Wagner, Richard: Sämtliche Schriften und Dichtungen in zwölf Bänden. Fünfte Auflage, Leipzig o. J.

Walther von der Vogelweide: Sämtliche Lieder. Mittelhochdeutsch und in neuhochdeutscher Prosa. Mit einer Einführung in die Liedkunst Walthers hrsg. und übertragen von Friedrich Maurer. München 1972

Wieland, Christoph Martin: Meine Antworten: Aufsätze über die Französische Revolution 1789 - 1793. Nach den Erstdrucken im „Teutschen Merkur" hrsg. von Fritz Martini. Marbach am Neckar, Stuttgart 1983

Wieland's Werke. Vierunddreißigster Theil: Aufsätze über die Französische evolution und Wieland's Stellung zu derselben. Berlin o. J.

Sekundärliteratur

Abelein, Werner: Henrik Steffens' politische Schriften. Zum politischen Denken in Deutschland in den Jahren um die Befreiungskriege. Tübingen 1977

Achterberg, Elisabeth: Henrich Steffens und die Idee des Volkes. Würzburg 1938 (= Stadion. Arbeiten aus dem germanistischen Seminar der Universität Berlin, Band II)

Albertsen, Leif Ludwig: Baggesens „Parthenais" und „Faust". In: Nerthus 1 (1964), S. 106 - 137

Ders.: Baggesen zwischen Vorromantik und Biedermeier. Ein Beitrag zum Verständnis der zwischen 1760 und 1765 geborenen deutschen Dichter. In: ZfdPh 84 (1965), S. 563 - 580

Ders.: Novalismus. In: GRM, NF 17 (1967), S. 272 - 285

Ders.: Odins Mjød. En studie i Baggesens mystiske poetik. Aarhus 1969

Ders.: Odinsmythos in Jens Baggesens Dichtung und Philosophie. In: GRM, NF 20 (1970), S. 189 - 204

Ders.: Sfinksens lyriske Værksted. Med en gendigtning af Alex Garff. Baggeseniana. Privattryk. København 1973

Ders.: Das vorgefomte Wort. Baggesen als Übersetzer und Parodist. In: Nerthus 2 (1969), S. 151 - 185

Alewyn, Richard: „Klopstock". In: Euphorion 73 (1979), S. 357 - 364

Alter, Peter: Nationalismus. Zweite Auflage, Frankfurt/Main 1991

Anderson, Benedict: Die Erfindung der Nation. Zur Karriere eines folgenreichen Konzepts. Frankfurt/Main, New York 1988

Anderson, Eugen Newton: Nationalism and the Cultural Crisis in Prussia, 1806 - 1815. New York 1939

Anderson, Percy: Die Entstehung des absolutistischen Staates. Übersetzt von Gerhard Fehn. Frankfurt/Main 1979

Andersson, Ingvar: Sveriges historia. Sjutende utvidgade upplagan, Stockholm 1969

Aretin, Karl Otmar Freiherr von: Vom Deutschen Reich zum Deutschen Bund. Göttingen 1980 (= Deutsche Geschichte, hrsg. von Joachim Leuschner, Band 7)

Ders.: Heiliges Römisches Reich 1776 - 1806. Reichsverfassung und Staatssouveränität. 1. Band: Darstellung; 2. Band: Ausgewählte Aktenstücke, Bibliographie, Register. Wiesbaden 1967

Armstrong, John A.: Nations before Nationalism. Chapel Hill 1982

Ernst Moritz Arndt 1769 - 1860. Konferenz über Werk und Wirken Greifswalder Wissenschaftler zu Beginn der bürgerlichen Umwälzung. Wissenschaftliche Zeitschrift der Ernst-Moritz-Arndt-Universität Greifswald. Gesellschaftswissenschaftliche Reihe XXXIV, 1985, 3 - 4

Arndt, Heinz von: Das Abenteuer der Befreiung. Ernst Moritz Arndt und die Forderung seiner Zeit. Leoni am Starnberger See 1960

Arnold, Heinz Ludwig (Hrsg.): Friedrich Gottlieb Klopstock. München 1981 (= ed. Text und Kritik, Sonderband)

Barudio, Günter: Absolutismus - Zerstörung der „libertären Verfassung". Studien zur „karolinischen Eingewalt" in Schweden zwischen 1680 und 1693. Wiesbaden 1976 (= Frankfurter Historische Abhandlungen, Band 13

Ders.: Gustav Adolf - der Große. Eine politische Biographie. Frankfurt/Main 1982

Ders.: Das Zeitalter des Absolutismus und der Aufklärung 1648 - 1779. Hrsg. und verfaßt von dems. Frankfurt/Main 1981 (= Fischer Weltgeschichte, Band 25)

Basse, Peter: Et labyrintisk menneske. Portræet af digteren Baggesen i revolutionsåret 1789. Aarhus 1989

Batka, Richard: Altnordische Studien in Deutschland. 1. Von Gottfried Schütze bis Klopstock. In: Euphorion. Zweites Ergänzungsheft (1896), S. 1 - 70

Ders.: Altnordische Stoffe und Studien in Deutschland. 2. Abschnitt: Klopstock und die Barden. In: Euphorion 6 (1899), S. 67 - 83

Baxa, Jakob: Einführung in die romantische Staatswissenschaft. Zweite Auflage, Jena 1931

Ders.: Gesellschaft und Staat im Spiegel der deutschen Romantik. Jena 1924

Behrens, F. W.: Deutsches Ehr- und Nationalgefühl in seiner Entwicklung durch Philosophen und Dichter (1600 - 1815). Leipzig 1891

Behrens, Jürgen (Hrsg.): Briefwechsel zwischen Klopstock und den Grafen Christian und Friedrich Leopold zu Stolberg. Neumünster 1964

Beißner, Friedrich: Klopstock als Erneuerer der deutschen Dichtersprache. In: Zeitschrift für Deutschkunde 56 (1942), S. 235 - 240

Ders.: Klopstocks vaterländische Dramen. Weimar 1942

Berbig, Hans Joachim: Kleine Geschichte der deutschen Nation. Düsseldorf 1985

Berner, Felix: Gustav Adolf. Der Löwe aus Mitternacht. Stuttgart 1982

Betteridge, Harold T.: Klopstock in Dänemark. In: Beiträge zur deutschen und nordischen Literatur. Festgabe für Leopold Magon zum 70. Geburtstag (3. April 1957). Hrsg. von Hans Werner Seifert. Berlin 1958, S. 137 - 152

Ders.: Young Klopstock - a Psycho-literary Study. In: Orbis litterarum 15 (1960), S. 3 - 35

Ders.: Klopstocks Wendung zum Patriotismus. In: Friedrich Gottlieb Klopstock. Werk und Wirkung. Wissenschaftliche Konferenz der Martin-Luther-Universität Halle-Wittenberg. Hrsg. von Hans-Georg Werner. Berlin 1978, S. 179 - 184

Birtsch, Günter (Hrsg.): Patriotismus. Hamburg 1991 (= Aufklärung. Interdisziplinäre Halbjahresschrift zur Erforschung des 18. Jahrhunderts und seiner Wirkungsgeschichte. Jg. 4, Heft 2, 1989)

Blanck, Anton: Den nordiska renässance i syttonhundrats litteratur. Stockholm 1911

Blumenberg, Hans: Arbeit am Mythos. Fünfte Auflage, Frankfurt/Main 1990

Bobé, Louis: Efterladte Papirer fra den Reventlowske Familiekreds i tidsrummet 1770 - 1827. Meddelser af arkiverne paa Pederstrup og Brahe-Trolleborg. Udgivne paa foranledning af Hofjægermester, Lehnsgreve C. E. Reventlow. Fjerde Bind. København u. å.

Bohnen, Klaus/Sven-Aage Jørgensen/Friedrich Schmöe (Hrsg.): Dänische „Guldalder"-Literatur und Goethezeit. Vorträge des Kolloquiums am 29. und 30. April 1982. Kopenhagen, München 1982. (= Kopenhagener Kolloquien zur deutschen Literatur, hrsg. von Klaus Bohnen und Sven-Aage Jørgensen. Band 6. Text und Kontext Sonderreihe, Band 14)

Dies. (Hrsg.): Deutsch-dänische Literaturbeziehungen im 18. Jahrhundert. Akten des Kolloquiums, am 9. und 10. Oktober 1978 vom Institut für germanische Philologie der Universität Kopenhagen in Zusammenarbeit mit dem Deutschen Kulturinstitut Kopenhagen veranstaltet und geleitet von dens. München 1979

Bohrer, Karl Heinz (Hrsg.): Mythos und Moderne. Begriff und Bild einer Rekonstruktion. Frankfurt/Main 1983

Ders.: Der Mythos vom Norden. Studien zu einer romantischen Geschichtsprophetie. Köln 1961

Bonhak, Conrad: Preußen unter der Fremdherrschaft 1807 - 1813. Leipzig 1925

Borries, Kurt: Kant als Politiker. Zur Staats- und Gesellschaftslehre des Kritizismus. Leipzig 1929

Brackert, Helmut: Nibelungenlied und Nationalgedanke. Zur Geschichte einer deutschen Ideologie. In: Mediævala litteraria. Festschrift für Helmut de Boor zum 80. Geburtstag. Hrsg. von Ursula Hennig und Herbert Kolb. München 1971, S. 343 - 364

Brandt, Otto: Geschichte Schleswig-Holsteins. Ein Grundriß. Fünfte Auflage, neu bearbeitet und bis zur Gegenwart fortgeführt von Dr. Wilhelm Klüver. Mit Beiträgen von Prof. Dr. Herbert Jankuhn. Kiel 1957

Braubach, Max: Von der Französischen Revolution bis zum Wiener Kongreß. Dritte Auflage, München 1979 (= Gebhardt Handbuch der deutschen Geschichte, Band 14)

Bredsdorff, Viggo: Jens Baggesen som tysk digter. In: Edda 54 (1954), S. 305 - 324

Bruck, Reinhard: Henrich Steffens. Ein Beitrag zur Philosophie der Romantik. Leipzig 1906

Brüggemann, Fritz: Der Kampf um die bürgerliche Welt- und Lebensanschauung in der deutschen Literatur des 18. Jahrhunderts. In: DVjS 3 (1925), S. 94 - 127

Bubner, Rüdiger (Hrsg.): Das älteste Systemprogramm. Studien zur Frühgeschichte des deutschen Idealismus. Bonn 1973 (= Hegel-Studien, Beiheft 9)

Buchholz, Werner: Staat und Ständegesellschaft in Schweden zur Zeit des Übergangs vom Absolutismus zum Ständeparlamentarismus 1718 - 1720. Stockholm 1979

Büsch, Otto/James J. Sheehan (Hrsg.): Die Rolle der Nation in der deutschen Geschichte und Gegenwart. Beiträge zu einer internationalen Konferenz in Berlin (West) vom 16. bis 18. Juni 1983. Berlin 1985 (= Einzelveröffentlichungen der Historischen Kommission zu Berlin, Band 50)

Burger, Heinz Otto: Eine Idee, die noch in keines Menschen Sinn gekommen ist. Ästhetische Religion in deutscher Klassik und Romantik. In: Ders.: „Dasein heißt eine Rolle spielen". Studien zur deutschen Literaturgeschichte. München 1963, S. 233 - 254

Carlsson, Sten/Jerker Rosén: Svensk Historia 2. Tiden efter 1718. Tredja upplagan, Stockholm 1961

Cedergren Bech, Svend: Oplysning og Tolerance 1721 - 1784. Danmarks historie. Under redaktionen af John Danstrup og Hal Koch. København 1965. Bind 9

Clausen, Julius: Jens Baggesen. En litterær-psychologisk studie. København 1895

Conrad, Hermann: Staatsgedanke und Staatspraxis des aufgeklärten Absolutismus. Opladen 1971. (= Rheinisch-westfälische Akademie der Wissenschaften. Vorträge G 173. Jahresfeier am 19. Mai 1971)

Dann, Otto: Nation und Nationalismus in Deutschland 1770 - 1990. München 1993

Ders. (Hrsg.): Nationalismus in vorindustrieller Zeit. München 1986 (= Studien zur Geschichte des neunzehnten Jahrhunderts, Band 14)

Deutsch, Karl W.: Nationenbildung - Nationalstaat - Integration. Hrsg. von A. Ashkenasi und P. Schulze. Düsseldorf 1972 (= Studienbücher zur auswärtigen und internationalen Politik, Band 2)

Droysen, Johann Gustav/Karl Samwer (Hrsg.): Die Herzogthümer Schleswig-Holstein und das Königreich Dänemark. Aktenmäßige Geschichte der dänischen Politik seit dem Jahr 1806. Unveränderter Neudruck der Ausgabe Hamburg 1850. Vaduz 1989 dems. Darmstadt 1976 (= Ausgewählte Quellen zur deutschen Geschichte der Neuzeit, Band XIII)

Holborn, Hajo: Deutsche Geschichte der Neuzeit. Band 1: Das Zeitalter der Reformation und des Absolutismus (bis 1790). Band 2: Reform und Restauration, Liberalismus und Nationalismus (1790 - 1871). München, Wien 1970

Hruby, Ingrid: Imago Mundi. Eine Studie zur Bildungslehre Ernst Moritz Arndts. Frankfurt/Main, Bonn 1981

Hubatsch, Walther (Hrsg.): Absolutismus. Darmstadt 1973 (= Wege der Forschung CCCXIV)

Ders.: Im Bannkreis der Ostsee. Grundriß einer Geschichte der Ostseeländer in ihren gegenseitigen Beziehungen. Marburg 1948

Ders.: Die Deutschen und der Norden. Ein Beitrag zur politischen Ideengeschichte vom Humanismus bis zur Gegenwart in Dokumenten. Göttingen 1951

Ders.: Grundlinien preußischer Geschichte. Königtum und Staatsgestaltung 1701 - 1871

Ders.: Unruhe des Nordens. Göttingen, Berlin, Frankfurt/Main 1956

Huber, Ernst Rudolf: Nationalstaat und Verfassungsstaat. Studien zur Geschichte der modernen Staatsidee. Stuttgart 1965

Hübner, Kurt: Das Nationale. Graz, Wien, Köln 1991

Ders.: Die Wahrheit des Mythos. München 1985

Huesmann, Else: Henrich Steffens in seinen Beziehungen zur deutschen Frühromantik unter besonderer Berücksichtigung seiner Naturphilosophie. Kiel 1929

Hultberg, Helge: Den unge Henrich Steffens 1773 - 1811. København 1973 (= Festskrift udgivet af Københavns Universitet i anledning af universitetets årsfest November 1973)

Ders.: Den ældre Steffens 1811 - 1845. København 1981

Jamme, Christoph (Hrsg.): Mythologie der Vernunft. Frankfurt/Main 1984

Ders./Helmut Schneider (Hrsg.): Der Weg zum System. Materialien zum jungen Hegel. Frankfurt/Main 1990

Joachimsen, Paul: Vom deutschen Volk zum deutschen Staat. Eine Geschichte des deutschen Nationalbewußtseins. Bearbeitet und bis an die Gegenwart fortgesetzt von Joachim Leuschner. Göttingen 1956

Johannesson, Kurt: Gotisk renässans. Johannes och Olaf Magnus som politiker och historiker. Stockholm 1982

Johnston, Otto W.: Der deutsche Nationalmythos. Ursprung eines politischen Programms. Stuttgart 1990

Jolles, Mathys: Das deutsche Nationalbewußtsein im Zeitalter Napoleons. Frankfurt/Main 1936

Jones, G. L.: Johann Elias Schlegel: „Canut". The Tragedy of Human Evil. In: Lessing Yearbook 6 (1974), S. 150 - 161

Jung, Friedrich: Henrik Steffens und das Problem der Einheit von Vernunft und Offenbarung. Marburg 1961

Kämmerer, Max: Der Held des Nordens von Friedrich Baron de la Motte Fouqué und seine Stellung in der deutschen Literatur. Rostock 1909

Kaiser, Gerhard: Klopstock. Religion und Dichtung. Gütersloh 1963

Ders.: Pietismus und Patriotismus im literarischen Deutschland. Ein Beitrag zum Problem der Säkularisation. Zweite Auflage, Frankfurt/Main 1973

Karlbom, Rolf: Frihetstidens författning och 1809-års regeringsform. En principutredning om empiri och teori i Sveriges nyare författningshistoria. Göteborg 1974 (= Medelanden från historiska institutionen i Göteborg, Nr. 7)

Gagliardo, John G.: Reich and Nation. The Holy Roman Empire as Idea and Reality, 1763 - 1806. Indiana 1980

Gatz, Bodo: Weltalter, goldene Zeit und sinnverwandte Vorstellungen. Tübingen 1967

Gellner, Ernest: Nationalismus und Moderne. Berlin 1991

Gentikow, Barbara: Skandinavische und deutsche Literatur. Bibliographie der Schriften zu den literarischen, historischen und kulturgeschichtlichen Wechselbeziehungen. Neumünster 1975

Gerhardt, Martin/Walther Hubatsch: Deutschland und Skandinavien im Wandel der Jahrhunderte. Zweite, verbesserte und bis an die Gegenwart geführte Auflage. Bonn 1977

Giesen, Bernhard (Hrsg.): Nationale und kulturelle Identität. Studien zur Entwicklung des kollektiven Bewußtseins in der Neuzeit. Frankfurt/Main 1991

Gilles, Alexander: Herder und Ossian. Berlin 1933 (= Neue Forschung. Arbeiten zur Geistesgeschichte der germanischen und romanischen Völker. Hrsg. von Hans Hecht, Friedrich Neumann und Rudolf Unger, Band 19)

Gockel, Heinz: Mythos und Poesie. Zum Mythosbegriff in Aufklärung und Frühromantik. Frankfurt/Main 1981

Groote, Wolfgang von: Die Entstehung des Nationalbewußtseins in Nordwest-Deutschland 1790 - 1830. Göttingen, Berlin, Frankfurt/Main 1955

Haintz, Otto: König Karl XII. von Schweden. 3 Bände. Berlin 1958

Haym, Rudolf: Die Romantische Schule. Ein Beitrag zur Geschichte des deutschen Geistes. Vierte Auflage, besorgt von Otto Walzel. Berlin 1920

Hedin, Greta: Mannhemsförbundet. Ett bidrag till göticismens och den yngre romantikens historia. Göteborg 1928 (= Göteborgs Högskolans Årskrift XXXIV)

Heitner, Robert R.: German Tragedy in the Age of Enlightenment. A Study in the Development of Original Tragedies, 1724 - 1768. Berkley and Los Angeles 1963

Hennigfeld, Jochem: Mythos und Poesie. Interpretationen zu Schellings „Philosophie der Kunst" und „Philosophie der Mythologie". Meisenheim am Glan 1973

Henriksen, Aage: Den rejsende. Otte kapitler om Baggesen og hans tid. København 1961

Herling, Manfred/Horst-Diether Schröder: Ernst Moritz Arndt 1769 - 1969. Katalog der Ausstellung der Ernst-Moritz-Arndt-Universität Greifswald zum 200. Geburtstag Ernst Moritz Arndts. Greifswald 1969

Hesse, Otto Ernst: Jens Baggesen und die deutsche Philosophie. Leipzig 1914

Hinderer, Walter (Hrsg.): Geschichte der politischen Lyrik in Deutschland. Stuttgart 1978

Hinrichs, Ernst (Hrsg.): Absolutismus. Frankfurt/Main 1986

Hippel, Ernst von: Geschichte der Staatsphilosophie in Hauptkapiteln. II. Band. Meisenheim am Glan 1957

Hjärne, R.: Götiska förbundet och dess hufudmäm. Stockholm 1878

Hobsbawn, Eric J.: Nationen und Nationalismus. Mythos und Realität seit 1780. Frankfurt/Main, New York 1991

Hoerster, Norbert (Hrsg.): Klassische Texte der Staatsphilosophie. Sechste Auflage, München 1989

Hof, Walther: Der Gedanke der deutschen Sendung in der deutschen Literatur. Gießen 1937 (= Gießener Beiträge zur deutschen Philologie 50)

Hofmann, Hanns Hubertus (Hrsg.): Quellen zum Verfassungsorganismus des Heiligen Römischen Reichs deutscher Nation 1495 - 1815. Hrsg. und eingeleitet von dems. Darmstadt 1976 (= Ausgewählte Quellen zur deutschen Geschichte der Neuzeit, Band XIII)

Holborn, Hajo: Deutsche Geschichte der Neuzeit. Band 1: Das Zeitalter der Reformation und des Absolutismus (bis 1790). Band 2: Reform und Restauration, Liberalismus und Nationalismus (1790 - 1871). München, Wien 1970

Hruby, Ingrid: Imago Mundi. Eine Studie zur Bildungslehre Ernst Moritz Arndts. Frankfurt/Main, Bonn 1981

Hubatsch, Walther (Hrsg.): Absolutismus. Darmstadt 1973 (= Wege der Forschung CCCXIV)

Ders.: Im Bannkreis der Ostsee. Grundriß einer Geschichte der Ostseeländer in ihren gegenseitigen Beziehungen. Marburg 1948

Ders.: Die Deutschen und der Norden. Ein Beitrag zur politischen Ideengeschichte vom Humanismus bis zur Gegenwart in Dokumenten. Göttingen 1951

Ders.: Grundlinien preußischer Geschichte. Königtum und Staatsgestaltung 1701 - 1871

Ders.: Unruhe des Nordens. Göttingen, Berlin, Frankfurt/Main 1956

Huber, Ernst Rudolf: Nationalstaat und Verfassungsstaat. Studien zur Geschichte der modernen Staatsidee. Stuttgart 1965

Hübner, Kurt: Das Nationale. Graz, Wien, Köln 1991

Ders.: Die Wahrheit des Mythos. München 1985

Huesmann, Else: Henrich Steffens in seinen Beziehungen zur deutschen Frühromantik unter besonderer Berücksichtigung seiner Naturphilosophie. Kiel 1929

Hultberg, Helge: Den unge Henrich Steffens 1773 - 1811. København 1973 (= Festskrift udgivet af Københavns Universitet i andledning af universitetets årsfest November 1973)

Ders.: Den ældre Steffens 1811 - 1845. København 1981

Jamme, Christoph (Hrsg.): Mythologie der Vernunft. Frankfurt/Main 1984

Ders./Helmut Schneider (Hrsg.): Der Weg zum System. Materialien zum jungen Hegel. Frankfurt/Main 1990

Joachimsen, Paul: Vom deutschen Volk zum deutschen Staat. Eine Geschichte des deutschen Nationalbewußtseins. Bearbeitet und bis an die Gegenwart fortgesetzt von Joachim Leuschner. Göttingen 1956

Johannesson, Kurt: Gotisk renässans. Johannes och Olaf Magnus som politiker och historiker. Stockholm 1982

Johnston, Otto W.: Der deutsche Nationalmythos. Ursprung eines politischen Programms. Stuttgart 1990

Jolles, Mathys: Das deutsche Nationalbewußtsein im Zeitalter Napoleons. Frankfurt/Main 1936

Jones, G. L.: Johann Elias Schlegel: „Canut". The Tragedy of Human Evil. In: Lessing Yearbook 6 (1974), S. 150 - 161

Jung, Friedrich: Henrik Steffens und das Problem der Einheit von Vernunft und Offenbarung. Marburg 1961

Kämmerer, Max: Der Held des Nordens von Friedrich Baron de la Motte Fouqué und seine Stellung in der deutschen Literatur. Rostock 1909

Kaiser, Gerhard: Klopstock. Religion und Dichtung. Gütersloh 1963

Ders.: Pietismus und Patriotismus im literarischen Deutschland. Ein Beitrag zum Problem der Säkularisation. Zweite Auflage, Frankfurt/Main 1973

Karlbom, Rolf: Frihetstidens författning och 1809-års regeringsform. En principutredning om empiri och teori i Sveriges nyare författningshistoria. Göteborg 1974 (= Medelanden från historiska institutionen i Göteborg, Nr. 7)

Kegel-Vogel, Marlies: Johann Elias Schlegel und der Erziehungsoptimismus der deutschen Aufklärung. In: Worte und Werte. Festschrift für Bruno Markwardt, hrsg. von Gustav Erdmann und Alfons Eichstaedt. Berlin 1961

Kerényi, Karl (Hrsg.): Die Eröffnung des Zugangs zum Mythos. Ein Lesebuch. Darmstadt 1967

Kindermann, Heinz: Klopstocks Entdeckung der Nation. Danzig 1935 (= Danziger Beiträge, Heft 6)

Kindt, Karl: Klopstock. Berlin 1941

Kirschstein, Max: Klopstocks deutsche Gelehrtenrepublik. Berlin 1929

Kjellin, Gunnar: Rikshistoriografen Anders Schönberg. Studier i riksdagarnas och de politiska tänkesättens historia 1760 - 1809. Lund 1952

Knispel, W.: Gelehrtenrepublik. In: Joachim Ritter (Hrsg.): Historisches Wörterbuch der Philosophie, Band 3. Darmstadt 1974, Sp. 226 - 232

Körner, Joseph: Nibelungenforschungen der deutschen Romantik. Reprographischer Nachdruck der ersten Auflage Leipzig 1911. Darmstadt 1967

Kohn, Hans: Die Idee des Nationalismus. Ursprung und Geschichte bis zur Französischen Revolution. Heidelberg 1960

Ders.: Prelude to Nation-States. The French and German Experience, 1789 - 1815. Princeton, New York, Toronto, London, Melbourne 1967

Koopmann, Helmut: Drama der Aufklärung. Kommentar zu einer Epoche. München 1979

Ders. (Hrsg.): Mythos und Mythologie in der Literatur des 19. Jahrhunderts. Frankfurt/Main 1979

Koselleck, Reinhart: Kritik und Krise. Eine Studie zur Pathogenese der bürgerlichen Welt. Frankfurt/Main 1973

Ders.: Preußen zwischen Reform und Revolution. Allgemeines Landrecht, Verwaltung und soziale Bewegung von 1791 bis 1848. Zweite Auflage, Stuttgart 1975

Krähe, Ludwig: Carl Friedrich Cramer bis zu seiner Amtsenthebung. Berlin 1907

Kranefuß, Annelen: Klopstock und der Göttinger Hain. In: Walter Hinck (Hrsg.): Sturm und Drang. Kronberg/Ts. 1978, S. 134 - 162

Krügel, Rudolf: Der Begriff des Volksgeistes in Ernst Moritz Arndts Geschichtsanschauung. Ein Beitrag zur Geschichte der Geschichtswissenschaft. Langensalza 1914

Kuhn, Hans: Der Dichter in der nationalen Krise. Oehlenschläger, Grundtvig und die Ereignisse von 1807/08. In: Ders.: Beiträge zur nordischen Philologie. Studien zur dänischen und schwedischen Literatur des 19. Jahrhunderts. Basel und Stuttgart 1976, S. 47 - 78

Kuhn, Hans Wolfgang: Der Apokalyptiker und die Politik. Studien zur Staatsphilosophie des Novalis. Freiburg im Breisgau 1961 (= Freiburger Studien zu Politik und Soziologie)

Kurzke, Hermann: Novalis. München 1988

Langer, Herbert: Die Universität Greifswald als Mittler zwischen Schweden und deutschen Territorien (16. - 18. Jahrhundert). In: Kulturelle Beziehungen zwischen Schweden und Deutschland im 17. und im 18. Jahrhundert. 3. Arbeitsgespräch schwedischer und deutscher Historiker in Stade am 6. und 7. Oktober 1989. Stade 1990, S. 27 - 34

Lemberg, Eugen: Nationalismus. 2 Bände. Zweite Auflage, Reinbek 1967 und 1968

Lenz, Georg: Das Staatsdenken im 18. Jahrhundert. Berlin 1965 (= Politica. Abhandlungen und Texte zur politischen Wissenschaft. Hrsg. von Wilhelm Hennis und Hans Meier, Band 23)

Losurdo, Domenico: Hegel und das deutsche Erbe. Philosophie und nationale Frage zwischen Revolution und Reaktion. Köln 1989

Lüke, Friedmar: Die neue alte Zeit. Zeit- und Gegenwartsdiagnose bei Henrik Steffens. Freiburg im Breisgau 1961

Mähl, Hans-Joachim: Der poetische Staat. Utopie und Utopiereflexion bei den Frühromantikern. In: Wilhelm Voßkamp (Hrsg.): Utopieforschung. Interdisziplinäre Studien zur neuzeitlichen Utopie. 3 Bände. Frankfurt/Main 1985. 3. Band, S. 273 - 303

Märker, Friedrich: Weltbild der Goethezeit. Die Ganzheitsidee. München 1961

Magon, Leopold: Aus Klopstocks dänischer Zeit. In: GRM 12 (1924), S. 264 - 277

Ders: Ein Jahrhundert geistiger und literarischer Beziehungen zwischen Deutschland und Skandinavien 1750 - 1850. Erster Band: Die Klopstockzeit in Dänemark. Johannes Ewald. Dortmund 1926

Martinson, Steven D.: Zur Dramentheorie Johann Elias Schlegels. In: Johann Elias Schlegel: Vergleichung Shakespears und Andreas Gryphs und andere dramentheoretische Schriften. Stuttgart 1984, S. 85 - 93

Max, Frank Rainer: Der „Wald der Welt". Das Werk Fouqués. Bonn 1980

May, Kurt: Johann Elias Schlegels „Canut" im Wettstreit der geistesgeschichtlichen Forschung. In: Trivium 7 (1949), S. 257 - 285

Meinecke, Friedrich: Weltbürgertum und Nationalstaat. Studien zur Genesis des deutschen Nationalstaats. Sechste Auflage, München und Berlin 1922

Meinold, Paul: Arndt. Berlin 1910

Metzner, Ernst Erich: Die dänische Literatur. In: Neues Handbuch der Literaturwissenschaft. Band 16: Europäische Romantik III. Restauration und Revolution. Hrsg. von Norbert Altenhofer und Alfred Estermann. Wiesbaden 1985, S. 371 - 385

Ders.: Steffens, Baggesen og A. W. Schlegel: Uopdagede satiriske Steffensportrætter i Baggesens „Der vollendete Faust" og i A. W. Schlegels „Literarische Scherze". In: Convivium 1976, S. 48 - 65

Mjöberg, Jöran: Drömmen om sagatiden. Första delen: Återblick på den nordiska romantiken från 1700-talets mitt till nygöticismen (omkr. 1865). 2 Bände. Stockholm 1967

Möller, Horst: Fürstenstaat und Bürgernation. Deutschland 1763 - 1815. Berlin 1989

Mommsen, Wolfgang J.: Nation und Geschichte. Über die Deutschen und die deutsche Frage. München 1990

Müller, Joachim: Revolution und Nation in Klopstocks Oden. In: Ders.: Wirklichkeit und Klassik. Berlin 1955, S. 63 - 115

Münkler, Herfried: Zur Funktion der Mythen in der Politik: Das Nibelungenschicksal und die deutsche Nation. In: Forschung Frankfurt 1/1989, S. 5 - 11

Müsebeck, Ernst: Ernst Moritz Arndt. Ein Lebensbild. Erstes Buch: Der junge Arndt 1769 - 1815. Gotha 1914

Muncker, Friedrich: Klopstock. Geschichte seines Lebens und seiner Schriften. Stuttgart 1888

Murat, Jean: Klopstock. Les thèmes principaux de son œuvre. Paris 1959 (= Publications de la faculté des lettres de l'université de Strasbourg)

Nägele, Horst: Der deutsche Idealismus in der existentiellen Kategorie des Humors. Eine Studie zu Jens Baggesens ideolinguistisch orientiertem Epos „Adam und Eva". Neumünster 1971 (Skandinavistische Studien I)

Ders.: Jens Baggesen über das Verhältnis des deutschen Idealismus zur französischen Revolution. Mit bisher unveröffentlichten Texten aus den Jahren 1823 - 1825. In: Jahrbuch des Freien Deutschen Hochstifts 1974, Tübingen 1974, S. 323 - 343

Nordin, Svante: Romantikens filosofi. Svensk idealismen från Höijer till hegelianerna. Lund 1987

Nyman, Magnus: Press mot friheten. Opinionsbildning i de svenska tidningarna och åsiktsbrygtningar om minoriteter 1772 - 1786. Uppsala 1988

Ørsted, Børge: J. P. Mynster og Henrich Steffens. En studie i dansk kirke- og åndshistorie omkring år 1800. I. Text. København 1965

Oestreich, Gerhard: Geist und Gestalt des frühmodernen Staates. Ausgewählte Aufsätze. Berlin 1969

Ott, Günther: Ernst Moritz Arndt. Religion, Christentum und Kirche in der Entwicklung des deutschen Publizisten und Patrioten. Düsseldorf 1966

Pape, Helmut: Die gesellschaftlich-wirtschaftliche Stellung Friedrich Gottlieb Klopstocks. Bonn 1962

Ders.: Klopstocks Autorenhonorare und Selbstverlagsgewinne. Frankfurt/Main 1969

Paul, Fritz: Henrich Steffens. Naturphilosophie und Universalromantik. München 1973

Paul, Gustav: Die Veranlassung und die Quellen von Johann Elias Schlegels „Canut". Darmstadt 1915

Paul, Johannes: Ernst Moritz Arndt. „Das ganze Teutschland soll es sein!" Göttingen, Zürich, Frankfurt/Main 1971

Paulsen, Wolfgang: Johann Elias Schlegel und die Komödie. Bern und München 1977

Plessner, Helmut: Die verspätete Nation. Über die politische Verführbarkeit bürgerlichen Geistes. Frankfurt/Main 1974

Polag, Hans: Ernst Moritz Arndts Weg zum Deutschen. Studien zur Entwicklung des frühen Arndt 1769 - 1812. Leipzig 1936 (= Form und Geist, Band 39)

Prignitz, Christoph: Vaterlandsliebe und Freiheit. Deutscher Patriotismus von 1750 bis 1850. Wiesbaden 1981

Pundt, Alfred G.: Arndt and the National Awakening in Germany. Reprint of the Edition New York 1935. New York 1969

Quattrocchi, Luigi: Il teatro di Johann Elias Schlegel. Roma 1965

Rapp, Adolf: Der deutsche Gedanke. Seine Entwicklung im politischen und geistigen Leben seit dem 18. Jahrhundert. Bonn und Leipzig 1920

Reiter, Norbert: Gruppe, Sprache, Nation. Berlin 1984 (= Balkanologische Veröffentlichungen des Osteuropa-Instituts an der Freien Universität Berlin. Hrsg. von dems., Band 9)

Renner, Karl: Die Nation: Mythos und Wirklichkeit. Manuskript aus dem Nachlaß. Hrsg. von Jacques Hannak. Mit einer Einleitung von Bruno Pittermann. Wien, Köln, Stuttgart, Zürich 1964

Reumert, Elith: Elskovs Layrinther. København 1926

Roberts, Michael: The Age of Liberty. Sweden 1719 - 1772. Cambridge 1986

Ders.: The Swedish Imperial Experience, 1560 - 1718. Cambridge 1979

Roos, Carl: Det 18. århundredes tyske oversættelser af Holbergs komedier. Deres oprindelse, karakter og skeebne. København 1922

Rühmkorf, Peter: Walther von der Vogelweide, Klopstock und ich. Reinbek 1975

Rürup, Reinhard: Johann Jacob Moser. Pietismus und Reform. Wiesbaden 1965

Ruiz, Alan: „Cramer, der Franke": ein norddeutscher Herold der Französischen Revolution gegen die „aristokratischen Skribenten" seiner Zeit. In: Jakobiner in Mitteleuropa. Hrsg. und eingeleitet von Helmut Reinalter. Innsbruck 1977, S. 195 - 227

Ruppert, Wolfgang: Bürgerlicher Wandel. Die Geburt der modernen deutschen Gesellschaft im 18. Jahrhundert. Frankfurt/Main 1984

Rystad, Göran (ed.): Europe and Skandinavia. Aspects of the Process of Integration in the 17th Century. Lund 1983 (= Lund Studies in International History)

Ders. (Huvudredaktör): Sverige 1720 - 1866. Det politiska systemet. Lund 1977

Saalfeld, Lerke von: Die ideologische Funktion des Nibelungenliedes in der preußisch-deutschen Geschichte von seiner Wiederentdeckung bis zum Nationalsozialismus. Berlin 1977

Salzbrunn, Joachim: Johann Elias Schlegel. Seine Dramaturgie und seine Bedeutung für die Entwicklung des deutschen Theaters. Göttingen 1953

Schäfer, Karl Heinz: Ernst Moritz Arndt als politischer Publizist. Studien zur Publizistik, Pressepolitik und kollektivem Bewußtsein im frühen 19. Jahrhundert. Bonn 1974

Ders./Josef Schawe: Ernst Moritz Arndt. Ein bibliographisches Handbuch 1769 - 1969. Bonn 1971 (= Veröffentlichungen des Stadtarchivs Bonn, Band 8)

Scharff, Alexander: Schleswig-Holstein in der europäischen und nordischen Geschichte. Kiel 1955 (= Veröffentlichungen der Schleswig-Hosteinischen Universitätsgesellschaft. Neue Folge, Nr. 16)

Scheel, Willy: Klopstocks Kenntnis des germanischen Alterthums. In: Vierteljahrschrift für Litteraturgeschichte 6 (1893), S. 186 - 212

Scheuner, Ulrich: Nationalstaatsprinzip und Staatenordnung seit dem Beginn des 19. Jahrhunderts. In: Staatsgründungen und Nationalitätsprinzip. Unter Mitwirkung von Peter Alter hrsg. von Theodor Schieder. München, Wien 1974 (= Studien zur Geschichte des neunzehnten Jahrhunderts. Abhandlung der Forschungsabteilung des Historischen Seminars der Universität Köln, Band 7)

Schieder, Theodor: Nationalismus und Nationalstaat. Studien zum nationalen Programm im modernen Europa. Hrsg. von Otto Dann und Hans-Ulrich Wehler. Zweite Auflage, Göttingen 1992

Schlaffer, Heinz: Der Bürger als Held. Frankfurt/Main 1981

Schlau, Wilfried: Nation und Volk in soziologischer Sicht. In: Nation und Selbstbestimmung in Politik und Recht. Mit Beiträgen von Wilfried Fischer. Berlin 1984, S. 57 - 68 (= Abhandlungen des Göttinger Arbeitskreises, Band 6)

Schleiden, Karl August: Friedrich Gottlieb Klopstock. Der Begründer der neueren deutschen Dichtung. In: Deutschunterricht 8 (1956), S. 23 - 46

Ders.: Klopstocks Dichtungstheorie als Beitrag zur Geschichte der deutschen Poetik. Saarbrücken 1954

Schmidt, Arno: Fouqué und einige seiner Zeitgenossen. Biographischer Versuch. Zürich 1988

Schmitt, Carl: Politische Romantik. Vierte, unveränderte Auflage der Ausgabe von 1919. Berlin 1982

Schmitz, Victor A.: Dänische Dichter in ihrer Begegnung mit deutscher Klassik und Romantik. Frankfurt/Main 1974

Schneider, Karl Ludwig: Klopstock und die Erneuerung der deutschen Dichtersprache im 18. Jahrhundert. Heidelberg 1965

Schonder, Hermann: Johann Elias Schlegel als Übergangsgestalt. Würzburg 1941 (= Stadion. Arbeiten aus dem germanistischen Seminar der Universität Berlin, Band 7)

Schubert, Werner: Die Beziehungen Johann Elias Schlegels zur deutschen Aufklärung (in seinen frühen Dramen und seiner poetischen Theorie). Leipzig 1959

Schuchbauer, Margarethe: Fouqués Trauerspiel Alf und Yngwi. Würzburg 1936

Schütz, Sigrid I. G.: Nationale Züge im Werk Johann Elias Schlegels. Ann Arbor 1977

Schulz, Georg-Michael: Die Überwindung der Barbarei. Johann Elias Schlegels Trauerspiele. Tübingen 1980

See, Klaus von: Deutsche Germanen-Ideologie. Frankfurt/Main 1970

Ders.: Die Ideen von 1789 und die Ideen von 1914. Völkisches Denken in Deutschland zwischen Französischer Revolution und Erstem Weltkrieg. Frankfurt/Main 1975

Sengle, Friedrich: Das historische Drama in Deutschland. Geschichte eines literarischen Mythos. Dritte Auflage, Stuttgart 1969

Sichelschmidt, Gustav: Ernst Moritz Arndt. Berlin 1981

Simon, Hermann: Geschichte der deutschen Nation. Mainz 1968

Söderhjelm, Werner: Om Johann Elias Schlegel som lustspeldiktare. Helsingfors 1884

Springer, Otto: Die Nordische Renaissance in Skandinavien. Stuttgart, Berlin 1936 (= Tübinger Germanistische Arbeiten. Sonderreihe: Studien zur nordischen Philologie. Hrsg. von Prof. Hermann Schneider. 22. Band, Sonderreihe 3. Band)

Steinmetz, Horst: Nachwort zu Johann Elias Schlegel: Canut. Ein Trauerspiel. Im Anhang: Johann Elias Schlegel: Gedanken zur Aufnahme des dänischen Theaters. Stuttgart 1980, S. 117 - 127

Stenroth, Ingmar: Götiska Förbundet. Göteborg 1972

Streisand, Joachim: Deutschland von 1789 bis 1815 (Von der Französischen Revolution bis zu den Befreiungskriegen und dem Wiener Kongreß). Fünfte Auflage, Berlin 1981

Strich, Fritz: Die Mythologie in der deutschen Literatur. Von Klopstock bis Wagner. Unveränderter reprographischer Nachdruck der ersten Auflage Halle an der Saale 1910. Zwei Bände, Tübingen 1970

Svennung, Joseph: Zur Geschichte des Goticismus. Stockholm 1967

Tiemann, Hermann: „Cramer der Krämer". Cramers Brief. In: Der Vergleich. Hamburger romanistische Studien, Reihe A, Band 42, Reihe B, Band 25. Hamburg 1955, S: 167 - 183

Ders.: Hanseaten im revolutionären Paris. In: Zeitschrift für Hamburgische Geschichte 49/50 (1964), S. 109 - 146

Ders./Franziska Tiemann (Hrsg.): Es sind wunderliche Dinger, meine Briefe. Meta Klopstocks Briefwechsel mit Friedrich Gottlieb Klopstock und ihren Freunden 1751 - 1758. München 1980

Tivey, Leonard: The Nation-State and the Formation of Modern Politics. Oxford 1981

Tschirch, Otto: Hendrik Steffens' politischer Entwicklungsgang. Im Anschlusse an seine Vorlesungen von 1808. In: Festschrift zu Gustav Schmollers 70. Geburtstag. Beiträge zur brandenburgischen und preußischen Geschichte. O. O. 1908, S. 253 - 274

Valjavec, Fritz: Die Entstehung der politischen Strömungen in Deutschland 1770 - 1815. München 1951

Vibæk, Jens: Reform og Fallit 1784 - 1830. Danmarks historie. Under redaktionen af John Danstrup og Hal Koch. Bind 10. København 1964

Vierhaus, Rudolf: Deutschland im 18. Jahrhundert. Politische Verfassung, soziales Gefüge, geistige Bewegungen. Ausgewählte Aufsätze. Göttingen 1987

Ders.: Deutschland im Zeitalter des Absolutismus (1648 - 1763). Göttingen 1978 (= Deutsche Geschichte, hrsg. von Joachim Leuschner, Band 6)

Völkel, Ulrich: Adler mit gebrochenem Flügel. Roman um Ernst Moritz Arndt. Berlin 1987

Vohland, Ulrich: Zu den Bildungs- und Gesellschaftsvorstellungen zwischen 1770 - 1810. Ansätze zur Ideologiekritik. Bern, Frankfurt/Main, München 1976

Wagner, Fritz: Europa im Zeitalter des Absolutismus 1648 - 1789. Zweite Auflage, Darmstadt 1959

Walther, Gerrit: „... uns, denen der Name ‚politische Freiheit' so süße schallt". Die politischen Erfahrungen und Erwartungen der Sturm und Drang-Generation. In: Sturm und Drang. Hrsg. von Christoph Perels. Frankfurt/Main 1988, S. 307 - 327

Viktor Waschnitius: Henrich Steffens: Ein Beitrag zur nordischen und deutschen Geistesgeschichte. I. Band: Erbe und Anfänge. Neumünster 1939

Weber, Gerd Wolfgang: Die schwedische Romantik (1810 - 1830). In: Neues Handbuch der Literaturwissenschaft. Band 16: Europäische Romantik III. Restauration und Revolution. Hrsg. von Norbert Altenhofer und Alfred Estermann. Wiesbaden 1985, S. 387 - 412

Wehler, Hans-Ulrich: Deutsche Gesellschaftsgeschichte. Erster Band: Vom Feudalismus des Alten Reichs bis zur Defensiven Modernisierung der Reformära 1700 - 1815. Frankfurt/Main 1987

Weigelt, Klaus (Hrsg.): Heimat und Nation. Zur Geschichte der Identität der Deutschen. Mainz 1984 (= Studien zur politischen Bildung 7)

Weimann, Robert: Literaturgeschichte und Mythologie. Methodologische und historische Studien. Frankfurt/Main 1977

Werner, Hans-Georg: Klopstock und sein Dichterberuf. In: Weimarer Beiträge 20 (1974), S. 5 - 38

Wilkinson, Elizabeth M.: Johann Elias Schlegel. A German Pioneer in Aesthetics. Zweite Auflage, Darmstadt 1973

Willms, Bernhard: Idealismus und Nation. Zur Rekonstruktion des politischen Selbstbewußtseins der Deutschen. Paderborn, München, Wien, Zürich 1986

Winkler, Heinrich August (Hrsg.): Nationalismus. Königstein/Ts. 1978

Witte, Bernd: Genie. Revolution. Totalität. Mythische Tendenzen der Kunstepoche. In: Christa Bürger (Hrsg.): „Zerstörung, Rettung des Mythos durch Licht". Frankfurt/Main 1986, S. 19 - 42 (= Hefte für Kritische Literaturwissenschaft 5)

Wörterbuch der Soziologie. Zweite, neubearbeitete und erweiterte Ausgabe, hrsg. von Wilhelm Bernstorf. Stuttgart 1969

Wolf, Peter: Die Dramen Johann Elias Schlegels. Ein Beitrag zur Geschichte des Dramas im 18. Jahrhundert. Zürich 1964

Wolff, Eugen: Johann Elias Schlegel. Zweite Auflage, Kiel und Leipzig 1892

Wolff, Hans M.: Die Weltanschauung der deutschen Aufklärung in geschichtlicher Entwicklung. München 1949

Wolfram, Richard: Ernst Moritz Arndt und Schweden. Zur Geschichte der deutschen Nordsehnsucht. Weimar 1933

Wülfing, Wulf/Karin Bruns/Rolf Parr: Historische Mythologie der Deutschen 1798 - 1918. München 1991

Wuthenow, Ralf-Rainer: Mythologie und Mythos in der Literatur des 18. Jahrhunderts. In: Hermann Schrödter (Hrsg.): Die neomythische Kehre. Aktuelle Zugänge zum Mythischen in Wissenschaft und Kunst. Würzburg 1991, S. 197 - 219

Zaremba, Michael: Johann Gottfried Herders humanitäres Nations- und Volksverständnis. Ein Beitrag zur politischen Kultur der Bundesrepublik Deutschland. Berlin 1985 (= Studien zu deutscher Vergangenheit und Gegenwart, Band 1)

Zechlin, Egmont: Die deutsche Einheitsbewegung. Frankfurt/Main, Berlin 1967

Ziegler, Klaus: Mythos und Dichtung. In: Reallexikon der deutschen Literaturgeschichte. Zweite Auflage. Hrsg. von Werner Kohlschmidt und Wolfgang Mohr. Zweiter Band L - O. Berlin 1965, S. 569 - 584

Zilleßen, Horst (Hrsg.): Volk - Nation - Vaterland. Der deutsche Protestantismus und der Nationalismus. Gütersloh 1970

Abbildungsverzeichnis

Abbildung 1: François Pascal von Gerard (1770-1837): Karl XIV. Johann von Schweden als Kronprinz. Gemälde 1811.
Abbildung 2: Beschießung Kopenhagens durch die Engländer. Gemälde im Stil Joh. Lorenz Rugendas. Heeresmuseum Wien.
Abbildung 3: König Gustav II. Adolf von Schweden (1594-1632). Bronzebüste.
Abbildung 4: Unbekannter Meister, 18. Jahrhundert: König Karl XII. von Schweden (1682-1718). Unvollendet, 220 x 130 cm, um 1718. Staatliches Museum Schwerin.
Abbildung 5: Willem Jocobsz Delff (1580-1638), Michiel van Miereveld (1567-1641): König Gustav II. Adolf von Schweden (1594-1632). Kupferstich.
Abbildung 6: Johann Gottfried Herder (1744-1803). Theologe, Schriftsteller, Kritiker, Übersetzer und Dichter.
Abbildung 7: Augusta von Buttlar: Karl Wilhelm Friedrich von Schlegel (1772-1829). Zeichnung, Wien 1826.
Abbildung 8: Johann Gottlieb Fichte hält 1807/1808 in Berlin seine „Rede an die deutsche Nation". Kolorierte Lithographie nach dem Wandbild 1913/14 von Arthur Kampf.
Abbildung 9: Friedrich Gottlieb Klopstock (1724-1803). Nach einem Ölgemälde in seinem Geburtshaus in Quedlinburg, 1932.
Abbildung 10: C. G. Pilo (1712-1792): König Friedrich V. von Dänemark (1746-1766), Öl auf Leinwand, 148 x 105, Spreewald-Museum Lübbenau.
Abbildung 11: Wilhelm Devrient (geb. 1799): Jens Baggesen (1764-1826), Dichter. Kupferstich, 170 x 110 mm.
Abbildung 12: Ernst Moritz Arndt (1769-1860), um 1813. Deutscher Patriot und Freiheitsdichter. Aquarell. Stadtarchiv Bonn.
Abbildung 13: Ernst Moritz Arndt, Geist der Zeit. Buchseite aus dem II. Teil.
Abbildung 14: Carl Wildt (um 1830/40), nach Julius Amatus Roeting (1822-1896): Ernst Moritz Arndt (um 1830). Historiker, Dichter. Lithographie.
Abbildung 15: Heinrich Steffens (1773-1845). Philosoph und Naturforscher. Nach einem Gemälde von C.A. Lorentzen.
Abbildung 16: Arthur Kampf: Professor Steffens in Breslau (1813).
Abbildung 17: C. Staub: Friedrich Heinrich Karl Freiherr de la Motte Fouqué (1777-1843), Dichter. Stich, 8,9 x 6,7 cm.

Sämtliche Bildvorlagen wurden mir von der Sächsischen Landesbibliothek, Abteilung Deutsche Fotothek, Dresden, zur Verfügung gestellt, der ich hiermit für die freundliche Unterstützung bei der Bildausstattung dieses Buches danke.

Curr. vitae

Ich, Ulrike Hafner, geb. Ullrich, wurde am 29. August 1964 als Tochter des Justizbeamten Hans Ullrich und seiner Frau Marianne, geb. Elbert, in Frankfurt am Main geboren. Mein Vater verstarb im November 1969, meine Mutter im September 1993.

Vom 1. August 1971 bis zum 20. Juli 1975 besuchte ich die Grunelius-Grundschule in Frankfurt-Oberrad und wurde im September 1975 in das Freiherr-vom-Stein-Gymnasium umgeschult. Dort erwarb ich im Juni 1984 die Allgemeine Hochschulreife.

Zum Wintersemester 1984/85 wurde ich an der Johann Wolfgang Goethe-Universität immatrikuliert, wo ich ein Germanistikstudium begann und über zehn Semester führte. Vom Wintersemester 1985/86 bis zum Wintersemester 1986/87 belegte ich die Nebenfächer Musikwissenschaft und Musikpädagogik, wechselte im Sommersemester 1987 die Nebenfächer und studierte für fünf weitere Semester Anglistik und Skandinavistik.

Für den Sommer 1988 sprach mir der Deutsche Akademische Austauschdienst ein Stipendium für einen Sprachkurs in Dänemark zu. Während des Wintersemesters 1988/89 und des Sommersemesters 1989 leitete ich ein begleitendes Tutorium zu einem Einführungsseminar in die Literaturwissenschaft am Institut für Englisch- und Amerikastudien.

Vom 16. April 1990 bis zum 31. Dezember 1993 war ich halbtags als Schreibkraft am Institut für Deutsche Sprache und Literatur II der Johann Wolfgang Goethe-Universität beschäftigt.

Meine Magisterprüfung legte ich im November 1990 ab. Die vorgelegte und mit „sehr gut" bewertete Magisterhausarbeit trug den Titel „Der nordische Mythos von den Nibelungen in den Werken Fouqués, Wagners, Fritz Langs und Thea von Harbous".

Im Oktober 1993 vollendete ich meine Dissertation „Die nordischen Länder und die deutsche nationale Bewegung um 1800. Zum Einfluß skandinavischer Geschichtsmythologie und Volksmentalitäten auf deutschsprachige Schriftsteller".

Seit dem 1. Januar 1994 bin ich in wechselnden Positionen bei Investmenttöchtern der Dresdner Bank AG beschäftigt. Gegenwärtig arbeite ich in der Abteilung für Marketing & Vertrieb des Deutschen Investment-Trust.

Die mündliche Prüfung meines Dissertationsverfahrens legte ich am 1. Juli 1994 ab.

Am 5. August 1994 heiratete ich den Physiker Michael Hafner.